JN207360

伝統的地理思想の環境景観学　風響社

「抱護」と沖縄の村落空間

【編著】鎌田誠史・山元貴継・浦山隆一
【執筆】仲間勇栄・高良倉吉・安里進・澁谷鎮明

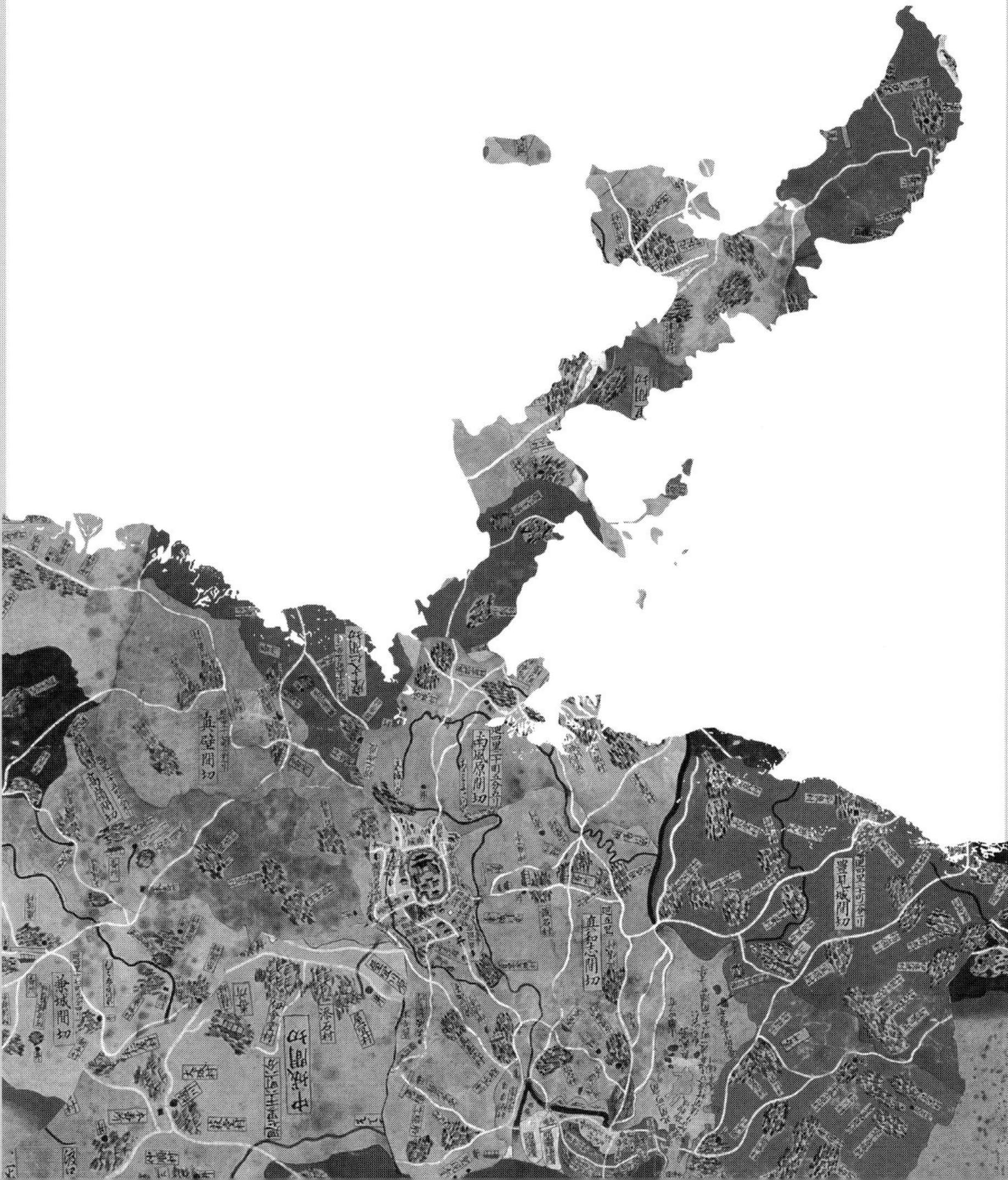

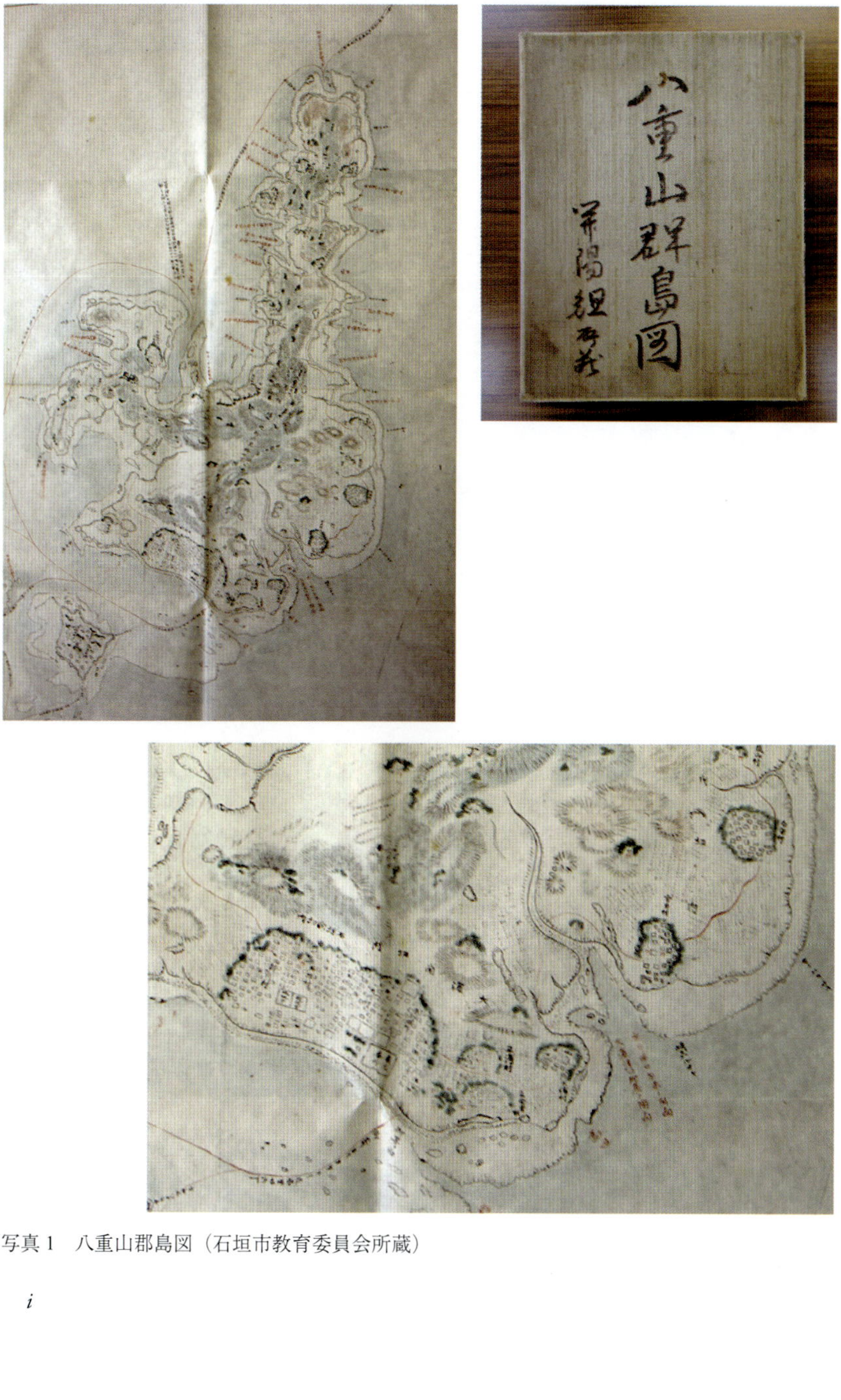

写真1　八重山郡島図（石垣市教育委員会所蔵）

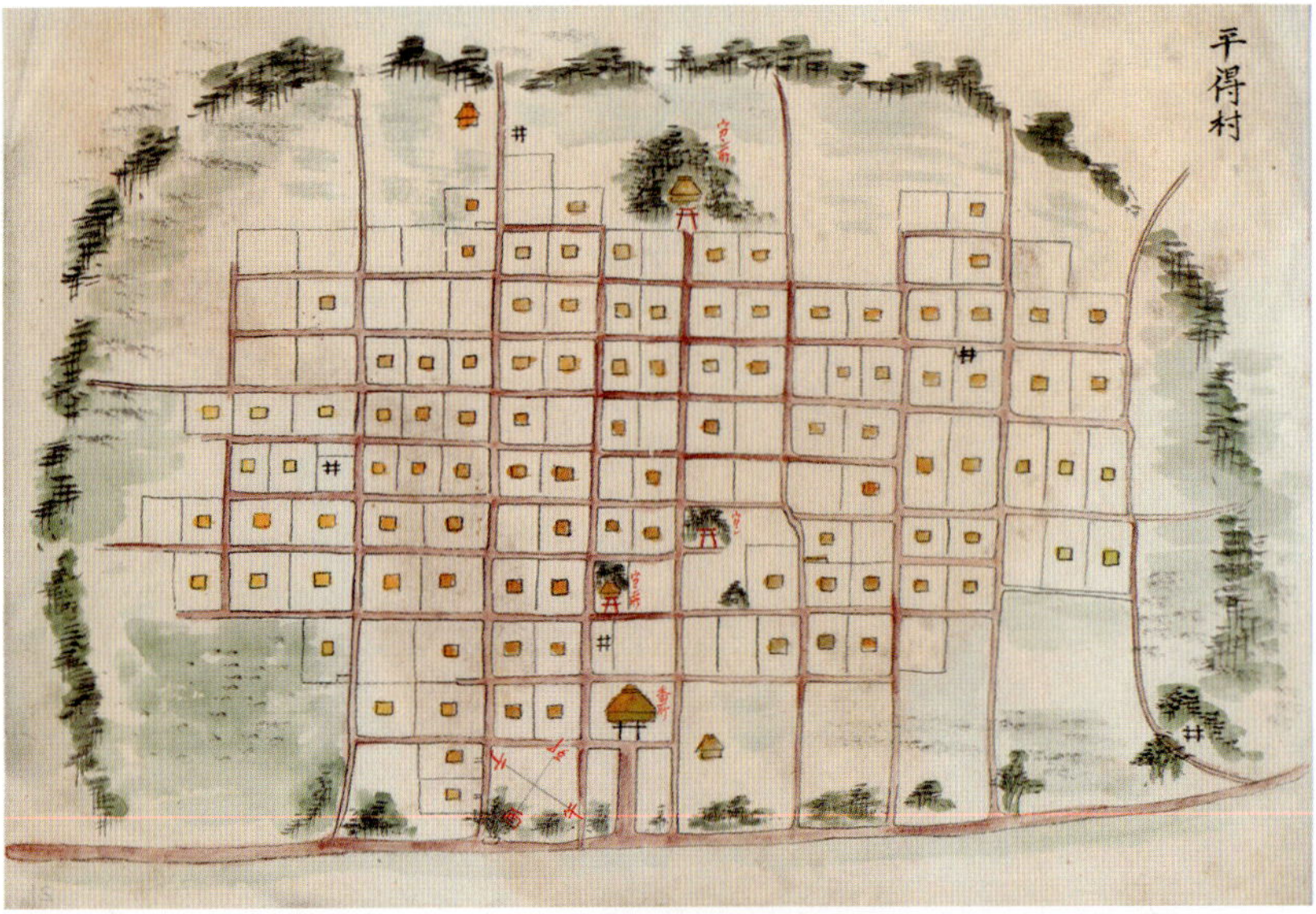

図１　平得村の八重山諸島村絵図（沖縄県立図書館所蔵）

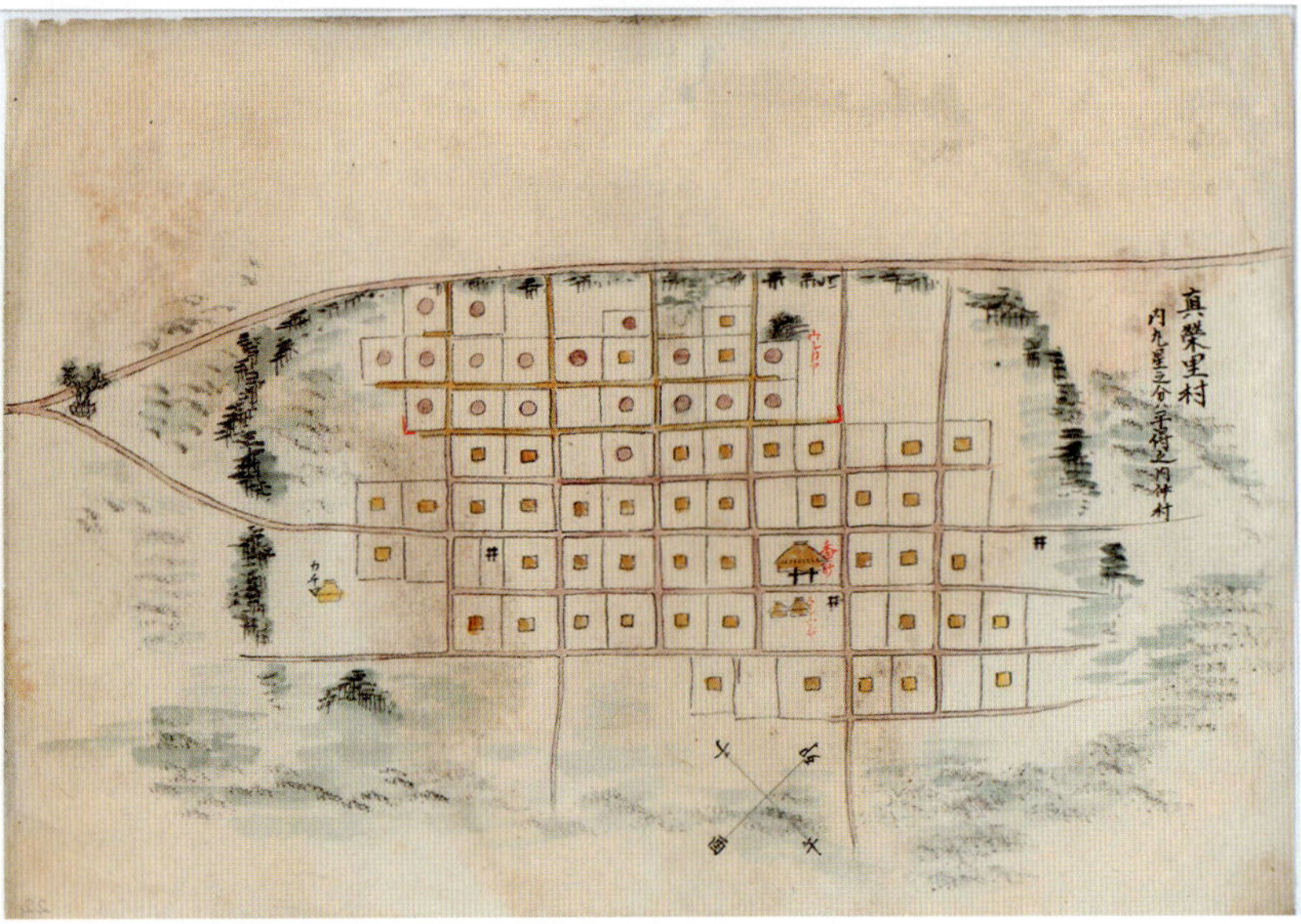

図２　真栄里村の八重山諸島村絵図（沖縄県立図書館所蔵）

写真2　平得村・真栄里村およびその周辺の1945（昭和20）年頃の米軍撮影空中写真（沖縄県公文書館所蔵）

写真3　平得村・真栄里村の1944（昭和19）年10月頃の米軍撮影空中写真（加工）（済州大学校師範大学地理教育科　The Joseph E. Spencer Aerial Photograph Collection）

写真4　玉城村前川の1944（昭和19）年10月頃の米軍撮影空中写真（加工）（済州大学校師範大学地理教育科　The Joseph E. Spencer Aerial Photograph Collection）

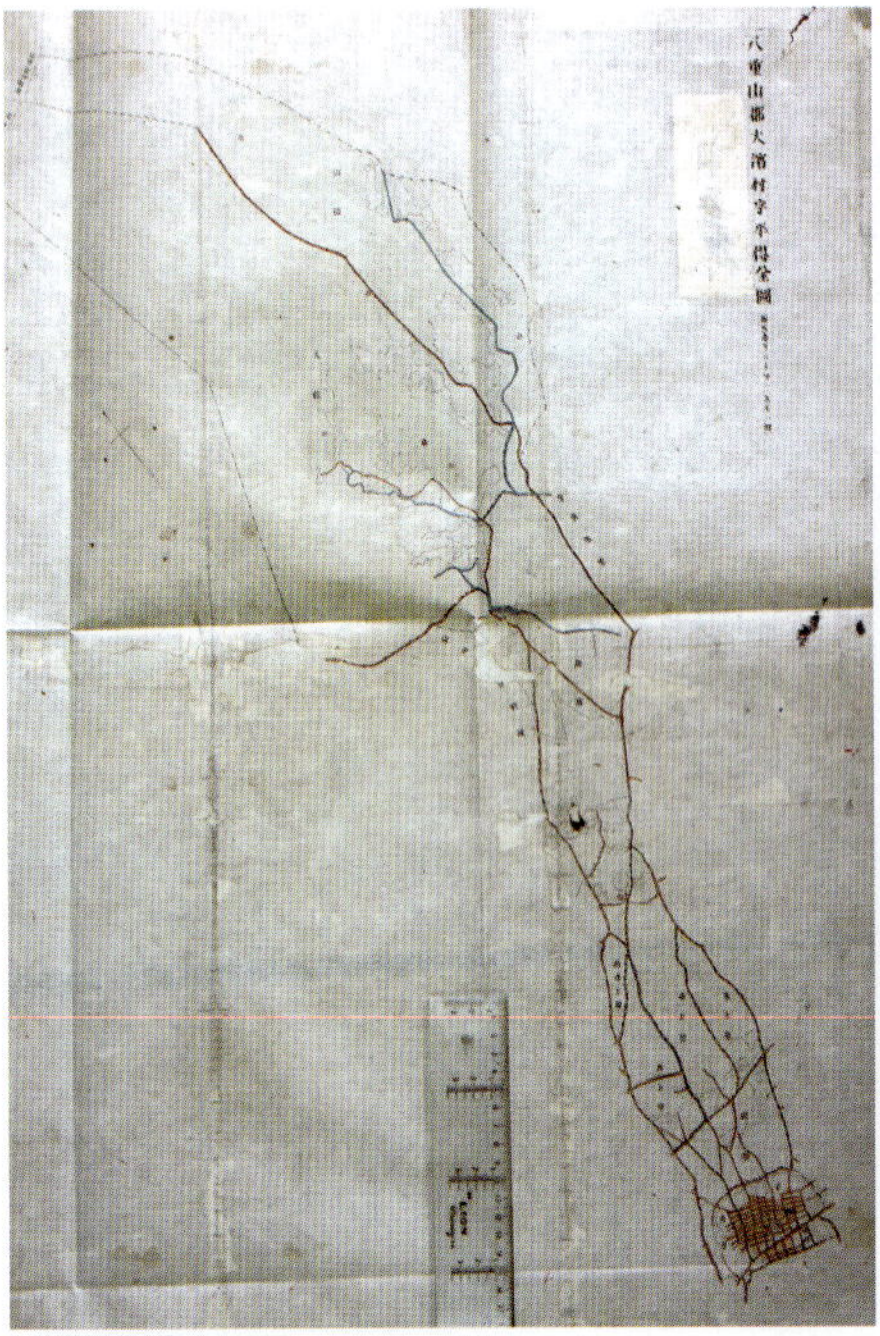

図 3　平得村の 1902（明治 35）年製作字図（石垣市教育委員会所蔵）

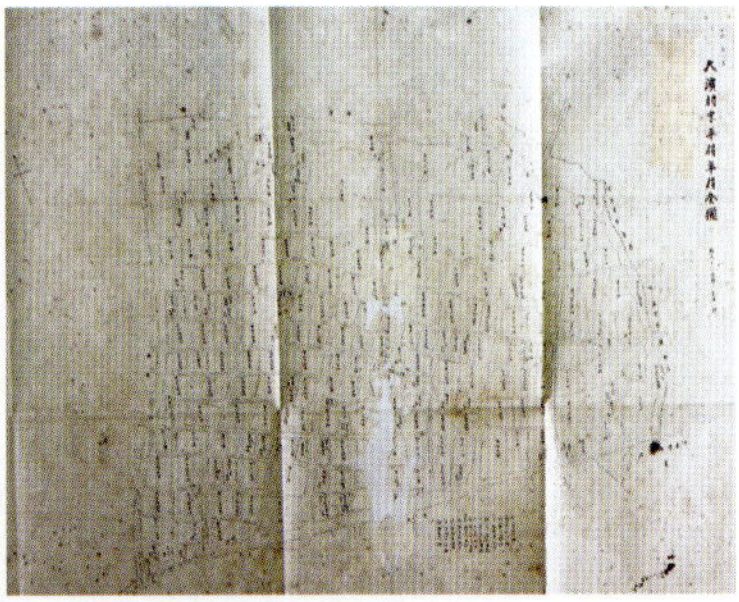

図 4　平得村の 1902（明治 35）年製作地籍図（石垣市教育委員会所蔵）

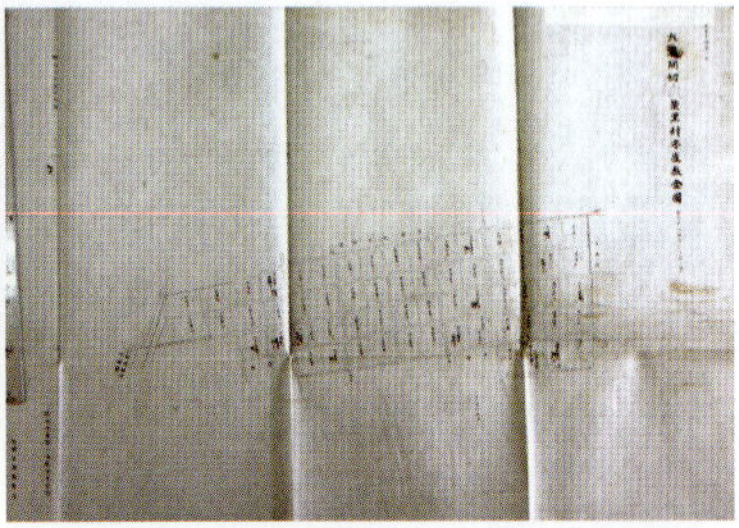

図 5　真栄里村の 1902（明治 35）年製作地籍図（石垣市教育委員会所蔵）

写真 5　多良間島中心村落の南側に現在も残る林による「抱護」

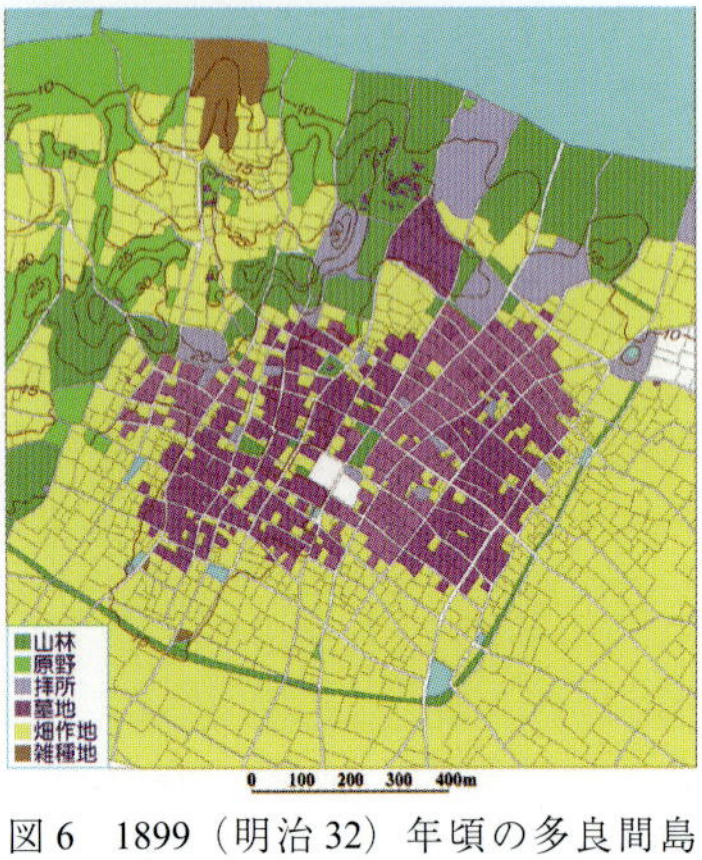

図 6　1899（明治 32）年頃の多良間島中心村落一帯の土地利用（地籍図・土地台帳より作成）

序文

本書は、琉球列島において広く重視されてきた環境概念「抱護（ほうご）」に注目して、それをもとに住民が各地の伝統的な村落空間にどのような解釈を加えてきたのかについてと、その理想的な状態を期待して、各地の伝統的な村落がいかなる立地を求め、普遍的な空間形成技術を模索し、より良い集住環境を造り上げようとしてきたのかについて明らかにするものである。この「抱護」の概念は、今日では単に防風林などと結びつけられがちであるが、実際には、伝統的な地理思想である風水思想や、それに基づく蔡温（首里王府の三司官）の育林法などと関わっているとされ、近世期の琉球列島における村落の移動・創設といった「村立て」時における周辺環境の理解や、その後の村落空間の構成・再構成に、多大なる影響を与えてきたとされるものである。本書では、このような「抱護」の概念自体を明らかにするとともに、それが近世以降の琉球列島の村落空間の構成に具体的にどのように表出されているのかをめぐって、各地の村落を対象に、さまざまな史料や地図資料の分析や現地調査を通じた実証的なアプローチを行った。

第一部ではまず、あらためて「抱護」概念の整理を試みた。「抱護」の語については、学術的にまだ充分に把握・検討がなされているとはいえず、その定義にはいまだ曖昧な部分が多い。そこで、琉球列島において「抱護」の語が用いられうるさまざまな事例を挙げた上で、各種文献や歴史書の検討を行い、本書で論じていく具体的な各地の村落およびその空間構成と「抱護」の概念との関係への理解のための予備知識として、「抱護」の概念の歴史的系譜や展開について総括的に論じた。また、各地の伝統的な村落自体と、そこに「抱護」の概念が与えている影響とを空間的に把握するための景観復元の技術を公開・共有化することを目的として、地籍図・土地台帳などの活用手法を詳細に解説した。こうした景観復元は、いずれ琉球列島の村落を対象とするのみでなく、広く東アジア地域における伝統的村落空間の比較を目指すためと、同地域における「抱護」に類する環境概念の検討を目指すための研究方法となることも目指して、本書が重視してきたアプローチの一つである。

第二部では、実際に沖縄本島や宮古・八重山諸島の各地の村落について、地籍図類や米軍撮影空中写真などをもとにしてその原型的な景観とその後の変化を復元するとともに、近世期におけるその「村立て」に際して、「抱護」と解釈されうる地形的条件がどのように求められ、また、「抱護」の概念に基づいた空間形成技術がいかに適用された可能性があるのかをめぐって、分析を試みた。そして、各地の近世計画村落の多くが、地形的条件をもとにした共通的な基点を拠り所としてその位置や領域を定め、とくにその領域の設定においては、「抱護」の概念のもとで求められる周囲の丘陵などの存在と、それを補う形となる村落を取り囲むような人工的な樹林帯の積極的な造成が重視されてきたといった、計画的な手法が採られていたことを見出した。このような周囲の丘陵や樹林帯が「村抱護（むらほうご）」などと呼ばれて、自然環境の厳しい琉球列島において、少なくとも第二次世界大戦前後まで、集住環境（集落）や生産域（農耕地）などを含めた村落空間を守ってきたことが、各地の村落で実証された。

第三部では一転して、こうした「抱護」の概念で重視されてきた地形的条件や樹林帯が、琉球列島でも今日、多くの地域で失われつつあることを論じた。そこでは、かつて「抱護」の概念が村落空間の構成に明確に関わっていたことが各地の村落において示されるものの、その役割の低下や、市街地化の中での埋没によって、第二次世界大戦前後からとくに樹林帯の消滅をみた過程が、地籍図や土地台帳、米軍撮影空中写真、現行の地形図などによって示された。ただしそのこん跡は、現在の琉球列島各地の村落内にさまざまな形で残されている。にもかかわらず近年、景観条例などを楯に、むしろ「抱護」などの概念に基づく樹林帯は受難の時代を迎えている。それらの保全のあり方についても本書は、各地の具体的な事例を提示しながら斬り込む。

第四部では、筆者らがこれまで科研の研究成果を地元や研究者に還元することを目的として開催してきた二回の学際シンポジウムの記録をまとめた。ここでは、科研の研究協力者で沖縄の著名な研究者（高良倉吉、安里進）の基調講演に加えて、建築学、地理学、林学、文化人類学の複合的な専門領域を持つ研究者で構成された、筆者らの科研グループによる研究成果が示される。

第五部では、筆者らが「沖縄の集落空間のおける伝統的人工林「抱護」の形態と機能に関する研究」「沖縄の固有文化が持つ環境観と空間形成技術から見る集住環境の構成原理に関する研究」「明和大津波で被災した琉球諸島の集落復興プロセスから見る環境再構築に関する研究」「琉球の近世計画村落形成に村抱護と伝統的祭祀施設が果たした役割と意味に関する研究」の各科研テーマで行った、琉球列島の村落・集住環境についての研究成果をまとめた。

そして、これらの研究を進めるにあたって重視してきたことは、構成メンバーである建築学・地理学・林学の研究者が、互いの資料を確認し、それぞれの研究対象村落にメンバーで一緒に向かって調査を行い、現地で意見を交換し合ったことである。そこでは、たとえば「集住環境」と「集落」、そして「村落」といった用語の一つひとつについても、それぞれの研究分野において指し示すものに差違があることを実感した。とくに、本書で注目する「抱護」の概念をめぐっては、これまで琉球列島の村落研究において半ば断片的に取り上げられてきたものを、各々の研究者が自身の研究分野の枠組みの中で解釈してきたため、当初は認識の差違が大きかった。本書においてもその差違が埋められたのかどうかについて確証は持てないが、むしろその差違をもって、「抱護」の概念および実態などに大きな「幅」があることを考えていただければ幸いである。

また本書では、「抱護」の概念との関係を重視しつつも、近代以降の著しい変容を経験した琉球列島の各村落を対象として、各種史料に示されてきた内容を重ね合わせて図面化し、これまで容易ではないとされてきた近世期の村落構造の復元図の作成を積極的に進めたことはもちろん、これと現地調査などによって把握された各地の地形的条件との重ね合わせを行って三次元モデル的に示すようにして、可視的な村落空間比較研究のモデルを提示することにも努めた。この点も、本書が重視した成果公表の一つである。これにより、琉球列島内においてでさえ、これまで地域ごと、さらには村落ごとの研究者が、個別の視点に基づき、個別の手法で行うことの多かった村落空間分析が相対化され、少なくとも琉球列島全域における伝統的村落の立地特性と、そこで展開された普遍的といえる空間形成技術とを明らかにし、この地域における集住環境の構成原理の一端を追究できたのではないかと期待する。本書が、その成果を建築学、地理学、林学の分野に限らず、琉球列島に関心のある方々、ひいては東アジアに関心のある人々に広く発信することで、沖縄・東アジアの学術振興と普及に寄与できることを願っている。

二〇一九年二月二〇日

編者　鎌田誠史　山元貴継　浦山隆一

●目次　「抱護」と沖縄の村落空間——伝統的地理思想の環境景観学

装丁＝オーバードライブ・前田幸江
カバーデザイン＝鎌田誠史

●第一部　沖縄の近世村落形成に関わる「抱護」

第一章　沖縄の近世村落と「抱護」

浦山隆一・澁谷鎮明

はじめに

琉球列島には、「抱護」を補完する目的で造られたとされる林が存在し、第二次世界大戦前までは各地に残っていたが、現在では消失しているものも多い。これらの林は、学術的には「抱護」の一環と称され、沖縄の近世ゴバン（井然《せいぜん》）型集落の重要な構成要素であり、沖縄固有の「村の林」であるとも考えられている。にもかかわらず、現在そのような林の多くが消失してしまっていることもあって、その定義は未だ曖昧な部分があり、十分に学術的な把握・検討がなされているとはいえない。

本論[1]では、この林に関わる「抱護」概念について各種文献の検討を行い、沖縄の離島地域にある多良間島の「抱護」などを事例として、このような林の特性を紹介し、今後の研究の方向についても考察したい。

一　琉球列島の概要と近世村落

1　琉球列島の概要

現在、沖縄県となっている、沖縄本島と周辺の島々、宮古諸島、八重山諸島などは、近代まで琉球国が支配した領域であった。また、第二次世界大戦中には沖縄本島を中心に大きな戦災を受け、その後アメリカ軍の占領下におかれ、一九七二年に日本に復帰した地域でもある。沖縄県は日本の中では南西端に位置し、その最も西にある八重山諸島の与那国《よなぐに》島は、台湾までおよそ一〇〇キロメートルしか離れていない（図1）。

なお沖縄県は、北緯二五度前後にあるために日本本土に比べて暖かく、県庁所在地である那覇市では一月の月平均気温が一五度を超えて、「日本の亜熱帯」とも呼ばれており、植生も日本本土と異なっている。

琉球国は一五世紀に沖縄本島を中心に成立し、一八七九年に「琉球処分」によって日本に沖縄県として編入されるまで存続した。一六世紀までは、明との朝貢貿易を軸とした、国を挙げた交易により繁栄した。ただし、一六〇九年に現在の鹿児島にあった薩摩藩の島津氏の侵入を受け、それ以後、日本の徳川幕府に間接的に属した状態になりながら、明・清との朝貢関係も維持するという、両属の関係を持つことになった。このような歴史的背景があるため、言語的には日本本土にきわめて近いものの、文化的にはさまざまな側面で、日本本土とは異なった特徴を持っている。

2　琉球列島の近世村落と風水

琉球列島の村落は、山や比較的標高の高い場所に立地し、不定形の土地割形態（非ゴバン型）を持つ中世村落か

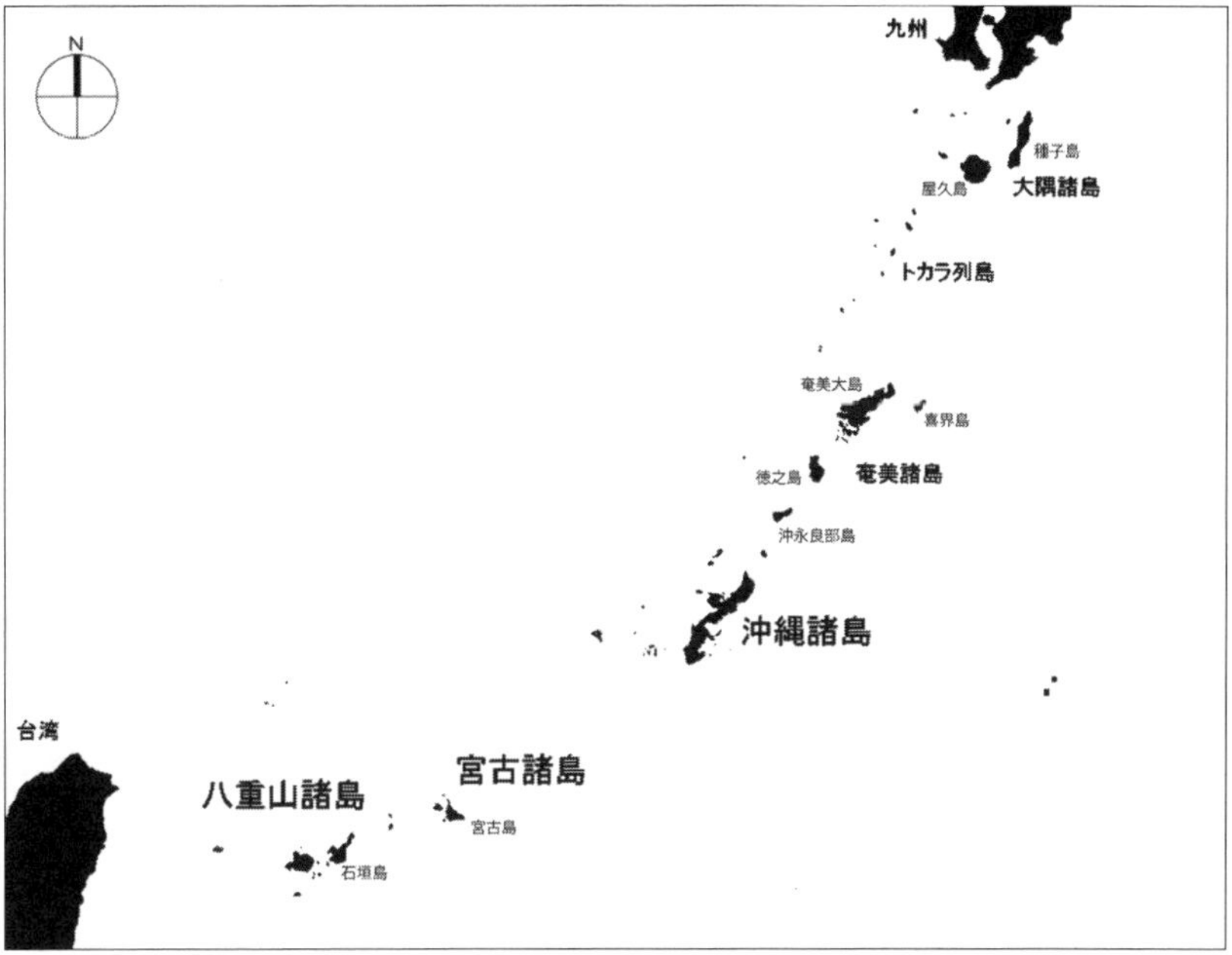

図1　琉球列島とその周辺

ら、一七〇〇年代に政策的に造られた、比較的平地に立地し、ゴバン状（格子状）の土地割形態を持つ近世村落に移行したと考えられている。現在琉球列島に存在する古い村落は、多くの場合、この近世村落の特徴を持っている。村落には、村を守る「御嶽《うたき》」と呼ばれる聖地がその後方や背後の山にあり、その御嶽の近くには、村の中心的な役割をする家々「根屋」や「ノロ」「神司」と呼ばれる、村の信仰をつかさどる神女の家が位置した。今回紹介する林による「抱護」は、主としてこのような村落にみられる。

ところで、「風水」という語が沖縄の文献に登場するのは一七世紀後半になる。その風水知識は、主に当時の中継貿易などに携わった中国人系の唐栄士族によって福州（福建）より伝えられたものである。沖縄では、首里城を含む村落風水、植樹や森林の保全、墓地風水など、さまざまな形で用いられた。

沖縄における村落と風水の関係にふれておこう。

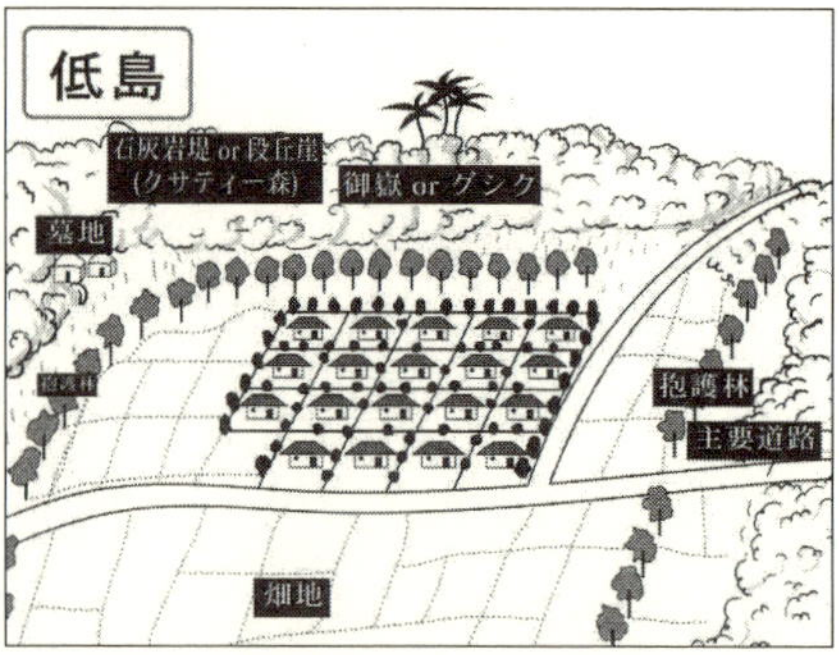

図２　沖縄における低島型集落モデル
（目崎茂和『図説風水学』、東京書籍、1998年116頁の図より転載）

中国の福州で「地理」を学んで帰国した蔡温が三司官（宰相）を勤めた時期から、村落の移動について首里王府が直接関与するようになったが、その際に、唐栄士族を中心とする風水師が介在し始めた。これが、当時の沖縄において風水が民間に浸透していく契機になったものと考えられる。(2) そのような記録は、『球陽』をはじめとしたさまざまな文献にも見ることができる。

例えば、一八五七年の羽地間切真喜屋・稲嶺両村の風水判断を見ると、記載内容の多くに、方位に関する記述がみられる。そこでは、「上之御嶽子後て二而午向庚午」（上之御嶽は子（北）の方角を背後にして午の方角に向き、ただし若干西よりを向いている）といったように、さまざまな事物についての判断をする際に方位を計測している。それとともに、「大猪垣通よりきらま筋まてきや御嶽之根迄諸木植付候事」（「大猪垣通」から「まてきや御嶽」まで植樹をすべきである）など、かなり詳細に植樹の指示が行われた。また、水路・道路の開閉などについても細かく指示されている。(3)

しかしながら、そこには風水でいう形法の気脈（龍脈）概念に基づく山の認識はみられない。同様に、一八六四年の『北木山《ほくぼくざん》風水記』(4)においても、方位判断と植樹の指示が主であり、脈の概念をみることができない。このような村落移動や墓の造営に関わって、唐栄士族などが請われて風水の善し悪しを看て、判断と指示を行ったとする「風水見聞記」が、沖縄県内では多数発見されている。ただし、その多くは琉球国時代の後期から末期に集中している。

二　琉球列島における「抱護」概念と植樹・林地管理

1　蔡温の育林政策と「抱護」

琉球列島において、村の住民によって管理されてきた村の林は、沖縄に伝来した風水思想と関連する「抱護」概念とのかかわりで説明されることが多い。この「抱護」という概念は独特であり、例えば、韓国風水における林地の保全と関連する「裨補《ひほ》」ともよく似ているが、若干異なる意味を持っている。

『沖縄大辞典』(5)の「抱護」の項によれば、「抱護」とは、特定の場所を風水害から保護する施設（森林・地形）を指す歴史的な用語で、風水思想に基づく地形的概念を持つとされている。そして「抱護」という語は、「山気が洩れないように諸山が相囲んでいる」状態や、造林地を保護する林帯を指しているという。

このような「抱護」概念の形成において、非常に大きな役割を果たしたのが蔡温（一六八二―一七六二年）である。蔡温は、中国の福州で「地理（風水）」を学んで帰国した後、三司官（宰相）をつとめた。彼は近世の琉球に大きな足跡を残した政治家であり、優れた技術者であった。その業績は多数にわたるが、その一つが風水思想に依拠した植林・育林技術を開発したことである。そのような技術をもとに、彼は、造林・治水などの大規模な国家事業を行った。とくに蔡温が活躍した一八世紀には、首里王府による林野改革が実施され、「杣山《そまやま》」が制度として確立した時期であった。「杣山」とは、王府の用いる上質の木材や、公共用材、造船用材、農民用の用材の保護・育成のために、王府によって囲い込まれ、王府指導のもとに村などが管理した森林や原野である。

この時期、蔡温は一七三七年に『杣山法式帳』(6)を編集し、さらにそれを漢文で示した『山林真秘』(7)を著した。これは、森林の育成法を示したものであるが、その中で蔡温は、森林の育成には土壌よりも山形が重要な影響を及ぼすとし、琉球列島の自然環境の特殊性である夏の台風や冬の季節風を考慮した。さらに「諸山が相囲んで抱護（防風帯）を形成し山気の洩れない緩やかな傾斜地」が森林の育成に最適とし、その「抱護」が堅固であることを重要視した。『杣山法式帳』では、山気が漏れぬように杣山の敷地を山々が囲んでいるのを「抱護」とし、とくに、抱護する山々の左右の先端が着物の襟を合わせたようになっている点を「抱護の閉」あるいは「抱護閉口」とし、ここに植樹をして育成し、山気が漏れないようにすると木々が成長することが示されている。ここから蔡温は、「抱護」とは山々や植樹によって山気を密閉することであると認識していたと判断され、その後「首里地理記」などで、植樹による気の密閉論を展開してきた。

このような蔡温の「抱護」概念は、琉球において広く受け入れられ、遅くとも一八世紀半ば頃から、村囲い・屋敷囲い・潮垣と結びつき、村抱護・屋敷抱護・浜抱護・間切抱護と表現された。ここから、蔡温の造林法のキーワードであった「抱護」の概念が広まり、「抱護」の概念に基づいた植林が琉球列島において広く行われるようになったものと考えられる。

2　文献にあらわれる「抱護」概念と「村の林」

以上に述べた「抱護」の概念は、琉球国時代の「風水見分記」など各種文献にあらわれ、林や樹林と関連を持って記される場合も多い。

たとえば一八六四年に鄭良佐《ていりょうさ》によって記された、八重山諸島の村々の風水見分を行った記録である『北木山風水記』には、「抱護」という語が頻出する。『北木山風水記』の内容は、各村の風水的判断と改善の指示であり、具体的には、村ごとに設けられた役所である「番所」の敷地内の方位判断と敷地周囲の道路や樹木などの状況、およびそれに対する指示から始まり、次いで、村落内の道路・樹木・排水についての判断と指示で構成されている。

町田・都築[8]によれば、そこには、『杣山法式帳』などで知られる蔡温の「抱護」と植樹の思想が色濃くあらわれている。そして同研究は、鄭良佐の判断には「抱護」の樹木を植え付けることがくり返し指示され、その淵源は中国の風水思想にあるとしても、直接には蔡温の山林法に由来することを示唆している。

『北木山風水記』をみると、まず理解されるのは、「抱護」という語が頻出することである。韓国の邑志《ウプチ》における、山川条に代表されるような山のつながりについては全く言及されず、村や番所、家屋の周囲の地形（山）や樹木による「抱護」について、きわめて詳細に検討されている。そこでは、とくに風水的欠陥を改善しようとする場合、植樹をすることで解決を図るものがきわめて多い。周囲の山が無いか、山が低かったり、「空欠」があるなどして「抱護之情」が無かったり、「抱護之佐」が無いと認められるものについては、植樹を中心とした指示を行っている。そのような植樹の指示は、村の役所である番所の周囲、村落の周囲に対して多い。村落の周囲における植樹の指示については、村落を取り囲む「外屏」を造るようにとの指示もみられる。

また、とくに風水的欠陥が示されずに植樹が指示される場合も多く、総合的に見ると、村の周囲全てが山や樹木で囲まれていることを目標としているようにも思われる。逆に、山が低くなっている「凹陥」や、遮るもののない状態を、悪いものと評価しているようである。これにはやはり、頻出する「抱護」という概念の影響が強いものと考えられる。

さまざまな「空隙」を全て埋めようという意思も感じられる。例えば、「〈方位〉から〈方位〉に至るまで〈風水的欠陥〉があり、図を参照して樹木を（多く）植え、それを以て〈抱護すべし・遮蔽すべし・気を護るべし・風を遮るべし〉」といった文章が繰り返される。

このように『北木山風水記』においては、「抱護」という語が頻出するが、とくに「抱護」の状態を完成させるために村の周囲などに植樹をするべきである、という発想がみて取れる。また、沖縄に伝来した風水と「抱護」とが一体をなしていることが理解される。

風水関連文献ではない文献にも、「抱護」と樹林に関する内容を見ることができる。たとえば一八五八年の『翁長親方八重山島規模帳』(9)には、番所（役所）や浜辺、屋敷の周囲などに「抱護」をするべきで、そうしない場合には「風水」に差し障りがあるだけではなく、風雨が強いときには人家や田畑に損害が出るため、そのような場所に植林をし、堅固に「抱護」をするべきであると述べられている。(10)このような指示を示した文書は、「風水」関係の文献のみにとどまらない。

三　沖縄県内の離島地域にみる「抱護」と樹林

沖縄県内の離島地域、とくに八重山諸島や宮古諸島の一部の島には、「抱護」の概念で説明される林が残っており、また、林が消失していても、各種資料から往時の形態が確認できるものがある。ここでは、二つの林の事例を紹介しつつ、「抱護」概念と村の林について考察したい。

1　消失した石垣島平得・真栄里の林による抱護

平得《ひらえ》・真栄里《まえさと》は八重山諸島の石垣島の村落であり、比較的平坦な地形に立地している。東西に走る道路の北側に平得村、南側に真栄里村がある。往時の状況を平得村、真栄里村の二枚の古地図（八重山諸島村落絵図）で確認すると、ゴバン型（格子状）の街路を持つ平得村の周りと、真栄里村との境界になる道路沿いに、樹木らしき表示がある（図3）。また、真栄里村にも樹木のような絵が描かれ、林があったことが推定される（図4）。しかしながら現在、林は存在していない。

石垣市史編纂室による『八重山写真帳[11]』に掲載された、第二次世界大戦末期の平得・真栄里村の米軍撮影空中写真（写真1）を見ると、村落の居住域から一定の距離をおいて、一筋の林が周囲を取り巻いていることを確認できる。またこの林は、村の北側で村を守る聖域、御嶽《うたき》の林と接し、つながっている。

明治期地籍図で林のあった場所の地筆を詳細に検討すると、図のようになる（図5）。中央を東西に通る道路の北側が平得村、南側が真栄里村である。そして、おおよそ道路がゴバン型（格子状）になっているところが居住域で、家屋が建ち並んでいた。なお、八重山諸島においては、一七三七年の地割制の影響を受け、とくに一七七一年の「明和大津波」以降に新設された村々ではこのようなゴバン型の土地割が行われ、土地割が現在まで残存している。その村落内の居住域の周囲に、若干距離をおいて、地籍図上に長細い地筆が現在も確認される。すでに、林による「抱

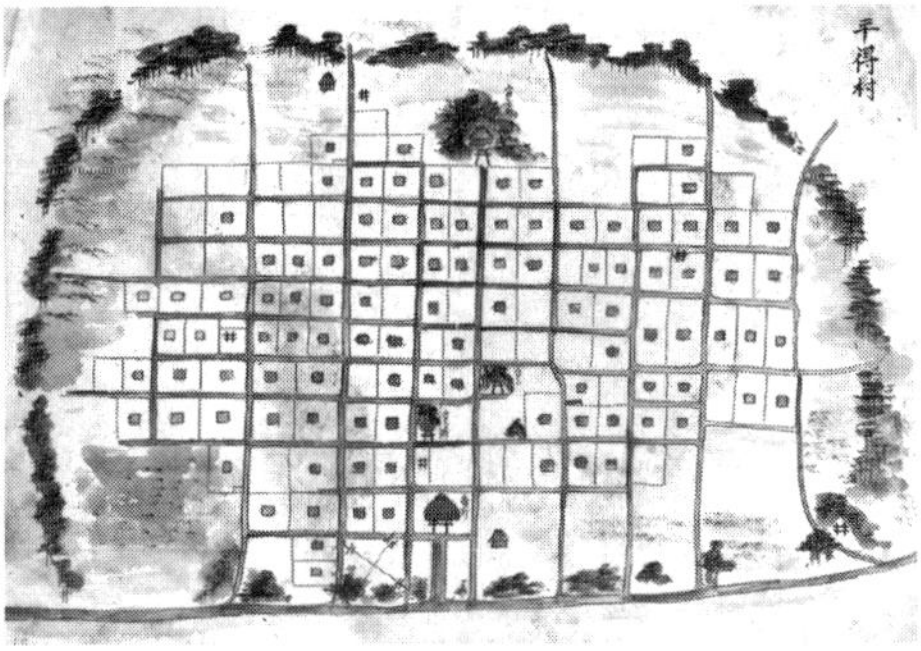

図3　石垣島平得の八重山諸島村落絵図

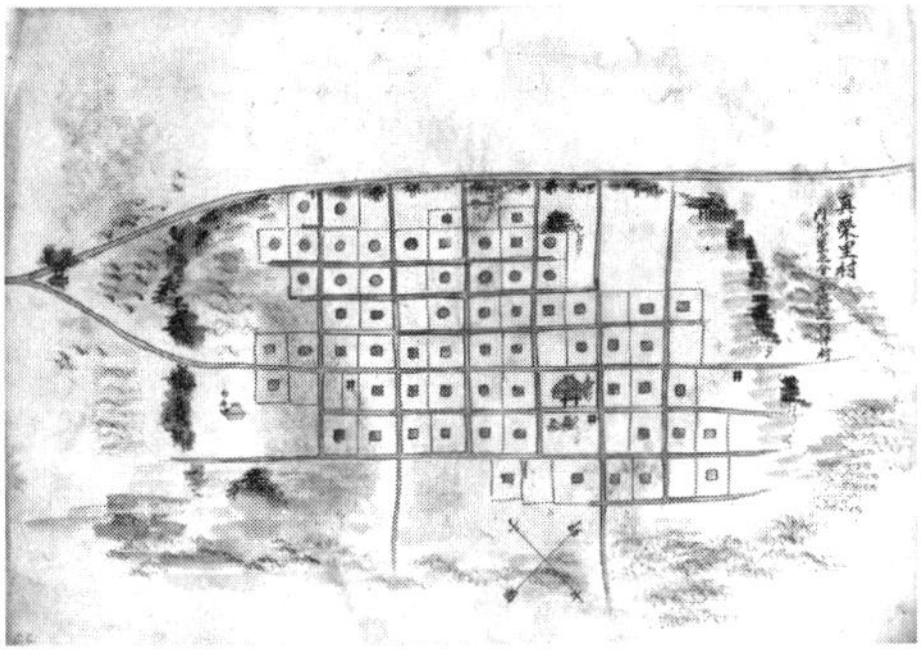

図4　石垣島真栄里の八重山諸島村落絵図
（図3・4とも：石垣市『八重山古地図展――手書きによる明治期の村絵図』1989年、36頁より）

写真1　平得・真栄里の米軍撮影空中写真（1945年）（沖縄県公文書館所蔵）

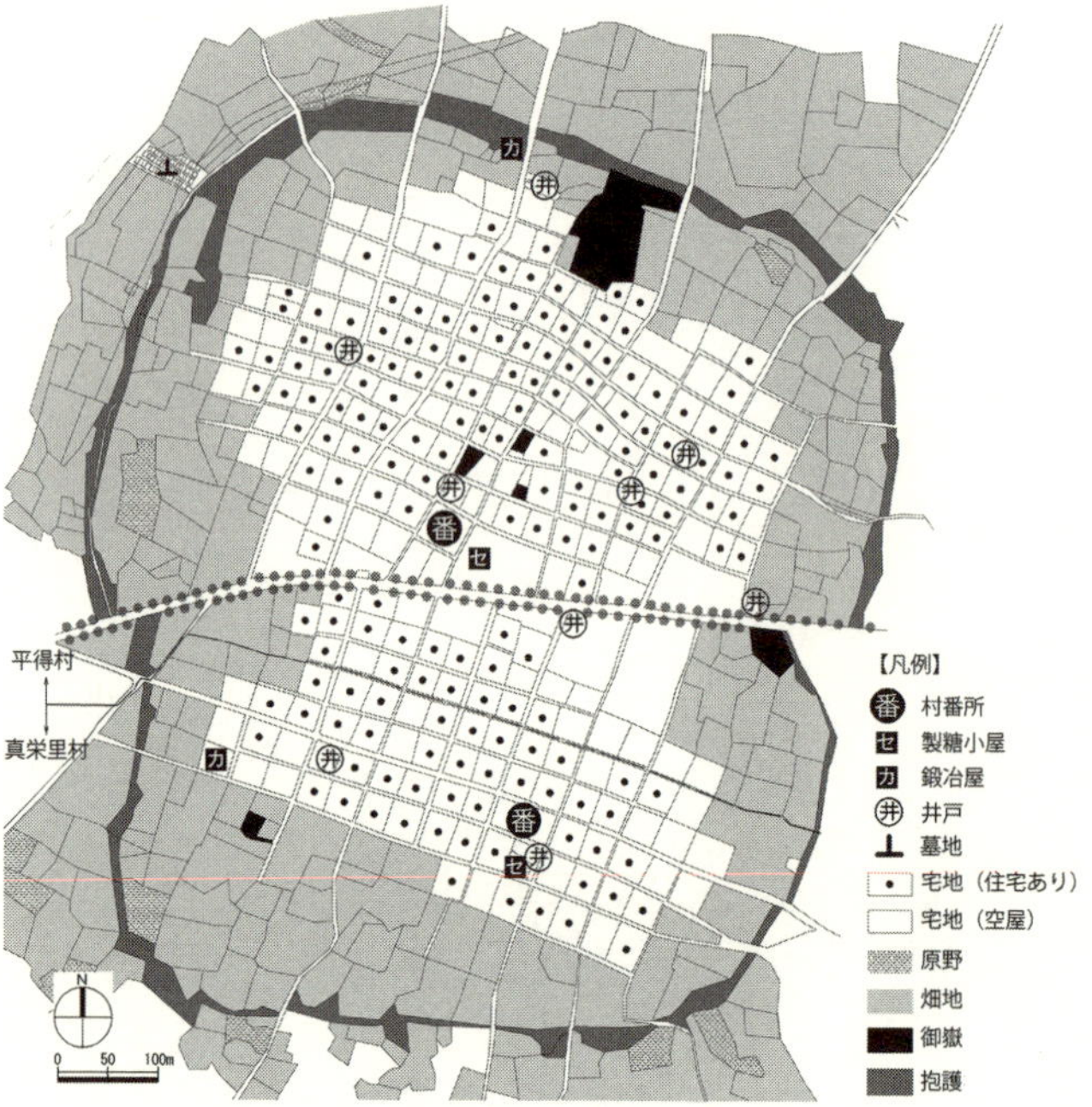

図5　平得・真栄里の明治期地籍図にみる林

護」は消失しているものの、この地筆上に林による「抱護」があったものと思われる（図5中の濃いグレーの着色した部分）。このように独立した細長い地筆があることからは、明治時代の測量の際に、測量に値する事物や土地利用の境界、あるいは土地所有界があったことが理解される。平得・真栄里村の場合、林がこの地筆上にあったことは、明治期の地籍図が残っていなくとも、他の資料とのつき合わせからおおよそ理解されるであろう。

　この林の形態を見るならば、背後にある御嶽の林ともつなげられながら、村全体をきれいに囲んでいることが理解される。先述した『北木山風水記』の記述にもあらわれるように、村の周囲を隙間なく囲み、「抱護」している例であると考えられる。

2　現存する多良間村の「ポーグ」

多良間《たらま》島は、沖縄県内で現在唯一林による「抱護」が残存する島であり、また、林に「ポーグ」（「抱護」の方言）

の名がつけられている事例である。現在、林は県指定天然記念物となっている。ここではその実態について、現地の写真や地籍図などから現状を把握するとともに、考察を加えてみたい。

多良間島は、先島諸島の宮古島と石垣島の中間に位置する島で、いわゆる隆起さんご礁からなる標高の低い島である。地勢は平坦であり、北西部に標高三〇メートルをわずかに超す丘陵があるのみで、島の周囲には裾礁が発達している。居住域は島北西部の丘陵の南側に立地し、不整形のゴバン型あるいは格子状の土地割りで構成され、役場と小学校を中心とする範囲に家屋が固まっている。行政単位上、ここの村落は塩川《しおかわ》、仲筋《なかすじ》の、二つの字に分かれている。

写真２　多良間島の「ポーグ」(2009年)

写真３　村落の周囲を取り巻く多良間島の「ポーグ」の林（2009年）※３部２章に鮮明画像あり

多良間島の林による「抱護」は、全長一・八キロメートル、幅一五メートル程度の規模で連なり、村落の居住域の南部・東部を取り巻いている（写真２）。したがってこの居住域は、北側の山と、そこから伸びる林帯によって周囲を取り囲まれているといえる。いわば、御嶽のある腰当《クサティ》の山から林へと連なる緑の帯に居住域が囲まれているのである。また居住域と林帯の間には畑地が存在し、居住域にすぐ接して林帯があるのではなく、居住域から若干の距離を保っている（写真３）。林帯の中には、水道の設置以前には重要であった井戸も存在している。

八重山では、日本本土でもみられる道きりや虫送りとよく似た行事が行われることが知られているが、その際に家畜の内臓などを村落の入り口など、村落と外部との境界にぶら下げる。多良間島ではこれをスマフシャラ（秋ばらい）行事と呼び、やはり同様のものをぶら下げるが、その際に居住域の南側・西側では、道路が林帯と交わる部分にぶら下げられる。ここから、林帯が村と外部を区切る役割をも担っていると推察され、民俗行事における空間区分とも関連することになる。

この林帯は、沖縄県下に唯一残る数少ないものとして現在県指定天然記念物に指定（一九七四年一二月）されており、多良間島では「ポウグ」「ホーグ」などと呼ばれている。この林帯は、蔡温の林業施策のもと、一七四七年より仕立てられたものとされる。林帯の外側から居住域を望む写真を見ると、外側から居住域の内部を見ることはできないほどのボリュームを持っている。また、現在は天然記念物となっているため、さまざまな理由で林帯が傷んだり、無くなったりした場合には、あらためてフクギを植林しており、指定を受け続けている以上、今後もこの状態が維持されるものと思われる。また、林帯の土地は全て字有地（地域の共有地）となっており、村落で管理されてきている。

この林帯の形態を見るならば、居住域の背後（北西側）に低い丘陵地があるために、林帯は居住域の東側と南側のみを取り囲む形となっていた。前述の平得・真栄里村とは周辺の地形が異なっているが、村落の居住域の範囲を一定の距離を置いて囲んでいることは類似している。

まとめ

琉球列島における「抱護」の概念は、山などに囲まれ気が漏洩しない状態を示すもので、琉球国時代に、蔡温などによって風水思想と育林政策が結び付けられ成立した。そのため、「抱護」と樹林地は深い関係を持っている。「風水見分記」などの各種文献においては、「抱護」を維持するために、植林をすることが求められていた。

一方、沖縄県内の島々において「抱護」のために造られたとされる林について、現存するものや、消失しているが復元可能なものについて検討すると、次のような特性が認められる。第一に、それらは村落の居住域から一定の距離を置いて周囲を囲むような形態となっており、「抱護」の概念とよく一致している。また、その形態から、植林や林の管理など人間の関与が行われたものと考えられる。さらには、一七〇〇年代の近世村落の成立との関連があることが推測される。第二に、このような林は、「抱護」だけでなく、防風林・保安林としての役割や、村落の入り口や民俗的な境界としての意味を兼ね備え、きわめて複合的な意味を持った「人工林」であったと考えられる。

このような「抱護」概念や「抱護」の具体像については今後、沖縄本島および宮古島の事例研究も含めて論じられるであろう。また、香港・広州の「風水林」、および韓国における「裨補」概念や「村の林」と類似する点についても、比較研究の可能性を秘めているものと思われる。

注

(1) 本論は、韓国・木浦大学校島嶼文化研究院において二〇一〇年九月一日に開催された「第一回　島と山の人文韓国HKセミナー／日韓共同セミナー『村と林についての文化的考察』」で発表した「沖縄の近世集落に関する「抱護」林についての総合的アプローチ」の日本語草稿に、加筆・修正を加えたものである。

(2) 都築晶子「近世沖縄における風水の受容とその展開」(窪徳忠、『沖縄の風水』平河出版社、一九九〇年)。

(3) 玉木順彦「沖縄本島北部の風水資料――真喜屋・稲嶺の事例」(窪徳忠『沖縄の風水』平河出版社、一九九〇年、二三三―三〇四頁。

(4) 石垣市総務部市史編集課『石垣市史叢書一六　北木山風水記』、二〇〇八年。

(5) 『沖縄大辞典』下巻、仲間勇栄「抱護」の項、沖縄タイムス社、一九八三年、四四四―四四五頁。

(6) 蔡温ほか『林政八書　全』の九五―一一八頁「杣山法式帳」、佐藤常雄他編集『日本農書全集　五七　林業二　林政八書　全』に収録、一九九七年。

（7）崎浜秀明『蔡温全集』本邦書籍株式会社、二〇五―二二五頁、一九八四年、三〇〇―三〇三頁。
（8）町田宗博・都築晶子「「風水の村」序論――『北木山風水記』について」、琉球大学法文学部紀要　史学・地理学編三六、一一〇―一一六頁。
（9）石垣市総務部市史編集室『石垣市史叢書七　翁長親方八重山島規模帳』、一九九四年。
（10）前掲（8）。
（11）石垣市史編纂室編『八重山写真帳』、二〇〇一年（昭和二〇年米軍撮影空中写真は沖縄県立公文書館蔵）。

参考文献

仲松弥秀『神と村』、梟社、一九九〇年。

窪徳忠『沖縄の風水』、平河出版社、一九九〇年。

都築晶子「蔡温の造林法について――風水と技術」、『東洋史苑』四八・四九、三一―五四頁。

都築晶子「蔡温の風水思想――『首里地理記』の景観論とその展開」、『竜谷史壇』一一一、二六―五六頁。

第二章　「抱護」の概念と抱く世界観

仲間勇栄

はじめに

「抱護《ほうご》」の用語は、都築晶子によれば、中国の古文献『平砂玉尺経』にも見られるという。[1]しかし中国におけるその概念は、同じ風水地理に淵源をもつとはいえ、地形上の解釈が沖縄のそれとはかなり異なる。また、文献上、「抱護」の言葉は中国の歴史書では確認できるが、それが中国の農山漁村地域で今日、どのような形で存在するのか、その具体的な事例はまだ確認できていない。

韓国には「裨補《ひほ》」という、沖縄の「抱護」に類似する概念がある。しかしこの「裨補」の概念も、後述するように、その応用形態が沖縄とはまったく違うのである。

沖縄の「抱護」には、これまで知られているように、「薄抱護《ススキほうご》」・「茅抱護《カヤほうご》」・「屋敷抱護《ヤシキほうご》」・「浜抱護《ハマほうご》」・「村抱護《ムラほうご》」・「間切抱護《マギリほうご》」など、その場所や植生と連結して、様々な呼び方がみられる。これらの用語は、風水地理に淵源をもつのは間違いないが、沖縄の旧慣調査のために明治期の中央政府から派遣された役人にとっては意味不明の用語だったようで、例えば「村抱護」や「間切抱護」を「村保護山」・「間切保護山」[2]と読み替え、本来の意味を取り違えて解釈している例もあった。

「抱護」の概念については、すでに拙著『蔡温と林政八書の世界』[3]の中の「抱護の原初形態とその展開」の節で、その歴史的系譜とその応用事例の面から論じてある。本章では、以下の各章で具体的に論じられる「抱護」の存在形態を理解するための予備知識として、その歴史的系譜と展開について、総括的に論じておきたい。

一　歴史書に見る「抱護」の原初形態

現在、沖縄における「抱護」の実用事例を確認できる最も古い歴史書は、「杣山法式帳」（一七三七年）と「山林真秘」（一七六八年）の二つである。「山林真秘」の場合、現在、琉球大学図書館に筆写本が所蔵されているが、その末尾には一七六八年の書と記されている。この筆写本が書かれた年代については、いくつかの説があるが、いずれもその根拠は薄弱である。

宮古島の頭職を代々務めていた白川氏の家譜資料には、平良の頭・杣山物主取の役職についていた十三世恵通が、一七三八（中国元号の乾隆三）年に貢物の宰領で首里王府に上国した折、蔡温から山林之法・決川之法を学び、そのときに「山林真秘」一巻を賜ったことが記されている。この歴史的事実から、「山林真秘」は「杣山法式帳」に先行する書であり、この「山林真秘」を基本に「杣山法式帳」は組み立てられたのではないか、と私は考えている。

この「山林真秘」と「杣山法式帳」における用語の使い方を比較しても、両書には「抱護」の言葉が頻繁に出現する。そして後述するように、この「抱護」の出入り口について、「抱護之門」（「山林真秘」）、「抱護閉口」・「抱護之閉所」（「杣山法式帳」）などの用語が共通して使われている。ただ、細かく見れば、両書においては「気」の概念は共通するものの、「気脉」＝「気脈」（「山林気脉之所」）の用語は「山林真秘」のみに見られ、「脉＝脈」の概念は「杣山法式帳」

に表れてこない、という違いがある。このことは、「山気」が風によって散逸する要因を最も重視する「杣山法式帳」の実利実用の手法と、風水地理の理論を内包する「山林真秘」との微妙な違い、と見ることができよう。

「山林真秘」と「杣山法式帳」には、「抱護」は、次のように説明されている。

「山林真秘」：「嶺地に対して、その周囲を山々が囲って保護していることを抱護という。」

「杣山法式帳」：「山気が洩れないように、山々が取り囲んでいるのを抱護という。抱護の山々が重なる稜線の先端が、衣装の襟《えり》を重ね合わせたような所は、抱護之閉という。」

これら二つの書で論じられている「抱護」の概念は、山の地形解析から導き出された結論であることに注目すべきである。すなわち、山の地形を傾斜度（約四五度）の違いで「嶺地」・「峯地」・「澗地」の三つに分けている。「嶺地」は傾斜度が四五度以下の緩やかな斜面で、高い所から下嶺・中嶺・上嶺の三つにランクづけている。「峯地」は傾斜度が四五度以上の急斜面で、高い所から同じく下峯・中峯・上峯の三つにランクづけている（図1）。「澗地」は山の谷間の平坦地で、場所が広い所は上位、「嶺地」に挟まれた所は中位、二つの高い「峯地」に挟まれた所は下位の敷地とランクづけされている。

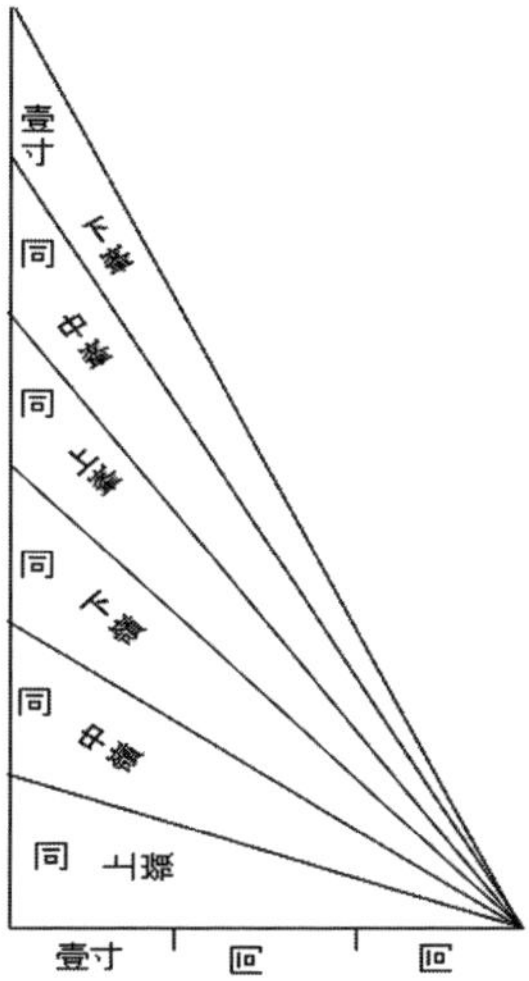

図1　山形の傾斜度の図
45度を基準に上部は峯地、下部は嶺地に分ける（「杣山法式帳」）。

そして、山の敷地（造林地）においても、「嶺地」は陰・陽二つの気が調和した一番敷地と定義している。「峯地」は陽の気が強い不調和の土地で、二番敷地とする。「澗地」は陰の気が強い不調和の土地で、三番の位の敷地とする。こうして山の敷地をランクづけ、植林のための適地を区分してきた。大きい船の帆柱用材になるコウヨウザン（広葉杉）などは、「嶺地」の上位の敷地の広い土地で生産されると説

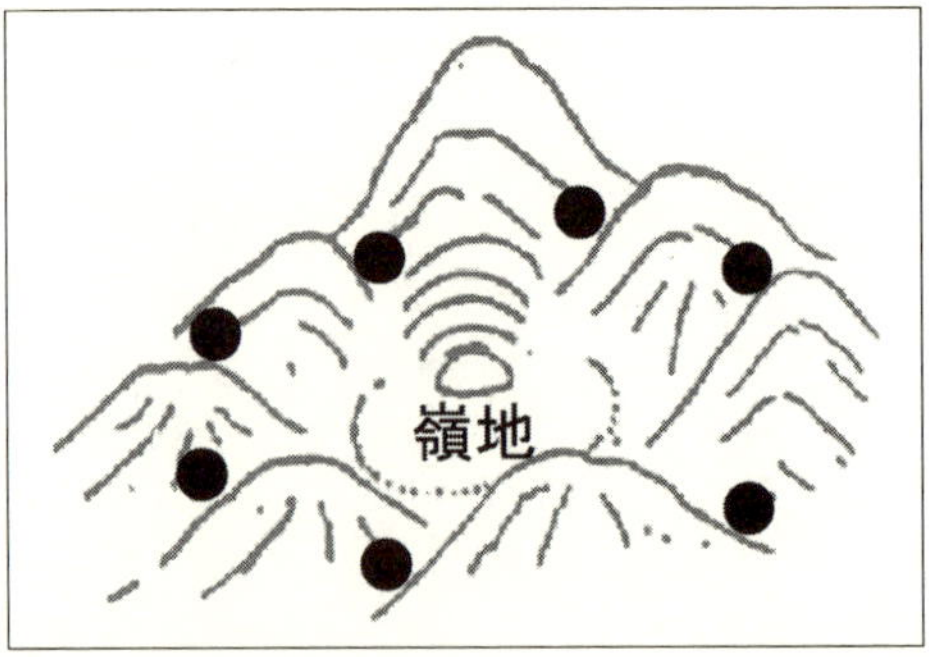

図2　山形の「抱護」図
●印は「抱護之門」・「抱護之閉」・「抱護之閉口」。外側から「一番之閉口」・「二番抱護」。原図は村山智順『朝鮮の風水』より。

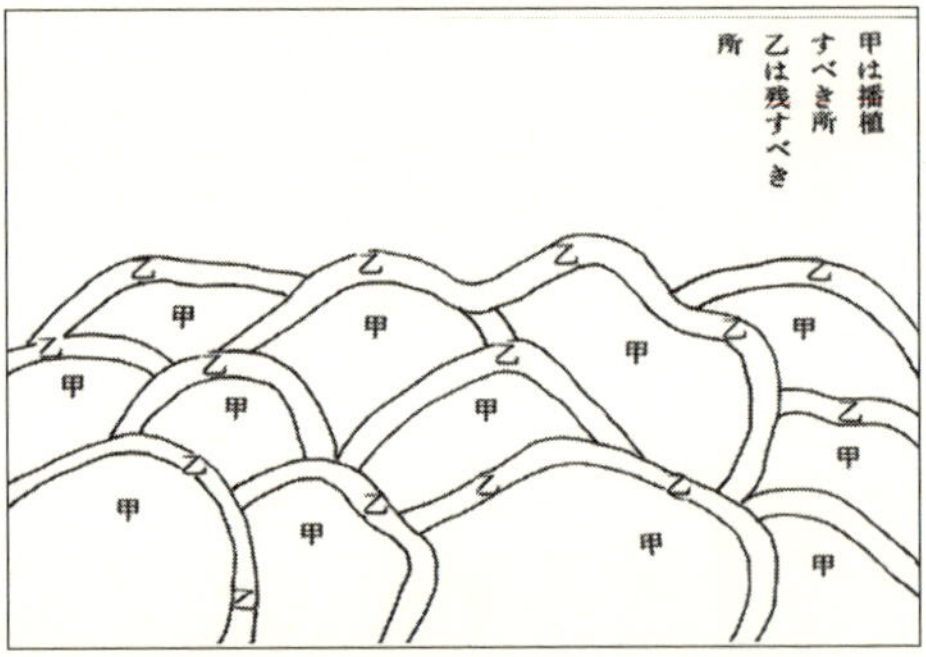

図3　「魚鱗形」の図（「樹木播植方法」より）
甲は開地して苗木を植える所。乙は林帯の「抱護」。外側が「廻抱護」、内側が「内抱護」。景観が魚の鱗状に見えることから「魚鱗形」と名付けられる。

かれている。

さらに、「抱護」の山々で囲まれた「嶺地」であっても、「抱護」の山々が重なる稜線の先端の「抱護之門」（「山林真秘」）や「抱護閉口」・「抱護之閉所」（「杣山法式帳」）などの場所の樹木が切り開かれていると、そこから「山気」が洩れ、植林地が吹きさらしになって山奥まで樹木は衰退し、しまいには、「藪山」（荒廃地）になるという。そこで、「抱護」の一番外側の閉じ口（「一番之閉口」）から樹木を植え茂らせるようにすること、その場所が食糧生産に支障をきたす場所なら、一番の閉じ口は畑に利用し、二番目の「抱護」（「二番抱護」）から植林して閉じておくこと、と指導している（図2）。この二重に「抱護」を造成する考えは、植林地を保全するための基本となるバッファーゾーンで、この手法は、以下で取り上げる魚鱗形の育林地の造成や、村落風水の「諸抱護」（例えば、「内抱護」「外抱護」）の造成などに応用されていくのである。

「抱護」の原初形態には二つある。その一つは、山の地形を解析し、その地形から植林する際の適地を判定する手法である。これについては、前述した通りである。二つは、広大な原野で樹木を仕立てる際に、植生を活用する手法である。この手法は、「樹木播植方法」（一七四七年）に詳しく記されている。[4]

「樹木播植方法」では、薄《ススキ》の原野で、ススキが五〜六尺（約一五二〜一八二センチメートル）ほどの高さに生えているところは「魚鱗形」に開いて、その中に諸木を仕立てる。「魚鱗形」の直径は四〜五間（約七八八〜九八五センチメートル）ほど開ける。ススキの「抱護」の幅は三尺（約九一センチメートル）ほど残す。

また、茅《チガヤ》の生えている原野の場合には、「魚鱗形」の直径は一間（約一九七センチメートル）程度の広さに開く。茅の「抱護」の幅は二尺（約六一センチメートル）ほど残す（図3）。

近代の防風林の効果を示す防風理論によれば、風上側の防風林の樹高の五倍の長さが、風下側で最大の防風効果をもたらすとされる。「薄抱護」の空間域とススキの高さの関係は、この近代の防風理論値とほぼ一致する。

「魚鱗形」は場所を判断して三角・四角に開くこと。また、「魚鱗形」の外側は「廻抱護」、「内にも抱護」にして、場所に応じて作ることとしている。この「廻抱護」・「内にも抱護」の考えは、「抱護」のモデルとして、その後の村落風水で出現する「外抱護」・「内抱護」などの配置に応用されていく。

二　村落風水への「抱護」の応用

先にもふれたように、沖縄の「抱護」の諸形態は、山の地形で形成される「抱護」、植生による植林地の「薄抱護」・「茅抱護」、村落の海浜域から生産域までに造成された「浜抱護」・「屋敷抱護」・「村抱護」・「間切抱護」など、山↓田畑↓村落↓海浜などを抱いて護る広大な環境防災機能に特化して存在する。

これから論じる村落風水にしても、その考えの基本は、すでに山地での「抱護」の原初形態の中に現れ、それを発展させる形で村落風水の配置に生かされている。

村落風水の配置については、住民の精神世界を支配する「御嶽《ウタキ》」信仰の中心地を「腰当て《クサティ》」にして、風水地理

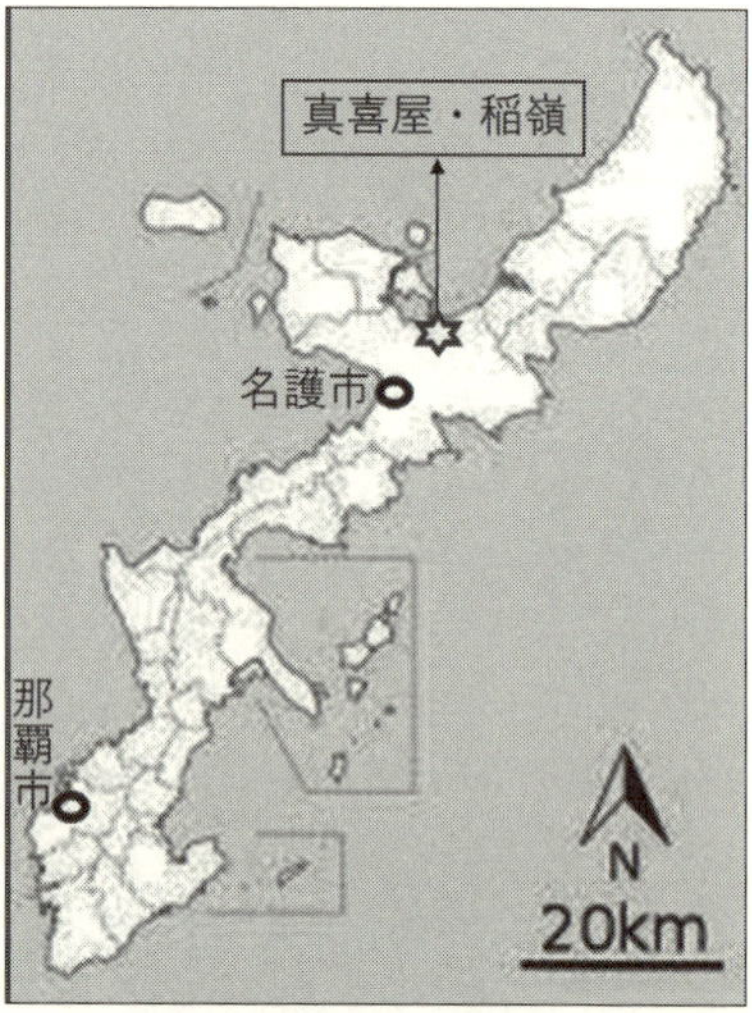

図4　真喜屋・稲嶺村落の位置

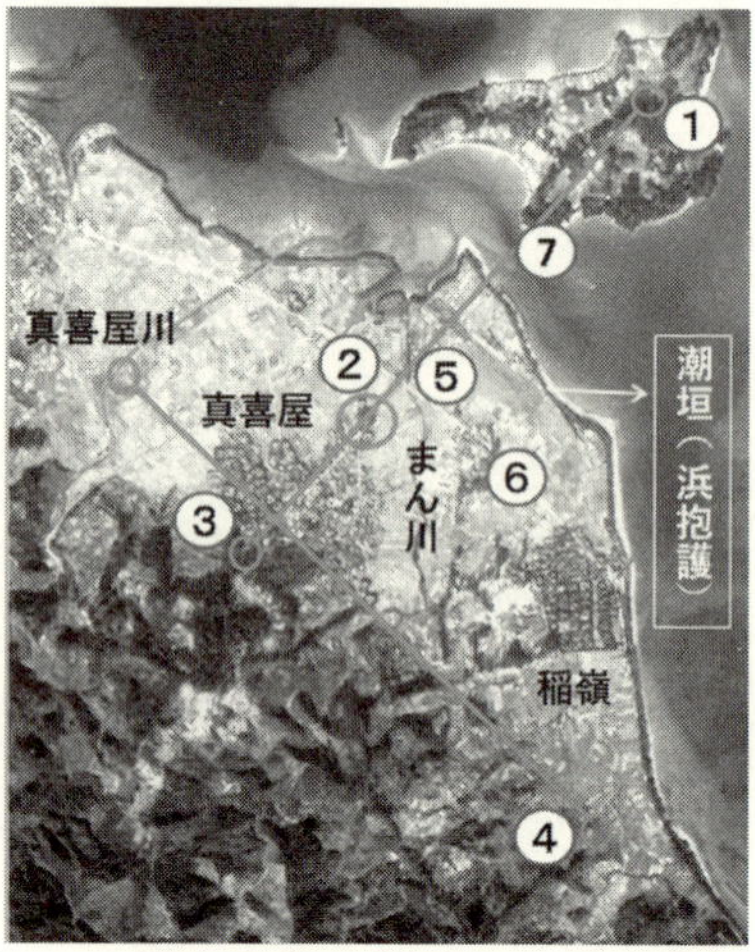

図5　旧羽地村真喜屋・稲嶺村落の風水配置
中央のラインが交叉している所が真喜屋村、右側の海岸沿いは稲嶺村。①奥武原御嶽、②アハチャビ、③上之御嶽、④まてきや御嶽、⑤とまんざ森、⑥ハジャーナ森、⑦おそこん崎。
(1945年、米軍撮影空撮写真、沖縄県公文書館所蔵に加筆)

の理論を応用し、それと並立するように防災機能に特化した「抱護」の実践配備が行われている。

一八五七年に風水師である久米村神山里之子親雲上が、真喜屋・稲嶺村（名護市）（図4）を風水見分した記録[5]が、沖縄県内で唯一残されている。

この史料を注意深く読むと、風水地理の二つの手法が混在していることが分かる。一つは風水理論にもとづく風水要素の象徴的な配置、二つは風の制御を最大目的とした風水要素の実利・実用的配置である。両者の各要素は「御風水所」の概念に包摂され、沖縄における村落風水の典型的な景観が体系づけられている。

風水理論にもとづく解釈では、村の「腰当て」になる御嶽（真喜屋村では上之御嶽）を風水見分の出発点（玄武）とし、そこから直線を延ばしていって、村の向かい側の奥武島の中央丘陵地にある奥武原御嶽（朱雀）に結んでいる（図5）。そのライン上にある小高い森（アハチャビ・トウマンザムイなど）、奥武島の海岸の岬、海中の干瀬・飛石などを重要な「御風水所」として指定する。さらに、稲嶺村の東側にある「まてきや御嶽」（白虎）から「おひやく屋御嶽」（ウペーフ屋の拝所）を通り、真喜屋川（青龍）に至るラインを結ぶと、玄武（「上之御嶽」）・朱雀（「奥武島の御嶽」）のラインと交わる点ができる。この交差点の周辺に、村の重要な施設（村屋・根神屋・おひゃく屋御嶽など）が点在する。これらの要素は、すべて風水上の要の場所として認識されている。

他方、風の制御を目的とした風水要素の実利・実用的配置をみると、北側の海岸線に近い稲嶺村に、多くの林帯による「抱護」が形成されているのが確認できる。そこには、海浜側から潮垣（「浜抱護」）・大囲み（「村抱護」）・屋敷囲み（「屋敷抱護」）などの順序で「諸抱護」が配置されている。これなどは明らかに、海側からの潮風を制御するための実利・実用の「諸抱護」の配置と見るべきである。

これら実利・実用の「諸抱護」と対照的に、風水理論に立脚した「抱護」の形態もある。真喜屋・稲嶺村の中で、村の「御風水所」といわれる小高い森（アハチャビ・トウマンザムイ・ハジャーナムイ・テンヨームイなど）がある。なかでもアハチャビ・トウマンザムイの二箇所は村の「第一之風水所」で、そこの取り扱い方が象徴的である。これらの場所は真喜屋村の西側の外れにあるが、この場所について、風水師は、外の「抱護」はアダンで囲み、内側は「内抱護」として松を植え付けるように指示している。この形態は、南城市玉城・前川村落の米軍空撮空中写真（図6）でもみられるように、村落の外側を二重に「抱護」（「内抱護」・「外抱護」）が形成されている事例に類似する。また「樹木播植方法」（一七四七年）でも、「魚鱗形廻抱護」（外側）と「内にも抱護」（内抱護）とが使い分けられている。これらのことから「内抱護」・「外抱護」の考え方は、沖縄では一般的に存在する概念

図6　沖縄本島南部・南城市玉城前川村落（1944年米軍空撮、済州大学所蔵）
村落の北側に御嶽が鎮座する。各屋敷はフクギで囲まれている。村落の外周を二重（「外抱護」・「内抱護」）の「抱護」（リュウキュウマツ）が取り囲む。

であったといえる。この形態は、風水理論の「内青龍」・「外青龍」・「内白虎」・「外白虎」の用語法の応用のようにも見える。

そして、これらの「諸抱護」に使われる樹木には、海岸域ではアダン・オオハマボウ・クロヨナ・他の広葉樹、内陸域ではリュウキュウマツ・フクギ・アダン・他の広葉樹など、在来種を中心に外来種（フクギ）を組み合わせて植栽されていることが分かる。これらの樹木を使うのは、耐風・耐塩性にすぐれ、さらに将来、用材として活用できることなどを考慮した上での選択だとみられる。

こうした諸機能をもつ「諸抱護」は、その後の系譜をたどっていくと、その一部は道路に変わっているのもあるとはいえ、そのほとんどが近代の保安林（潮害防備林・農地防風林など）に形態変化し、防災機能に特化して生き続けているのである。

三　東アジア風水文化圏における沖縄の「抱護」の特徴

沖縄の「抱護」の特徴について、中国や韓国との類似概念と比較すると、その風水地理上の理論的共通性は見出せるが、その応用形態に大きな違いがあることに気づくだろう。

これまで度々指摘されてきたところであるが、沖縄は島嶼亜熱帯気候の影響を受けて、冬は北からの季節風が吹き荒れ、夏は台風が最も強く作用する地理的岐路に位置する。このような自然環境のもと、風水地理の理論を沖縄に応用しようとすれば、その理論的解釈よりも、その実践的有効性を選択するのは、当然の帰結といえよう。

これらの点に着目して、風水地理の主要な概念を中国・韓国と比べてみると、次のような特徴が浮かんでくる。

一つ目は、中国との関係で、都築晶子が論じている『平砂玉尺経』の中の「抱護」の概念との違い[(6)]についてである。

この『平砂玉尺経』には、「(砂) 或三重四重抱護者、必是真穴所在」(砂の山並みが左右を三重にも四重にも『抱護』している地形には、必ず『真穴』がある―都築訳)と、「抱護」の意味が解説されている。そしてこの『玉尺経』は、「穴の両側の水流が穴の左右を取り囲むようにして『合衿』して流れ去るのがよい」地形だとしている。この「合衿」という言葉について都築晶子は、蔡温の「山林真秘」に出てくる「抱護之門」＝合襟にあたるとする。

都築は、この『玉尺経』の「合衿」と「山林真秘」の「抱護之門」＝合襟は同じ概念にあたるとしているが、その環境形態の意味は同じだろうか。

「山林真秘」の「抱護之門」は、「杣山法式帳」の「抱護之閉」・「抱護之閉口」と同じ概念とみるべきである。つまり、「山林真秘」や「杣山法式帳」で論じられている「抱護之門」や「抱護之閉」・「抱護之閉口」の概念は、「山気」を保全するための特定の場所を指示しているのであって、その場所がもし破壊されてしまえば、風が吹き込み、山が荒廃してしまうという、山林保全のための実利実用の理由を背景にしているからである。

『玉尺経』では、「風水」のツボにあたる「真穴」を「抱護」する地形を重要視し、そして「穴の両側の水流が穴の左右を取り囲むようにして、『合衿』して流れ去るのがよい」(都築による解説)としている。これは、風水地理でいう龍脈の流れを重視する理論的・象徴的な解釈であって、沖縄の実践的な「抱護」の概念とはその応用形態が違うのである。

二つ目は、韓国風水で論じられる「裨補」と沖縄の「抱護」との違いについてである。

「裨補」とは『大辞林』(7)によれば、「欠けているところを助け補うこと」とされる。村山智順は『朝鮮の風水』(8)で、「裨補」とは「地力を補う」ことと説明する。村落の立地が「風水」上、何らかの欠陥がある場合、その手段として「裨補塔」を建立したり、また「築山」を造成して、その村の「地気を吉変し、地力を回復旺盛」にするなどの処置を施す。村落を囲む地形が欠けている場合、その箇所に植林して空欠を埋め、水口を塞ぎ、龍脈の流れや保全を図る。

ここでは、地形の「脈」の概念が重要視される。

一方、沖縄の「抱護」の概念では、「気」の保全は強調するが、「龍脈」の概念はあまり問題にされない。一部、村落の風水見分で、風水上、要の箇所（「風水所」）を選定するときに、風水地理の理論的解釈で「気脈」の話は出てくるが、「気」の保全より重要視されている訳ではない。

それはなぜなのか。簡潔に言えば、「風」の問題に尽きる。繰り返しになるが、沖縄の山林や村落に風水地理を応用しようとすれば、冬の季節風や夏の台風を無視して風水立地の有効性を論じることは、無意味に等しい。

気象条件の厳しい環境で、いかに苗木を植え付け育てていくか、また家屋や農地を自然災害からどのように守るべきか、これらの要因を考慮すれば、「気」の保全に特化する風水地理の応用にならざるを得ないのである。沖縄では、古典的な風水理論は、脇役的な意味しか持ちえないのである。ここにこそ、中国や韓国の風水地理と、琉球風水との大きな違いがある、と見ている。

四　風水村落と抱く世界観

「抱護」という言葉は、文字通り解釈すれば「抱いて護る」の意味にとれる。この「抱く」という観念は、沖縄の古い村落の神人の世界観に見られるもので、沖縄の村落における風水配置の構成が、この神人の世界観、つまり御嶽信仰と一致しているのは、偶然の結果であろうか。

「トキ・ユタ」などの迷信を極端に毛嫌いしていた蔡温が、首里城の風水鑑定では、首里城周辺の御嶽を「風水」の要として位置付けているのは、その背景に何らかの世界観・自然観が作用しているように思えてならない。

一七一三年、蔡温は中国から帰沖（一七一〇年）後間もなくして、毛文哲と二人で首里城の風水鑑定を行っている。

その結果、首里城の盛気を助ける主要な「風水」ポイントに、冕嶽（弁ヌ御嶽）、虎瀬嶽、崎山嶽などの御嶽群を挙げている。なかでも、とりわけ首里城の「城基発祖の地」として重要視したのが、冕嶽（弁ヌ御嶽）である。冕嶽は弁ヌ御嶽＝弁ケ岳とも書き、首里城正殿のクサティ＝腰当になって、首里城の土地の気脈に通じるとされている。虎瀬嶽は、首里城から見れば風水配置でいう白虎に当たり、また崎山嶽は青竜の場所に鎮座して、左右対称で首里城の盛気を補佐している、と説く。虎瀬嶽にはニシムイ御嶽、崎山嶽には雨乞御嶽などが対になって存在しているのが、今でも確認できる。雨乞御嶽は雨の守り神の青竜に、また虎瀬嶽は風の守り神の白虎に、それぞれ対応した配置とみられる。

そして、蔡温らがとくに強調するのは、これらの嶽々の森林の保全のあり方である。もし森林が無く荒廃していれば、気が洩れ、その地からは「豊饒の慶」は得られないという。そのために既存の森林はよく保全し、欠落している場所には樹木を植えて、「風を蔵し、気を納める」ようにせよ、と力説する。[9]

このように、首里城のクサティ（背後）に正殿の盛気を補佐する最も重要な御嶽と、左右から城を抱き込む嶽々を配置して、それらの御嶽を森林で覆い尽くす風水地理の考え方は、その後、各地で実施する計画村落形成がほぼ同じ手法で実施されていることから、その実行モデルになったのではないかと考えている。

蔡温らの首里城風水見分では、もちろん北谷・読谷山地方の丘陵地を白虎、また小録・豊見城地方の丘陵地を青竜とするなど、地形的要素も重要視しているが、とくに御嶽と植林の要素に対するこだわりが強くみられるのである。その背景には神女の世界観が大きく影響を及ぼしていたのではないか、と仮説的に考えている。

「抱護」の抱くという字は、愛情表現を伴った言葉でもある。八重山島の風水見分記の一つである「北木山風水記」[10]（一八六四年）には、「抱護之情」という表現があって、情景（様子）や情感（空間保護の意志）の意味で使われている。

この「抱護」の、抱いて護るという概念は、沖縄の神行事の世界で神人が祈る言葉の中にも出てくる。宮古島の

図7　石垣島平得村・真栄里村の景観
1945年3月、米軍撮影空中写真。中央の道路の上は平得、下は真栄里。村抱護はリュウキュウマツ、各屋敷はフクギで囲まれている。村の「腰当て」に宇部御嶽がある。沖縄県公文書館所蔵。

狩俣村落では、神人はイビ（拝所）を抱き、区域を抱き、島を抱き、祖先の霊を抱いて、村落の人々の健康と五穀豊穣を祈る。八重山島篇の『南島歌謡大成』でも、島を抱く、海を抱く、村落に抱かれる、という表現が出てくる。それから沖縄本島には、村落の後方に「腰当て森」（御嶽林など）があって、それに抱かれて村落が発展するという考えがある（図6・図7）。

これらの事例から、抱くという概念はもともと沖縄の文化の基層にあって、これが外来の風水地理の中の「抱護」という概念を受け入れる母体になっていたのではないかとみている。[11] なぜかというと、風水地理にもとづく沖縄の村落景観構成では、必ず風水レイアウトの要素の一つに、御嶽が中心に据えられているからである。御嶽は迷信として排除すべきものではなく、それを生かした村落形成になっているのである。それから、屋敷を碁盤目状にフクギの林帯で囲むやり方や、村全体をフクギで囲む「村抱護」の林帯などを見ても、そのレイアウトの仕方は、沖縄の基層文化の中にある抱く世界観と一致して、風水の「抱護」を沖縄的にアレンジし応用しているとみられるのである。

むすび

沖縄の「抱護」は、中国の風水地理の影響を受けてはいるが、その応用形態はこれまで述べたように、沖縄独特なものである。その特徴は、以下のようにまとめられる。[12]

第一は、「抱護」の概念についてである。これまで見たような山地形や平地（村落を含む近辺）での「抱護」の概念は、個々の要素、例えば地形・植生などを直接指し示すものではなく、それらの要素が有機的に関連づけられて、造林地・生産域・居住域などの場所を風の災害から守るための環境状態を表わす言葉として定義づけられていることである。したがって、個々の地形や植生それ自体を「抱護」というのではなく、それらが機能的にまとまってはじめて「抱護之情」が発生し、「抱護」の存在が意味づけられているのである。

第二には、「抱護」の機能と配置の状態によって、多様な呼称がみられることである。「抱護」は、目的の違いでその存在形態も変わってくる。例えば、山地形の「抱護」では造林、平地での「抱護」は生産域・居住域をそれぞれ抱いて護る機能に特化する。そして、山地での林帯の「抱護」は、利用する植物の種類によって「薄抱護」・「茅抱護」と呼ばれ、また平地では、場所ごとの機能によってそれぞれの呼称、例えば、「浜抱護」・「村抱護」・「屋敷抱護」などの名称がつけられている。

第三には、「抱護」は「御風水所」の集合体の一部を形成する概念であることである。その中には、風水理論に基づく象徴的な「抱護」と、実利・実用の機能を持つ「抱護」との二つが混在している。『羽地真喜屋稲嶺風水日記』をみると、真喜屋村が風水理論（玄武・朱雀・白虎・青龍）に基づいて解釈されているのに対し、真喜屋村からの分村である稲嶺村は、海浜域に近い自然環境のため、「抱護」は実利・実用の機能に特化されている。

第四に、沖縄における「抱護」は、山地形の龍脈の流れを重視する中国や韓国の風水理論と違って、気の密閉を最も重要な課題として、風水要素のレイアウトが配置されている点である。その最大の理由は、厳しい自然環境（冬の季節風と高潮被害・夏の台風）への機能的対応を求められた結果であると思われる。

第五に、沖縄における「抱護」の基本的な機能は、防災機能が最大の目的になっていることである。琉球王朝時代に完成した「諸抱護」は、その呼称を変えて、近代の保安林の機能を担って今日でも生き続けている。例えば、海浜の「潮垣《すがき》」（浜抱護）は「潮害防備保安林」に、「村抱護」は「農地防風林」に、それぞれ形態変化しているが、その機能はほぼ同じなのである。そして、選択される樹木も、耐塩性・耐風害性・耐津波性・利用性などの諸機能を備えたものに限られているのである。

第六に、沖縄の「抱護」の概念は、沖縄の御嶽を中心とする神人の抱く世界観と共通する。この王府の政策と御嶽信仰とのイディオロギーの共通性こそが、各村落における「抱護」の実践の原動力となっていたと考えている。

沖縄の「抱護」は、その基本概念は中国の風水地理に淵源をもつが、その形態は中国・韓国の古典的風水理論だけではなく、沖縄の自然環境に適応し防災機能を重視する、実利・実用の面に特化した概念であるとまとめることができる。このような村落における風水配置の理論と実利・実用の手法は、各村落形成における自然環境の配置状況に応じて、地形や植林・自然植生の要素の比重の違いを組み合わせながら、「抱く世界観」を象徴する御嶽を核としてそれぞれの村落でよりベストな方法が選択され、多様な風水村落形成のタイプを生み出していたのである。

注

（1）都築晶子「琉球における風水思想の受容――蔡温を中心に」アリーナ第一四号、二〇一二年、八九―九六頁。

（2）琉球政府『沖縄県史第二一巻資料編一一』一九九八年、一五六―一五七頁。

（3）仲間勇栄『蔡温と林政八書の世界』榕樹書林、二〇一七年。

(4) 同右、「樹木播植方法」の項参照。
(5) 名護市教育委員会文化課市史編さん係、「羽地真喜屋稲嶺風水日記」『名護市史資料編 五 文献資料集 四』名護市役所、二〇〇六年。
(6) 前掲(1)。
(7) 松村明編『大辞林(第三版)』三省堂、二〇〇六年。
(8) 朝鮮総督府『朝鮮の風水』(昭和六二年復刻版)、図書刊行会、一九三一年、二七五―二九四頁。
(9) 仲間勇栄『蔡温と林政八書の世界』榕樹書林、二〇一七年、第二章第一節参照。
(10) 町田宗博・都築晶子「『風水の村』序論――『北木山風水記』について」琉球大学法文学部紀要学・地理学篇第三六号、一九九三年。
(11) 仲間勇栄『島社会の森林と文化』琉球書房、二〇一二年、一三―一六頁。
(12) 前掲(3)、第二章第二節五項参照。

第三章　沖縄県における地籍図・土地台帳とその活用
——琉球列島の村落景観の復元と理解に向けて

山元貴継

はじめに

第二次世界大戦による戦災や、高度経済成長を経験した日本では、各地で伝統的な村落景観が失われた。その中でも沖縄県内においては、地上戦によって多くの都市や村落の景観が破壊されただけでなく、その後の米軍政下および復帰後の開発などのもと、各地の景観が大きく変化した。とりわけ、米軍基地が設けられたところでは、ブルドーザーによって家屋どころかその地形までもが大きく破壊された上、かつての村落に立ち入ることもできなくなっていたり、もとの村落の位置や範囲の特定すらも困難となったりしているところがある（図1・図2）。こうした沖縄県ならではの事情から、近年、往時の村落を知る住民からの聞き取り調査に加えて、かつての村落空間の様子を復元する手段《ツール》としても、地籍図や土地台帳の活用が注目されている。

こうした村落空間の復元が、いったん米軍基地の敷地となっていたところが返還された地区でとくに切実な課題となっている一方で、その周囲に存在したとされる「抱護」[1]のこん跡を求めるなど、かつて沖縄県内各地でどのような伝統的な村落景観がみられていたのかを推定する作業は学術的な観点からも試みられており、そのための手段

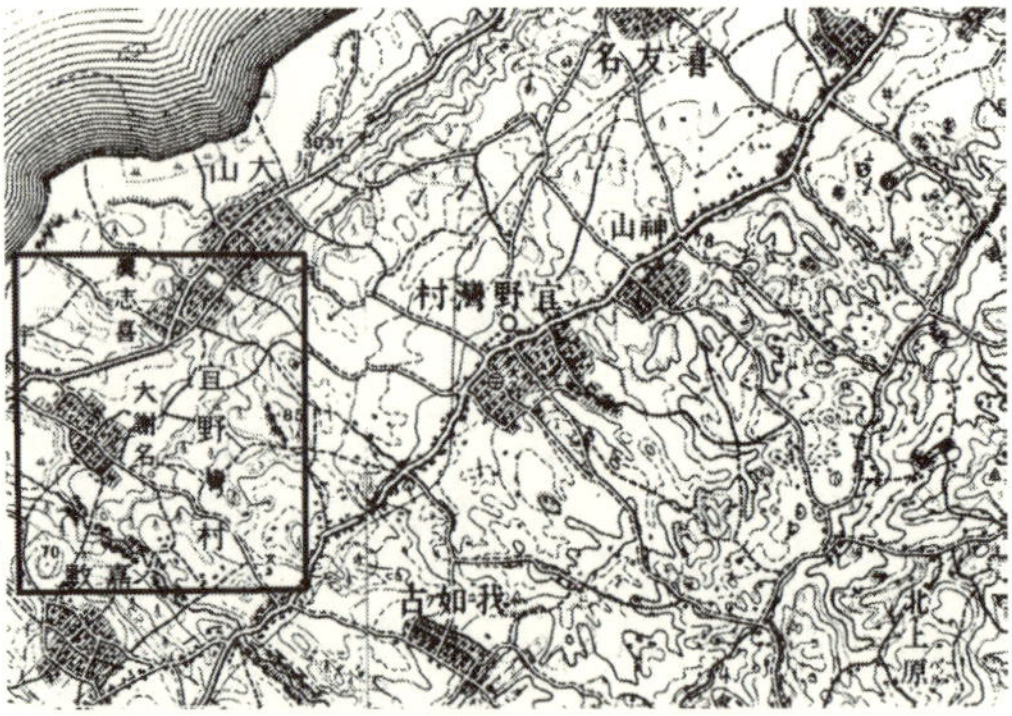

図 1　1919（大正 8）年当時の宜野湾村の一帯
（1919 年測量 1：50,000 地形図より）

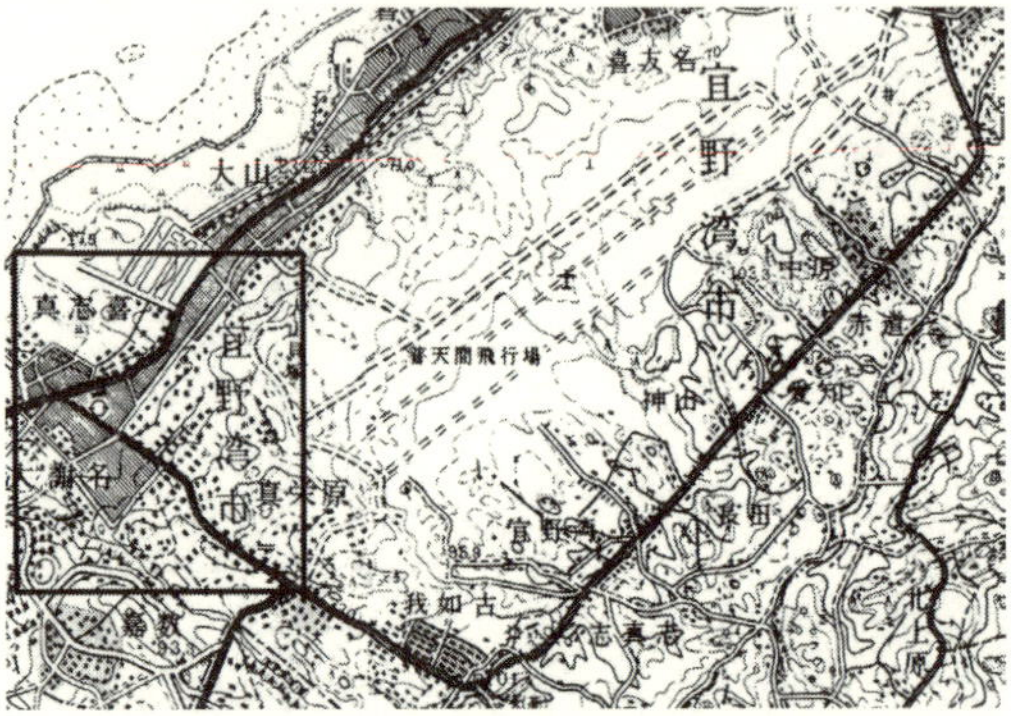

図 2　1973（昭和 48）年当時の宜野湾市の一帯
（1973 年測量 1：50,000 地形図より）

として、地籍図や土地台帳が活用されることとなる。しかしながら、こうした村落空間復元の成果を示した文献は少なからず存在する一方で、そもそも地籍図と土地台帳とをどのように組み合わせて活用しているのかについて紹介した文献はほとんどない。そうした集落復元を試みれば解ることとして、成果物としての図面と分析とを示すだけで多くの紙幅を費やしてしまうことになってしまうためである。その結果、復元の過程を知らない人々は、各種の地籍図を万能視し、単に「地籍図の写し」などを入手さえすれば村落空間の復元図が作製できると誤解していたり、また、最初から地籍図や土地台帳がデジタルデータ化されていることを期待していたりする可能性がある。

そこで本章では、こうした各種地籍図や土地台帳について、その内容や所在から、活用の具体的な手順までをも紹介する。とくに、「地籍図の写し」および土地台帳データの入手方法や、各種地籍図をパソコン上で処理してベースマップとする段階といった、これまで各研究者の職人芸の領域となっていた作業の部分を重視して示すことを目指していく。

一　沖縄県内における地籍図・土地台帳の所在

まず、今回その活用を紹介することとなる沖縄県内の各種地籍図や土地台帳については、他の都道府県におけるそれらとは前提の大きな違いがあるため、あらかじめ説明を加えておく。他の都府県における地籍図や土地台帳は、明治期のいわゆる地租改正を契機に地税の徴収を目的として整備が開始され、各々の土地（以下これを「地筆」と呼ぶ）の地税基準となる「地目（土地利用）」や測量面積、その所有者を記録した「土地台帳」と、各地筆の位置関係を示した「地籍図」とが各地で作製されていった。しかしその際、多くの都道府県において、早い時期に測量が進められた地区では土地台帳の記載が不正確なものとなったり、初期の地籍図は単に各地筆の位置関係を示すことに重点が置かれたことで、必ずしも近代的な測量を経ているとは限らない図面、いわゆる「公図」も多くなったりしている。そのため、国土調査法が施行された一九五一年以降、正確な測量を経て地籍図や土地台帳を再調製する「国土調査」が進められている。しかしながら「国土調査」には多額の費用と多くの時間がかかるため、実は日本全土全体の半数近くの土地ではまだ調査が進展していない。こうした状況をして多くの都道府県では、「地籍図や土地台帳は不正確なもの」というイメージがある。

しかし沖縄県内では、琉球処分後となる一八九九～一九〇三（明治三二～三六）年になって「土地整理事業（以下事業）」が開始され、比較的高い技術での測量を経た地籍図や土地台帳が整備された。これらが残されているところでは、精度の高い地籍図類を見ることができる[(2)]。ただし、これら「事業」当時からの地籍図や土地台帳は、沖縄戦でその多くが灰燼に帰したとされる。そのため後述するように、残念ながら当時のものが残存するのは、沖縄本島の一部と宮古（宮古島など）・八重山（石垣島など）地方に限られている。

図 3　宜野湾市教育委員会に保管されている「土地整理事業」（1899 ～ 1903 年頃）
当時の地籍図（字全図）（図 1・図 2 の黒枠部分に相当）

さて、こうした地籍図や土地台帳は、戦前から戦後の一時期にかけては、まさしく地税徴収の根拠としての前提から各自治体の税務署などが管理していたのであるが、一九六〇（昭和三五）年の「不動産登記の一部を改正する等の法律」によって、とくに土地台帳はその効力を失い、不動産登記簿へ移記が完了したものから順次、登記所を経て各地の法務局に移管された。沖縄県内においては戦後に米軍政期をはさむため、その過程が若干異なっていて、移管が一九七二年の復帰後となっているところもある。また沖縄県内では、このような移管をうまく経験できたのは宮古・八重山地方くらいであるとされている。戦禍の中、全ての地籍図や土地台帳が失われてしまった地域は少なくなく、関係者が地籍図の「写し」と、各地筆の地目・土地所有者名のみを最低限書き写した帳簿を抱えて命からがら逃げた逸話などが伝えられている地域もある。さらに、これは沖縄県内に限らず日本全国でもみられる傾向であるが、新しい用紙に書き写す（トレースする）などして調製したあとの従前の地籍図や、不動産登記簿への移記が完了した古い土地台帳については、登記所や法務局でも保管の義務はない。そのため、歴代の職員の考えによっては、法務局などでも古い地籍図などから破棄されていたり、地籍図や土地台帳の保存状態が極めて悪かったりする。一方で、法務局などから博物館や教育委員会、市史編纂室などに移管されるといった経緯を経た地籍図や土地台帳も少なくない。

こうした経緯から沖縄内では、第二次世界大戦前に遡るような地籍図や土地台帳については、各地の地方法務局に問い合わせても、そもそも存在しないとの回答を受けることが多い。古い各種地籍図や土地台帳については、以下のような形で閲覧や、「写し」の発給を求めることとなる。

○沖縄本島：ほとんどの地域で地籍図や土地台帳が失われる。一部残されたものは法務局ではなく公的機関に。

沖縄本島には那覇地方法務局が本局（那覇市）、沖縄支局（沖縄市）、宜野湾出張所（宜野湾市）、名護支局（名護市）といったように設置されているが、いずれの局・出張所でも残念ながら、第二次世界大戦以前の地籍図や土地台帳については確認できないとしている。一方で、例えば後述するように、住民が金庫などに保管することでかろうじて地籍図のもととなる図面が残された那覇市宮城（旧小禄村具志宮城）については宮城自治会館に、地籍図の中でも字全体の概要を示した図面（図3）が残された宜野湾市については宜野湾市役所内の教育委員会に、地籍図のもととなる図面や地籍図がかなり多く残されている今帰仁村については今帰仁城跡に併設された今帰仁村歴史文化センターに、といったように保管されているところもある。いずれも、貴重な財産として保存されているため、関係者の判断によっては非公開としていることも多い。事前に問い合わせなどを行うなどして、丁寧に「閲覧」を求めたい。

また、うるま市勝連（旧勝連町）南風原については、今帰仁村と同様に、地籍図のもととなる図面（図4）と「土地整理事業」の成果となる地籍図（図5）とが残されている。これらの図面についてはその「写し」が沖縄県立図書館にもあり、閲覧はもちろん、申請によってそこからのコピーをとることもできる。沖縄県内における「土地整

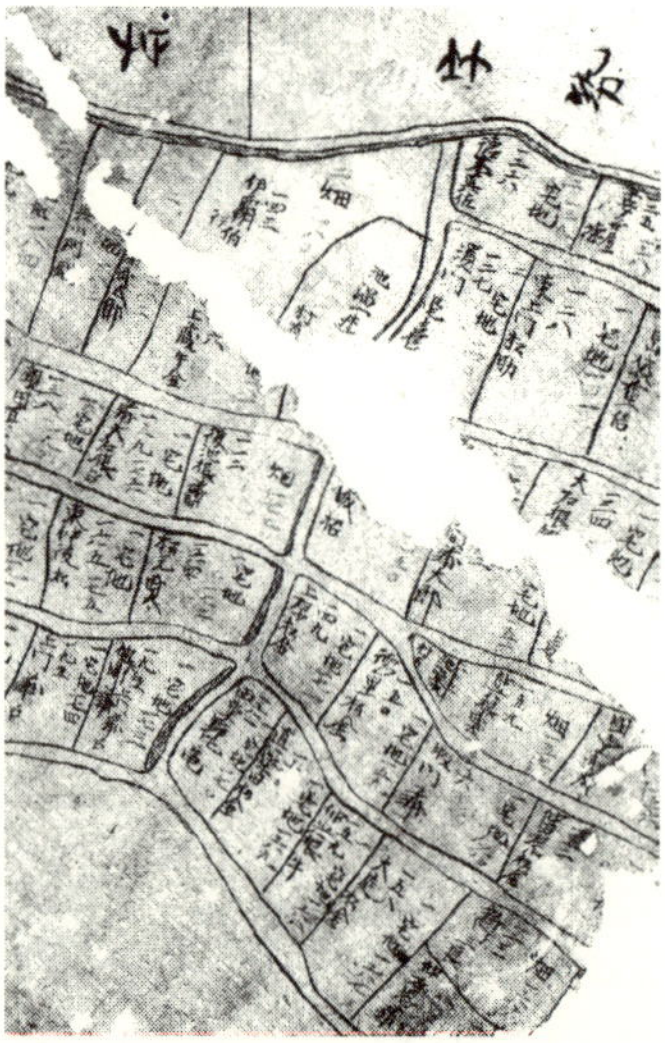
図4　うるま市勝連町字南風原の地籍図のもととなる図面（一部）（沖縄県立図書館所蔵）

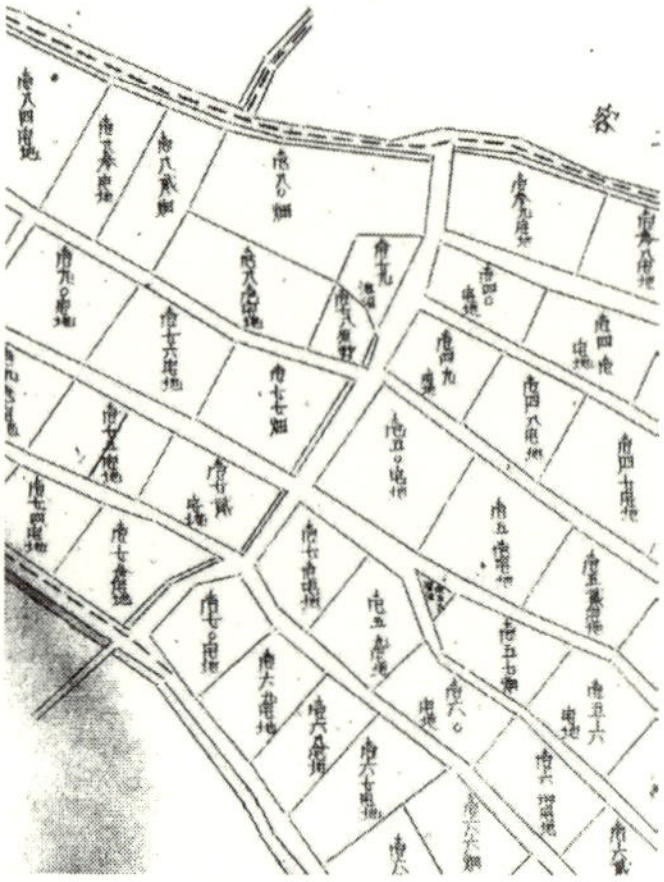
図5　うるま市勝連町字南風原の「土地調査事業」を経た地籍図（一部）（沖縄県立図書館所蔵）

理事業」当時の地籍図類がどのようなものであるかを知るために、まず目を通しておくのも良いであろう。

そして沖縄本島では、これらの市町村以外においては第二次世界大戦以前の地籍図類はほとんど期待できないといっても過言ではない。とくに、大戦以前の土地台帳については、沖縄戦の中で関係者によって必死に守られた、当時の各地筆の「地目」・面積・所有者といった最低限の記載のみを書写した「土地一筆限帳」が今帰仁村（今帰仁村歴史文化センター所蔵）で確認できるくらいで、正式な土地台帳は確認されていない。

○宮古・八重山地方：「土地整理事業」当時からの地籍図や土地台帳が残される。

一転してこれらの地方では、地籍図や土地台帳がよく残されている。それらはまず、那覇地方法務局の宮古島支局および石垣支局に保管されている。そして、沖縄県以外の地域の法務局と同様に、所定の請求書（図6）に必要事項（申請者の住所・氏名および地籍図・土地台帳の必要な箇所の中心となる場所の「地番」[3]を記入し、所定の手数料（一件あたり五○○円）を支払って、閲覧したり、「写し」（図7）の発給を受けたりすることができる。法務局の職員の判断によっ

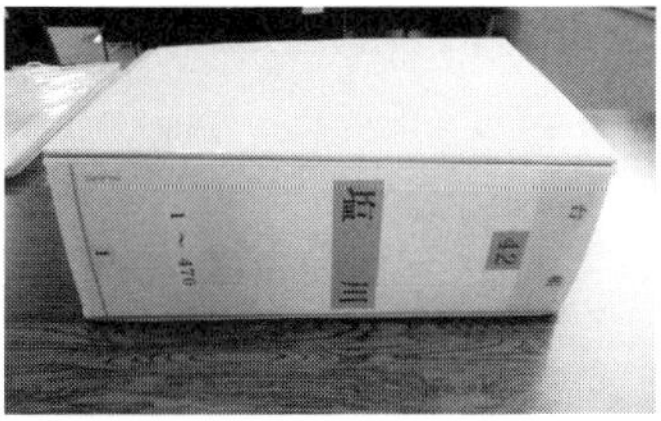

写真1　那覇地方法務局宮古島支局にて保管されている多良間村塩川の土地台帳の状況

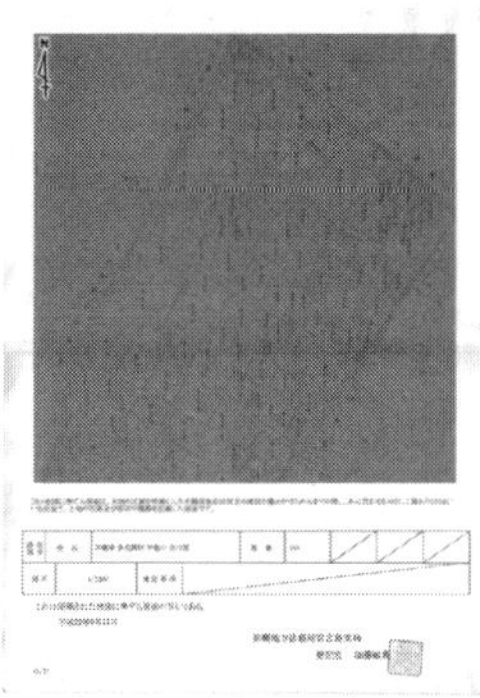

図7　那覇地方法務局宮古島支局にて発給を受けられる多良間村塩川の「公図」の「写し」。
画像データを所定用紙にプリントアウトし発給される。

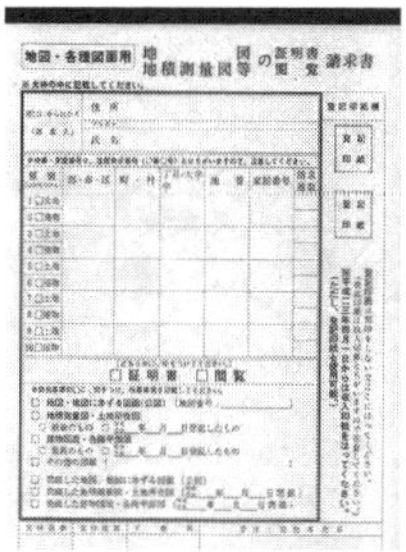

図6　各地の法務局で地籍図（「公図」を含む）の閲覧・写しを願い出る際に使用する請求書。
全体の枠・文字色は緑。ほかに枠・文字色が茶色の「土地登記簿」用用紙などがある。

写真2　那覇地方法務局宮古島支局内の閲覧室（2011年3月8日撮影）

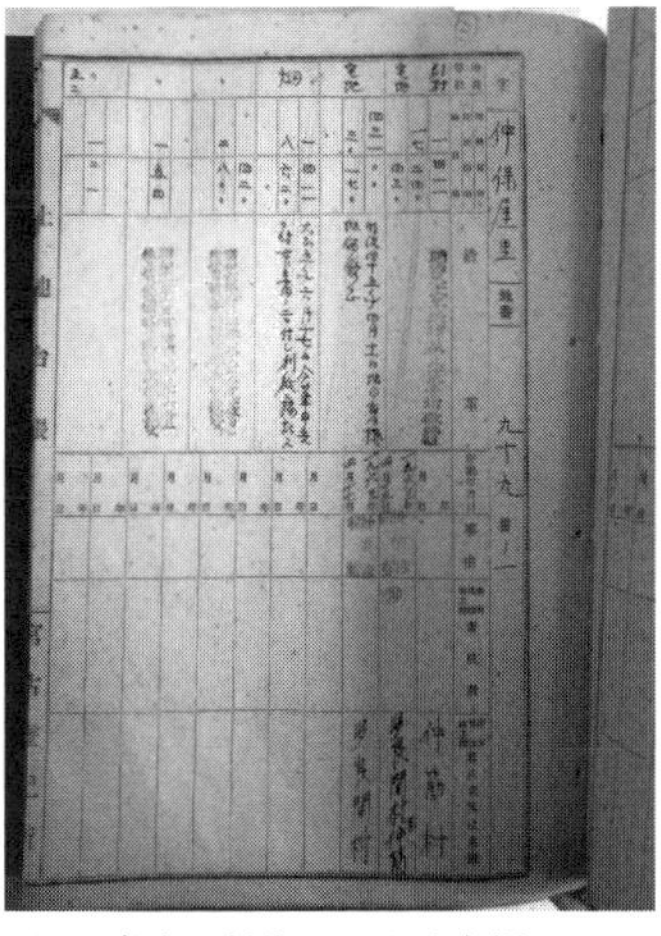

図8　多良間村塩川の土地台帳（現在同村役場のある99番地1）

ては、例外的に申請者自らによるコピー機でのコピーが認められる場合があるが、これはとくに地籍図について、原図からのくるいが少なく、後述するスキャニングの際にとても有効となる。土地台帳についても、地籍図とは別の請求書に必要事項を記入することで、該当する番地の含まれた土地台帳（写真1）を閲覧することが可能である。[4] 台帳や地籍図を汚すことがないよう、鉛筆以外の筆記用具の持ち込みが禁じられている閲覧スペース（写真2）において、メモなどの形で書き写すのが一般的なルールとなる。実際の土地台帳（図8）は、所属の村（字）、地番、土地の等級などを示した右端の部分と、「地目」およびその転換年月日などを示した上部分、土地所有の移動年月日とその事由（理

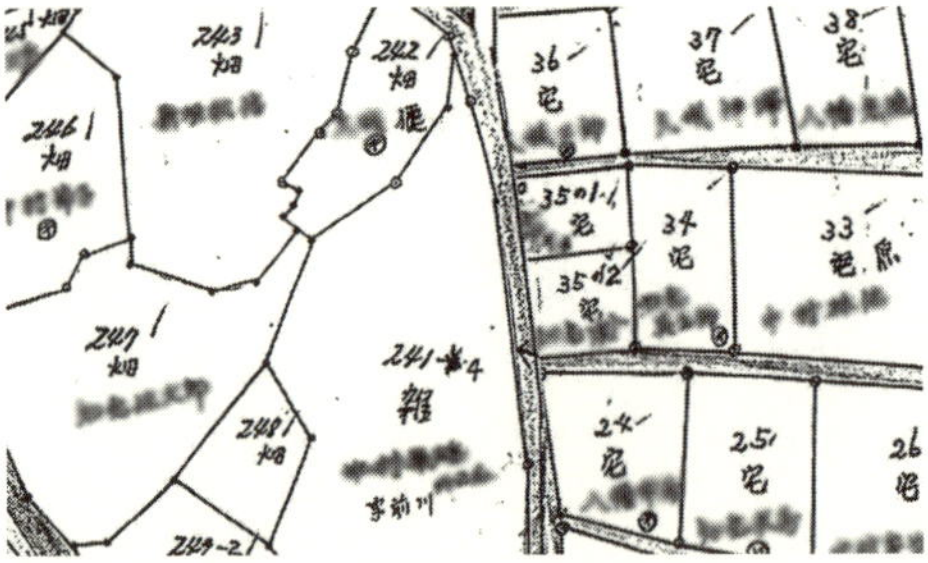

図9　「一筆地調査図」の例（個人情報にはぼかし）（南城市玉城前川）

写真3　保存状態の悪い地籍図面の例

由）および歴代土地所有者の住所と氏名とを示した下部分とで構成されている。例えば、過去の土地利用を把握するためだけであれば、右端の部分の村（字）や地番を確認して、該当する箇所の「地目」およびその転換年月日などを示した上部分のみを次々と確認していくこととなる。

ただし、宮古・八重山地方でも、必ずしも全域にわたって地籍図などが法務局に保存状態が良い状態で残されているわけではない。確認したところ、現石垣市の市街地の大部分に相当する範囲の「土地整理事業」当時の地籍図は、同市の市史編集課にて厳重に、最良の状態で保存されている。その一方で、現宮古島市では残存する範囲は限定されており、宮古島市総合博物館に移管された第二次世界大戦以前の地籍図は、池間島などについては「土地整理事業」当時の保存状態の良い地籍図が保管されているものの、それ以外の地区については、紙事情の悪かった時期にトレースされており、保存状態も極めて厳しいもの（写真3）も多い。

なお沖縄県内では、大戦により地籍図面自体が失われたり、その後の変化を受けて地籍図面と実際の状況が乖離したりしている事態を受け、米軍政下の一九五〇年代から一九七〇年代までにかけて、一部の地域において緊急的に、「一筆地調査図」という地籍図面（図9）も作成されている。この図面は、明治期の地籍図と比較すればいくぶん精度は高く、また、調査時点での地目や土地所有者名も記載されていることが多いことから、非常に貴重な図面である。ただし、それでも後述するように、いわゆる「国土調査」を経た図面と比べるととくに傾斜部での歪みが大きいという傾向があり、かつ、これでさかのぼることができるのはあくまで調査時点での状況までである。この「一筆地調査図」が作成された地域（実質は集落）自体もかなり限定的である。作成された約一八、〇〇〇枚の「一筆地調査図」の図面は、沖縄県公文書館（南風原町）に保存されており、許可を得て閲覧・複写することができる。

二　地籍図・土地台帳活用への準備

以上のような手続きを経て、各種地籍図の「写し」あるいはコピー、地籍図や土地台帳の閲覧時に得られた記録メモや、許可を得て土地台帳などを撮影した写真データなどの活用を目指すことになるが、地籍図や土地台帳は、それら単独では、景観復元の基礎資料としてほぼ価値をもたない。これらの資料の活用の経験のない人々に誤解されやすいこととして、古い地籍図を広げただけで当時の景観がまざまざと浮かぶというイメージがあるかもしれないが、それが比較的可能であるのは「土地整理事業」当時の、しかも村レベル（後の字）単位の図面（図3）くらいであるといえよう。しかしこの図面も、沖縄戦や後の都市化によって根本的に景観が変化してしまった地域では、そもそも図面内の各所が現在のどこに相当するのか見当も付かないことが多い。

より縮尺が大きく、近代的測量を経た地籍図面になると、作製当時の宅地や農地どうしの区切りとなる土地割「地筆線」[5]と、各番地の土地どうしの位置関係などは比較的正確に表現されているものの、各地筆の場所に記載されているのはあくまで「番地」（本来は地番）のみであり、それらが今のどこに相当するのかは、現在の各所の番地を知る人々

図 10 「地籍併合図」の例（南城市玉城前川）
※図 9 と同一範囲

図 11 「国土基本図」の例（石垣市字登野城）

に委ねるほかなくなる。例外的に「土地整理事業」当時の地籍図面が多く残り、かつ、その図面自体に当時の「地目」までもが記載されている石垣島などでは、それらの図面をコピーして接合し、図面にある「地目」をもとに色の塗り分けを行うなどして、当時の土地利用を広域的に復元することが可能で、実際に石垣市史編集課でもこうした作業が行われている。それ以外の地域では、最終的なアウトプット（出力）対象範囲または縮尺（例えば、現在の「町丁目」の範囲レベルで復元したいのか、「（行政）町村」の範囲レベルで復元したいのか）をあらかじめ想定して、パソコン上で以下のような段階を経た準備を行っておく必要がある。

　まず、いずれのアウトプットの方向性であっても、その範囲や図面内の各所が現在のどこに相当するかの同定を容易にするために行っておきたいのが、現在の測量を経た地図を基準とした図面との重ね合わせである。例えば、ほぼ全域で「国土調査」が完了しつつある沖縄県内では、各自治体の税務課などにおいて一定の料金（A３一枚あたり二〇〇～五〇〇円）を納付することで、現行の電算化された地籍データをもとにプリントアウトした「地籍併合図（地番図）」（図10）などの発給を受けることができる。この図面は、「国土調査」を経た図面であり極めて正確で、多くは家型なども記載されていることから、重ね合わせの基準となる図面としやすい。なお、同図面はプリントアウト（発給）の際に縮尺を選ぶことができ、小縮尺（例えば一万分の一）などを選択すると一枚で広い範囲を示すことができるが、地筆界や地番などがつぶれたり重なって表示されたりして、実用に堪えない。枚数が多くなり、費用はかさむが、一〇〇〇～二〇〇〇分の一といった大縮尺でのプリントアウト（発給）が求められよう。

また、重ね合わせの基準となる図面として推すのが、沖縄県本島内の各地では「都市計画図」、宮古・八重山地方では「地形図」とも総称される「国土基本図」（図11）である。この図面は、日本全国で二五〇〇分の一～五〇〇〇分の一といった縮尺で整備されており、そこには地形表現である等高線や、詳細な街路、家々の配置やそれらの家型までもが記載されている。また、この「国土基本図」は、確実に各地で整備されていることと、図法や縮尺の統一が全国的にはかられていることで、とくに後述するように、同図などでの上方を北とするといった、図面の「方位」の基準としても汎用性が高い。

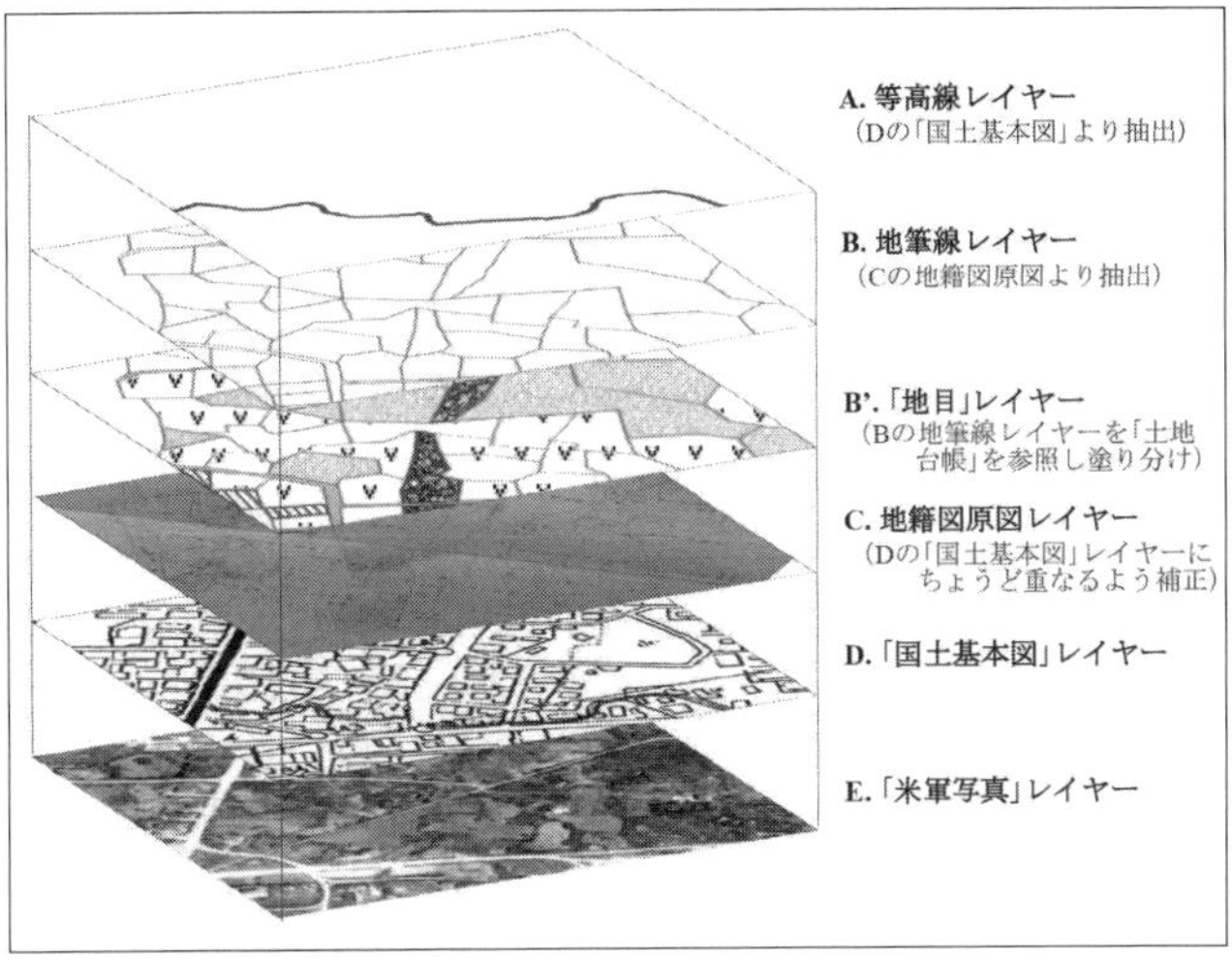

図12 「レイヤー化」の例

そして例えば、各種の地籍図面をデジタライズして管理したり、作業を行ったりする場合には、あらかじめその範囲の「地籍併合図」や「国土基本図」を高解像度でスキャンニングして画像ファイル化し、調整しておいた上で、PhotoshopやIllustratorといった描画ソフトを活用して、その画像ファイルにぴたりと合うように各種地籍図面などもレイヤー化（図12）するのが良い。しかしながら、この作業が多くの人々の想像以上

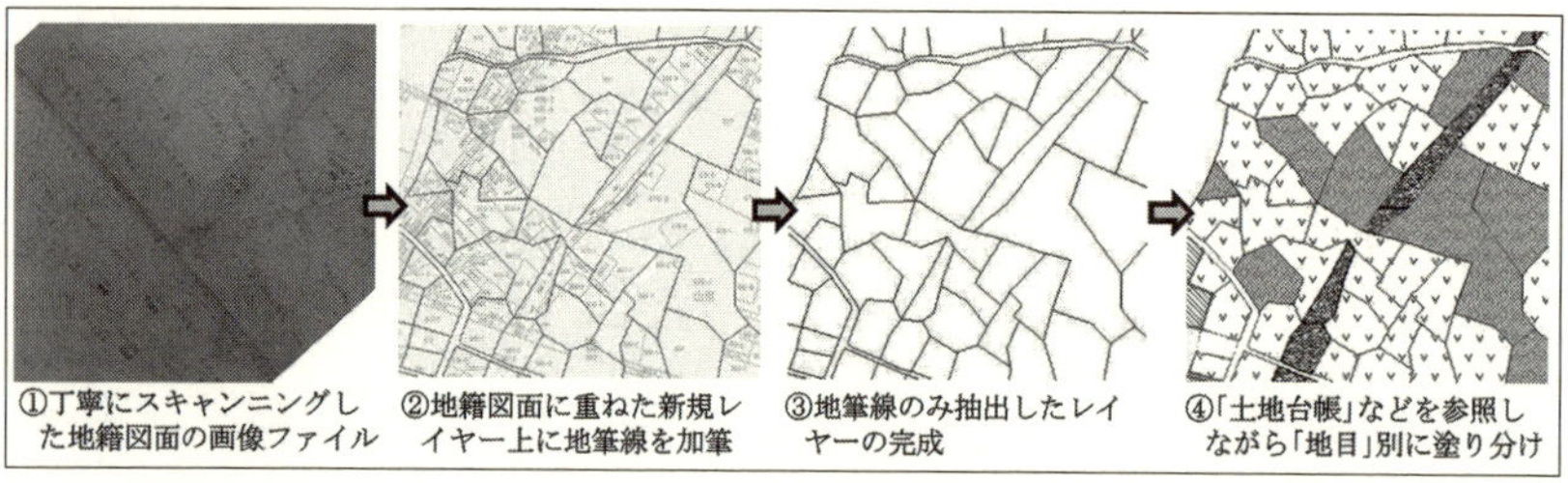
①丁寧にスキャンニングした地籍図面の画像ファイル
②地籍図面に重ねた新規レイヤー上に地筆線を加筆
③地筆線のみ抽出したレイヤーの完成
④「土地台帳」などを参照しながら「地目」別に塗り分け

図13　各種地籍図画像ファイルについての「地筆線」抽出と活用

に難しく、労力と時間とを大きく取られてしまう。最初から図枠があり、東西南北を確定するのが容易な「地籍併合図（地番図）」や「国土基本図」に対して、明治期の地籍図はもちろんのこと、さらには「一筆地調査図」なども、そもそもそれらの図面のどちら側が「正確に北」であるのかを確定するために、画像ファイルを丁寧に回転していかねばならないためである。このようにして「方位」が揃ったところで、続いて縮尺を揃えるために、描画ソフト上で各種地籍図面の画像ファイルの解像度などを調整することで、上下左右方向の大きさを調整していくこととなる。地籍図の原図自体が紙特有の問題として多少伸縮していることと、コピー機やスキャナーは思いのほか正確な比率で原図を取り込むことはできず、地籍図面に記載された縮尺の数値を頼りにどんなに調整しても、数パーセント程度のズレが見込まれるため、丁寧な調整が必要である。とくに、精度の低い明治期の地籍図や「一筆地調査図」などの図面は、「アフィン変換」に代表される幾何補正[6]が求められる場合もある。このようにして、「地籍併合図（地番図）」や「国土基本図」にレイヤーとして重ねることができるようになった各種地籍図面の画像ファイルが準備されてはじめて、村落空間復元のベースマップとなる各種地籍図面の画像ファイルを用いた作業を始めることができる。

その中で、村落空間の復元などに用いる「ベースマップ」に求められるのは、基本的に「地筆線」である。この「地筆線」によって囲まれた各地筆（作業上はポリゴンとも呼ぶ）を特定時期における地目（税制上の土地利用区分）の違いによって塗り分けることによって、その時期の土地利用図などを作成することになる（図13）。そのためには、パソコン上で各種地籍図面ファイルの「地筆線」のみを丁寧に抽出するといったデジタライズを行う必要がある。その際にはとくに、のちの塗り分けに備えて、「地筆線」が少しでも途切れている状態は避けたい。塗り分け時にそうした途切れている部分が存在すると、その部分を挟んで隣り合った地筆までが一体である（同一の地筆あるいはポリゴンである）とみなされ、合わせて塗り分けられてしまうためである。「地筆線」を抜き出す方法として例えば、極めて鮮明な地籍図画像ファイルが得られている場合には、先述した作業でいったんレイヤー化した地籍図面の画像ファイルに対して、描画ソフトの「二階調化」（画像の各部分を、黒と白のいずれかなどに強制的に割り振る）機能などを活用することで、「地筆線」を黒または赤などと、それ以外の部分を白または背景色として、比較的楽に「地筆線」のみを抜き出すことが可能な時もある。

ただし、各種地籍図に関してそうした鮮明な画像ファイルが得られることはまず無いといっても過言ではない。各種地籍図面はどんなに丁寧にスキャンニングしたとしても、もともとの図面の「地筆線」が薄かったりかすれていたりすると、画像ファイル上でも途切れた「地筆線」を残してしまうことになる。また逆に、各種地籍図には当然のように地番や地目など、「地筆線」以外の大切な情報が載せられているが、それらの記載が「地筆線」上に被ってしまっていることがよくあり、それらを「二階調化」などで排除することは困難である。各種地籍図を画像ファイル化したのち、描画ソフト上でレイヤーを新設し、面倒でも一からなぞって「地筆線」を加筆した方が速い。

また、明治期の地籍図や「一筆地調査図」などは精度が低く、先述した幾何補正ではむしろ手間がかかるため、扱う地域が耕地整理や区画整理、または宅地・農地の「合筆」などをあまり経験していないところでは、それらの各種図面を傍らに置きつつ、「地籍併合図（地番図）」を下敷きとして新規レイヤーに、対応する「地筆線」を加筆することも試みた方が良い。このようにして地筆線のみが抜き出されたベースマップをレイヤー化して、再び「国土基本図」レイヤーなどに重ね、景観復元のための作業に備えることとなる。

なお、地籍図を活用して異なる時期の景観をそれぞれ復元する際には、各時期の地籍図面を想定したベースマップを個別に複数枚以上作成しておく必要があるかもしれない。「土地調査事業」で最初に地籍図面が作製されたのちには、複数以上の土地所有者によって土地が分割されたり、地筆内の一部が異なる土地利用「地目」となってその部分だけ地税が異なる状況となったりした（農地だったところの一部を住居などにした）場合、地筆を分ける「分筆」が行われ、例えば「一番地」だった地筆の土地が「一番地の一」と「一番地の二」と、「…の一」「…二」といったような「枝番」の付けられた複数の地筆の土地に分けられるといった変化が起こりうる。また、こうした「分筆」は、時間の経過に伴って「一番地の一」がさらに「一番地の二」と「一番地の三」とに分けられるなど、副次的に進行していくことも多い。地籍図面には、こうした「分筆」を反映して新しい地筆の境界に地筆線が書き加えられていくことになることから、「土地調査事業」以降のある時点での地籍図面を想定したベースマップを作成しようとするためには、その時点で各地筆がどこまで「分筆」されていたのかの確認のもとに、地筆線を抽出しておく必要がある。その際には、「土地台帳」をよく参照し、その時点までの「分筆」の状況を確認しておく。逆に、新しい時期に調整された地籍図については、こうした「枝番」のついた地筆を全て整理し、例えば「一番地の一」「一番地の二」「一番地の三」の土地を全て合わせるなどすれば、基本的には「土地整理事業」当時の各地筆の原型状況が復元できる可能性がある。

三　地籍図・土地台帳を活用した景観変化分析の実例

先述したように、石垣島など一部の地域で、「土地整理事業」当時の地籍図面が丁寧に残されているところでは、例外的にその図面に各地筆の地番だけでなく「地目」まで記載されている。そのため、それらの記載を参照しながら、その時期の「地筆線」を抜き出しておいたベースマップを塗り分けていけば、その時点での「地目」の分布、すなわち土地利用を復元することができる。また、時代は下り、扱える地域（集落）は限定されるものの、「一筆地調査図」についても同様の作業が可能である。しかも、ベースマップの時点で現在の「国土基本図」などと正確に重なるように準備しておけば、レイヤー化したベースマップを塗り分けることで、現在のどこがかつては農地であったのか、宅地であったのかなどを示す図を作成することができる（図14）。多くの地域で、現在は市街地となってしまったところが「山林」や「原野」、田畑であったことを確認することができるであろう。このようにして、特定時期において宅地（集落）が正確にはどこまでの範囲であったのかや、家屋の配置がなぜ現在のようになっているのかについての手がかりを得ることも可能となる。

　また、地籍図面に「地目」などが記載されていない場合にも、あらためて土地台帳で各時期の各地筆の「地目」が何であったのかを確認し、それをもとに塗り分けていくことで、土地利用の復元を行うことができる。あらかじめ、複数の時期での地籍図面をもとにしたベースマップを作成し、「土地台帳」を確認してそれぞれの時点での「地目」

図14　「国土基本図」上に「土地整理事業」時の地目レイヤーを重ねたもの（石垣市字登野城）

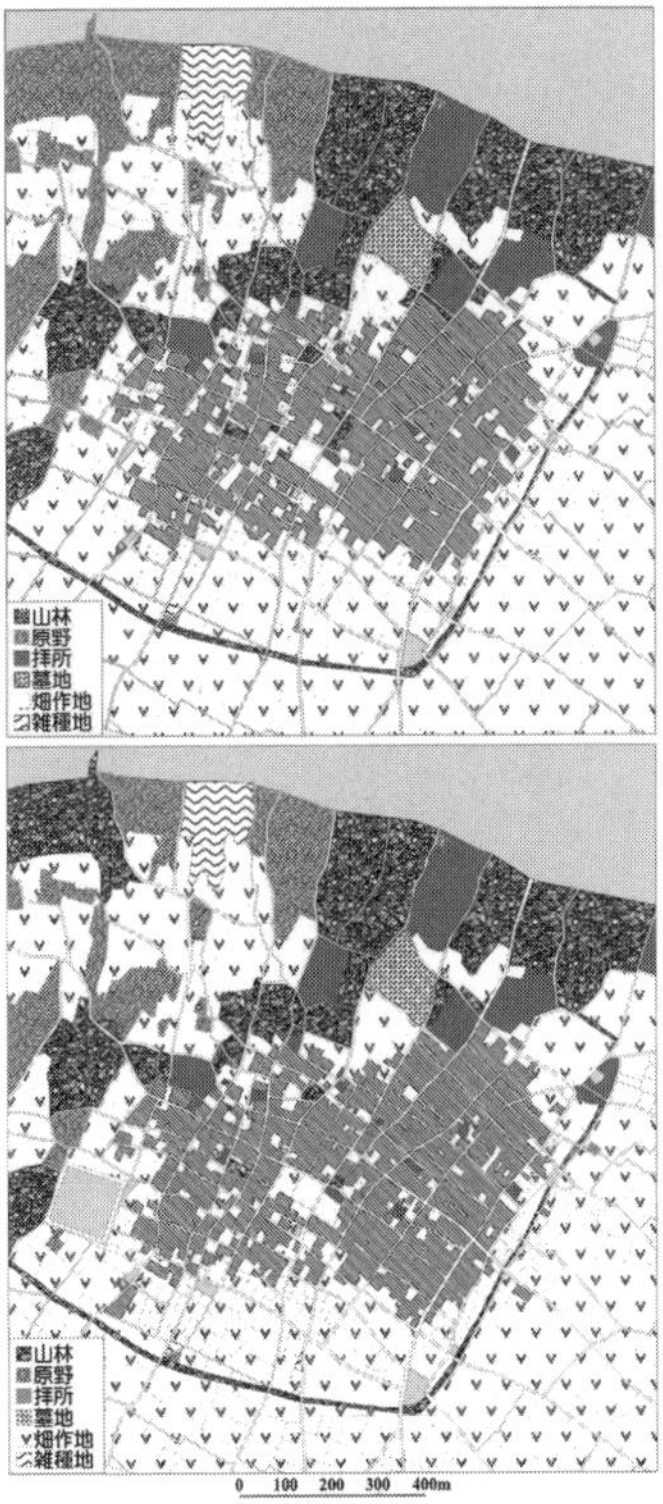

図15　多良間中心集落とその周辺の土地利用変化
「土地整理事業」当時の地目（上）と1960年代末の地目（下）

を塗り分けた図面を作成し、それらの図面を比較すれば、複数時点間での景観の変化を示すことができる（図15）。

そして、以上のような活用は、沖縄県内だけでなく各地で広く行われており、何も目新しいものではないが、今後積極的な活用が期待されるのはやはり、沖縄戦による被害や、米軍による接収で景観が完全に変化してしまった地域の、その往時の村落空間や景観を明らかにする方向であろう。大規模な破壊によって戦前とは全く異なる景観となってしまった地区や、現在では米軍基地の滑走路などになってしまった地区にかつて何があったのかを知ることは、沖縄県内の多くの人々にとっては単なる興味関心を超え、願いともいえるが、地籍図や土地台帳を活用した景観復元は、それを可能にする。また、これには、「土地台帳」への深い理解が求められるが、「土地台帳」には「地目」の転換がいつ行われたのかについて、年月日レベルで記載されている。この記載を活用すれば、いつ頃の時期に、どの辺りで「地目」の転換が大きく進んだのかについての分析も可能となるであろう。沖縄県においては、第二次世界大戦前後の時期の変化と、本土復帰を挟んだ一九七〇年代における景観変化ばかりが注目されがちであるが、今後は、それ以外の時期の景観変化についての追究も期待される。さらに、デジタライズしておいた地籍図面を準備しておいた上で、土地台帳の記載をデータベース化してしまえる状況にあれば、ＧＩＳ（地理情報システム）を活用した様々な図面化への可能性も広がるが、こうしたＧＩＳの活用例は、別稿に譲ることとする。

おわりに

以上見てきたように、沖縄戦の被害によるものも含めて地図資料があまり残されていない沖縄県内では、かつての各地の集落景観を復元するための手段として、各種の地籍図（表1）や、土地台帳の活用が期待される。ただし、その活用が可能かどうかは、村落空間や景観を復元しようとする地域において、そもそも地籍図や土地台帳自体が良い状態で残されているかどうかによるという前提がある。そして本章では、運良く地籍図や土地台帳が残されていた場合に、どのようにそれらを活用するかについて、具体的なその手順を強調して紹介した。地籍図は、実はそれ単体では単に地筆線と地番とが記載された図面で、景観などを浮かび上がらせることはできないが、それを土地台帳の参照の上で「地目」で塗り分け、「国土基本図」などと重ね合わせることによって、現在のどこが、かつてはどのような土地利用であったのかを示すといったことが可能となる。

そして本章では、こうした重ね合わせを行うことを前提にして、地籍図などの図面をスキャンニングしてパソコン上で扱えるようデジタライズしておく（画像ファイルにする）ことや、重ね合わせが可能となるように最初から基準となる図面（「国土基本図」など）に合わせて図の方位や縮尺を補正しておく作業を強調した。従来、こうした作業は、近年のパソコンを前提とし地籍図を活用した研究において、途中段階として個々の研究者が個別に行っているもので、実際にアウトプットとして示される研究成果の中ではあまり紹介されない、秘密のベールに包まれたものである。本章で示した例を参考に、様々な地域での活用が試みられたり、また、より効率的な作業の進め方について情報が交換されたりすることを期待している。

図16　小禄村グシ宮城（現那覇市宮城）の「土地整理事業」以前の地籍図

なお、以上のような地籍図面のデジタライズ処理は、「土地調査事業」以降における正確な測量を経た図面のみに対して有効なものであり、「事業」以前の図面（図16）や、戦中・戦後の混乱期に簡易的に作られた図面（図17）しか残されていない地域、いわゆる「地籍図混乱地域」に対しては有効ではない。こうした地域において第二次世界大戦以前の地籍図面を復元しようとしても、今のところ、住宅地図といった必ずしも正確とはいえない地図や、

資料としての短所	「抱護」研究への有用性		その他研究資料としての有用性
作製年代を比定する必要あり。また，測量に基づいておらず，具体的な地物の場所比定には検討が必要。	○	作製年代および場所の比定さえできれば，前近代における状況をよく示してくれる。	周知の通り。
測量図ではないので，土地の形状，位置関係等はいい加減である。そもそも，所蔵されているところが少ない。	○	「事業」後の地籍図原図・土地台帳との比較の上で，「事業」時に林による「抱護」に対して，筆地設定，地目決定，土地所有者の確定がいかに行われたのかを知ることができる。	かつて用いられていた戸籍由来の「旧地番」と「地番」との併記など，今後「事業」のプロセスを知る資料として注目される。
複数の地筆にまたがる検討をするためには接合が必要。複写には手間がかかり，必ずしも集落全ての地筆が揃っているとは限らない。	×	これを元にした「地籍図原図」があるのなら，それを見た方が早い。面的に広がる林による「抱護」の分析は期待できない。	「土地整理事業」の測量過程・技術に対する検討には使える。
各地筆の土地所有者については，法務局にて「土地台帳」を閲覧する必要。また，沖縄本島では多くが失われる。	◎	「土地整理事業」時点での残存範囲，規模を示してくれる。	多方面で活用可能。ただし，「土地台帳」の併用が求められる。
まず，調製がいつなされたかの比定を，「土地台帳」などを参考にしながら行っておく必要性あり。	△	調製された以降の「抱護」に基づく林の放棄・「保安林」指定解除の過程を見ることができるが，全ての地籍図が存在するわけではない。調整された時期が新しければ，あまり見ておく価値は無い。	調製された以降の地割・土地利用変化過程を見ることができるが，全ての地籍図に対して存在するわけではない。調整された時期が新しければ，見ておく価値は低い。
調査の時期に幅がある。複数の字にまたがる時には，調査時期のズレに注意。	○	調査時での広範囲の状況を一枚の図で把握できる。ただし，調査時までに「抱護」に基づく林が消滅していた場合，その過程は記録されない。	復帰期の地域研究を行う上で非常に有用。
閉鎖の時点での状況を示していると思われがちであるが，あまり参考にならない。	×	地籍図原図などが失われている場合を除き，活用の余地は意外に少ない。	あくまで参考に。
法務局で正式な手続きと申請料が必要。合筆・分筆過程は全く分からない。	○	現状把握に最適。ただし，過去にはさかのぼれない。「山林」などの地目は記載されていないので，さらに手続きを行って「土地登記簿」を閲覧する必要。	何よりも費用がかかる。PC でのプリントアウトを指示する際に，その作製原理を理解した上での指示が求められる。
接合・縮刷の過程で歪みが生じていることが多い。合筆・分筆過程は全く分からない。	△	基本的に地目も分からず，作製年代も不安定なので，現行地籍図があれば，可能な限り使わない方がいい。	スキャンニングなどの基図として用い，現行地籍図で細かく修正する必要あり。
都市計画課のプリンター次第だが，かなり正確。平均して 300 円程度の納付で A3 一枚分の出力。	○	過去の分筆や合筆が分からないのはやむをえないが，一般研究者が手に入れることのできる図面としては最も正確。ベースマップとして利用しやすい。	スキャンニングなどの基図として用い，過去の地籍図をもとに修正してベースマップにすると良い。

※ 2：法的にはこちらが「地籍図」。

3　沖縄県における地籍図・土地台帳とその活用

表1　沖縄県内における「地籍図」関連図面（「抱護」研究との関係を中心に）

	図名称	親－子図関係	縮尺	作製年代	所蔵	資料としての長所
	村絵図		「縮尺」の概念無し。	～明治10年代	各市町村	前近代における地域の状況を最もよく表す。
	通称「土地整理事業時の（明治期の）地籍図」	①の作業図か？	「縮尺」の概念無し。	少なくとも「土地整理事業」以前（～明治36年）	特定市町村	「事業」直前の旧地番、地目，土地所有者を知ることができる。
	「一筆測量図」	①親	地筆自体の大きさに伴い，伸縮。	「土地整理事業」時（明治32～36年頃）時	沖縄マイクロフィルム？	具体的に地番が分かっている土地一筆について，地目・地積（面積計算の過程も含めて）を知ることができる。
※1	地籍図原図（一般的には「公図」）	①親'	1:1,200など	明治32～36年頃（「間切」表現を使用していれば，この時期の作製と特定可能）	法務局または市町村	その後の書き込みに注意して読み取れば，「土地整理事業」時点の地割・地目の状況を最もよく表す。
※1	地籍図調製図（一般的には「公図」）	①子	1:1,200など	地籍図原図作製以降（原図の痛み具合により作製）（「村」表現を使用）	法務局または市町村	調製がなされた時点以降の地割・地目の状況を最もよく表す。
	県土地調査局「一筆調査図」	②子	1:1,200など	昭和30年代から昭和40年代末	県公文書館	調査時点での最も正確な地割・地目・土地所有者を表現。
※1	閉鎖地籍図（一般的には「公図」）	①孫（公図をトレース・マイラー化したもの）	1:1,200など	明治期～昭和40年代後半または昭和50年代前半	法務局	地籍図原図が失われていた際に，その原図の状況を知るヒントにはなる。
※2	（現行）地籍図	②子	1:500, 1:1,000など	昭和50年代以降～現在	法務局	現在の地割を最もよく表現する。測量技術的にも高い。
	地籍集成図	②孫'（地籍図を接合・縮刷）	1:2,500など	市町村が発注した年代	市町村	複数の字の地籍図が接合されており，面的な概観に有効。
	地籍併合図	②孫'（国土調査に基づく成果をデジタルデータ化）	1:1,000, 1;2,000, 1:5,000などで「出力」可能	申請時点	市町村	国土調査に基づきかなり正確で，縮尺も範囲も自由に選択できる。

※1：いわゆる「14条地図」ではなく「土地台帳附属図」で，法的根拠のない図面。

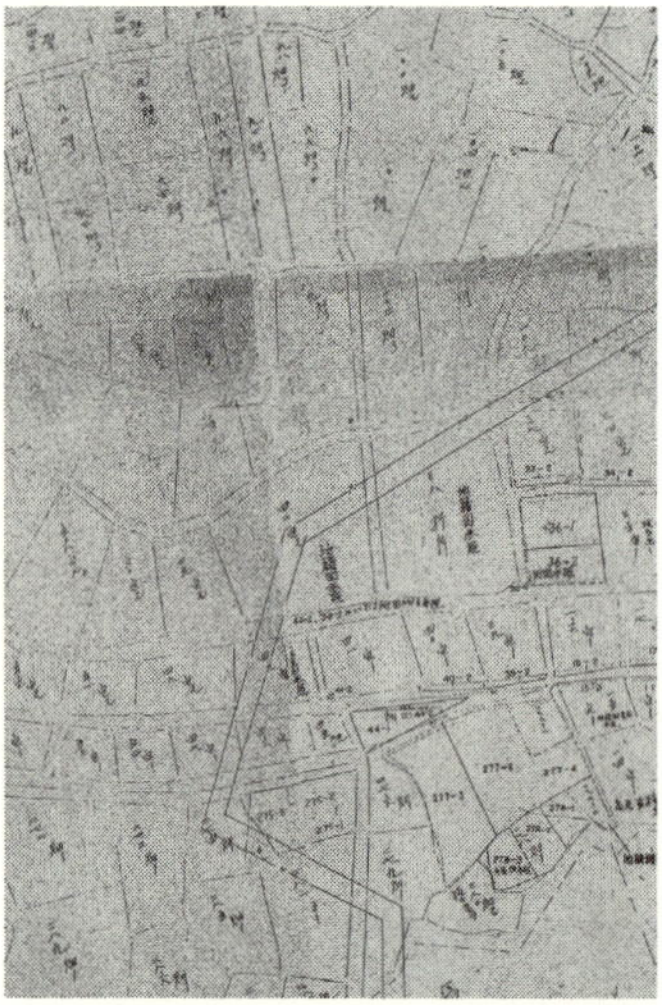

図17　小禄村グシ宮城（現那覇市宮城）の米軍政下における簡易地籍図

図18　小禄村グシ宮城（現那覇市宮城）の米軍空中写真（1945年3月撮影）

米軍空中写真（図18）などを土台に、想定される地筆線を一から書き込んでいくといった方法でしか対応できない。その上、地籍図面をもとにした「ベースマップ」が作成できたとしても、そもそも「土地台帳」が失われていた場合には、土地利用で塗り分けるためかつての「地目」すらも知ることはできないことを追記しておく。失われてしまった「土地台帳」については仕方がないとしても、より効率的に、さらには自動的に古い地籍図面をデジタライズするための方法が開発されるなどして、今回紹介したような地籍図・土地台帳の活用が進むことを期待したい。

注

（1）米軍から返還された土地の再開発は思うほど容易ではない。返還された土地はいったん測量を行って本来の土地割を明らかにした上で、それぞれの土地の本来の土地所有者を捜し出して、揃った地権者の同意のもとでようやく区画整理を行うことになる。その際に、沖縄県内では戦前の記録が大きく失われており、各種施設の建設などによって地形までもが大きく改変されているため、再測量も難しい。加えて、地権者の捜索にも多くの時間がかかることになる。そのため、返還された土地が再開発されて市街地化するのには、通常三〇～四〇年ほどかかることになる。

（2）同様の経緯を経た北海道でも、比較的制度の高い地籍図類を入手できる可能性が高い。
（3）法務局では基本的に、特定の施設や範囲を指定して地籍図の閲覧や「写し」を請求することはできない。具体的な地番（一般的にいう番地）を指定することで、そこを中心とした一定範囲の図面の閲覧や、「写し」の発給が可能となる。このため、あらかじめ必要な箇所については、その地番を調べておくのが良い。なお、沖縄県内でも那覇市をはじめとする都市部では、「住居表示」に伴い、「〇〇四丁目一番四〇号」といった住所となっているところもあるが、不動産登記の中ではあくまで「八九三番地の四」といった従前の地番が生きているので、それを調べてから申請する必要がある。
（4）法務局においては、「土地登記簿」については閲覧規定があり、一筆あたり五〇〇円の手数料を求めることになっているが、実は土地台帳についてはそうした規定がない。こうした事情を知っている専門の職員であれば、個人情報に留意することと、台帳を汚損・破損しないことなどを条件に、無料で閲覧を認めてくれることがある。
（5）厳密に言えば、地籍図に表れる線「地筆線」と現実の景観における土地割りとは必ずしも一致しない。「地筆線」はあくまで、土地の所有者が分かれる線や、地税の税率が異なる「地目」が分かれる線を示しており、例えば現実には明確な壁や畦などがあったとしても、それを挟んだ両側の土地の所有者が同一であり、かつ、「地目」も同じであれば、その境は「地筆線」としては表れないことが多い。
（6）南北方向と東西方向で異なる縮小・拡大や、さらにはこれら以外での方向の縮小・拡大を行うもので、例えるならば台形の画像ファイルを正方形のものに整えるような補正である。高度な「アフィン変換」では、変化の少ない交差点や山の頂上などを基準点として、強制的に基準となる地図の同一地点に合うように補正を行う。

●第二部　「抱護」が抱く琉球の村落

第一章　八重山諸島・石垣島の村落構造と「抱護」

鎌田誠史

はじめに

本章は、現在では沖縄県石垣市の一部となっている旧平得村・真栄里村、大濱村、宮良村、白保村[1]（図1）を対象として、明治期の資料から村落空間の復元図を作成し、明治二〇〜三〇年代の村落空間の特徴を明らかにするとともに、その後現在に至る空間的変遷を考察することを目的としている。

本章は、大きく二つの部分から構成されている。

一つは、明治二〇〜三〇年代に作成されたとされる「八重山諸島村落絵図[2]」と、一九〇二（明治三五）年頃作製の地籍図とを用いて「村落空間の復元図」を作成し、その空間的な特徴を述べる。もう一つは、作成した明治期の復元図を、一九四五（昭和二〇）年頃の米軍撮影空中写真[3]、一九七五〜一九八一（昭和五〇〜五六）年作成の「一筆地調査図[4]」、現在の地籍併合図、住宅地図と比較することで、明治二〇〜三〇年代から現在に至る村落空間の変遷を明らかにするものである。

ここで「村落空間の復元図」と称するのは、明治期の資料（古地図と地籍図）を使用し、明治二〇〜三〇年代にお

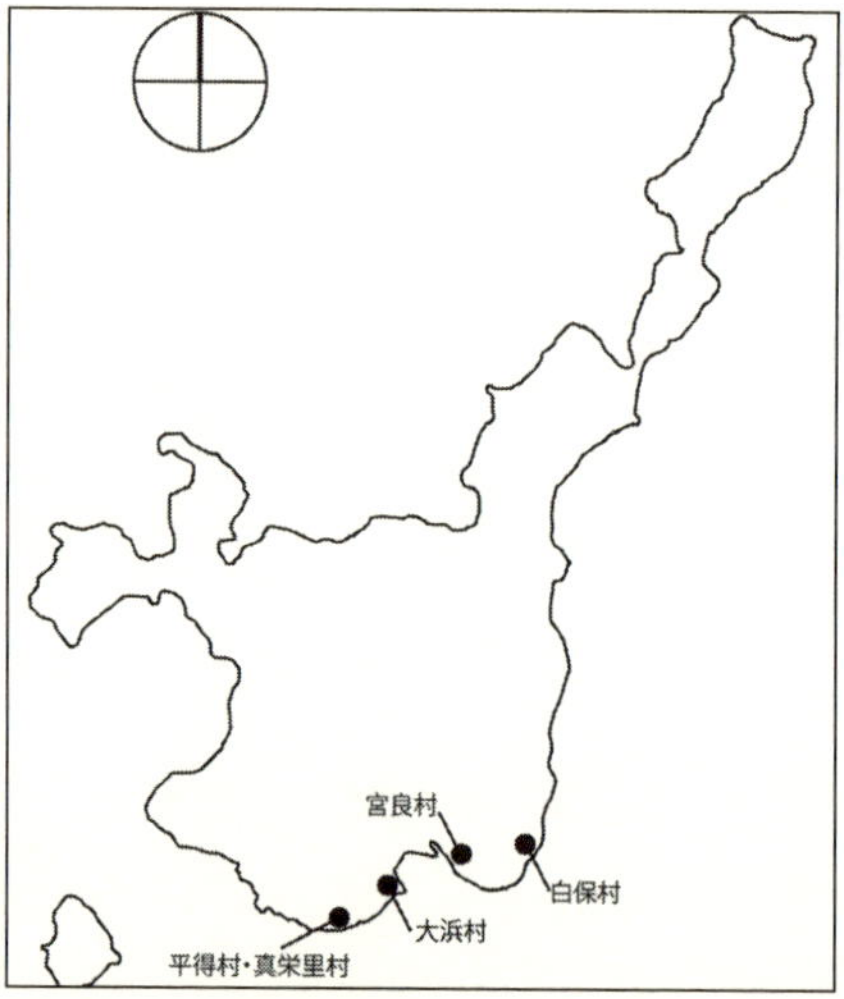

図1　対象村落の位置図

ける各村落の土地割、道路構成、地目（土地利用）、資料に記された施設等を復元した図で、往事の村落空間の可視的な特徴を把握することを目指して作成したものである。

そして究極の目的として、このような復元図作成作業を通じて近代化により失われた歴史的景観の固有価値を再評価し、沖縄における歴史的景観に配慮した景観形成の基礎的資料として位置づけたいと考えた。

周知の通り、沖縄では去る大戦で古い地籍図などの多くが焼失・消滅し、とくに沖縄本島とその周辺にはほとんど残存していない。[5] このような状況の中で本章では、石垣市教育委員会教育部市史編集課の協力により、対象村落の一八九九（明治三二）年から五年間にわたる「土地調査事業」によって作成された地籍図（以下、明治期地籍図）を確認することができた。同地籍図は、「八重山諸島村落絵図」には示されていない、精度の高い道路線形や土地割形態など明治期の様相を記録したものとして、きわめて貴重な資料である。この明治期地籍図をベースに、「八重山諸島村絵図」や先行研究[6][7][8]の研究成果を用いることで、村落空間の精密な復元図の作成が可能となった。加えて、空間的な特徴に着目しながら、現在に至る空間的変遷を明らかにした。

一　古地図と地籍図にみる明治期の村落の特徴

明治期における八重山の村落の具体的な空間構成を知る有効な資料は、「八重山諸島村落絵図（以下、古地図）」で

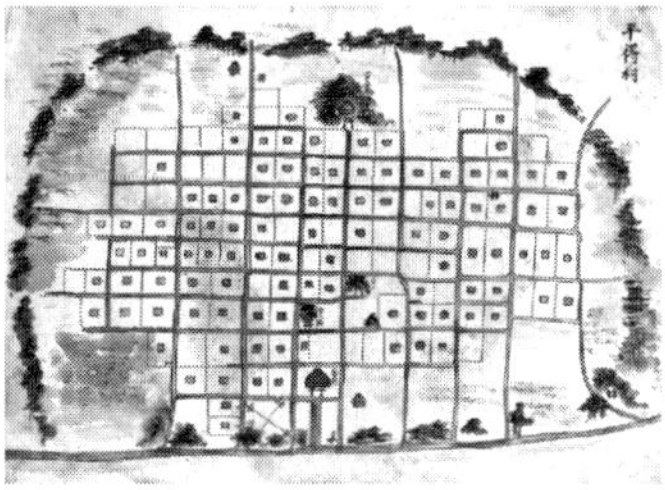

図2　平得村の古地図A（沖縄県立図書館所蔵）

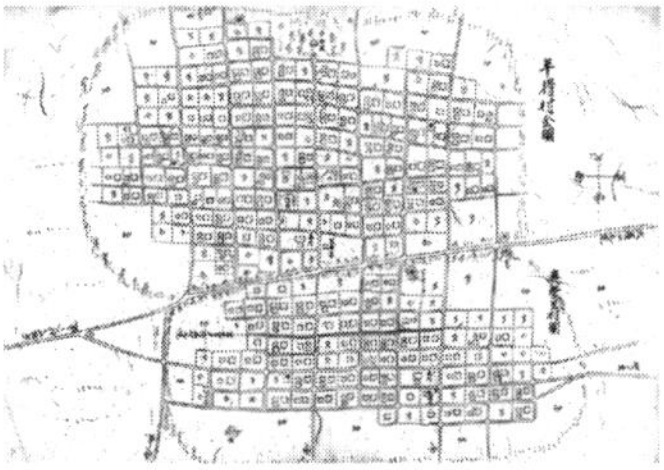

図3　平得村・真栄里村の古地図B（沖縄県立図書館所蔵）

図4　平得村・真栄里村の明治期地籍図（接合）（石垣市教育委員会所蔵）

ある。同古地図の作成年代は、一八八七（明治二〇）年から一八九七（同三〇）年の間であるとされている。[9]

本章の対象村落（平得村・真栄里村、大濱村、宮良村、白保村）においても同古地図が残されており、彩色を施したもの（以下、古地図A）と彩色のないもの（以下、古地図B）の、それぞれ二種類が残されている。

古地図Aには、屋敷の分布、道路構成、御嶽や井戸の分布、樹林帯の様子、村番所や製糖小屋、鍛冶屋と推測される施設、方位が示されている（口絵図1・図2）。なお、村番所、御嶽以外の文字は記載されていない。

古地図Bには、屋敷、道路、村番所、井戸、御嶽、鍛冶屋、畑、樹林帯の状況や方位などが記載され、屋敷には建物の棟数も記載されている（図3）。さらに、かつては家屋が存在していたが消失している宅地については、「明」もしくは「仝」と記載され、空き地であることが明記されている。

両古地図はノンスケールで、現況と比べると道路が直線的に描かれていて、宅地形状も大きく異なる。これらの古地図は、往事の村落空間を知る貴重な資料であるが、精度の高い復元図作成の根拠資料としては不十分と言わざるを得ない。そこで、明治期地籍図（図4）がこれを補完する有効な資料となる。同地籍図は、明治三〇年代当時の測量技術を駆使して作図されており、現在の地籍併合図と比べると多少の不正確さや歪みがみられるものの、復元図のベースとしては非常に有効な図といえる。

明治期地籍図は縮尺が一二〇〇分の一で、道路や土地割形状が正確に表現され、八重山のものは各地筆には地番と地目（宅地、畑作地、拝所、墓地、山林、原野、沼地、雑種地など）が記載されている。興味深いのは、地籍図に描かれた村を囲む山林や原野に「保安林」と加筆併記されており、これが古地図に描かれている樹林帯の位置と合致する点である。また、古地図に記載された番所、製糖小屋および鍛冶屋が明治期地籍図では判読できないといった相違点がみられるが、土地割形態や道路構成についてはおおむね整合している。

二　明治期（二〇～三〇年代）の村落空間復元図の作成

明治期（二〇～三〇年代）における対象村落の空間復元図の作成を試みる（図5）。これは本研究の目的の一つであり、明治期の資料を使用して各対象村落の空間構成の復元を行っておくことで、形態的な特徴の把握や、対象村落どうしの比較研究が可能となる。

沖縄では去る大戦で復元の根拠となる史料の多くが焼失した経緯があり、一部の研究[10]を除いて、本章などが扱うような村落の空間復元を行った研究は少ない。また、このような復元を通じて空間分析を行った例は極めて少なく、今後の沖縄における村落の空間研究における方法論の一つとしてこのような手法を位置づけたい。

復元作業の基図として利用したのは明治期地籍図である。ただし、同地籍図は字ごとに描かれているため、つなぎ合わせて一枚の村落全体図とする必要がある。具体的な手順としてはまず、字ごとに描かれた地籍図を画像処理

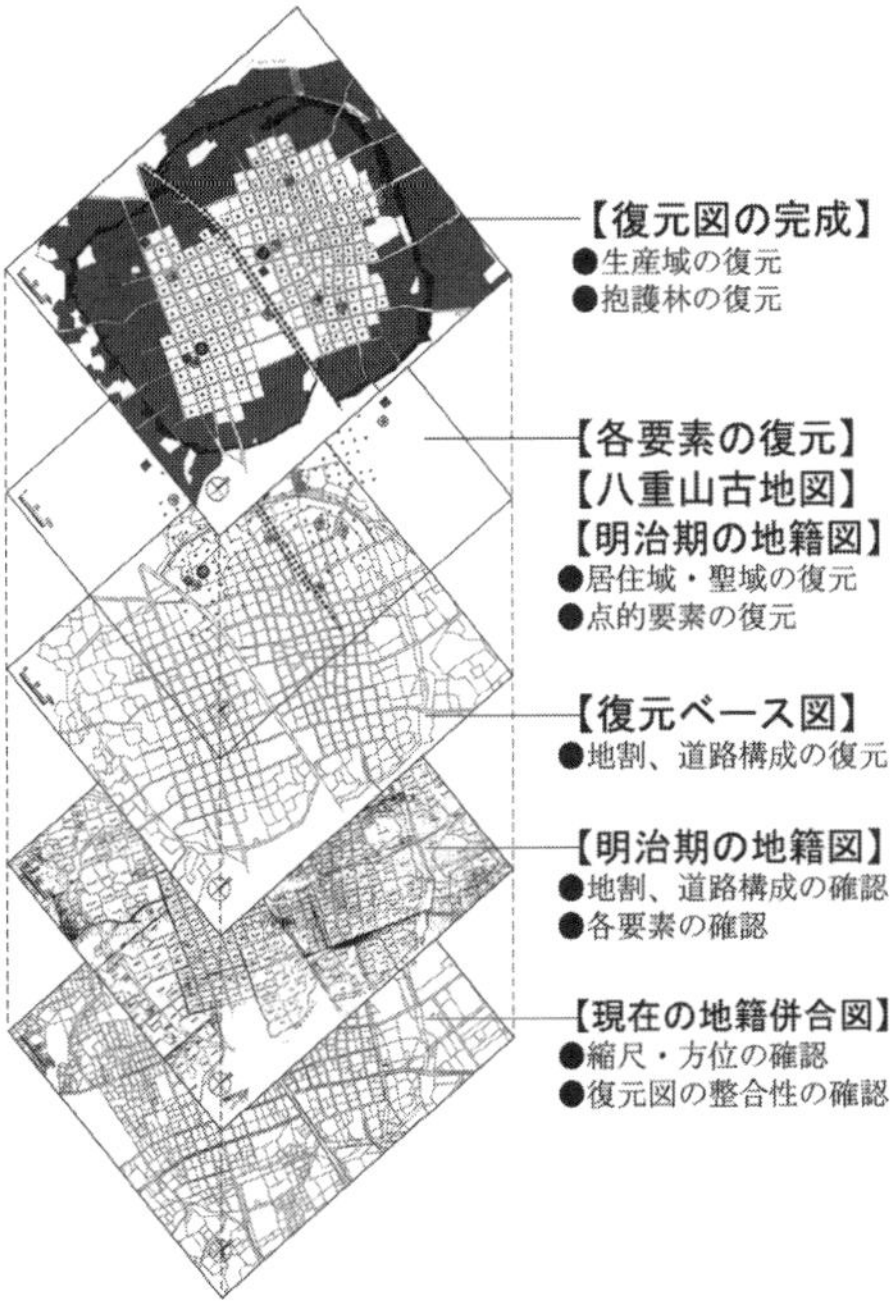

図5　復元図の作成プロセス

ソフトで補正しながらつなぎ合わせて、デジタル化した基図を作成する。次に、同じ場所の現在の地籍併合図の上に基図を重ねあわせて精細な照合と整合を行い、基図を補正して整合性を持たせる。さらに作成した基図を画像処理ソフトでトレースし、線データ化してベース図を作成した。

このような手順で作成されたベース図に、明治期地籍図に記載された地目（井戸、墓地、宅地、原野、畑地、御嶽、保安林、池・沼等）をプロットした後、古地図の記載内容（村番所、製糖小屋、鍛冶屋、井戸、龕《がん》屋《や》、宅地、畑地、御嶽、「抱護」）を記載して、明治期（二〇～三〇年代）の村落空間の復元図を作成した。

三　明治期（二〇～三〇年代）の村落の特徴

作成した対象村落の空間復元図を使用して、建築学的視点から「点・線・面」の複合体として村落空間構成を分析するという視座に立ち、かつ、それらと人間の生活過程との関連に注目しつつ、その構成要素として「生産域」「居住域」「聖域」「ムラ域」「道路」を取り上げて考察する。このような手法を取り入れた先行研究[11]の方法は村落空間の構成要素を明確にとらえたものであり、本研究でもこのような方法を共有しつつ、各対象村落における明治期

（二〇～三〇年）の空間構成を明らかにする。

1　平得村

平得村（図2・図3）は、石垣島南部に位置し、平得村と後述する真栄里村は隣接して立地している（図4）ため、一村落のような様相を呈している。平得村の発祥は現村落の北方にあり、間切としては大浜間切に属していた。真栄里村は平得村から分村しており、本来はひとつの村であった[12]。

平得村の点的要素としては、居住域の南側中央付近に村番所、その東隣に製糖小屋が立地している（図6）。北端中央付近には、村落の成り立ちに深く結びついたとされる宇部御嶽が分布しており、村番所から宇部御嶽に伸びる道路脇や居住域の東端にも御嶽が分布している。宇部御嶽の西側には鍛冶屋が分布し、井戸も七箇所みられる。

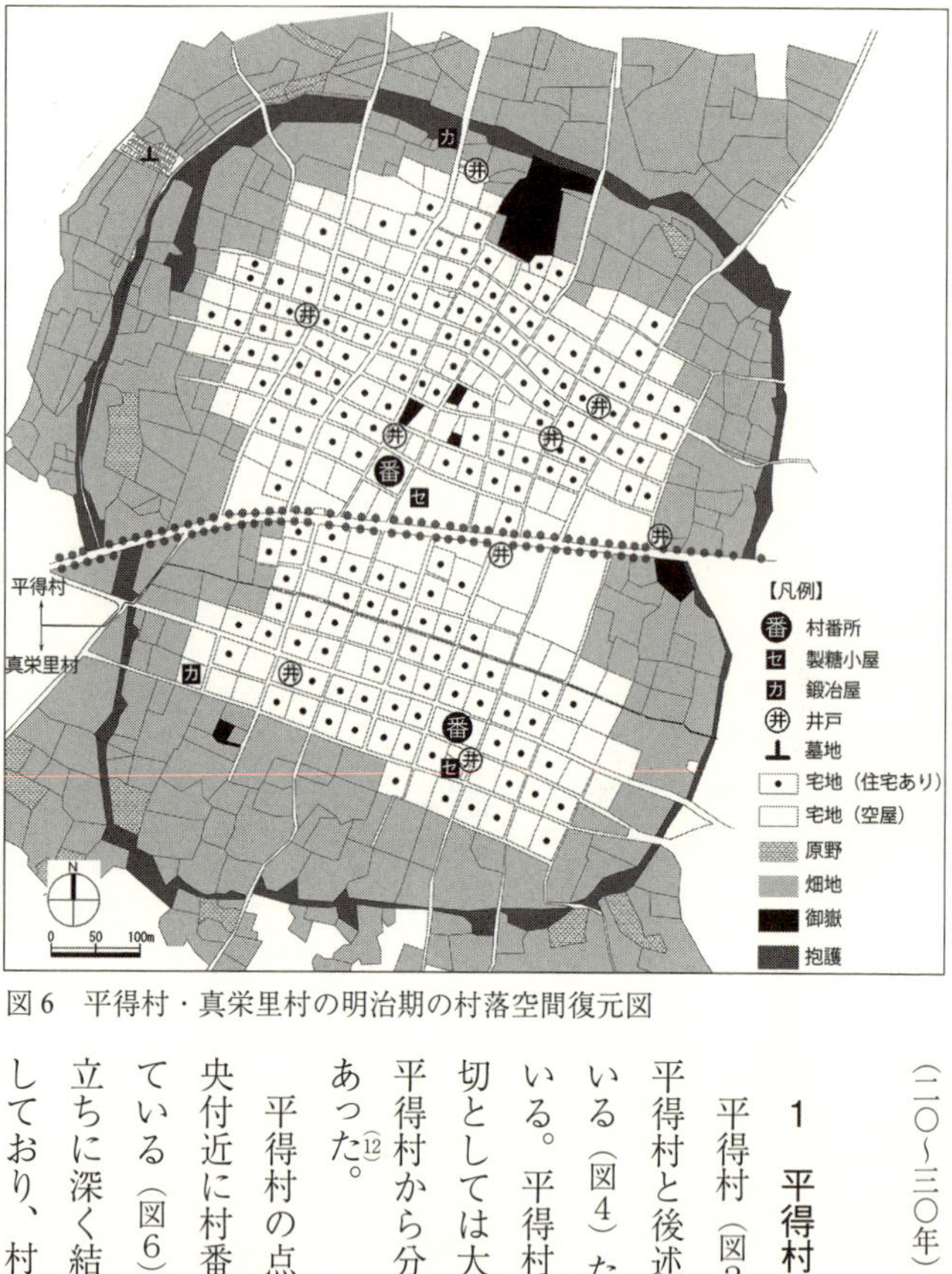

図6　平得村・真栄里村の明治期の村落空間復元図

線的要素を見ると、村落を東西に横断する両脇に並木が記された道路（現在の国道三九〇号）によって、景観的には両村の境界が示されているように思われる。しかし、明治期地籍図および現在の地籍併合図において、当該道路から南側に数えて三～四本目の道路に両村の境界が示されている。また、居住域とその周りの田畑を囲むように樹林帯が分布している。古地図にも示されているこの樹林帯はいわゆる、林による「抱護[13]」と思われ、村落空間の特徴を考えるうえで景観的にも重要な要素となっている。本章で作成した復元図によって、明治期における林による「抱護」の詳細な形状が明らかになった。

　この林による「抱護」が、居住域北端に位置する聖域（宇部御嶽）から、両腕で村落を取り囲むように伸びて、「村抱護」となっている。このような聖域と「村抱護」との結合が、村落空間の構成の大きな景観的特徴といえる。

　面的要素としては、この「村抱護」に囲まれた範囲に、居住域と生産域、聖域の大きく三つの要素が分布しており、居住域の土地割形態はゴバン（井然）型となっている。後述する真栄里村と比べると、全体的に道路が若干湾曲しており、両村には形態的な相違がみられる。居住域を囲むように生産域が分布し、「村抱護」の外側にも生産域が広がる。また、「村抱護」の北西側に墓地が分布していることから、「村抱護」で取り囲まれた範囲がムラ域[14]を示していると考えられる。

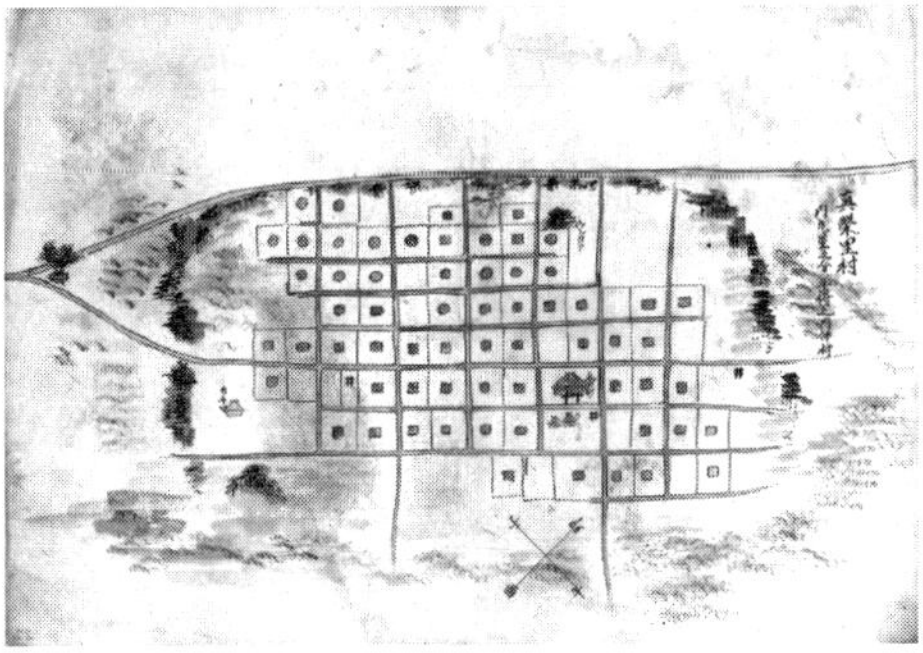
図7　真栄里村の古地図A（沖縄県立図書館所蔵）

2　真栄里村

　先述したように、真栄里村は平得村の北側に位置する（図1・図4）。真栄里村の点的要素としては、居住域内に村番所、その南隣に製糖小屋、居住域の西側端には御嶽と鍛冶屋が分布している。井戸は二箇所みられる。

　線的要素を見ると、平得村と同様に「村抱護」が村落を取り囲んでいる。

　面的要素としては、平得村と同様に居住域と生産域、聖域が分布し、居住域の土地割形態もゴバン（井然）型である。ただし、平得村より明らかに直線的な道路構成となっている。これは、真栄里村が一七六五年に平得村から分村した後に、一七七一年の「明和大津波」で跡形もなく流されたとされており、一度別の場所で新村を建てた後、再び現在の場所に新設されたため、真栄里村の範囲のみ直線的な道路構成となった可能性が考えられる。ただし、成立年代の違いと道路構成の形態的な違いの関係についてはさらなる究明が必要であり、今後の課題としたい。

3　大濱村

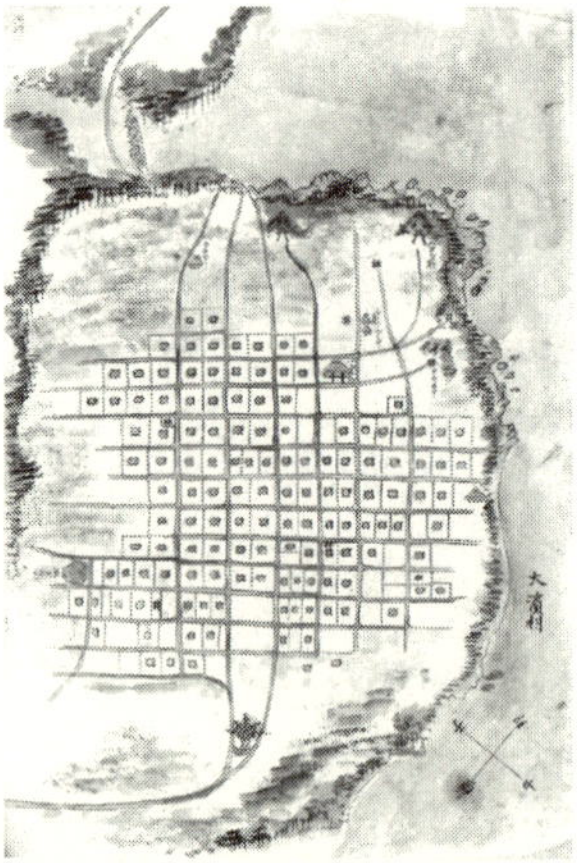
図 8　大濱村の古地図 A
（沖縄県立図書館所蔵）

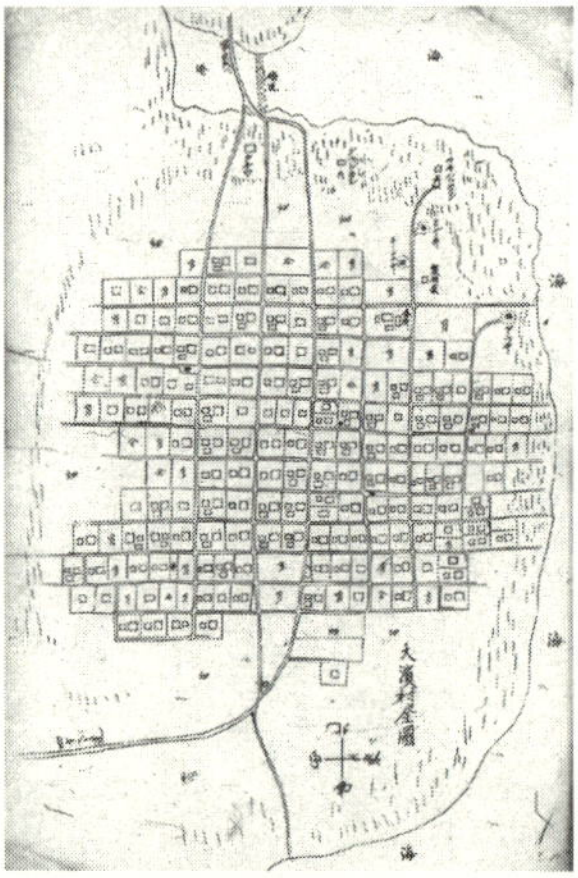
図 9　大濱村の古地図 B
（沖縄県立図書館所蔵）

図 10　大濱村の明治期地籍図（接合）（石垣市教育委員会所蔵）

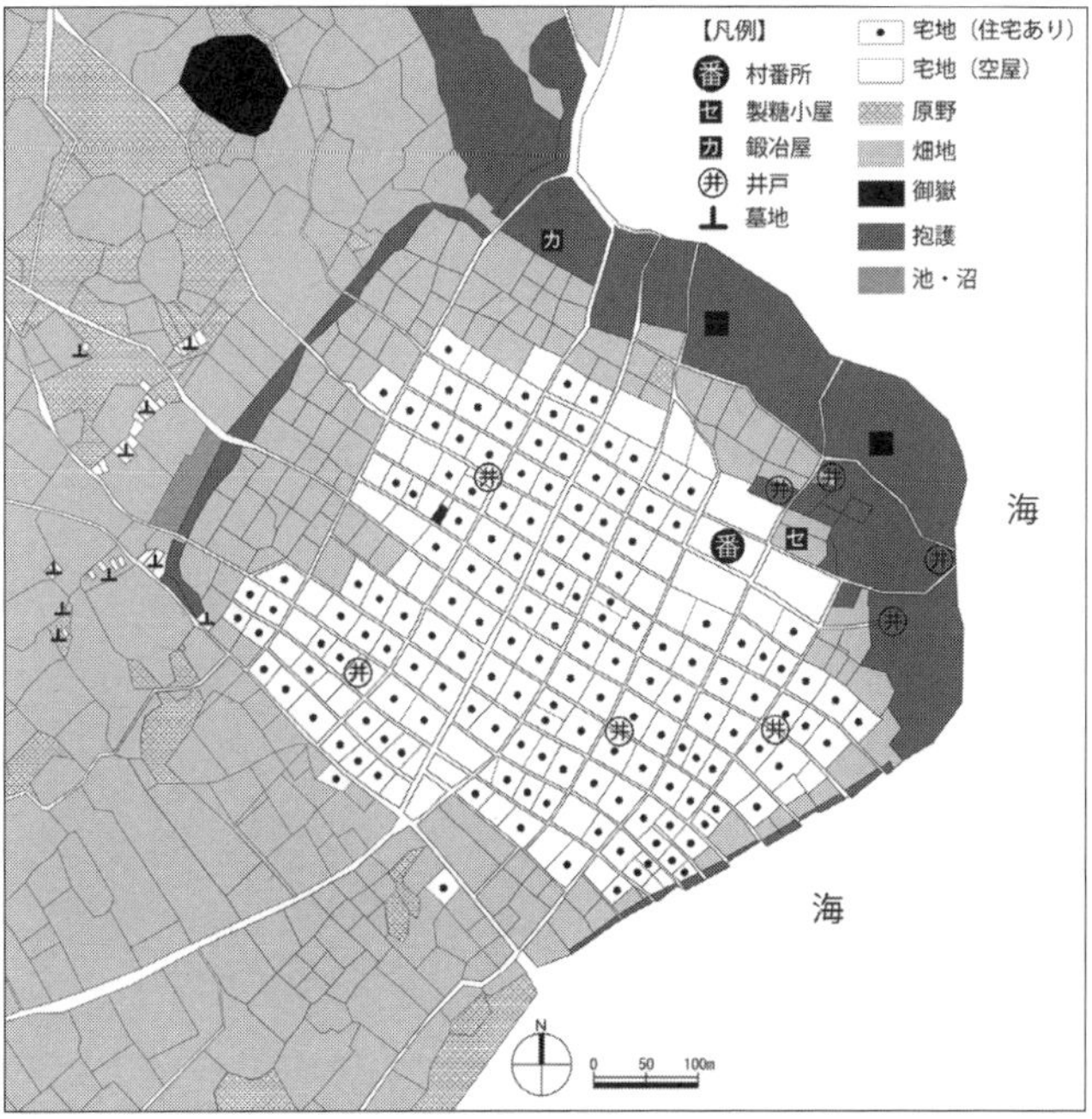

図11　大濱村の明治期の村落空間復元図

大濱村（図8・図9・図10）は石垣島南部に位置し、大濱間切に属していた。大濱村は南北に長く、北高南低の地勢で、南は宮良湾に面し、南部を宮良川・磯部川が南流する。

点的要素としては、「村抱護」で囲われた居住域内に村番所、その東隣に製糖小屋があり、海岸に接した「浜抱護」内に御嶽が二箇所と、鍛冶屋が分布している（図11）。また、居住域内に御嶽が一箇所、村抱護の外部にも大規模な御嶽が一箇所分布している。井戸は計八箇所みられ、平得村と同様に、「村抱護」の外側に墓地が分布している。

線的要素としては、居住域中央を南北に通る中道（現在の国道三九〇号）が貫通し、外部と連絡している。平得村・真栄里村と同様に「村抱護」が分布している。北側の「浜抱護」は樹林帯の幅が広く、ここには二つの御嶽（崎原御嶽、黒石御嶽）が分布し、聖域と「浜抱護」の結合がみられる。なお、村落の南側には「村抱護」がみられない。聖域が位置する北側の「浜抱護」と西側の「村抱護」、東側の「浜抱護」が、居住域とその周りの生産域を抱き囲むように分布する、特徴的な形態となっている。

面的要素としては、居住域と生産域、聖域の大きく三つの要素が配置される。居住域では全体的に道路が若干湾曲しており、形態的には先述した平得村に近い。

4　宮良村

宮良村（図12・図13・図14）は、石垣島南部に位置し、宮良間切に属していた。宮良村は南北に長く、南は宮良湾に面し、南西端を宮良川が南流する。

点的要素としては、「村抱護」で囲われた居住域内に村番所、その南隣に製糖小屋が分布し、御嶽が三箇所、拝所が一箇所みられた（図15）。居住域外縁部に鍛冶屋が分布しているが、他の村落と比べて、古地図には正確な位置

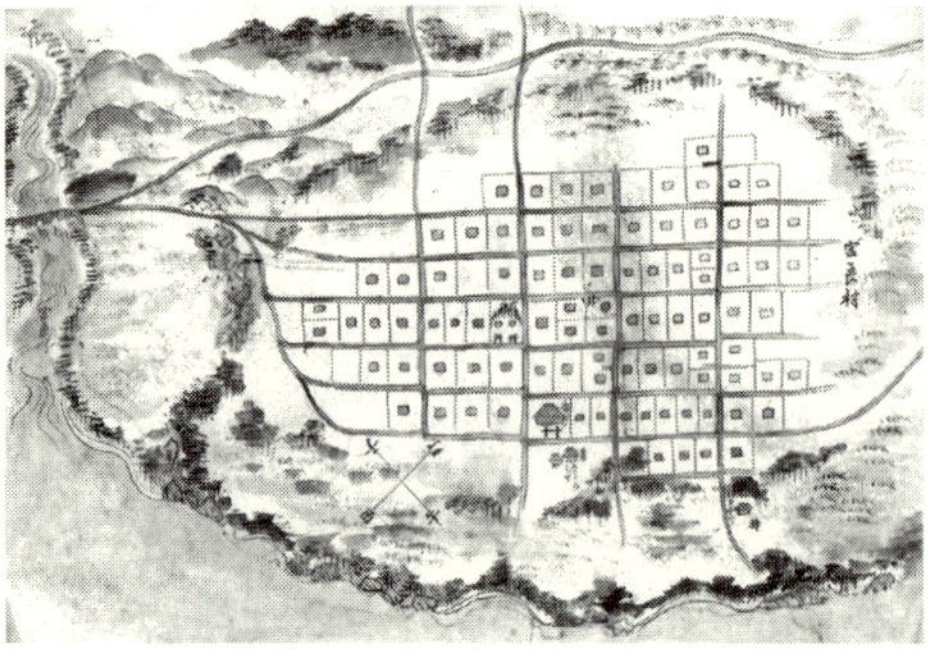

図 12　宮良村の古地図 A（沖縄県立図書館所蔵）

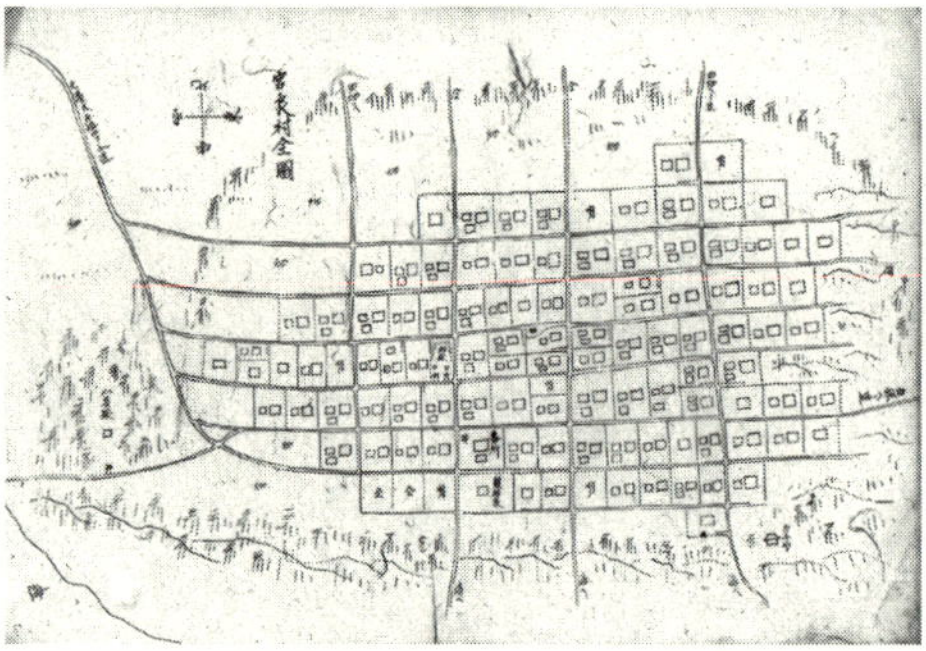

図 13　宮良村の古地図 B（沖縄県立図書館所蔵）

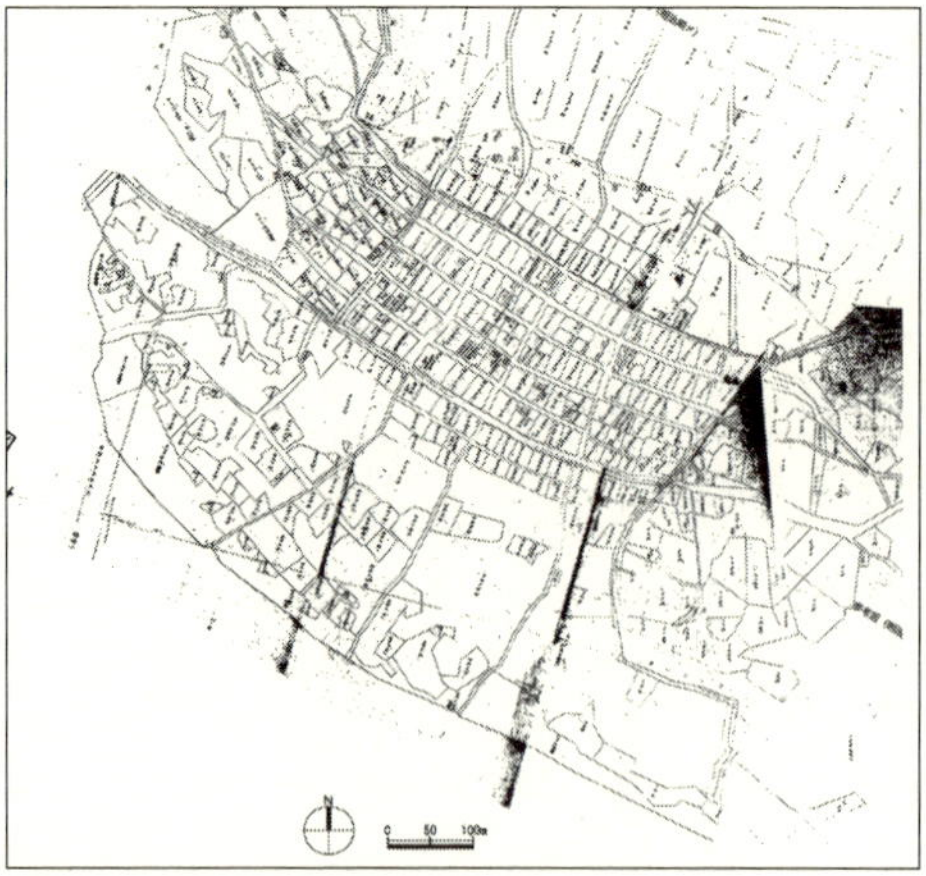

図 14　宮良村の明治期地籍図（接合）
（石垣市教育委員会所蔵）

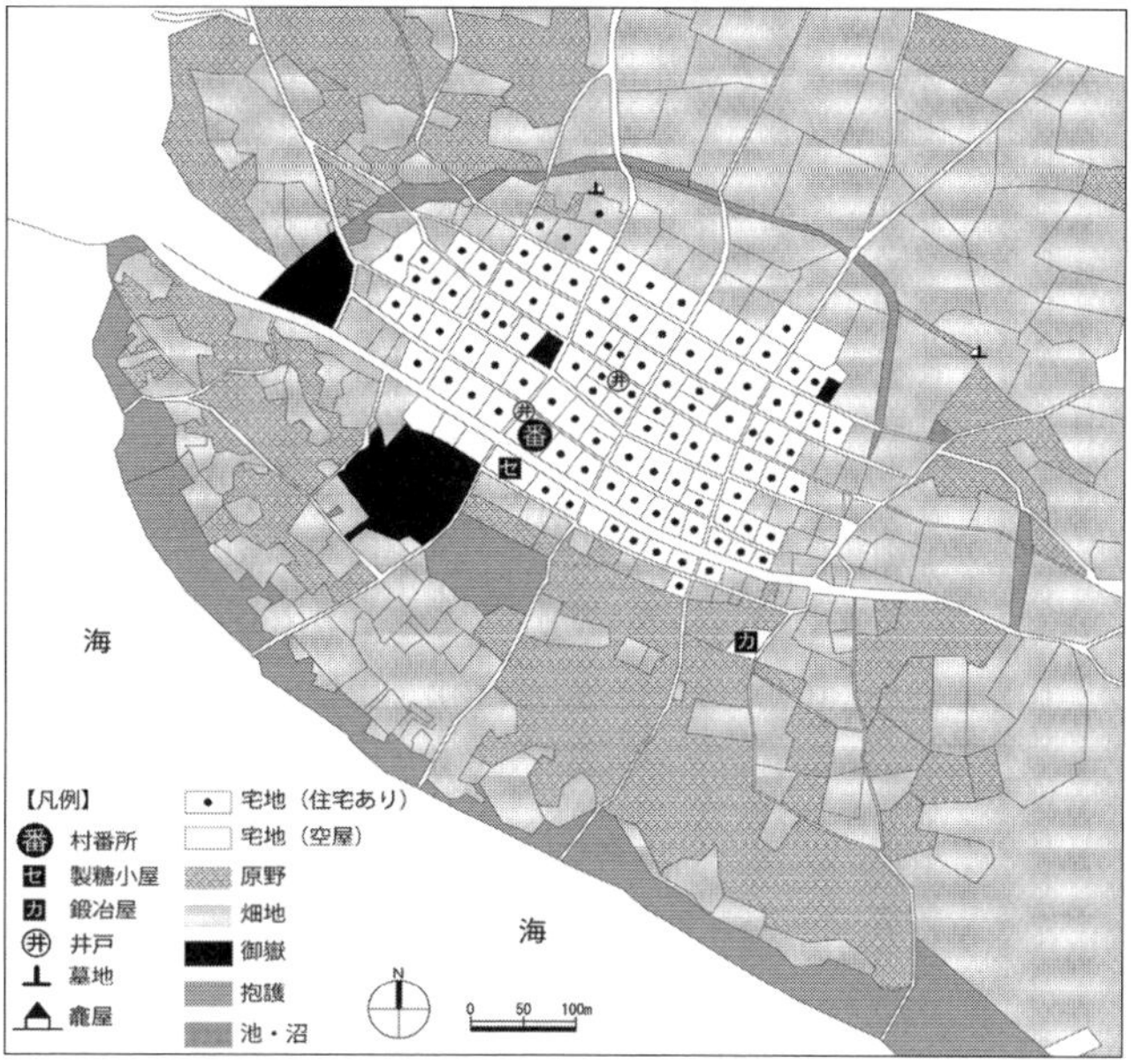

図15　宮良村の明治期の村落空間復元図

が示されていない。井戸は計二箇所みられ、平得村、大濱村と同様に、「村抱護」の外側に墓地が分布している。

線的要素としては、居住域南端を東西に道（現在の国道三九〇号）が通り、外部と連結している。「村抱護」の形態は他の対象村落と共通しており、加えて海岸沿いに「浜抱護」も分布している。

面的要素として、居住域西端に位置する聖域（小浜御嶽）から片腕で村落を取り囲むように「村抱護」が分布しており、その中に居住域と生産域、聖域の大きく三つの要素が配置されている。

居住域の土地割形態はゴバン（井然）型で、全体的に道路が若干湾曲している。また、聖域と「村抱護」との結合がみられる。

5　白保村

白保村（図16・図17・図18）は、石垣島南東部に位置し、宮良間切に属していた。南北に長く、東は太平洋に面する。

点的要素は、居住域内に村番所、その西隣に製糖小屋があり、その北隣には拝所が一箇所、居住域北側の東西端にそれぞれ一箇所の御嶽が対をなすように分布していた（図19）。さらに、「村抱護」内に御嶽が一箇所みられる。

井戸は計二五箇所みられ、居住域北西端に鍛冶屋と竃屋がみられる。

線的要素としては、居住域の北端から二股に分かれた中道が通り、外部と連絡している。「村抱護」の形状は他の対象村落とは異なり、幅の厚い樹林帯が、居住域東側の海岸線と居住域西側とに平行して存在していた。古地図の「村抱護」は村落を囲むように描かれているものの、他の村の古地図より描かれている林帯の幅が広く、明治地籍図では、他村落よりも幅広い山林地筆が描かれている。

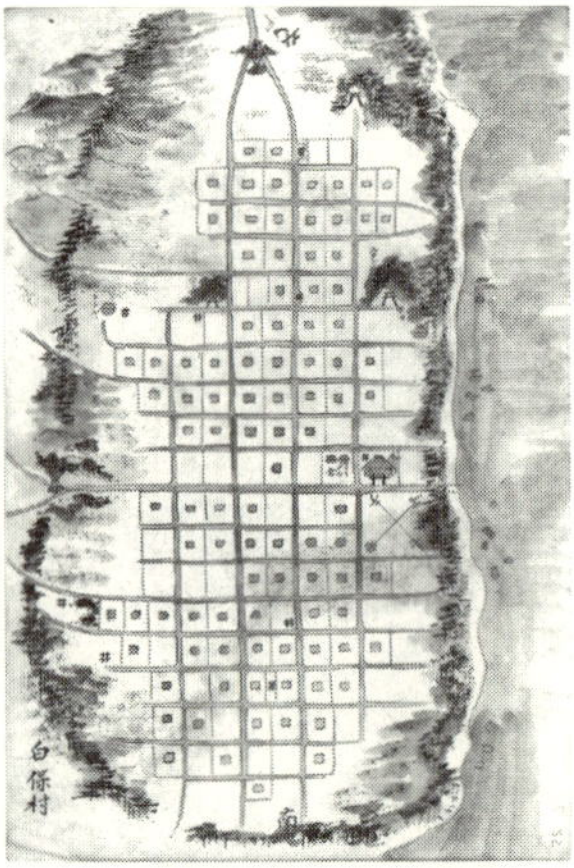

図 16　白保村の古地図 A
（沖縄県立図書館所蔵）

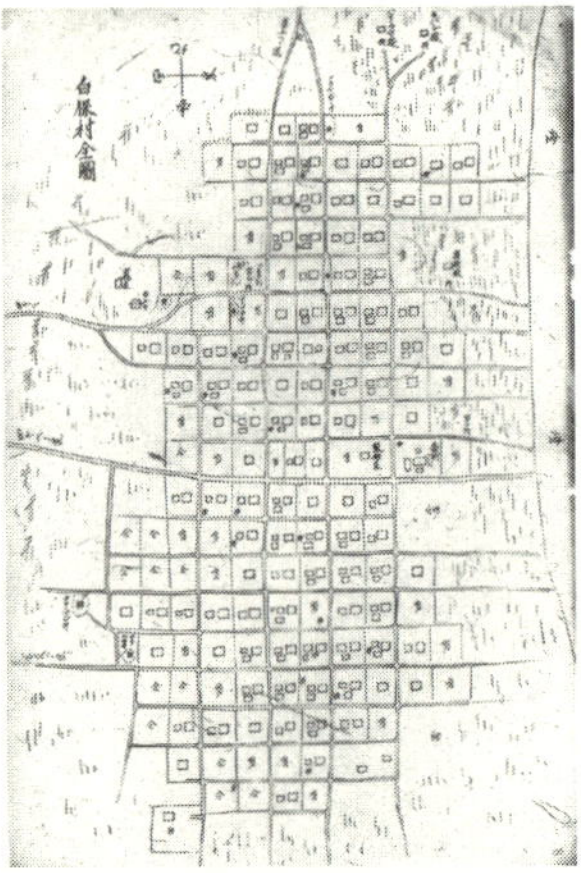

図 17　白保村の古地図 B
（沖縄県立図書館所蔵）

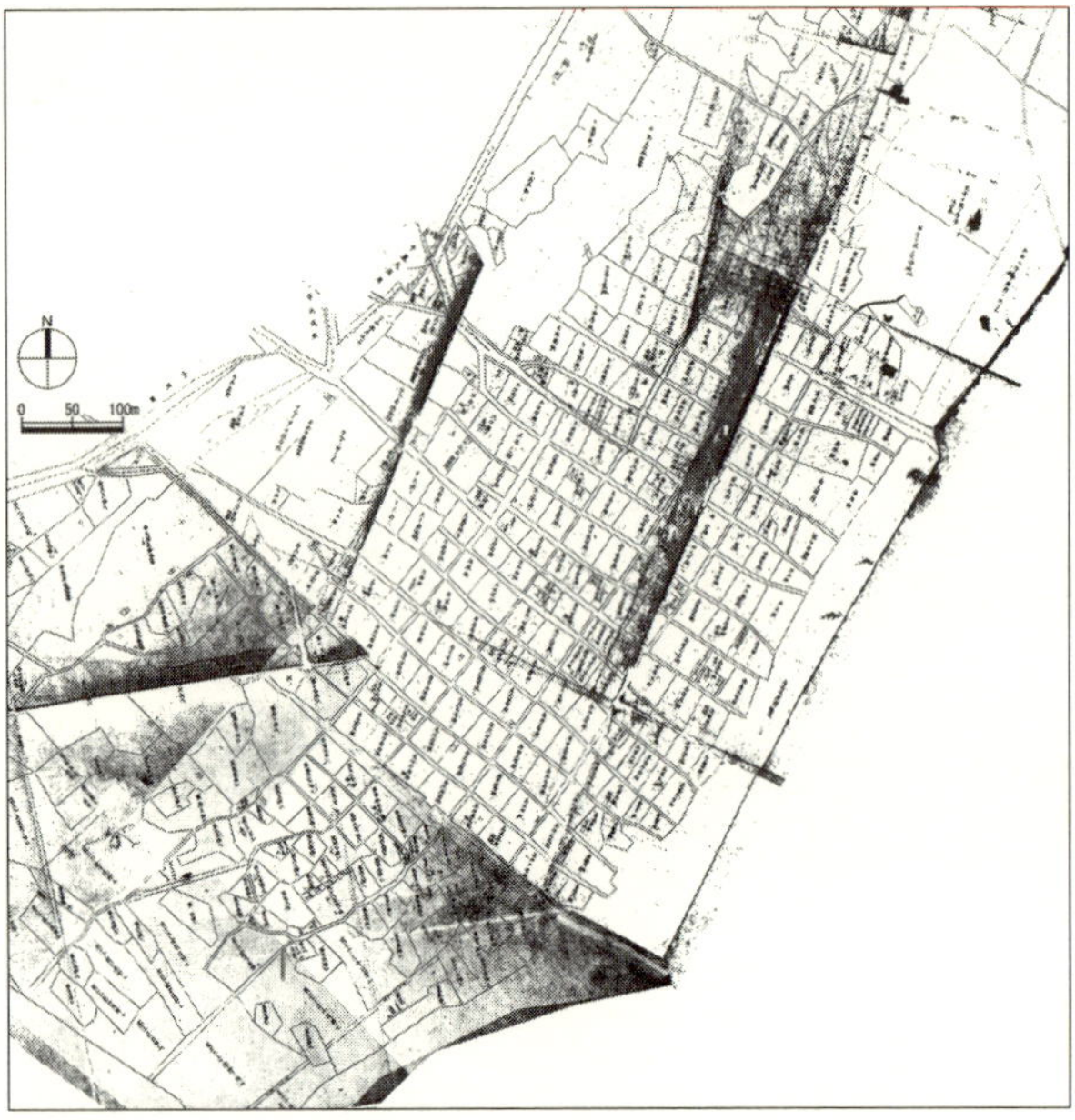

図 18　白保村の明治期地籍図（接合）（石垣市教育委員会所蔵）

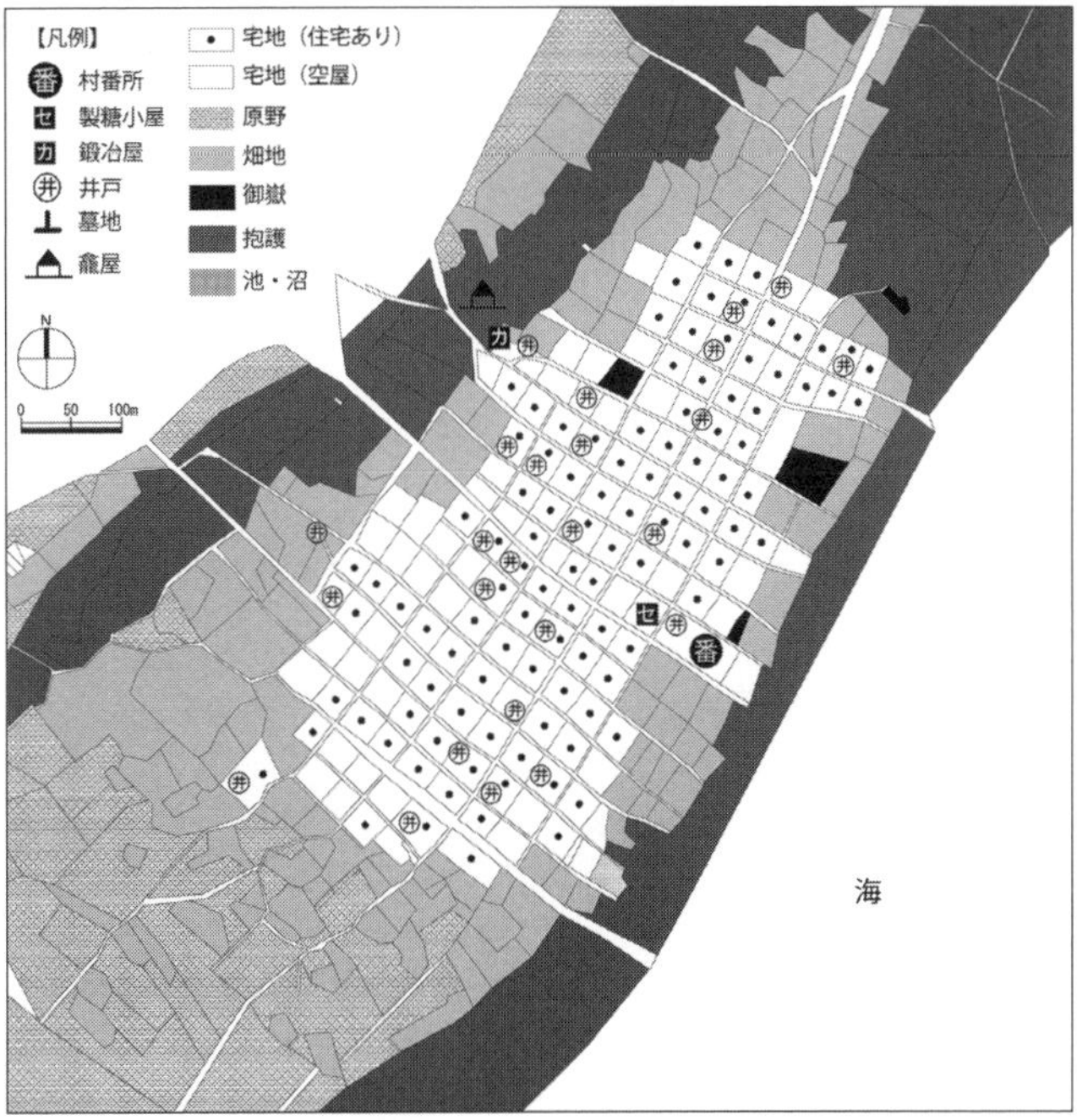

図19　白保村における明治期の村落空間復元図

面的要素としては、「村抱護」と「浜抱護」との間に、居住域と生産域、聖域の大きく三つの要素が配置されている。居住域を囲むように生産域が広がり、「村抱護」の外側にも生産域がみられる点は、他の対象村落と同様である。居住域内の土地割形態はゴバン（井然）型で、直線的な道路構成となっている。

四　村落空間の変遷

明治期の復元図を、一九四五（昭和二〇）年頃の様子をとらえた鮮明な米軍撮影空中写真、土地境界や地目および所有者を記載して現在の地籍図の基礎となった一九七五～一九八一（昭和五〇～五六）年作成[15]の「一筆地調査図」、そして現在の地籍併合図、住宅地図と比較することで、明治期から現在に至る村落空間の変遷を明らかにしたい。

1　平得村

①一九四五（昭和二〇）年頃

写真1　平得村・真栄里村の1944（昭和19）年10月頃の米軍撮影空中写真（加工）
（済州大学校師範大学地理教育科　The Joseph E. Spencer Aerial Photograph Collection）

写真2　平得村・真栄里村の1945（昭和20年）頃の米軍撮影空中写真（沖縄県公文書館所蔵）

平得村・前栄里村が撮影された空中写真（写真1・写真2）には、村落を取り囲む「村抱護」の姿が見事に捉えられている。点的要素としては、村番所が集会所に、[16] 製糖小屋は住宅に、鍛冶屋は畑地に変化している。全ての御嶽には木々が生い茂り、聖域として維持されていることがうかがえる。三箇所の田畑が住宅（宅地）に変化しているが、明治期復元図（図8）との大きな相違は見られない。線的要素としては、道路線形、「村抱護」も明治期の復元図とほぼ一致しているが、居住域西側の「村抱護」が一部消滅している。面的要素として居住域、生産域、聖域の配置構成や、ゴバン（井然）型の土地割形態の変化もほとんどみられない。また、製糖小屋の敷地が数件分の宅地に変化している以外は、各敷地の細分化はみられない。

②一九七五（昭和五〇）年

一九七五（昭和五〇）年の一筆地調査図（図20）では、点的要素として、村番所が畑地[17]に、製糖小屋は宅地に、鍛冶屋は畑地になっている。居住域西側の畑地一帯が学校用地に変化し、「村抱護」に囲まれた範囲（ムラ域）の畑地は、

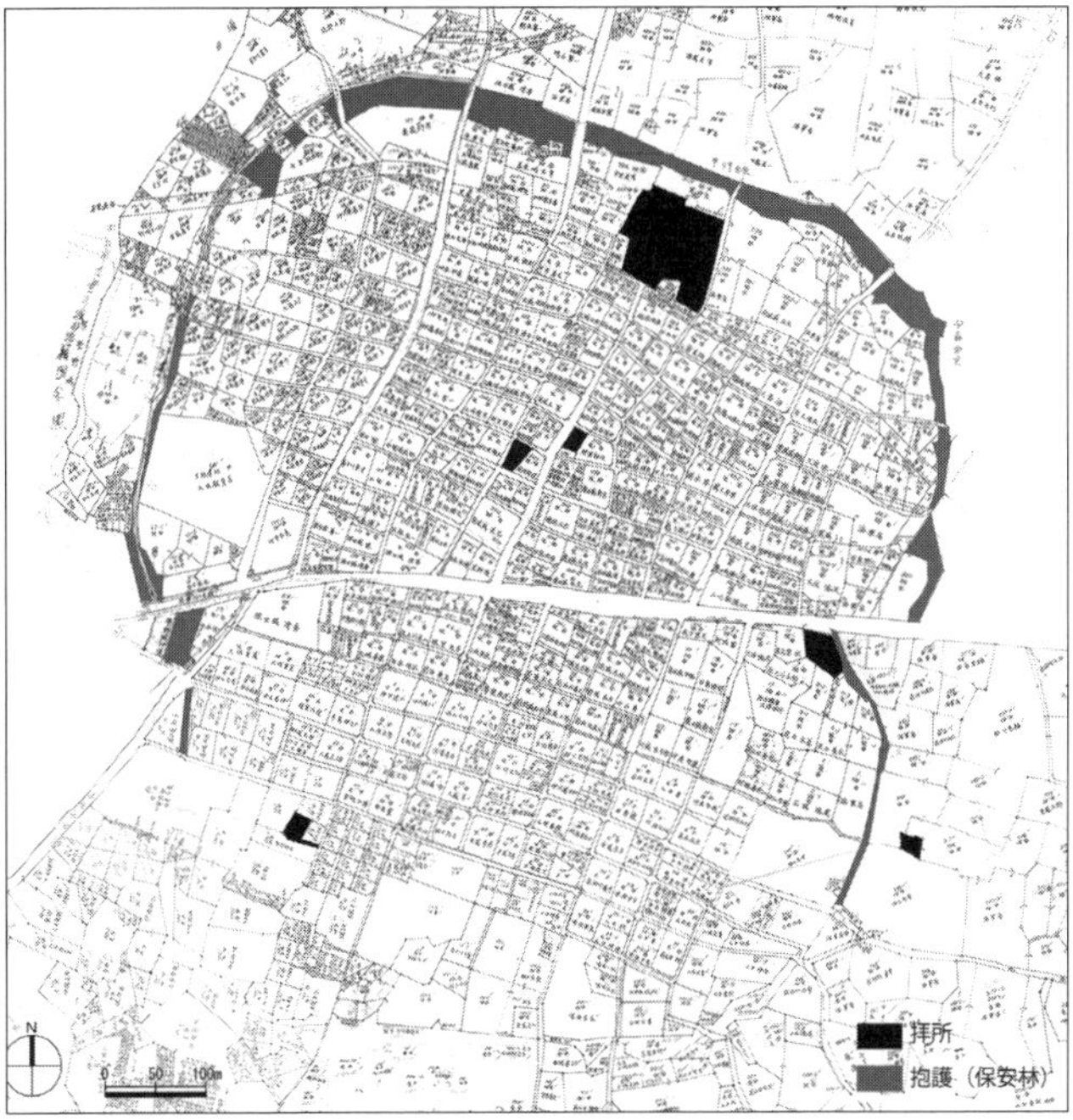

図20　平得村・真栄里村の1975（昭和50）年の一筆地調査図（接合・加筆）（沖縄県公文書館所蔵）

一五箇所が宅地と学校用地に変化している。御嶽（拝所）に変化はみられないが、その所有が市や村、ほかに海軍省や複数人の個人となっている拝所も見うけられる。線的要素としては、居住域北端を東西に新たな道路（現在の産業道路）が横断しているが、居住域内では大きな変化はみられない。「村抱護」（地目は多くが保安林）は、とくに村落の西側部分で分筆が進み、宅地や畑地、原野に変化[18]している。面的要素の構成の変化は少ない。また、ゴバン（井然）型の土地割形態にも大きな変化はないが、主に宅地の分筆が進んでおり、細分化が進んだとみられる。

③現在

現在、点的要素としては、村番所が公民館に、製糖小屋と鍛冶屋は宅地となっている（図21）。御嶽に大きな変化はみられず、学校用地は平真小学校となっている。「村抱護」に囲まれた範囲（ムラ域）の畑地は、九四箇所が宅地や学校などに変化しており、生産域はほぼ消滅している。線的要素としては、居住域東端と西端を新規の幹線道路が縦断するようになったが、居住域内の道路線形について大きな変化はみられない。ただし、宇部御嶽と村番所と

図 21　現在の平得村・真栄里村

をつなぐ道路が拡幅された。「村抱護」は、現在でも地籍併合図における地筆の形状から、ある程度その存在を確認することができるが、景観上は跡形もなく消滅しており、主に宅地に変化している。面的要素としては、生産域がほぼ宅地等に変わり、居住域と生産域との構成に変化がみられた一方で、聖域（拝所）は変化していない。なお、とくに宅地には、分筆によるさらなる細分化がみられる。

2　真栄里村

①一九四五（昭和二〇）年頃

点的要素としては、村番所と製糖小屋、鍛冶屋が畑地に変化している（写真1・写真2）。御嶽には木々が生い茂り、田畑が一箇所、宅地となっている以外の変化はみられない。線的要素としては、居住域西側の「村抱護」が一部消滅した。面的要素の大きな変化はない。

②一九七五（昭和五〇）年

点的要素としては、村番所と鍛冶屋は畑地に、製糖小屋は宅地になっている（図20）。御嶽の配置に変化はみられない。居住域南端の畑地が合筆され、石垣教育区（一部、琉球政府）と記載された地筆もみられる。「村抱護」に囲まれた範囲（ムラ域）の畑地は、五箇所が宅地に変化している。線的要素としては、「村抱護」（地目は多くが保安林）が、東側の一部を除いて畑地、原野に変化している。面的要素に大きな変化はないが、生産域の減少や、とくに宅地の敷地に細分化がみられる。

③現在

点的要素としては、村番所は公民館に、製糖小屋と鍛冶屋は宅地になっているが、御嶽に変化はみられない。居住域南端の畑地が合筆され、石垣教育区（一部、琉球政府）と記載されていた敷地は学校になっている（図21）。「村抱護」に囲まれた範囲（ムラ域）の畑地は、三六箇所が宅地や学校用地などに変化しており、生産域がほぼ消滅した。線的要素としては、「村抱護」（保安林）が消滅しており、主に宅地、畑地、学校、道路に変化している。面的要素は、生産域の消滅やとくに宅地にさらなる細分化がみられるなど、平得村と共通する変化がみられる。

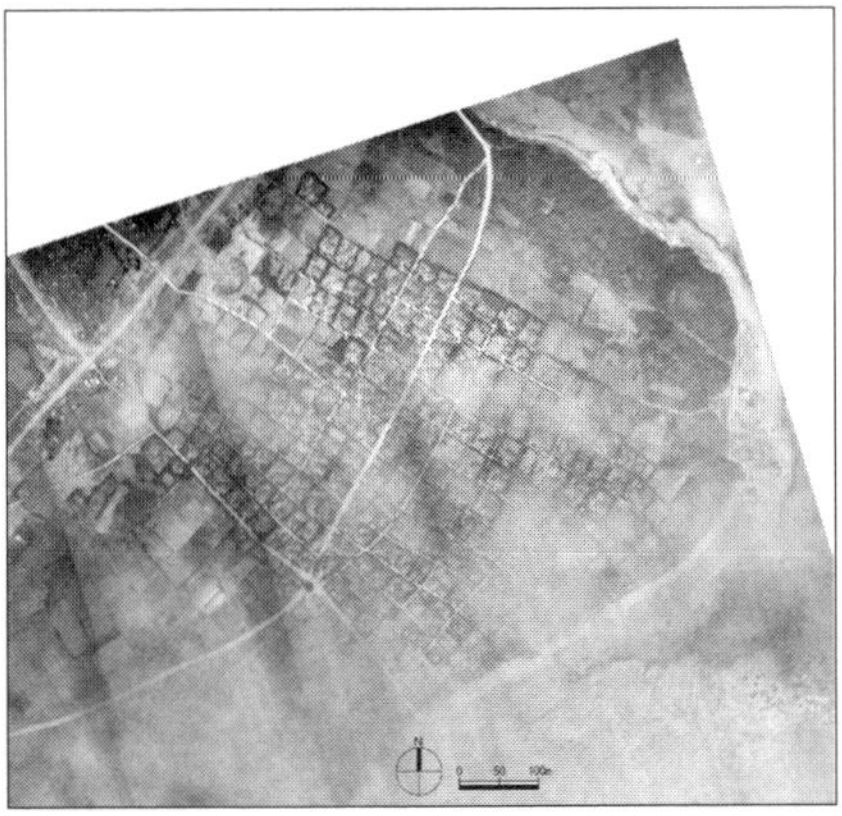

写真3　大濱村の1945（昭和20）年頃の米軍撮影空中写真（沖縄県公文書館所蔵）

3　大濱村

①一九四五（昭和二〇）年頃

点的要素としては、村番所は集会所らしき建物に、製糖小屋は畑地に変化している（写真3）。御嶽と居住域内の拝所には木々が生い茂っ

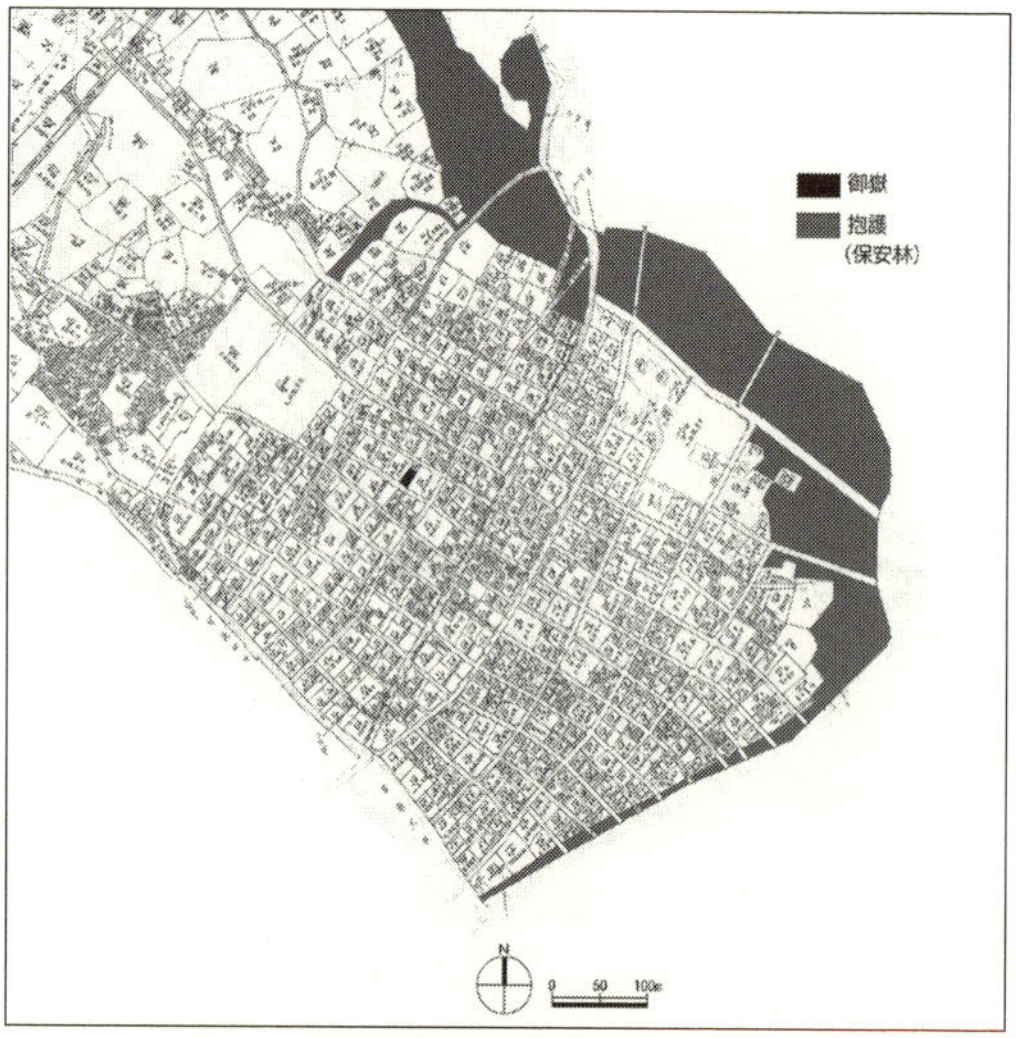

図22　大濱村の1976（昭和51）年の一筆地調査図（接合・加筆）（沖縄県公文書館所蔵）

ている。「浜抱護」内の鍛冶屋は空中写真では判別できない。また、墓地は明らかに密集して数が増えている。一四箇所の田畑が住宅に変化し、また、居住域西端の畑地には学校施設らしき施設が置かれているが、村落の空間構成において、明治期の復元図（図11）との大きな相違はみられない。線的要素としては、居住域西側の「村抱護」が部分的に消滅している。面的要素としては、居住域に大きな変化はないが、一部宅地の合筆がみられた。

②一九七六（昭和五一）年

点的要素としては、村番所の敷地とその周辺が学校用地となり、製糖小屋は大浜町所有の畑地と公園になった（図22）。鍛冶屋は林に、「浜抱護」内の御嶽一箇所が保安林に、居住域西端の畑地と「村抱護」の一部が学校用地に変化していた。墓地は密集して数が増えている。「村抱護」に囲まれた範囲の畑地は、四一箇所が宅地や学校に変化している。線的要素としては、「村抱護」（地目の多くが保安林）が一部消滅しているが、「浜抱護」は比較的よく残存している。面的要素の大きな変化はないが、生産域の減少や、とくに宅地に細分化がみられた。

③現在

点的要素としては、村番所は大浜幼稚園に、製糖小屋は公園に、鍛冶屋は畑地になっている。「村抱護」外側の御嶽とその周辺の一帯は、史跡フルスト原遺跡となっており、また、拝所が新設されている。墓地はさらに数が増えて、その配置範囲も拡大している。「村抱護」に囲まれていた範囲の畑地は、七四箇所が宅地や学校用地などに変化しており、生産域がほぼ消滅した。線的要素としては、「村抱護」が景観上跡形もなく消滅しており、学校、大浜公民館、ゲートボール場、道路、公園、宅地、畑地に変化しているが、御嶽のある村落北側の「浜抱護」は、広葉樹林地として残存している。面的要素としては、生産域の消滅や、宅地のさらなる細分化がみられるなど、他の対象村落と共通する変化がみられた。

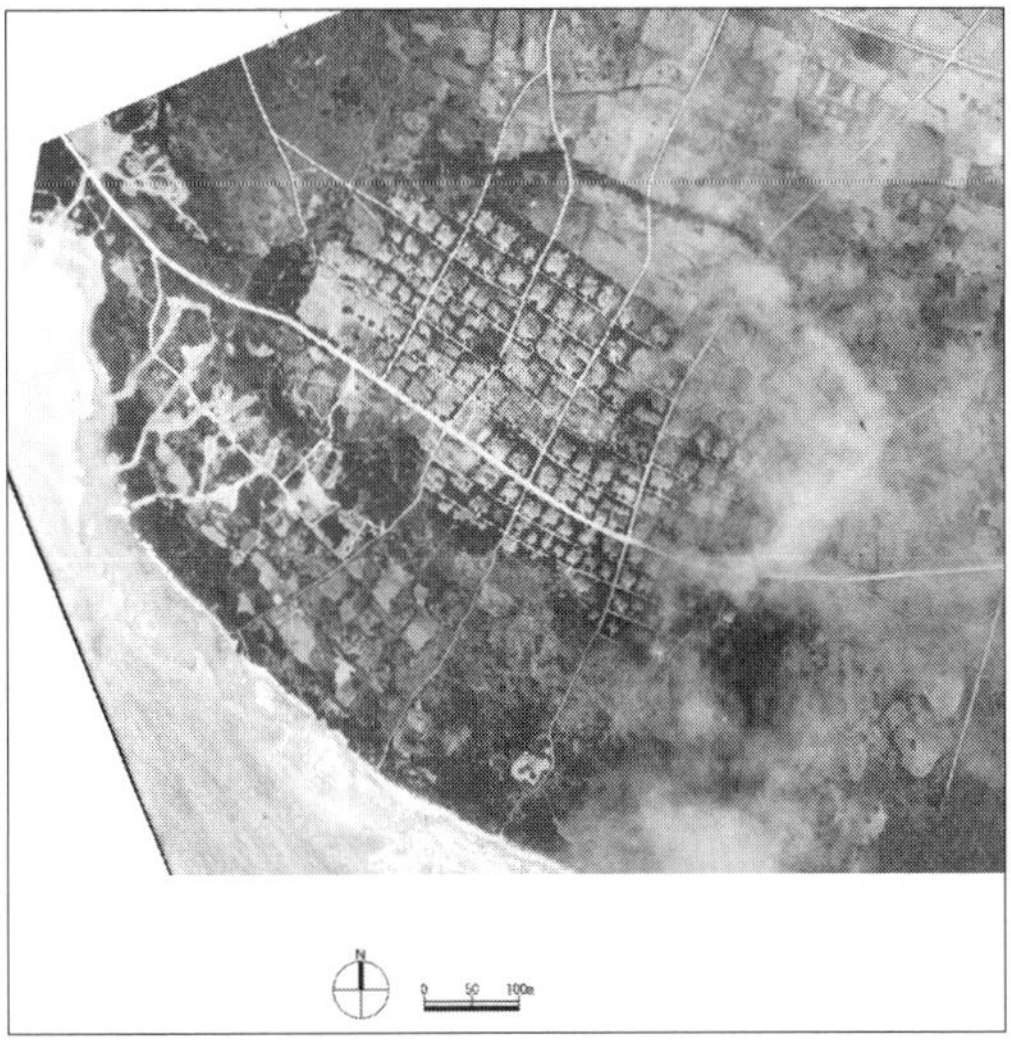

写真4　宮良村の1945（昭和20年）頃の米軍撮影空中写真（沖縄県公文書館所蔵）

4　宮良村

①一九四五（昭和二〇）年頃

点的要素としては、村番所と製糖小屋は空き地に、鍛冶屋は畑地に変化している（写真4）。墓地は判読できない。御嶽と拝所には木々が生い茂り、そこが聖域となっていることがうかがえる。一七箇所の田畑が住宅（宅地）に変化し、また居住域西端の畑地には学校施設らしき施設が置かれているが、村落の空間構成には明治期の復元図（図15）と大きな相違はみられない。線的要素としては、居住域西側の「村抱護」が部分的に消滅している。面的要素に大きな変化はみられない。

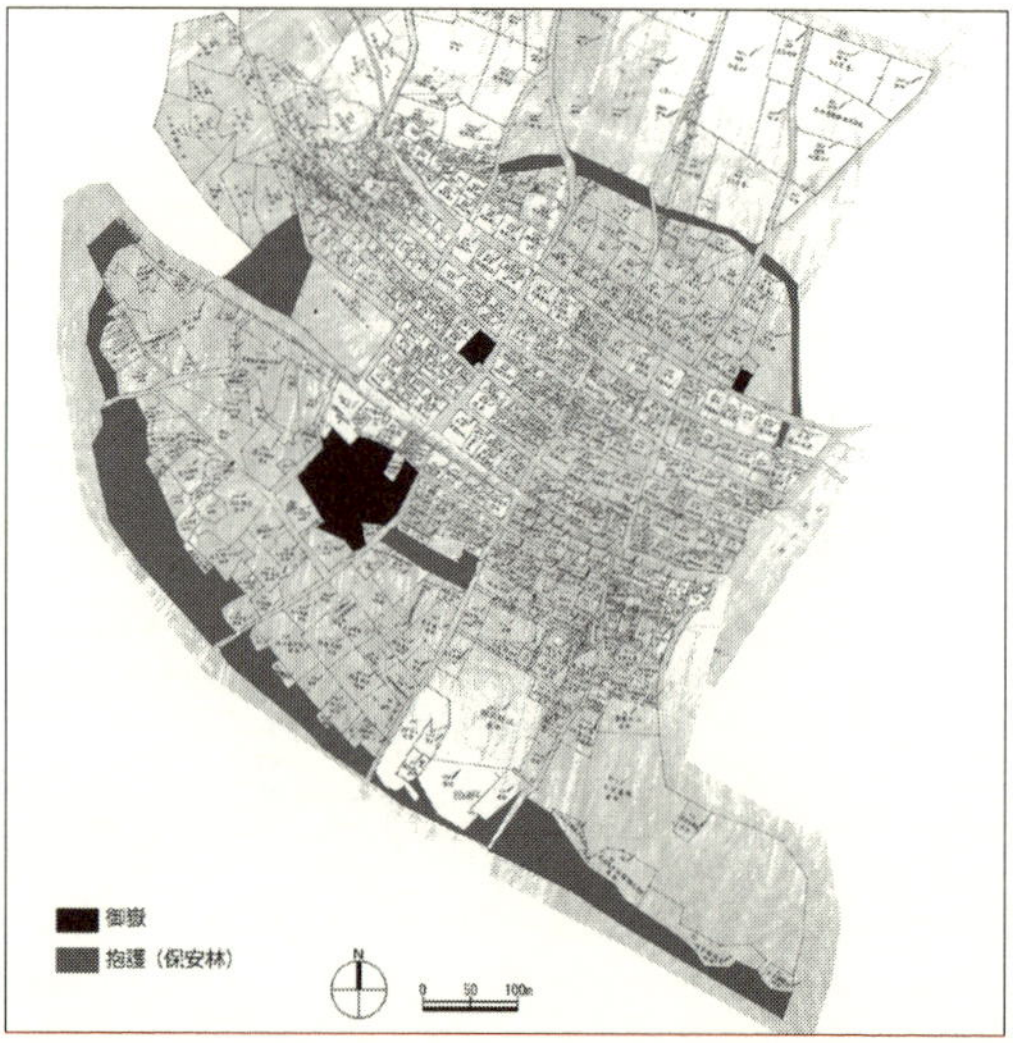

図 23　宮良村の 1976（昭和 51）年の一筆地調査図（接合・加筆）（沖縄県公文書館所蔵）

②一九七六（昭和五一）年

点的要素としては、村番所の敷地が分筆されて宅地と拝所に、製糖小屋の敷地も分筆され宅地に、鍛冶屋は原野や宅地に変化している（図23）。居住域西端に位置する御嶽一箇所が保安林に、さらに、この御嶽の東側の畑地と宅地の計九地筆が合筆されて、食品会社所有の宅地に変化している。なお、墓地には変化はみられない。「村抱護」に囲まれた範囲（ムラ域）の畑地は、四七箇所が宅地に変化している。線的要素としては、「村抱護」（地目は多くが保安林）が、居住域の西端部で宅地と畑地に変化し一部消滅しているが、海岸沿いの「浜抱護」は比較的残存している。面的要素の大きな変化はないが、生産域の減少や、宅地の細分化がみられる。

③現在

点的要素としては、村番所と製糖小屋が宅地に、鍛冶屋は宅地となった。村番所北側の御嶽が宮良公民館となり、「保安林」となっていた御嶽は現在、御嶽に戻っている。居住域北側の畑地一帯が宮良小学校の敷地となり、さらに、食品会社所有の宅地は周辺の畑地も併せて酒造会社の敷地となっている。墓地は畑地に変化した。「村抱護」に囲まれていた範囲（ムラ域）の畑地は、六二箇所が宅地や学校用地などに変化しており、他の対象村落と共通して、生産域がほぼ消滅している。線的要素としては、他の対象村落と共通して「村抱護」が消滅したが、「浜抱護」は残存している。面的要素として、宅地の分筆が進んでいない点が、他の対象村落と異なる。

5　白保村

①一九四五（昭和二〇）年頃

点的要素としては、村番所の敷地が二分割され住宅になり、製糖小屋も住宅に変化している（写真5）。御嶽には木々が生い茂っているが、居住域北側の西端の御嶽と鍛冶屋、龕屋は、空中写真に雲がかかっているため、その存在が

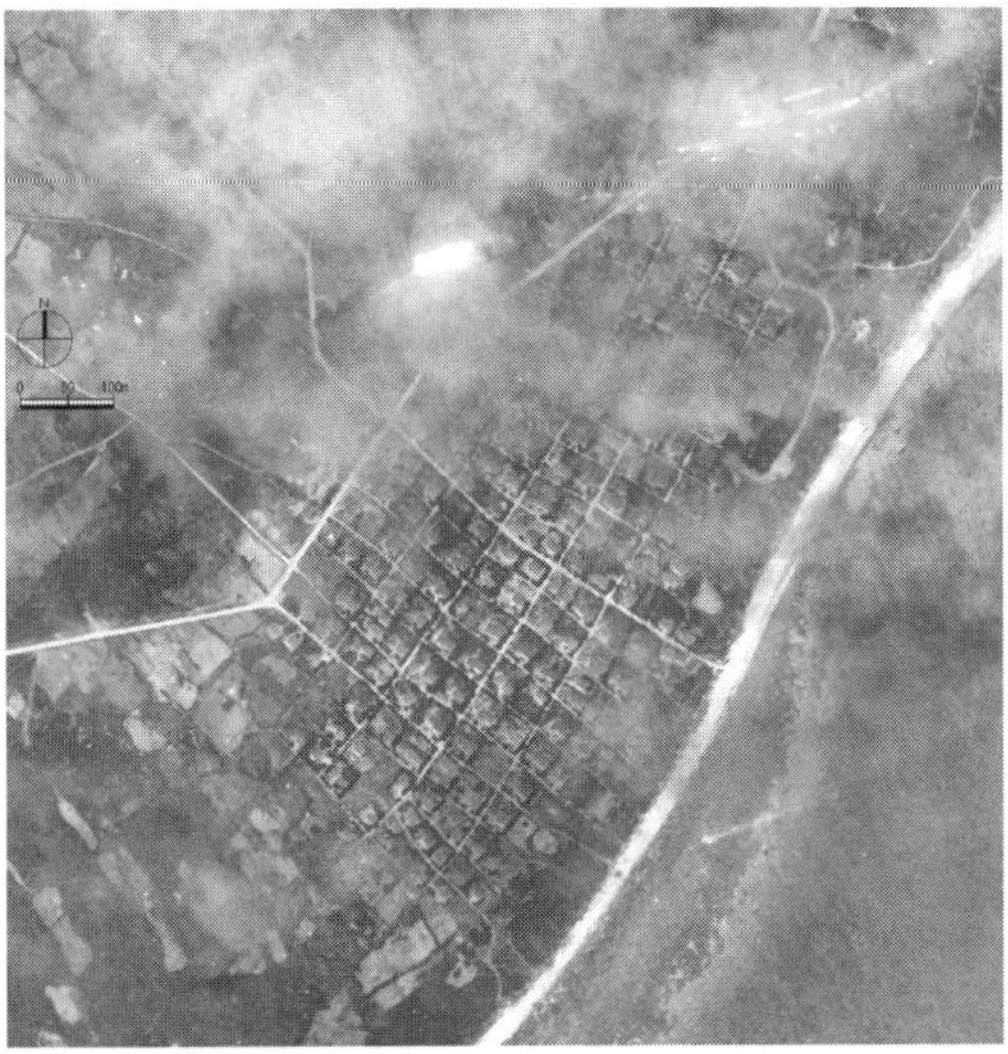

写真5　白保村の1945（昭和20年）頃の米軍撮影空中写真（沖縄県公文書館所蔵）

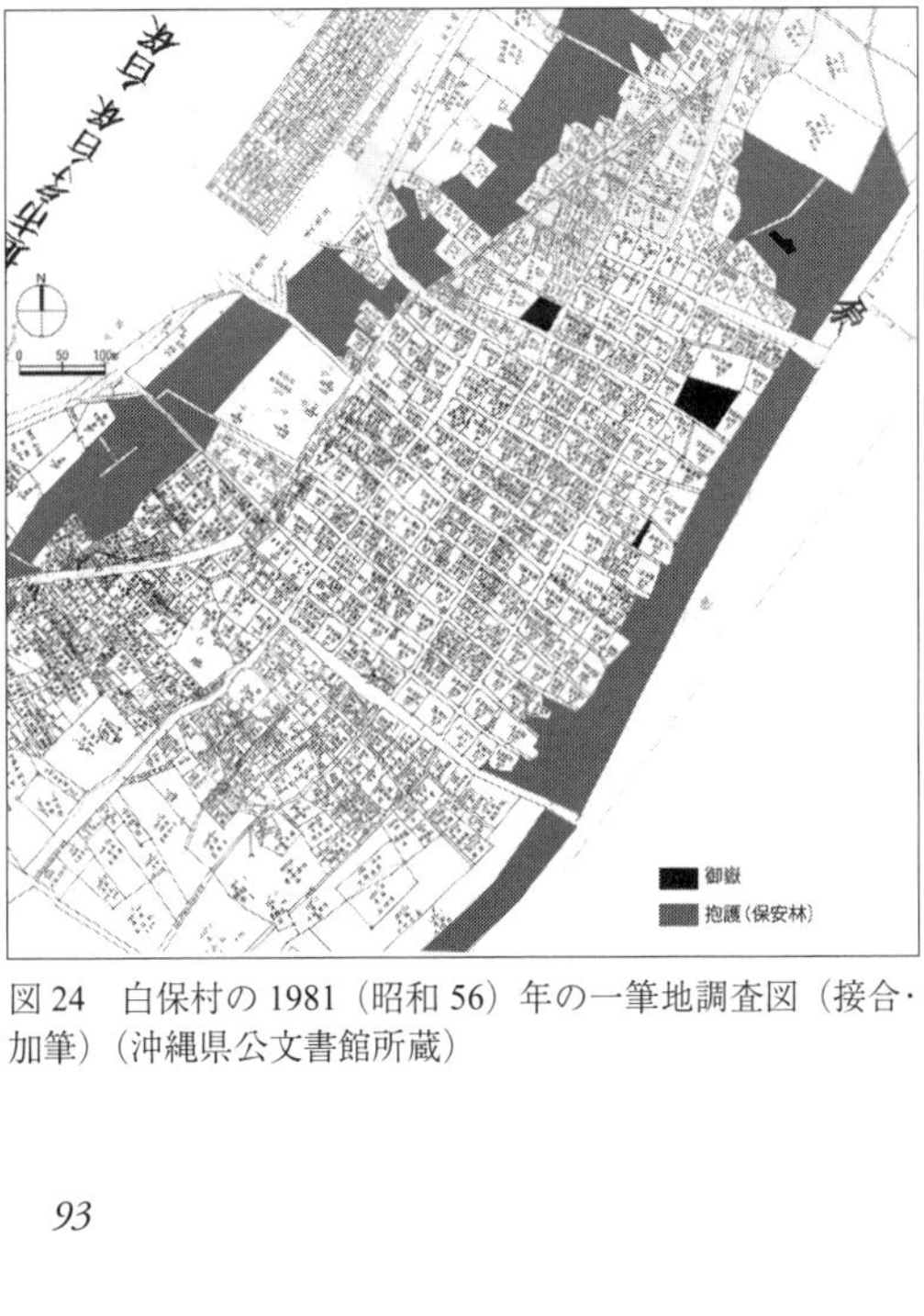

図24　白保村の1981（昭和56）年の一筆地調査図（接合・加筆）（沖縄県公文書館所蔵）

点的要素	線的要素		面的要素		
新規	抱護林	道路線形	配置構成	地割形態	敷地分筆
—	村抱護：一部消滅（村落西側）	変化なし	変化なし	変化なし	変化なし
—	村抱護：一部消滅（村落西側）	変化なし	変化なし	変化なし	変化なし
学校用地その1	村抱護：一部消滅（村落西側）浜抱護：変化なし	変化なし（村落外新設道路）	変化なし	変化なし	変化なし
学校用地	村抱護：一部消滅（村落西側）浜抱護：変化なし	変化なし	変化なし	変化なし	変化なし
学校用地	村抱護：変化なし浜抱護：変化なし	変化なし（村落外新設道路）	変化なし	変化なし	変化なし
学校用地	村抱護：一部消滅（宅地・畑地）	変化少ない（産業道路）	生産域の減少聖域変化なし	変化なし	細分化
学校用地	村抱護：一部消滅（宅地・畑地）	変化少ない	生産域の減少聖域変化なし	変化なし	細分化
学校用地その2	村抱護：一部消滅（畑地・学校）浜抱護：変化なし	変化少ない	生産域の減少聖域変化なし	変化なし	細分化
食品会社用地拝所	村抱護：一部消滅（宅地・畑地）浜抱護：変化なし	変化少ない	生産域の減少聖域変化なし	変化なし	細分化
学校用地	村抱護：一部消滅（宅地・畑地他）浜抱護：変化なし	変化少ない	生産域の減少聖域変化なし	変化なし	細分化
—	村抱護：全消滅（宅地・畑地）	変化少ない（村落内）	生産域の減少聖域変化なし	変化なし	さらなる細分化
—	村抱護：消滅（宅地・畑地・学校）浜抱護：一部残存	変化少ない（村落内）	生産域の減少聖域変化なし	変化なし	さらなる細分化
拝所	村抱護：消滅（宅地・畑地・学校）浜抱護：一部残存	変化少ない（村落内）	生産域の減少聖域変化なし	変化なし	さらなる細分化
学校公園酒造会社	村抱護：消滅（宅地・学校・道路）浜抱護：一部残存	変化少ない（村落内）	生産域の減少聖域変化なし	変化なし	変化なし
拝所	村抱護：消滅（宅地・学校・道路）浜抱護：一部残存	変化少ない（村落内）	生産域の減少聖域変化なし	変化なし	さらなる細分化

表1　対象村落の空間構成の変遷まとめ

各要素（明治期復元図基準） 資料	対象村落	点的要素					
		村番所	製糖	鍛冶屋	御嶽等	墓地	畑地
米軍撮影空中写真（昭和20年頃）	(1)平得	集会所	宅地	畑地	変化なし	—	宅地化 3ヶ所
	(2)真栄里	畑地	畑地	畑地	変化なし	—	宅地化 1ヶ所
	(3)大濱	集会所	畑地	不明	変化なし	増設・ 密集	宅地化 14ヶ所
	(4)宮良	空き地	空き地	畑地	変化なし	不明	宅地化 17ヶ所
	(5)白保	宅地	宅地	不明	変化なし （一部不明）	—	宅地化 13ヶ所
一筆地調査図（昭和50年）	(1)平得	畑地 （個人）	宅地 （個人）	畑地 （公共）	変化なし （公共）	—	宅地化他 15ヶ所
	(2)真栄里	畑地 （個人）	宅地 （個人）	畑地 （個人）	変化なし （公共）	—	宅地化 5ヶ所
	(3)大濱	学校 （公共）	畑・公園 （公共）	林 （個人）	保安林 （公共）	増設・ 密集	宅地化他 41ヶ所
	(4)宮良	宅地・拝所 （個人）	宅地 （個人）	宅地・原野 （個人）	変化なし・ 保安林 （公共・個人）	変化 なし	宅地化 47ヶ所
	(5)白保	宅地 （個人）	宅地 （個人）	宅地 （個人）	雑種地 （公共）	—	宅地化等 38ヶ所
地籍併合図・住宅地図（平成23年）	(1)平得	公民館	畑地	畑地	変化なし	—	宅地化他 94ヶ所
	(2)真栄里	公民館	宅地	宅地	変化なし	—	宅地化 36ヶ所
	(3)大濱	幼稚園	公園	畑地	変化なし	増設・ 拡大	宅地化他 74ヶ所
	(4)宮良	宅地	宅地	宅地	変化なし・ 公民館併設	畑地	宅地化 62ヶ所
	(5)白保	宅地・ 商用地	宅地	道路	変化なし	—	宅地化等 69ヶ所

確認できない。一三箇所の田畑が住宅（宅地）に変化した。また、居住域西端の畑地に学校らしき施設が置かれているが、村落の空間構成に明治期の復元図（図19）との大きな相違はみられない。線的要素としては、居住域の西側を南北に縦断する新たな道路（現在の国道三九〇号）がみられる。「村抱護」は、他の対象村落とは異なり非常によく維持されており、面的要素にも大きな変化はみられない。

②一九八一（昭和五六）年

点的要素としては、村番所と製糖小屋、鍛冶屋は宅地となっている（図24）。御嶽は、一部雑種地と記されている箇所もあるが、おおむね変化していない。居住域の西端に位置していた畑地と「村抱護」とが合筆されて、学校用地に変化している。「村抱護」に囲まれていた範囲の畑地は、三八箇所が宅地に変化している。線的要素としては、居住域西端の「村抱護」（地目の多くは保安林）が、宅地と畑地に変化して一部消滅している。面的要素の大きな変化はないが、生産域の減少や、宅地の細分化がみられる。

③現在

点的要素としては、村番所の敷地が宅地とサンゴ礁保護研究センターに、製糖小屋は宅地となった。鍛冶屋付近は国道三九〇号線の敷地となった。居住域内の御嶽や拝所の配置に変化はみられない。「村抱護」に囲まれていた範囲（ムラ域）の畑地は、六九箇所が宅地や学校用地などに変化しており、他の対象村落と共通して、生産域がほぼ消滅した。線的要素としては、居住域西端における国道三九〇号線の拡幅がみられる。他の対象村落と共通して「村抱護」が消滅したが、「浜抱護」は残存している。なお、「村抱護」の跡地は学校、ゲートボール場、宅地、畑地に変化した。面的要素としては生産域の消滅や、主に宅地の細分化がみられることなどが、他の対象村落と共通している。

まとめ

本章では、明治期（二〇〜三〇年代）の村落空間の詳細な復元から、往事の村落空間の特徴を考察した。各対象村落については、点的要素として、村番所と製糖小屋とが隣接して置かれ、鍛冶屋が居住域の外縁部に配置するという共通性が認められた（表1）。また、対象村落に共通して村落外縁部には林による「村抱護」が分布し、その外側に墓地が分布していることから、「村抱護」に囲まれた範囲がムラ域を示していた可能性が指摘された。このような「抱護」には、海岸沿いに分布する「浜抱護」とムラ域を取り囲む「村抱護」とが存在し、とくに「村抱護」は、帯状で幅の狭い樹林帯となっているところが多くみられた。加えて平得村、大濱村、宮良村、白保村では、このような「村抱護」と聖域とが結合し、居住域とその周りの生産域を抱き囲むように分布するという、共通した特徴が指摘された。本章で作成した明治期の復元図によって、これら「抱護」の詳細な形状も明らかとなった。

また、対象村落においては、「村抱護」で囲まれた範囲に居住域と生産域、聖域の、大きく三つの要素が配置される点も共通していた。居住域の形状はゴバン（井然）型であるが、その道路線形には直線的な構成、湾曲した構成の大きく二種類が混在し、一七七一年の「明和大津波」による村落の成立および再建年代の違いがこれらの道路構成の相違に関係している可能性が指摘された。

このように明治期の村落空間の特徴を明らかにした上で、明治期から現在の村落空間の変遷も考察した。まず、対象村落に共通して、明治期から一九四五（昭和二〇）年頃までは、道路線形や土地割構成に加えて、居住域、生産域、聖域といった面的要素の配置構成に大きな変化がみられなかった。つまり、対象村落に共通して、明治期の空間構成が一九四五（昭和二〇）年頃まで維持されていたことになる。ただし、それぞれ一村あたり数〜十数箇所の畑地が宅地に変化していたり、とくに村落西側の「村抱護」が一部消滅したりしていた。その中で、かつての村番所については一九四五（昭和二〇）年頃までは集会施設となっている例もみられたが、現在は公民館となっている平得・真栄里の両村を除き、他の用途に大きく変化していた。加えて製糖小屋や鍛冶屋についても、宅地、畑地、道路、林などさまざまな土地利用へと変化していた。また、一九四五（昭和二〇）年頃から、主に畑地が合筆されて学校用地となっている例が確認された。

そして一九七五〜八一（昭和五〇〜五六）年になると、道路線形や幅員および土地割形態の多くは維持されていたものの、主に都市化による居住域の拡大や宅地の分筆、学校用地の確保による生産域の減少が顕著となった。現在までにおいては、さらなる都市化の進行によって、とくにかつて「村抱護」で囲まれていた範囲（ムラ域）において生産域の消滅が顕著で、村落空間が大きな変化を遂げていたことが明らかとなった。ただし、道路線形と土地割形態については、幹線道路の新設による変化はみられたものの、とくに居住域内においては明治から現在に至るまで、骨格となる道路構成が維持されていたことが明らかとなった。

一方で「村抱護」については、一九四五（昭和二〇）年にはすでに一部の消滅が確認され、共通して村落西側において、早い段階から消滅が進んでいたことが明らかとなった。それらは、現在では一部は道路となってそのこん跡を示している箇所が確認できる程度であり、景観的には完全に消滅している。ただし、地籍併合図にて現在でも大まかな明治期のその形態をたどることは可能である。先に述べた通り、かつては、聖域と結合した「村抱護」が各村落を取り囲んで特徴的な景観を形成していたと考えられるが、「村抱護」が全て失われて聖域だけが残った姿が現在の村落景観となる。なお、「浜抱護」のみられる村落では、それらが広葉樹林地として現在も比較的残存していることが明らかとなった。

聖域（御嶽・拝所）については、多少の規模の変化や公民館の併設がみられたが、その配置においては対象村落全てにおいて、年代を超えて大きな変化がみられなかった。戦後から近年までの都市化によって居住域が拡大し、生産域が減少または消滅して村落構成に変化がみられた一方で、聖域は全ての村落に共通してほぼ変化していないことが明らかとなった(19)。

以上、各対象村落について、明治期の資料をもとに検討を加え、当時の村落構成の復元によってその様相を検討し、さらに現在までの村落空間の変遷を考察した。

本章に関わる調査にあたって、明治期の資料収集では石垣市教育委員会教育部市史編集課の松村順一氏の、一筆地調査図および米軍撮影空中写真の収集では沖縄県公文書館の、古地図の収集では沖縄県立図書館の協力を得た。また、地籍図の検討にあたっては中部大学准教授の山元貴継氏に、「村抱護」への考察にあたっては琉球大学名誉教授の仲間勇栄氏にご指導いただいた。ここに記して謝意を表したい。

注

（1）本章では、村落空間の復元図の根拠資料として明治期の地籍図に依るところが大きいため、同図を入手できた五つの村落を研究対象とした。

（2）沖縄県立図書館所蔵の古地図で、石垣島から与那国島まで、村ごとに描かれている。明治期における村落空間を記録しているきわめて貴重な資料である。

（3）第二次世界大戦中、米軍は沖縄の上陸前にB二九爆撃機等によって空中写真を撮影するなどの偵察活動をおこなっている。それらの空中写真は現在、沖縄県公文書館や済州大学校師範大学地理教育科に保管されている。

（4）戦災によって壊滅的な被害を受けた沖縄県内において、敷地境界などを明確にするため、米軍政下から一九七〇年代にかけて現地調査によって作製された調査図である。一筆地調査図は現在、沖縄県公文書館に保管されている。

（5）現在のうるま市勝連の集落については、有形文化財『勝連間切南風原文書』内に明治期の地籍図が所収されている。なお、宮古・八重山地方では、明治期の資料が比較的残存している。

（6）武者英二・永瀬克己「八重山地方の建築的遺構と民家・集落」『沖縄八重山の研究』相模書房、二〇〇〇年、三二九―四〇三頁。

（7）高橋誠一『琉球の都市と村落』、関西大学出版社、二〇〇三年。

（8）椿勝義・坂本磐雄・北野隆「集落の風水史料及び古地図に基づく八重山地方の集落坐向 風水思想による沖縄の集落空間形成に関する研究 その二」日本建築学会計画系論文集、五〇〇号、一九九七年、二一三―二二〇頁。

（9）前掲（7）、一五七―一六〇頁。

（10）高橋誠一の『琉球の都市と村落』では、八重山諸島などの村落復元図が網羅的に作成されており、村落研究において特筆すべき研究である。同研究は、ゼンリン発行の住宅地図を基図とし、「八重山諸島村絵図」に記された情報をもとに現地踏査を実施して村落復元図を作成しており、本章においても大変参考となる。ただし、高橋は自身でも指摘している通り、同復元図が住宅地図ベースのため、図によっては一部不正確さが残り、道路の幅員や微妙な曲線などは厳密に表現されていない。本章の対象村落についても、同様の状況が確認された。前掲（7）。

（11）齊木崇人「農村集落の地形的立地条件と空間構成に関する研究」、学位論文（東京大学）、一九八六年。

（12）平凡社地方資料センター『沖縄県の地名』、平凡社、二〇〇二年、六八三―六八五頁。

（13）特定の場所を風水害から保護する施設（森林・地形）をさす歴史的な用語である。風水思想に基づく地形的概念を含み、蔡温などによって計画的に植えられた例もある。「薄抱護」、「茅抱護」、「屋敷抱護」、「浜抱護」、「村抱護」、「間切抱護」などの種類があり、立地条件の相違や植生構造によって様々な呼び方がみられる。

（14）本書の第三部第一章で述べるように、かつて平得・真栄里村の西側に隣接する四箇村（登野城、大川、石垣、新川）は、「村抱護」（松林）によって村落全体が囲まれており、村民は松林のなかにある細い道を村の出入口として利用していたとされる。また島の旧習「シィマフサラサー（疫病が記の進入を防ぐ）」もこの出入口で行われていたことから、村の領域を示していたと考えられ、本章ではこの領域を「ムラ域」と定義する。この領域は、字全図などで示される行政上の村の範囲とは異なる。

（15）測量、作製年が、各村落で異なる。

（16）石垣市史編集委員会『石垣市史各論編民俗 上』、石垣市、一九九四年、一一八頁。

（17）村番所や「村抱護」などの公有地が、個人所有宅地や同畑地へと変化した。沖縄県内に限らず一般的に、国有地や公有地が私有地になる例は少なからずみられ、とくに林野地筆は、土地整理・区画整理等によって大きく変化する。保安林地筆は、林帯が明確に失われているなど、実態にそぐわなくなった場合や、「保安林」として護るべき対象、住宅や農地等がすでに存在しなくなっている場合などに、知事の命により「解除」され、のちに宅地や畑地に転換されることがある。

（18）「村抱護」と聖域の結合にみられる景観的特徴は、旧来、琉球列島の村落が一般的に「腰当森」と呼ばれる丘や山を背にしてその斜面や麓に立地していることに関して、腰当思想のみではなく季節風地域に位置する琉球列島の気象条件からの影響も考慮して村落が立地していたことから考えると、特に本章の対象村落のような移動型村落では、結合した「村抱護」と聖域とが腰当森に相当する役割を担っていたと考えられる。

(19)　ただし、今後居住域内の道路拡幅が進むにつれ、道路沿いに位置する聖域などが移動・規模減少する可能性は十分に考えられる。

第二章　沖縄本島・勝連の村落構造と「抱護」

鎌田誠史

はじめに

本章は、沖縄本島・旧勝連間切（現うるま市勝連町）の南風原村、平安名村、内間村、平敷屋村[1]を対象として、明治期の資料などから村落空間の復元図を作成して、一九〇二・一九〇三（明治三五・三六）年当時[2]の村落空間の特徴を示すとともに、現在に至る空間的変遷を明らかにすることを目的とする。

前章では、沖縄県石垣島の近・現代における村落空間の特徴と変遷を考察した。そこでは、各対象村落において、村落の外縁部に帯状で幅の細長い形状の、林による「抱護」が分布し、加えて、このような「抱護」（「村抱護」）と聖域（御嶽）とが結合しながら居住域とその周りの生産域を抱き囲むように存在するという、共通した特徴を指摘した。明治期から現在までの村落空間については、共通して明治期の空間構成が一九四五（昭和二〇）年頃まで維持されたものの、戦後から近年にかけての都市化により居住域が拡大し、生産域が減少または消滅することによる村落構成の変化がみられていた。一方で、聖域はほぼ変化していないことが明らかとなった。

本章では、このような形態上の特徴と変遷の考察を行うことを前提として、沖縄本島・勝連の村落に注目する。まずは既存の文献や伝承をあらかじめ確認した上で、一九〇二・一九〇三（明治三五・三六）年作製の地籍図（以下、明治期地籍図）を用いて村落空間の復元図[3]を作成し、空間的な特徴を述べる。次に、作成した明治期の復元図を、一九四五（昭和二〇）年頃の米軍撮影空中写真[4]（図1）、一九六七〜八二（昭和四二〜五七）年作成の「一筆地調査図[5]」、現在の地籍併合図、住宅地図と比較し、加えて現地確認を行うことで、明治期から現在に至る村落空間の変遷を明らかにする。なお、沖縄では去る大戦で史料の多くが焼失したとされる経緯[6]があり、明治期地籍図を用いた村落空間の復元図の作成による分析は、広くは行われていない[7]。本章で対象とした「土地整理事業」当時の地籍図は、沖縄本島においては現在、今帰仁村、南城市（旧大里村）、うるま市（旧勝連町）で確認されているのみであるが、その地籍図を活用することで、今まで明らかにされていなかった明治期における村落の特徴を可視的に示すことが可能となる。

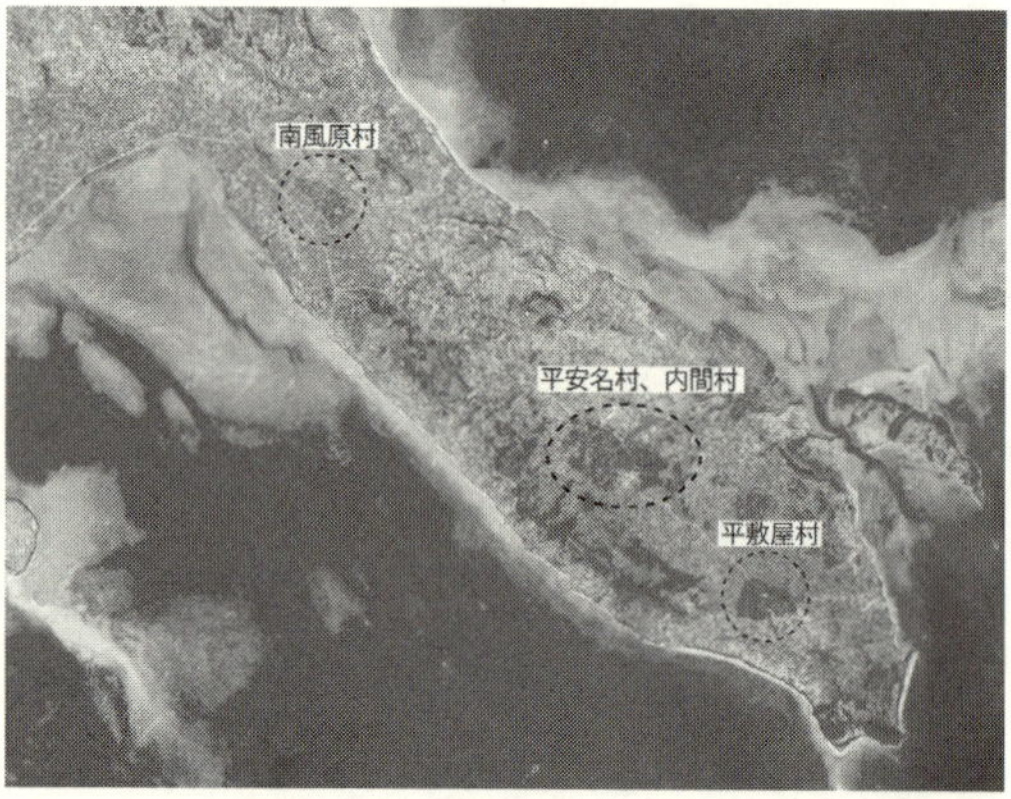

図1　1945（昭和20）年頃に米軍が撮影した空中写真と各村落の位置（沖縄県公文書館所蔵）

一　明治期地籍図の特徴

沖縄本島では残念ながら、前章で取り上げた「八重山諸島村落絵図（明治二〇年〜三〇年作図）」に相応する絵図は現時点で確認されていない。明治期における沖縄本島の村落の具体的な空間構成を知る有効な資料は実質、明治期地籍図のみとなる。ただし沖縄本島では、明治期地籍図が残存している地域は極めて少ない[8]。

その中で、今回入手した旧勝連間切の明治期地籍図は、うるま市勝連字南風原が所有する明治二〇～三〇年代に作成された地割関係の文書「勝連間切南風原文書（沖縄県指定有形文化財）」に収められた「中頭郡勝連間切南風原村地押見取図」で、第壱号の字南風原から第弐拾七号の字勢理客まで、欠号図を含む計二九葉からなる地籍図集の写しである。旧勝連間切における明治期地籍図は、前章で分析した石垣市一帯の明治期地籍図と同様に縮尺が一二〇〇分の一で、道路や土地割形状が正確に表現され、各地筆には地番と地目（宅地、田、畑、拝所、雑種地、池沼、溜池、山林、原野の九種類）が記載されている。また、石垣市一帯の地籍図と同様に、山林や原野に「保安林[9]」と追記

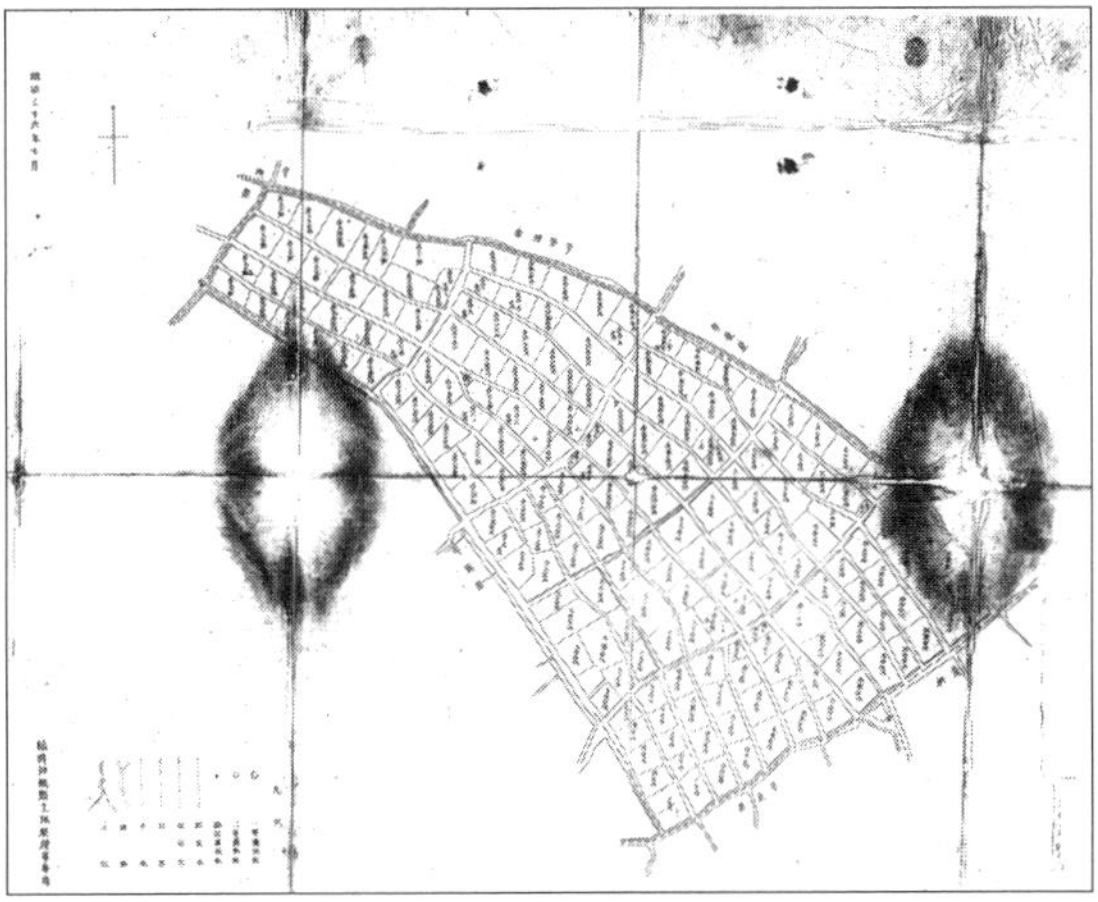

図２　小字単位で作成されている旧勝連間切（南風原村字南風原）の明治期地籍図（沖縄県立図書館所蔵）

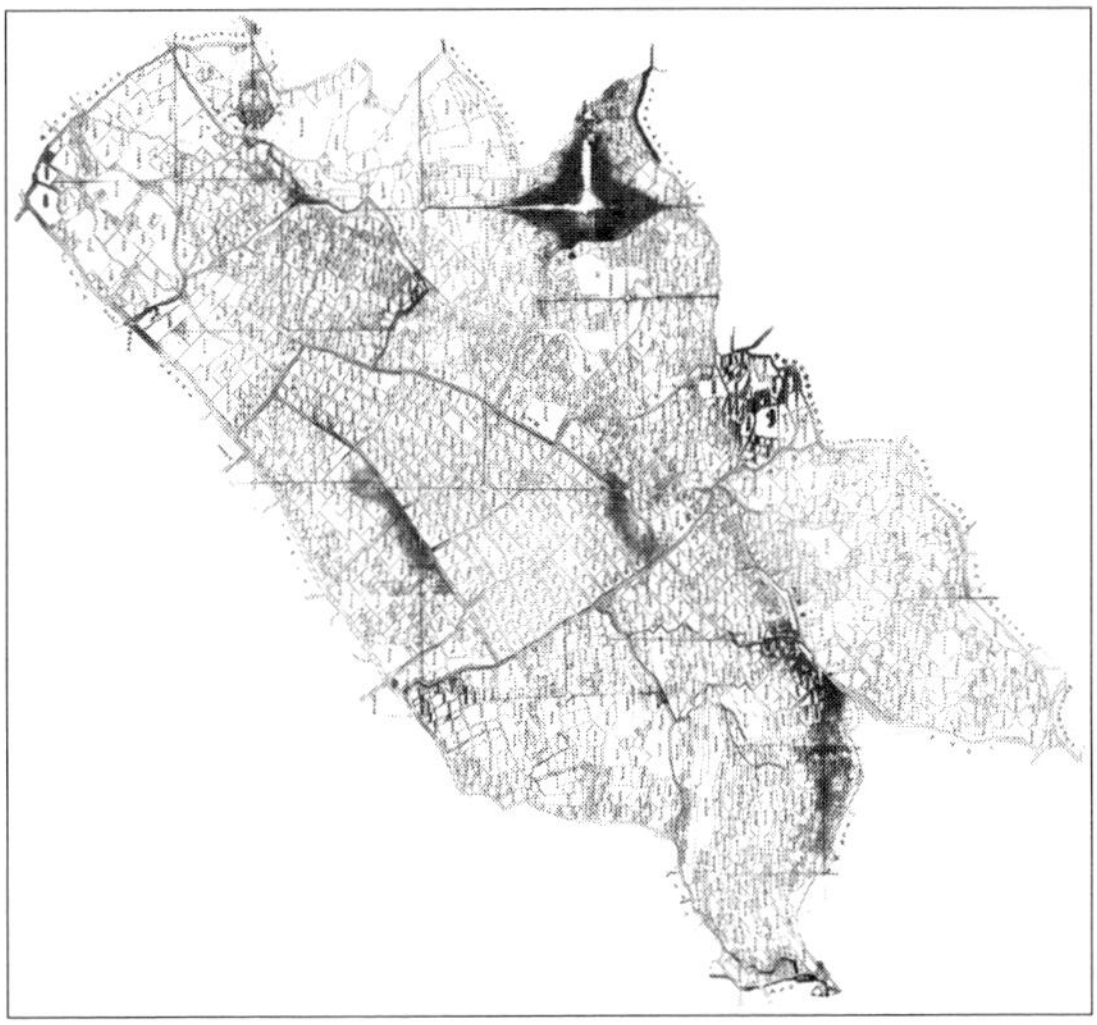

図３　接合加工した南風原村の（一部）明治期地籍図（沖縄県立図書館所蔵）

された箇所がある。

二　明治期（三五・三六年）当時の各村落の特徴

明治期地籍図を使用し、前章と同様の方法で[10]対象村落についての復元図を作成した。そして、作成した明治期復元図をもとに、建築学的立場からの空間把握のために、「点・線・面」の複合体として村落空間を分析した。このように空間を「点」「線」「面」に分け、それぞれがどのような秩序をもって関係し、空間を構成しているかという視座に立って分析することは、村落の物的な秩序を捉えて理解する上で有効な方法と思われる。[11]

本章では、明治期地籍図や文献・伝承から確認できた要素について、点的要素としては村番所、ノロ殿内、根屋、クムイ（村池）、村獅子、殿、拝所、学校、井戸《カー》、アシビナー、馬場、墓と、一部の山林、原野を取り上げる。線的要素としては、主に村落の骨格を構成する「道」と、加えて水路等を取り上げる。面的要素は、生産域、居住域、聖域、山林とする。

1　南風原村

南風原村は、沖縄本島中部の東海岸、勝連半島の付根部分に位置し、西南側は中城湾に面する（図1）。北東側は丘陵地となっており、そこから西南向きに広がる村落である。

①明治期地籍図に見る村落の特徴

村落の点的要素としては、居住域を中心に、溜池（池沼）、雑種地、畑、山林、原野が数箇所に分布している（図3）。

また、村落の北西側には墓が分布している。

　線的要素をみると、居住域の東西端に道路二本、および村落内を南北方向に縦断する道路四本があり、これらによって、居住域が五つに区画されている。この、居住域を南北方向に走る道路のうち五本と、居住域から少し離れた場所を北西から北東方向に走る道路（後の県道一六号線）につながる道路とが連結している。

　面的要素としては、居住域を囲むように生産域が分布している。生産域は畑が多くを占めているが、田も若干みられる。居住域の北東側には山林と原野が、居住域とさらに生産域を取り囲むように分布している。なお明治期の地籍図上、居住域の周囲に拝所は分布していない。居住域内を南北に走る道の両側、もしくは片側に水路がみられる。居住域の土地割形態はゴバン（井然）型で、各街区は一×四～五筆の「横一列」型で構成されている。ただし、居住域の南東側から一～三番目の街区は一×二～五筆で構成されているのに対して[12]、南東端から四～五番目の街区は、一×三～七筆の「横一列」型の街区と、「田の字」型の街区とで構成されている。後述するように、南風原村において「田の字」型の街区は比較的新しいものである。とくに、南東端から五番目の街区は、他の街区と比較して直線的な道路構成となっている。

　生産域の土地割形態については、短冊状の畑地は極めて少なかった。

写真１　南風原村の村獅子

②文献・伝承等に見る村落の特徴

　村落はもともと、勝連グスクの南方、元島原（字元島など）と呼ばれた中城湾に面する傾斜地にあったが、一七二六年頃にグスク北方となる現在地に移ったとされる[13]。「絵図郷村帳」に「はへ原村」、「琉球国高究帳」に「南風原村」と見え、

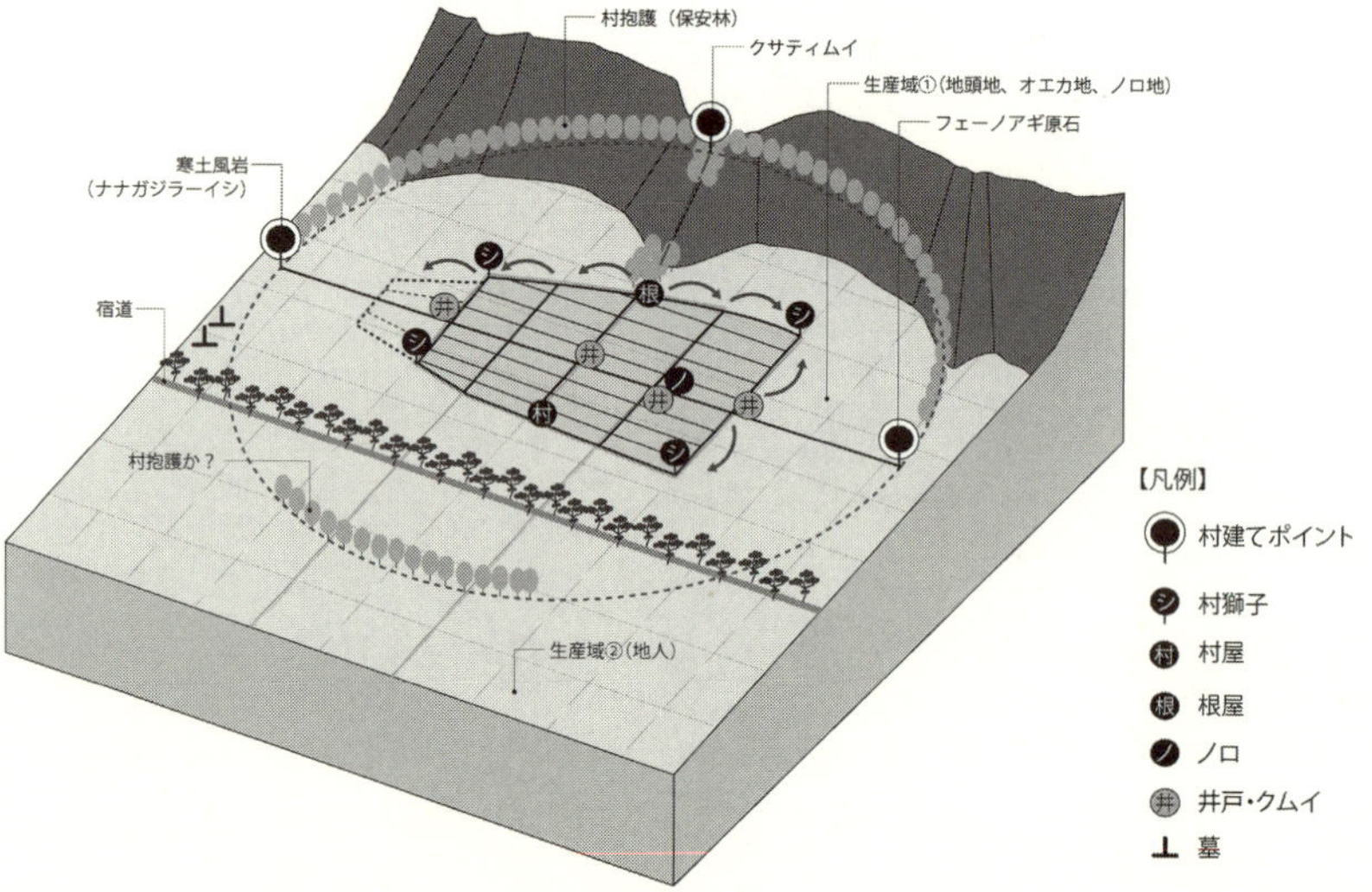

図４　文献・伝承等にみる南風原村の特徴

一八七九（明治一二）年頃までに浜崎村を合併したとされる。また『球陽』によれば、一八五六年には住民が南風原村の乾田に灌漑用水を引き、そこに水田を開発して褒賞されたとの記録がある。[14]

　村落の点的要素としては、居住域の宅地に村番所、ノロ殿内、根屋が分布している。[15] また、居住域の四隅には村獅子が置かれたとされ、これは「南風原の村獅子」と称される村のフーチゲーシ（邪気払い）として、元島原より移動した一七二六年頃に、村の境界として東西南北の四隅に置かれたと伝えられており、[16] 現在もそのうち一体の村獅子（現在では指定文化財）が残存している（写真1）。村落移動当時は、南東側から四列の街区群にのみ居住域が展開していたとされ、村獅子もこの範囲の四隅に置かれていた。そこに、現在までにさらに西北側にもう一列の街区群が追加され、居住域が拡大したとされる。[17] これを象徴するかのように、現在の住民も村落内を、南東側の街区群から一班〜四班、そして五班といったように区分して呼んでいる。また、火除けを目的（伝承）とした村池があったとされ、明治期地籍図には居住域東端に村池がみられる。地元の古老によると、この村池が伝承の池であったとのことである。

線的要素としては、居住域から少し離れた場所を北西から南東に走る道路（後の県道一六号）が、かつての宿道[18]とされる。居住域内の水路は、灌漑用水路[19]に関係している可能性がある。

面的要素としては、居住域の北側に山林と原野があり、その範囲が村落の腰当森の機能を果たしているとされ、地元では「黄金森《クガニムイ》」と呼ばれる。伝承によると、「黄金森」は母親が背後から子供を抱いた姿に似ており、元島原からの村落移動の際には、この黄金森に加えて、寒土風岩《サラカジラーイシ》と呼ばれる大岩（写真2）を右手、フェーノアギ原石（位置不明）を左手とし、これら三点を軸に、現在の村落構成を計画したと想定される[20]（図4）。

写真2　寒土風岩

③村落の特徴の分析

居住域の周囲には御嶽は存在せず、御嶽、殿、ノロ火神はすべて、南東側に隣接する勝連グスクの一帯にある。また、居住域の北西には寒土風岩と呼ばれる高さ五メートル、周囲一〇メートルほどの石灰岩の大岩が実在する（写真2）。居住域の周囲に聖域の御嶽がない理由としては、村落が勝連グスクに接しており、容易に行き来できたために、新たに必要とされなかったことが考えられる。

居住域の北東側は丘陵地で、ここでは帯状の山林地筆が居住域とその周辺の生産域を取り囲む形となっており（図5）、これらの山林地筆がのちに保安林指定までを受けている点は注目される。このように、腰当森に分布する帯状の山林（のちに保安林と加筆）が村落を取り囲み、先述した寒土風岩がちょうどその山林の右手の先端に位置している。なお、フェーノアギ原岩の場所は不明である

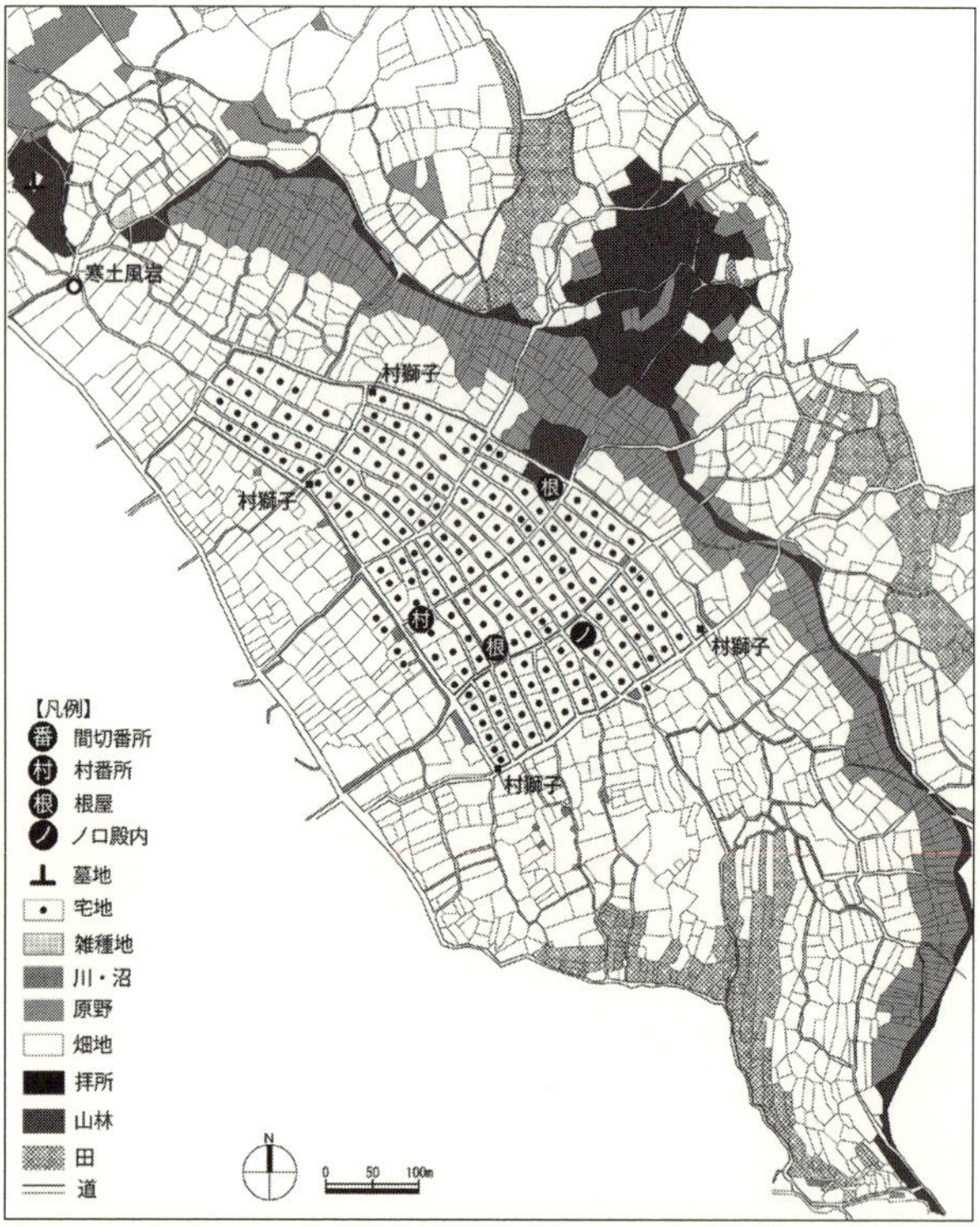

図5　南風原村（一部）の明治期の村落空間復元図

が、地元住民によると、山林の左手（南側）先端にあったとのことである。こうした、山林によって村落が囲まれる構造は、前章で指摘した八重山・石垣島（平得・真栄里村、大濱村、宮良村）でもみられた空間的特徴である。これらの村落には、風水思想に基づいた地理的な概念に基づく、林による「抱護」が存在した可能性が考えられる。このように南風原村には、八重山・石垣島の村落空間と共通性があると言える。また、この山林および寒土風岩の外側に墓が分布していることから、山林に囲まれた範囲が南風原村の「ムラ域」であったと考えられる。これも前章で取り上げた、「村抱護」の外側に墓が分布する八重山・石垣島の村落の構成と共通している。

以上より、南風原村の特徴として、居住域のゴバン（井然）型の土地割形態や水路、村池の整備に加えて、村落移動（村立て）の際の基点が明確に存在したことと、腰当森となる山林が帯状に村落を取り囲む「村抱護」が明らかにみられることは、南風原村において、近世の村落計画が表象された結果ではないかと思われる。

2　平安名村

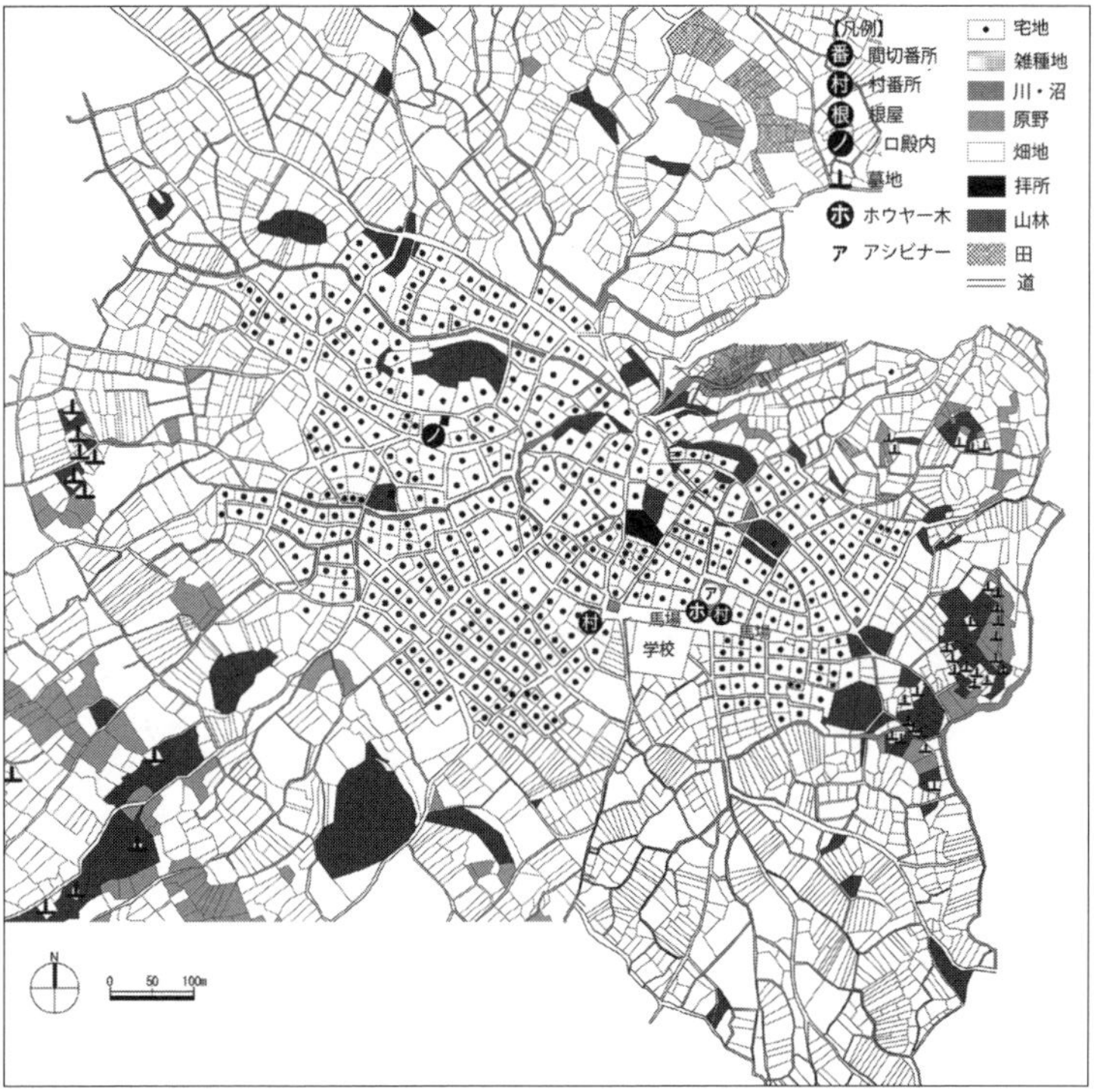

図6　平安名村・内間村の明治期の村落空間復元図

平安名村は、沖縄本島中部の東海岸、勝連半島の中央部分に位置し、南は中城湾に面する（図1）、南側は丘陵地となっており、そこから北東向きに広がる村落である。北側はなだらかな勾配で下がっており、居住域内に一部、小高い丘が存在する。同村落は、隣接する内間村と一村落のような様相を呈している（図6）。

①明治期地籍図に見る村落の特徴

村落の点的要素としては、居住域内を中心に、拝所、溜池、雑種地、畑、山林、原野が、数箇所ずつ分布していた。また、村落の西端部には墓が分布していた。

線的要素としては、南風原村と同様に居住域内には水路が設けられているが、居住域を取り囲む帯状の山林はみられない。

面的要素としては、生産域に囲まれて居住域が展開している。この居住域の街区（土地割）形態については、ゴバン（井然）型と非ゴバン（不井然）型とが並存している。居住域の中央部分は非ゴバン（不井然）型となっているが、南北端にはゴバン（井然）型の土地割が分布している。中央部分には「田の字」型の街区もみられ、それを構成する筆数もまちまちであるのに対して、南北端には一×三～五筆の「横一列」型の街区が多く、「縦一列」型の街区もみられる。生産域の地割形態としては、短冊状の畑地が多数を占めている。

②文献・伝承等に見る村落の特徴

「絵図郷村帳」、「琉球国高究帳」に「平安名村」と見え、村落移動の記述は見られない[21]。点的要素としては、居住域内を中心に、村屋、アシビナー（遊び庭）、村池、ノロ殿内、シキン御嶽、ウーブ（オウブノ）嶽、拝所が分布していたとされ[22][23]、それらの正確な場所が、復元図によっておおむね示された。線的要素としては、居住域の北側を走る道がかつての宿道とされる。

③村落の特徴の分析

当村落は、近世期においても移動のなかった村落（以下、「不移動型」とする。）とされる。居住域の中央部分に村落の主な施設が集中しており、この中央部分の土地割形態が非ゴバン（不井然）型となっている。そして、この部分から村落が発達して居住域が拡大するにつれ、南北端部にゴバン（井然）型の土地割が形成されたと考えられる。また、居住域の中央部分には小高い丘があり、とくにその周辺は、起伏に富んだ地形のために、局地的に非ゴバン（不井然）型となったとも考えられる。宿道は居住域のほぼ北端を通り、隣接する内間村に通じている。なお、宿道が平安名村と内間村の村境を通らず、内間村内を横断している点も特徴となる。

村落の西端部も丘陵地となっており、墓が分布している。その内側が、生産域、居住域、聖域の大きく三つの要素から構成されている。

3 内間村

①明治期地籍図に見る村落の特徴

内間村は、先述した平安名村の東側に隣接しており（図1）、両村の居住域は連続し、一体化している。その東側は低い丘陵地となっており、そこから西側に広がる村落である。村落の点的要素としては、居住域内を中心に、拝所、溜池（池沼）、畑、山林が数箇所分布している（図6）。また、村落の東端部には墓が分布している。

線的要素としては、先述した南風原村と同様に、居住域内に水路が設けられているが、居住域や生産域を取り囲む帯状の山林地筆はみられない。

面的要素については、平安名村と同様に、生産域に囲まれて居住域が展開している。ただし、居住域の土地割形態はほぼ全域がゴバン（井然）型となっており、平安名村に比べて道路がやや直線的である。居住域内には「横一列」型、「縦一列」型、「田の字」型の街区が混在しており、それらを構成している筆数もまちまちである。生産域は、短冊状の土地割形態となっている畑作地が多数を占めている。

②文献・伝承等に見る村落の特徴

かつて村落は勝連グスク東側の前川原にあり、当初は現在の南風原村の地に移動を計画していたものの、元島原からの村落が先に南風原村に移動したため、代わりに現在の場所に移動したとされる[24][25]。

村落の点的要素としては、居住域内に古島から移動した時に植えたとされる内間ホウヤー木[26]（町指定文化財）、馬場、アシビナー、村池、拝所、学校、井戸などがみられ、それらの正確な場所が復元図によりおおむね示された。仲吉門中の御嶽があったとされる場所は、明治期には山林地筆となっている。また、クシミ御嶽がクシミ原にあったとされるが、正確な場所は不明である。[27][28]

線的要素としては、宿道が居住域内を横断しており、村屋、内間ホウヤー木、馬場の間を横切って村落外へとつながっている。

③村落の特徴の分析

当村は近世期において移動してきたとされる村落で、居住域の広い範囲の土地割形態がゴバン（井然）型となっており、かつ、「横一列」型の街区が多数を占める近世村落の特徴を有している。ただし、丘陵部分では「田の字」型の街区が分布しており、平安名村と同様に、土地の条件に対応して土地割の形態を変えていた可能性がある。なお、宿道が村内の居住域や馬場を分断している例はきわめてめずらしく、平安名村との村境で宿道がかぎ型に曲がっている点も注目される。

4　平敷屋村

平敷屋村は、勝連半島の東南端に位置している。同村落は、琉球石灰岩の段丘・丘陵地上に立地しており、平地に乏しい。北は旧与那城間切、南東部は中城湾に面する（図1）。

①明治期地籍図に見る村落の特徴

村落の点的要素としては、居住域内を中心に、拝所、溜池、畑、山林が数箇所ずつ分布している。村落の西端部には墓が分布している（図7）。

面的要素としては、山林地筆となっている東西に連なる丘陵の北側に、居住域、聖域（御嶽等）が分布し、その北方に生産域が広がっている。また、山林地筆の南方の、段丘地形にも生産域が広がっている。なお、この居住域のすぐ南側の帯状の山林地筆は、南風原村などとは異なり、のちに「保安林」と加筆されていない。一方で海岸沿いには、のちに「保安林」と加筆される帯状の山林地筆が分布している。拝所は、居住域、山林、生産域内にそれぞれに分布している。居住域の土地割形態には、ゴバン（井然）型と非ゴバン（不井然）型が併存している。居住域の中央部には非ゴバン（不井然）型の街区が多く、それらの構成は「田の字」型、「横二列」型となっているのに対して、居住域の南北端には、ゴバン（井然）型で一×三～五筆の「横一列」型の街区が

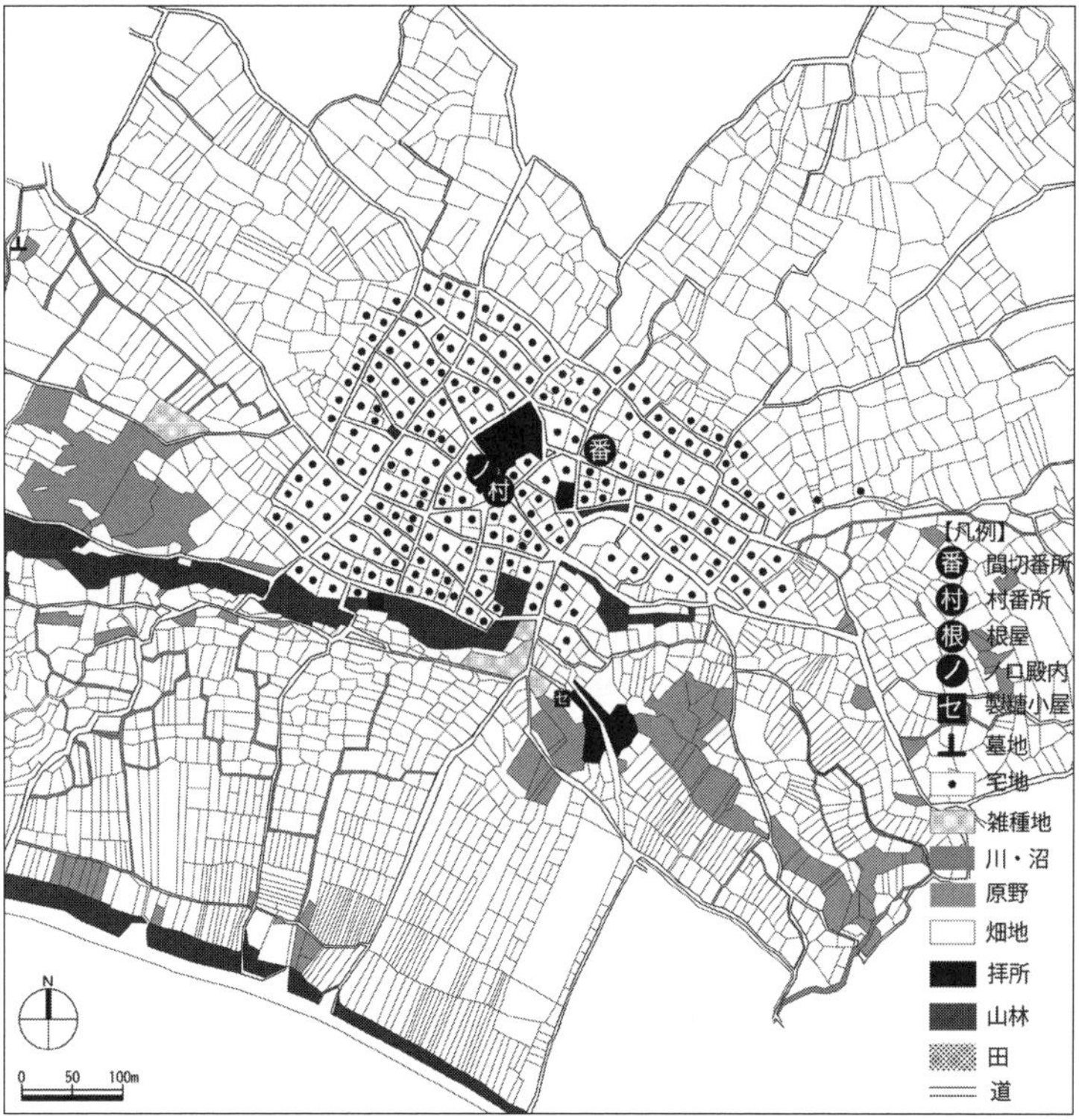

図7　平敷屋村の明治期の村落空間復元図

みられる。

生産域については、とくに海岸側においては、短冊状の土地割形態を持った畑が多数を占めていた。

②文献・伝承等に見る村落の特徴

かつて「村の高さや平敷屋村」と詠われた[29]ように、丘陵が居住域の西南側を頂点として、東西に連峰形に伸びる。村落の大部分は、この丘陵地の北側に広がっている。また『琉球国旧記』によると、平敷屋村は勝連間切番所の所在地でもあった。

村落の点的要素としては、居住域内にこの間切番所、村番所（根屋との説あり）、ノロ殿内、拝所、嘉手納嶽（シリー御嶽）、とうの御嶽などが分布していたとされ、それらの配置が復元図によって示された。なお、一九九一年には平敷屋古島遺跡発掘調査が行われ、嘉手納嶽周辺には貝塚時代から村落が形成されていたことが明らかになっている。また、居住域内には平敷屋朝敏（一七〇〇～三四年）が脇地頭時代に水不足解消のため池を掘り、その土を盛って丘を築いたとされる平敷屋タキノーがある。居住域南側の丘陵地内には前ヌ御嶽や井戸があり、さらにそれらの南東側には、製糖小屋と拝所、井戸（ノロガー）がみられる[30]。

線的要素としては、内間村から延びる宿道が、平敷屋番所前を経て、与那城間切の屋慶名番所へと向かっている。

③村落の特徴の分析

平敷屋村は近世期においても移動のなかった村落（不移動型）である。居住域の中央部分には村落の主要な施設が分布し、その周囲の土地割形態は非ゴバン（不井然）型である一方で、居住域の端部ではゴバン（井然）型となっていることなどは、村落移動を経験していない平安名村の空間構造に類似している。

また、居住域のすぐ南側の丘陵地の山林は、御嶽が置かれ、村の腰当森として機能している。居住域は嘉手納嶽（シリー御嶽）を中心に北側に発達したと考えられる。南風原村などで一般的にみられる、北側の腰当森を背に村落が南方に形成される構造とは異なり、やや特殊な村落構造であるといえる。海岸沿いには帯状の山林が分布しており、これは「浜抱護」（現在の防潮林に相当）とも呼ばれた。なお、宿道が居住域内の間切番所の近くを経て、北向きに折り返し、与那城間切の屋慶名番所へと向かっているのは、当村が勝連半島の東南端に位置しているためである。

三　村落空間の変遷

明治期の復元図と、一九四五（昭和二〇）年前後の様子をとらえた米軍撮影空中写真のほか、土地の境界や地目、所有者を再測量・確認し、現在の地籍図の基礎となった一九六七〜八二（昭和四二〜五七）年作製[31]の「一筆地調査図」、そして現在の地籍併合図、さらに住宅地図と比較（表1）することで、明治期から現在に至る村落空間の変遷を明らかにしたい。

1　一九四五（昭和二〇）年頃

米軍撮影空中写真によれば、南風原村については、居住域、生産域、道路線形にも変化がみられず、宿道沿いの二箇所の畑地が宅地に変化しているのみである（写真3・写真4）。また、居住域背後の丘陵地に分布する帯状の山林地筆の形状にも、変化がないことが確認できる。また、ゴバン（井然）型の土地割形態となっている居住域においても、分筆などは少ない。

平安名村・内間村についても、居住域、生産域、道路形態、土地割形態、丘陵地の山林は、南風原村と同様に

点的要素	線的要素		面的要素		
その他	山林（保安林）	道路線形	配置構成	地割形態	敷地分筆
—	山林・保安林：変化なし	変化なし	変化なし	変化なし	変化少ない
—	山林：変化なし	変化なし	変化なし	変化なし	変化少ない
学校用地拡大	山林：変化なし	変化なし	変化なし	変化なし	変化少ない
—	山林・保安林：変化なし	変化なし	変化なし	変化なし	変化少ない
畑地化 7 箇所	山林・保安林：変化なし	変化少ない（幅員拡幅）	生産域の減少	変化なし	変化なし
畑地化 17 箇所	山林：変化なし 一部雑種地	変化少ない（幅員拡幅）	生産域の減少 聖域変化なし	変化なし	宅地化 合筆分筆
畑地化 1 箇所	山林：変化なし	変化少ない（幅員拡幅）	生産域の減少 聖域変化なし	変化なし	宅地化 合筆分筆
—	—	—	—	—	—
小学校 公共施設 福祉施設	保安林：残存 山林：福祉施設他	変化少ない（幅員拡幅）	生産域の減少	変化少ない（居住域）	農地改良 形状変化
公共施設 保育園 寺院	山林：消滅（公共施設･畑地など）	新設、幅員拡幅	生産域の減少 聖域変化なし	変化少ない（居住域）	合筆 形状変化
公共施設 幼稚園 工場	山林：残存	新設、幅員拡幅	生産域の減少 聖域変化なし	変化少ない（居住域）	合筆 形状変化
米軍施設 保育園 診療所	山林：残存 保安林：消滅	新設、幅員拡幅	生産域の減少 聖域変化なし	変化少ない（居住域）	合筆 形状変化

変化が少ない（写真5）。ただし、居住域の端部の畑地において、平安名村では三〇箇所程度[32]、内間村では二〇箇所程度が宅地に変化しており、畑地の合筆もみられる。また内間村では、学校用地が拡大した分の畑地が減少している。なお、馬場に大きな変化はみられない。

平敷屋村についても居住域、生産域、道路線形、土地割形態、丘陵地の山林に明治期から大きな変化はみられない（写真6）。なお、平敷屋村では、畑地の宅地化もおおむねみられない。

2　一九六七～八二（昭和四二～五七）年頃

南風原村の「一筆地調査図」は一九六七（昭和四二）年作成である（図8）。点的要素である村番所、ノロ殿内は、

表1　対象村落の空間構成の変遷まとめ

各要素（明治期復元図基準） 資料	対象村落	点的要素					
		村番所	ノロ殿内	村池	御嶽・拝所	墓地	畑地
米軍撮影宮中写真（昭和20年頃）	(1)南風原	不明 建物有	不明 建物有	不明	不明	不明	宅地化 2ヶ所
	(2)平安名	不明 建物有	不明 建物有	不明	変化なし	変化なし	宅地化 30ヶ所程度
	(3)内間	不明 建物有	—	変化なし	変化なし	変化なし	宅地化公共化 30ヶ所程度
	(4)平敷屋	不明 建物有	不明 建物有	不明	変化なし	不明	宅地化 35ヶ所程度
一筆地調査図（昭和42～57年）	(1)南風原	宅地 （個人）	宅地 （個人）	変化なし 一部宅地	—	—	宅地化他 43ヶ所
	(2)平安名	宅地 （公共）	宅地 （公共）	変化なし	変化なし （公共）	—	宅地化 133ヶ所
	(3)内間	宅地 （公共）	—	宅地 （公共）	変化なし （公共）	変化なし	宅地化他 32ヶ所
	(4)平敷屋	—	—	—	—	—	—
地籍併合図・住宅地図（平成23年）	(1)南風原	農協施設	宅地 （個人）	拝所 井戸	—	増設・ 拡大	宅地化他 （残存）
	(2)平安名	売店 （公共）	公園	拝所	変化なし	増設・ 拡大	宅地化他 （多数消滅）
	(3)内間	慰霊塔 （公共）	—	公民館 拝所 広場	変化なし 公園	増設・ 拡大	宅地化他 （残存）
	(4)平敷屋	拝所	宅地 （個人）	変化なし 拝所	変化なし	増設・ 拡大	宅地化他 （多数消滅） 基地用地

個人所有の宅地に変化している。村池は一部宅地となっているが、ほぼ残存している。村落の畑地四三箇所が宅地に変化している一方で、居住域内の宅地七箇所が畑地に変化している。

線的要素となる道路については、一部の道路の幅員が拡幅されたが、道路新設や線形の変化はほぼみられず、また、居住域内を走る道路沿いの水路もほぼ往時の姿を残していた。居住域の背後の丘陵地（腰当森）に分布する帯状の山林は、村有の保安林となっていた。

また、面的要素の配置構成や、居住域内のゴバン（井然）型の土地割形態にも変化がみられず、かつ、目立った宅地分筆も確認できない。

平安名村の「一筆地調査図」は一九七一（昭和四六）年作成である（図9）。村番所、ノロ殿内は村有の宅地と

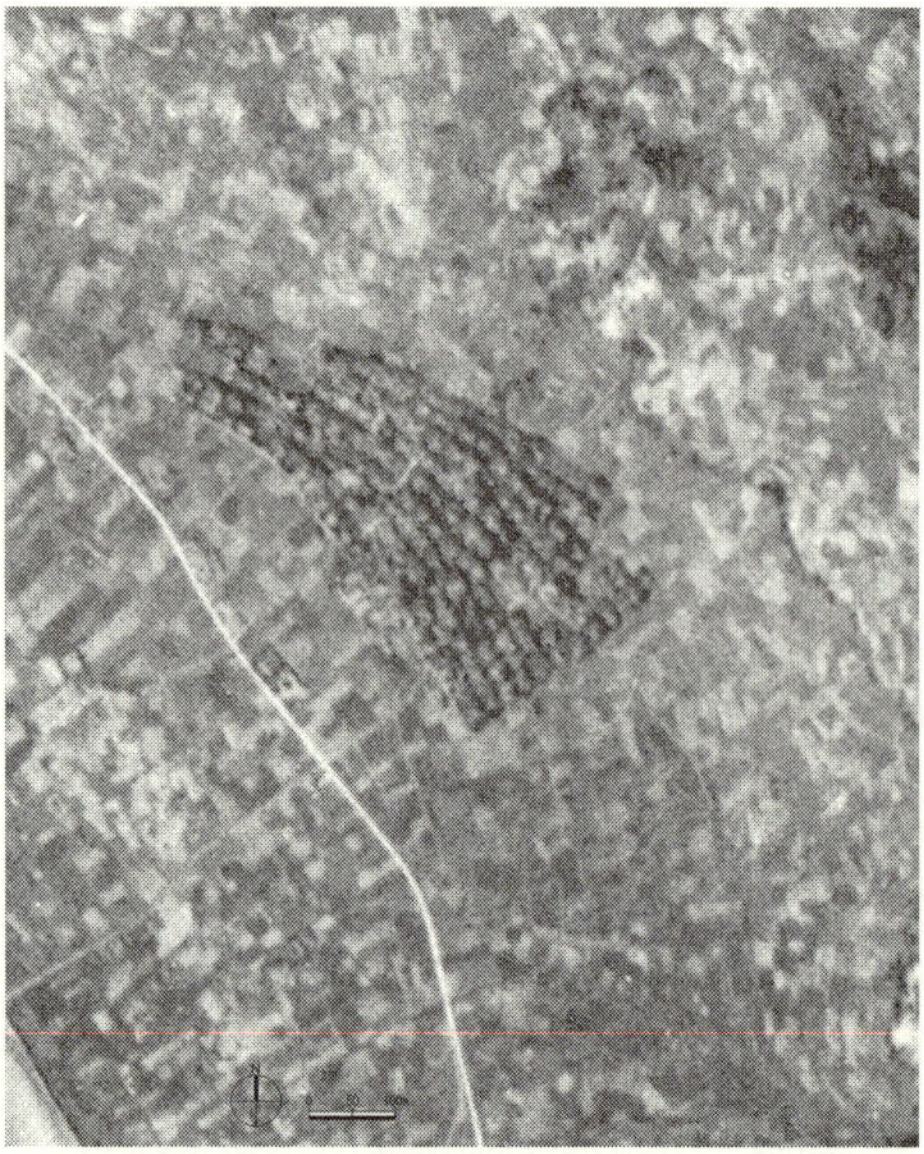

写真3　南風原村の昭和20（1945）年頃の米軍撮影空中写真（沖縄県公文書館所蔵）

写真4　南風原村の1944（昭和19）年10月頃の米軍撮影空中写真
（済州大学校師範大学地理教育科　The Joseph E. Spencer Aerial Photograph Collection）

なっていた。ただし、村池や御嶽には大きな変化はみられない。村落の畑地一三三箇所が宅地に変化している一方で、居住域内の宅地一七箇所が畑地に変化している。その他は南風原村と同様に、線的要素、面的要素ともに大きな変化は認められないが、畑地などの合筆および分筆を伴った宅地化が進んでいる。

内間村の「一筆地調査図」は一九八二（昭和五七）年作成である（図9）。村番所およびそれに隣接していた大きな村池は、村有の宅地に変化している。その他の村池は残存しており、拝所も往時の位置を守っている。畑地三三一箇所が宅地に変化している一方で、居住域内の宅地一箇所が畑地に変化している。

なお、平敷屋村の「一筆地調査図」は、現時点では確認できていない。

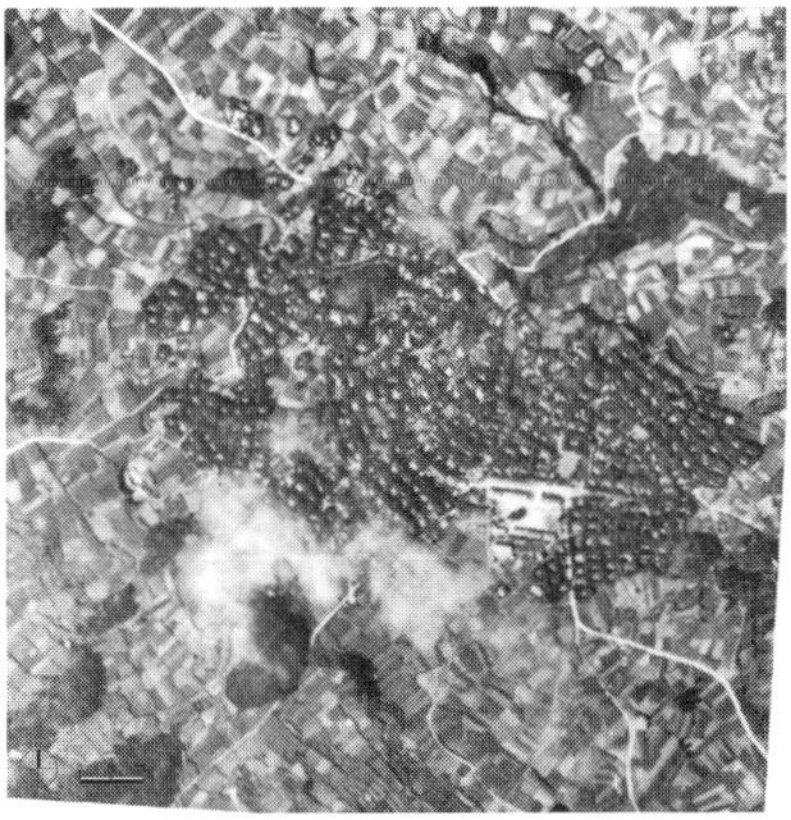

写真５　平安名村、内間村の1945（昭和20）年頃の米軍撮影空中写真（沖縄県公文書館所蔵）

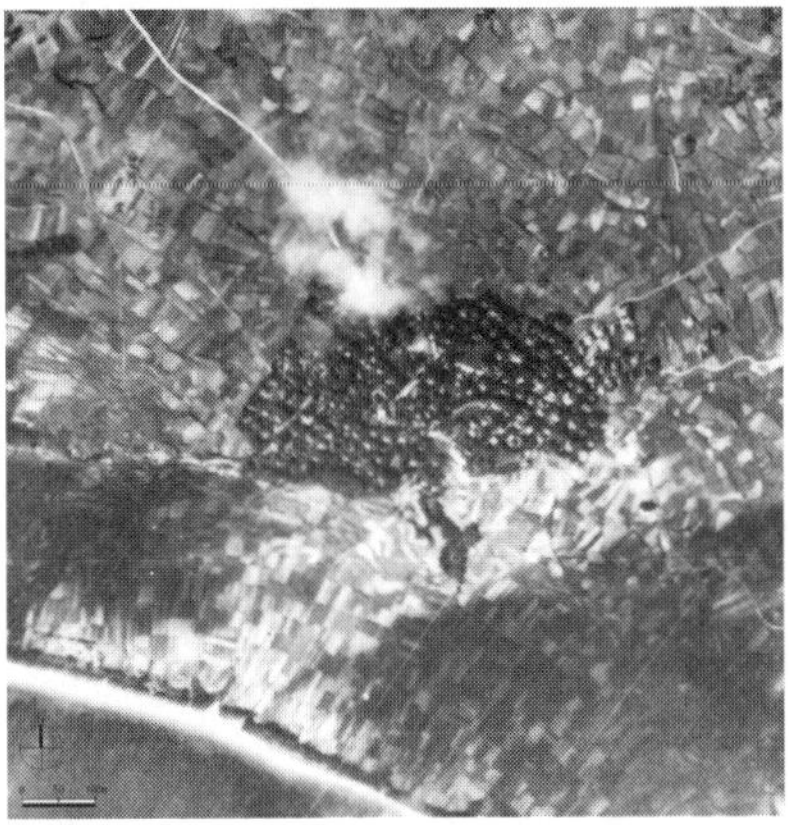

写真６　平敷屋村の1945（昭和20）年頃の米軍撮影空中写真（沖縄県公文書館所蔵）

３　現在

地籍併合図（図10）および住宅地図との確認、現地調査によれば、南風原村の点的要素としての村番所は農協施設に変化し、ノロ殿内は「一筆地調査図」当時（図８）と同様に、個人所有の宅地となっている。村池は、埋め立てられて拝所となっていたり、井戸として残存していたりする。村落内の畑地の一部は、宅地や小学校、その他公共施設に大きく変化している。なお、居住域四隅の村獅子は、前述したように西北端一箇所のみ残存している。

線的要素としての道路については、とくに居住域外のものにおいて幅員の拡幅がみられるが、居住域内での道路の新設や線形の変化はほぼみられない。居住域内の水路も暗渠化されながら残存し、現在も使用されている。

面的要素としては、農地改良によって居住域内の畑地の地筆形状が大幅に変化した。また、大規模な公共施設が建設されて生産域の減少がみられるが、居住域と生産域との構成は大きく変化しておらず、かつての村落内の空間構成の大部分は現在まで残されている。居住域の背後の山林地筆の形状も変化しておらず、現在でも樹林帯が確認できる。一方で、保安林の指定から外れていた山林地筆が、大規模な福祉施設や公園などとなって消滅している。

図８　勝連村南風原の 1967（昭和 42）年の一筆地調査図（接合）（沖縄県公文書館所蔵）

　続いて、平安名村の点的要素として、村番所は字の売店に、ノロ殿内は児童公園に、村池は拝所にそれぞれ変化している。一方で、御嶽は大きくは変化せず、現在まで残存している。また、線的要素として、居住域の南側に接して幹線道路（県道八号線）が新設されている。

　面的要素として、村落内の山林の多くが畑地や公共施設、寺院となるなど、土地利用の変化をみせている。また、居住域北側の畑地の大部分が宅地に変化している。そして、西側隣に接する与那城村の範囲まで居住域が著しく拡大し、生産域の多くが消滅するなど、面的要素の構成は大きく変化した。一方で、明治期復元図（図６）で示した往時の居住域の範囲においては、当時からのその土地割形態がほぼ残存している。

　また、内間村については、点的要素として、村番所は慰霊塔（広場）に、村池は公民館や拝所に変化した。ただし、拝所や馬場、学校に大きな変化はみられない。村落内の畑地は、平安名村と同様に宅地や公共施設などに大きく変化し、加えて村落の北側に幹線道路（県道八号線）が新設され、村落空間の構成に変化がみられるが、線的要素としての居住域内の道路線型に大きな変化がない点も、平安名村と同様である。一方で、内間村の面的要素としては、平安名村と異なり居住域の拡大が比較的少なく、生産域にも大幅な減少はみられない。なお、内間村の居住域内の土地割形態も、平安名村と同様に変化していない。

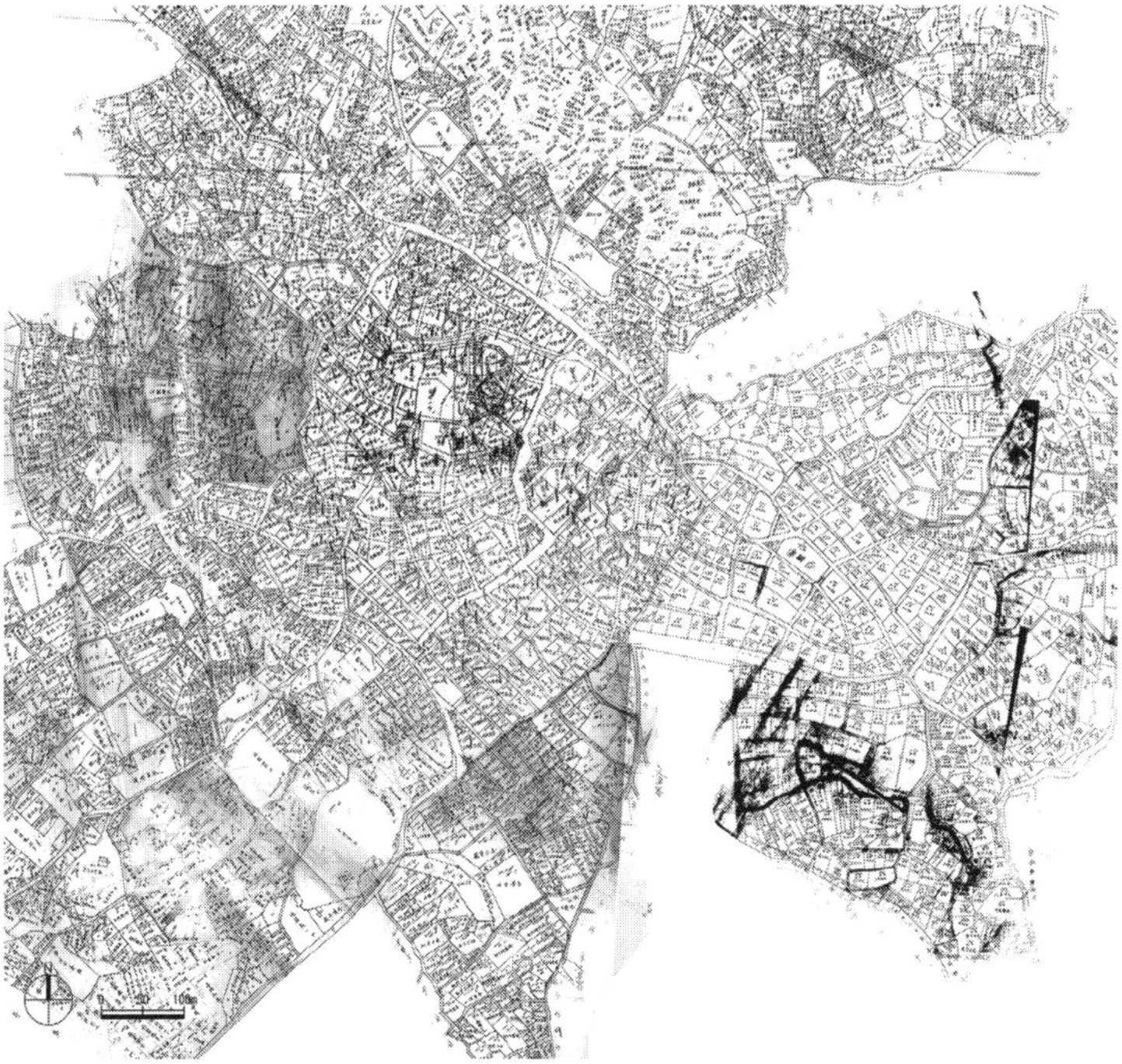

図9　平安名村・内間村の1971・1982（昭和46・57）年の一筆地調査図（接合）（沖縄県公文書館所蔵）

最後に、平敷屋村については、点的要素として、村番所は拝所に、ノロ殿内は個人所有の宅地に変化している。一方で、村池と御嶽に大きな変化はなく、現在も残存している。また、間切番所は宅地に変化している。線的要素としては、居住域の北側に接して幹線道路（県道八号線）が新設されている。面的要素として、居住域北側の畑地の大部分が宅地に化し、居住域から南側の山林をはさんだ海側の往時の畑地は、米軍施設「ホワイトビーチ」の設置によって、広範にわたって完全に消滅した。その中で、居住域のすぐ南側の山林については、地筆形態がほぼ維持されており、現在でも樹林帯が確認できる。一方で、海沿いの山林は、

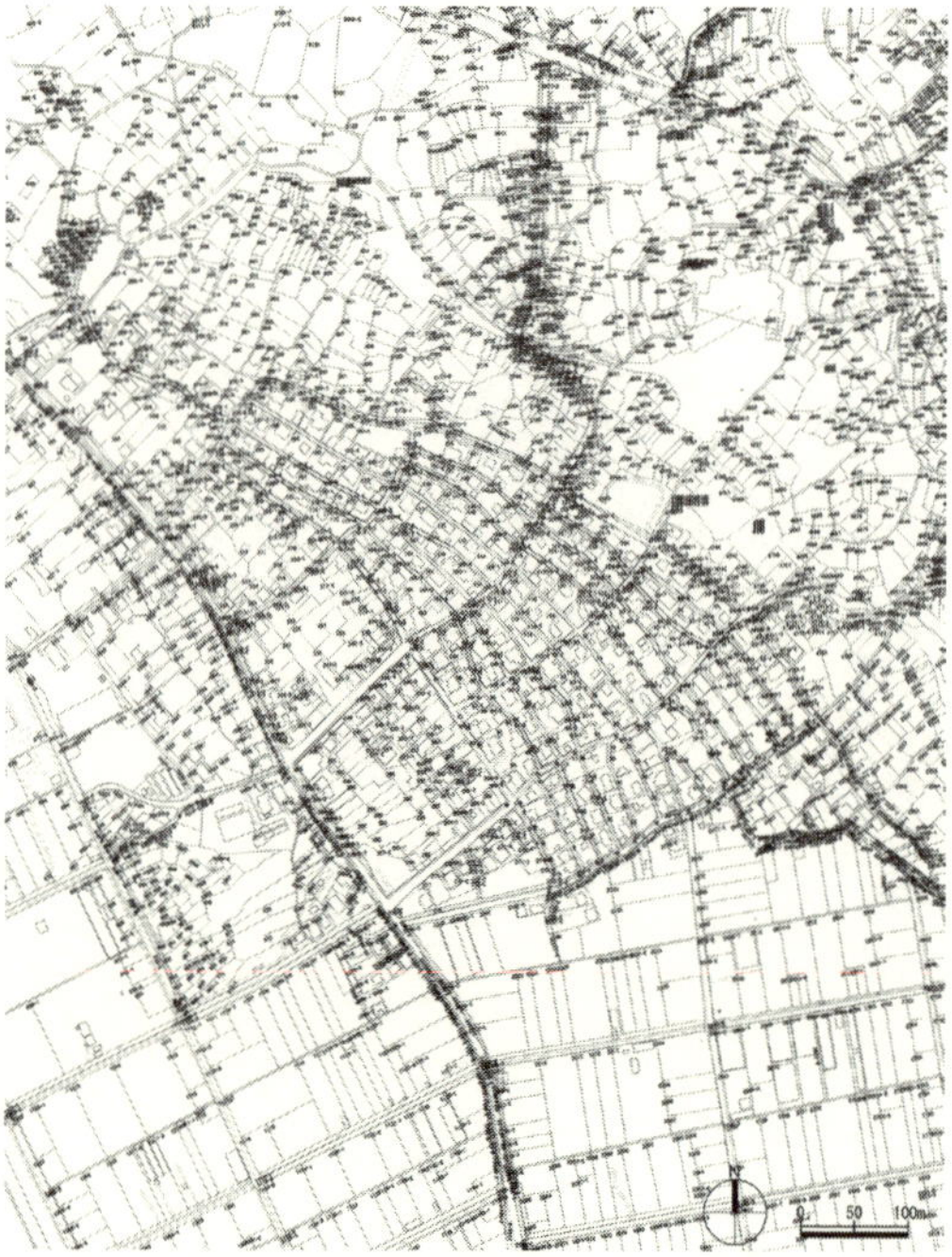

図10　うるま市勝連南風原の地籍併合図（加工）
（うるま市役所より発給）

畑地とともに米軍施設の設置によって完全に消滅している。

また、近隣の他村落（与那城・饒辺）まで居住域が拡大したことによる生産域消滅も発生し、面的要素の構成には大きな変化がみられる。一方で、往時の居住域の範囲内における土地割形態は、明治期からほぼ変化していない。

四　まとめ

本章ではまず、明治期（三五・三六年）の村落空間の詳細な復元図から、往事の村落空間の特徴を明らかにした。そして、近世期に村落移動を経験したとされる南風原村、内間村と、移動がなかったとされる平安名村、平敷屋村とを取り上げて比較した（表1）。このうち、村落の移動を経験した南風原村においては、居住域背後の腰当森となる山林地筆（のちに保安林と加筆）が村落全体を取り囲む構造が確認された。これは、前章で指摘した八重山・石垣島の近世村落の「村抱護」にきわめて類似した構造であり、沖縄本島の村落においても、風水思想に基づいた地理的概念いわゆる「抱護」が重視されていた可能性を示唆できた。

加えて、南風原村、内間村の居住域内における土地割形態はゴバン（井然）型が優勢で、かつ、そこでの道路は共通して直線的であり、とくに南風原村では、居住域の四隅の村獅子にみられる風水的な象徴物の配置や、道路への水路併設といった特徴がみられた。そして、村落移動などで「村立て」が行われた際に、様々な基点をよりどころとして村落内の配置を行うといった、近世村落の計画手法が用いられたこん跡が明らかになった。これについては内間村も、「村立て」の際に植えたとされるホウヤー木を同様に基点としていたと考えられるが、その確証は今後の課題である。ただし両村落においては、この地域の村落において一般的にみられる御嶽が居住域の近隣に存在しなかった。

一方、移動を経験していないとされる平安名村、平敷屋村は、居住域内に御嶽を持っていた。居住域内の土地割形態については、村落の主要な施設が集約されている範囲となる中央部分では非ゴバン（不井然）型となっており、その街区には「田の字」型が多くみられるが、居住域の端部に行くほどゴバン（井然）型となり、その構成には「横一列」型の街区が多くなる、という共通性が認められた。

そして本章では、このように明治期の村落空間の特徴を示した上で、明治期から現在までの村落空間の変遷について考察した。その結果、まず、対象村落に共通して、明治期から一九四五（昭和二〇）年頃までは、その空間構成に大きな変化がみられなかったことが明らかとなった。加えて、一九六七〜八二（昭和四二〜五七）年までにかけても、一部の道路幅員の拡幅がみられたものの、とくに居住域内における道路の新設や線形の変化、および土地割形態に目立った変化は無かった。一方で、居住域の拡大と生産域の減少は顕著であったものの、村池や御嶽・拝所に大きな変化は無かった。そして現在までには、幹線道路の新設や、生産域の消滅と居住域の著しい拡大など、村落構造の変化がみられた一方で、御嶽・拝所、村池（拝所）は残存した。このような傾向は、前章で示した石垣島の各村落における空間構造の変遷過程に類似していることが指摘された。

一方で、対象村落に共通して山林の著しい消滅がみられる中で、村落の腰当森にあたる帯状の山林地筆（後に保安林に指定されたものを含む）に限ってはそのまま残存している点は、前章で示した一九四五（昭和二〇）年頃にはすでに一部消滅が確認された前章の平得・真栄里村の樹林帯の消滅過程とは異なる特徴と言える。加えて、平敷屋村にみられたような、米軍基地の設置に伴う土地接収により広範囲にわたって生産域と山林とが消滅している点は、沖縄本島ならではの条件によるものであろう。

以上、本章では沖縄本島内の村落について、明治期の資料をもとにした村落空間の復元図によってその様相を検討し、さらに、現在までの村落空間の変遷を考察した。

なお、「一筆地調査図」および「米軍撮影空中写真」の収集では、沖縄県公文書館の協力を得た。村落の空間構成の考察については、琉球大学教授（当時）仲間勇栄氏にご指導いただいた。ここに記して謝意を表したい。

注

（1）本章は、村落空間の復元図作成の根拠資料として明治期の地籍図に依るところが大きいため、この地籍図を入手できる四村落を研究対象とした。

（2）沖縄の「土地整理事業」は、一八九九（明治三二）年から一九〇三（明治三六）年まで行われた。本章の研究対象地域一帯では、同事業は一九〇二・一九〇三（明治三五・三六）年頃に本格化し、この時に初めて近代的な測量による地籍図面が整備された。本章は、この原図を活用することから、一九〇二、〇三（明治三五、三六）年以降の村落空間を対象とする。

（3）「村落空間の復元図」は、明治期の地籍図を活用して、一九〇二・一九〇三（明治三五・三六）年における村落内の土地割、道路構成、地目（土地利用）を記載し、さらに文献・伝承などの情報をもとに施設等の配置を載せることで、往事の村落空間の可視的な特徴を把握することを目指したものである。

（4）第二次世界大戦中、米軍は沖縄県への上陸前に爆撃機等によって、空中写真を撮影するなどの偵察活動を行っていた。そして、撮影された空中写真の多くは現在、沖縄県公文書館に保管されている。

（5）戦災によって壊滅的な被害を受けた沖縄県内において、敷地境界などを明確にするため、米軍政下から一九七〇年代にかけて現地調査によって作成された調査図である。一筆地調査図は現在、沖縄県公文書館に保管されている。

（6）沖縄ならではの事情として、第二次世界大戦前までの地図資料が大きく不足していることが挙げられる。本土の都市部などにおいては、一八八〇（明治一三）年以降に二万分の一迅速則図または仮製地形図、一九一〇（明治四三）年以降は二万五〇〇〇分一地形図といった、比較的大縮尺の地形図が整備されているのに対して、沖縄県内では五万分の一地形図（「那覇」については二万五〇〇〇分の一地形図あり）程度しか整備されてこなかった。その中で、本章で基礎資料とした「土地整理事業」当時の地籍図は、ほぼ実測図であり、明治期における地目（土地利用）分布やその面積規模を正確に示すことが可能となる。

（7）現・石垣市の市街地については、石垣市史編集委員会の『石垣市史』に明治期の村落景観復元図が示されている。しかしながら広く農村地域については、崎浜靖による研究（「地籍資料を利用した歴史空間の復原作業（一）宮古・東仲宗根添における土地整理法施行時の空間構成」、南東文化二二、七五〜八五頁、二〇〇〇年。）などがあるものの、村落空間の分析は行われていない。

（8）金城善「明治三十五・三十六年の村の分合配置区域字について」、沖縄県地域史協議会二〇一一年度第二回研修会資料、二〇一一年。

（9）「保安林」指定は土地整理事業後に行われたものである。本章の対象地域では土地台帳が残存しておらず、その指定時期を特定することができないため、復元図では凡例を、当初地目である「山林」で統一した。

（10）復元作業の基図とした明治期地籍図は字ごとに描かれている（図2）ため、統合し一枚の村落全体図とする必要がある（図3）。具体的な手順としてはまず、字ごとに描かれた地籍図を画像処理ソフトで補正しながら接合して、デジタル化した基図を作成する。次に、その基図を同じ場所の現在の地籍併合図の上に重ねあわせて精細な照合と整合を行い、補正して整合性を持たせた。さらに、作成した基図の地筆線をトレースし、ベース図を作成した。このような手順で作成されたベース図に、明治期地籍図に記載された情報（井戸、墓地、宅地、原野、畑地、御嶽、「村抱護」、池・沼等）を記載した上で、文献・伝承による情報を加え、さらに現地調査で確認した内容を記載して、明治期の村落空間の復元図を作成した。

（11）齊木崇人「農村集落の地形的立地条件と空間構成に関する研究」、学位論文（東京大学）、一九八六年。

（12）一部、六筆で構成された街区が存在するが、そこでの地筆の地番に枝番が付与されているところがあり、それらはのちの分筆による細分化と考えられる。

（13）近世地方経済資料一〇巻には、享保一二（一七二七）年薩摩から貢米盛増の指令があったものの、勝連間切南風原はその前年に敷替をしたばかりであることを理由として盛増を免れたとある。

（14）平凡社地方資料センター『沖縄県の地名』、平凡社、二〇〇二年。

（15）字誌編纂委員会『勝連町南風原字誌』、南風原公民館、二〇〇〇年。

（16）前掲（15）。

（17）前掲（15）。

(18) 首里王府の急ぎの文書を各間切に伝達することを「宿次」と呼び、各間切には間切番所が設置されていた。この間切番所を結ぶ街道は「宿道」と呼ばれ、首里城から各方面に放射状に伸びていたとされる。
(19) 前掲（15）。
(20) 前掲（15）。
(21) 前掲（14）。
(22) 前掲（14）。
(23) 前掲（15）。
(24) 『球陽』尚穆王三七年条に「乾隆五三（一七八八）年に移動」とある。
(25) 『角川日本地名大辞典』編纂委員会『角川日本地名大辞典四七　沖縄県』、角川書店、一九八六年、一九一頁。
(26) 勝連町教育委員会の文化財解説案内板、一九九〇年。
(27) 前掲（14）。
(28) 前掲（15）。
(29) 野原昌常『勝連村誌』、勝連村役場、一九六六年。
(30) 前掲（29）。
(31) 村落ごとに測量、作製年が異なる。
(32) 対象村落における米軍撮影空中写真については、点・線・面的要素の厳密な確認も重要であるが、それらを構成する各地目の筆数を正確に把握できない箇所があったため、「箇所程度」という表現とした。

第三章　沖縄本島・玉城前川の村落構造と「抱護」

山元貴継

はじめに

沖縄本島の南部（図1）においては、周知の通り、第二次世界大戦末期には地上戦の舞台となって多くの犠牲者が出るとともに、日本軍などによる接収や米軍基地の建設などによって、その存在すら失われた村落も少なくない。また、同地域における村落の中には、沖縄本島の中心都市である那覇市に相対的に近いこともあって、そのベッドタウンとして発達した市街地の中に埋没してしまったところもみられる。その中で、一見すると変わらず農村的なたたずまいを残しているように映る村落も、しばしば、近世以前の構造と現在みられているそれとでは、大きく異なるものとなってしまっていることが指摘される。しかしながら、第二次世界大戦による住民の移動や史料の散逸もあり、かつての村落の様子を知る住民も少なくなりつつある中、大きく変化する以前の各村落の構造を詳細に知ることは容易ではない。

そこで本章では、後述するように近年に入って、一八九九（明治三二）年から一九〇三（明治三六）年にかけて行われた土地調査である「土地整理事業」当時の地籍図の写しとみられる図面が沖縄本島南部では珍しく発見された、

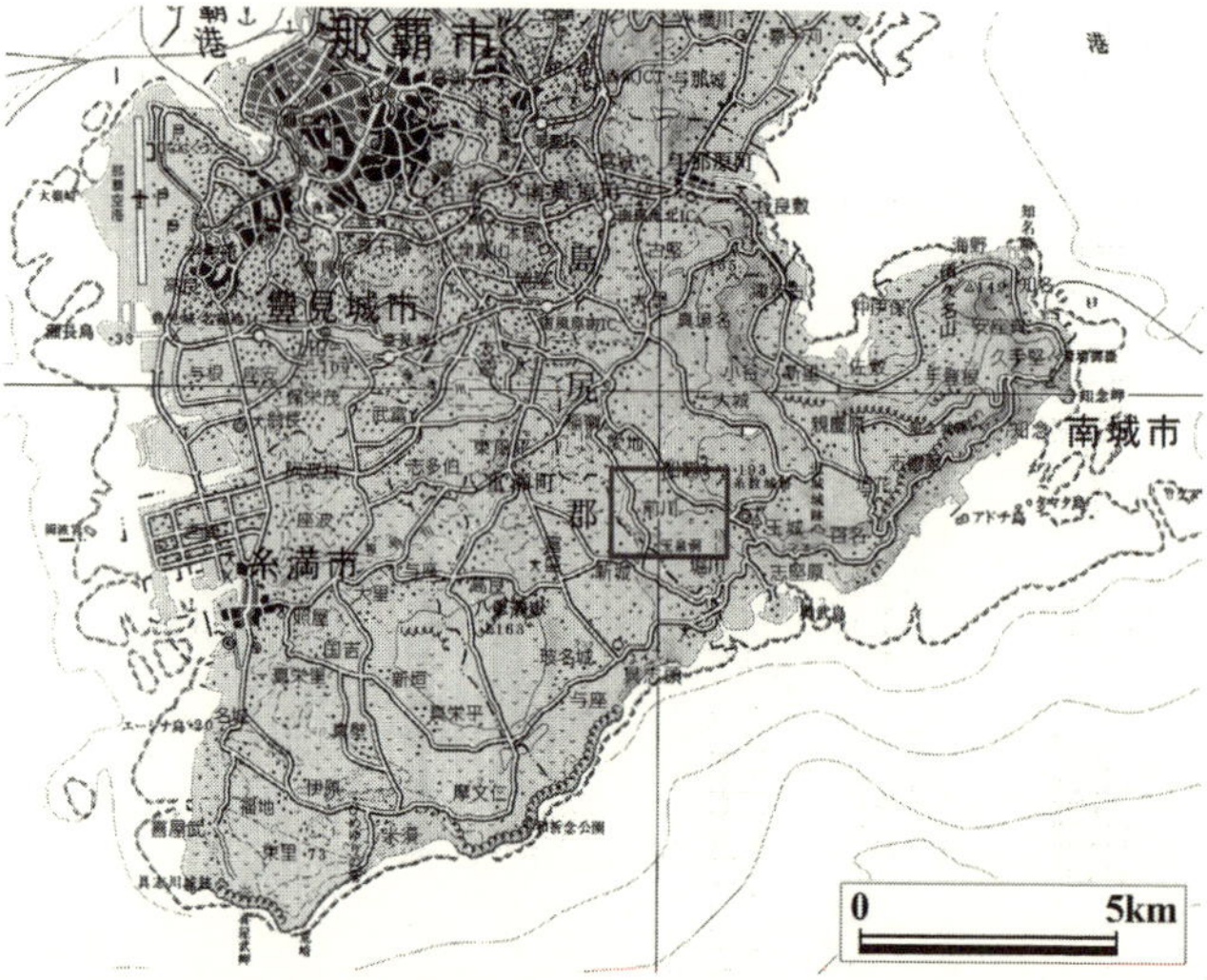

図1　玉城前川の位置（2007年編集1：200,000地勢図「那覇」に加筆）

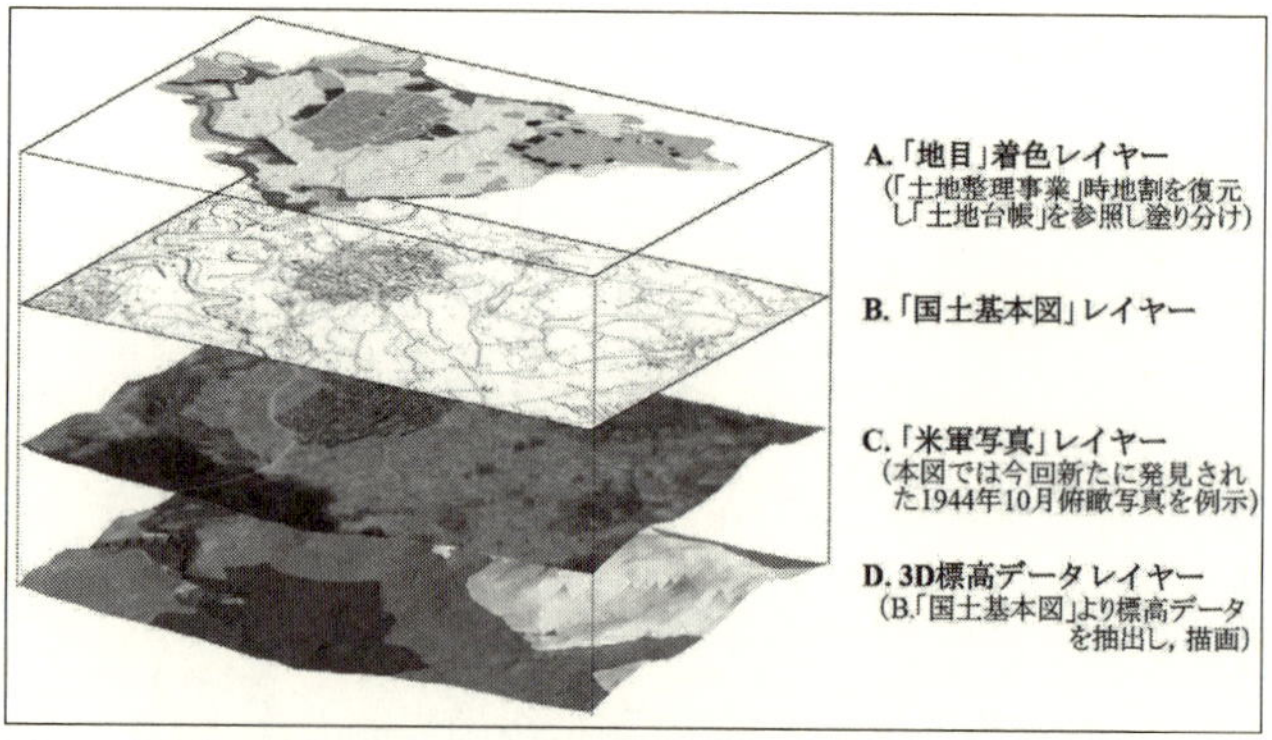

図2　玉城前川村落に関するさまざまな図面や写真・データの重ね合わせ

玉城前川の村落（現・南城市玉城字前川）について、それらの図面を幾何補正しつつ活用し、同村落の、少なくとも近代に入った直後の原型的な構造がどのようなものであったのかを明らかにする。とくに玉城前川は、第二次世界大戦前には琉球列島の各地でみられた村落構造の特色として知られる「抱護」（玉城前川では「ホーグ」と呼称）が明確に存在したとされる村落であったものの、現在ではそれらはほぼ失われてしまったことが注目される。本章では、第二次世界大戦時に米軍によって撮影された空中写真や、耕地整理以前となる一九八〇年代の国土基本図およびそこから得られる標高データ、また、現在の数値標高データとの重ね合わせ（図2）に加えて、現地調査による確認を行い、玉城前川の村落立地自体と、「抱護」を抱いたその特徴的な構造とが、一帯の地形的条件とどのように関わって成立していたのかについて、詳細に分析していく。

また、玉城前川の村落内における宅地群（居住域）は、これもまた琉球列島ならではの村落構造の特色として知られ、沖縄本島においてはその南部に多くみられるとされる、「ゴバン（碁盤）」型、あるいは「格子」状の土地割形態を発達させている。さらに玉城前川では、この「ゴバン（碁盤）」型あるいは「格子」状の宅地群の中で、後述する、いわゆる「横一列」型街区が整然と並ぶ景観が特徴的である。こうした景観について、一帯の南向き斜面の中でもなぜこの範囲に宅地群がみられ、かつ、「横一列」型の街区を積極的に設定して家屋を並べることになったのかについて、その原理を仮説として提示することを目指したい。

一　沖縄本島・玉城前川の村落概要とこれまでの解釈

玉城前川の村落の範囲の大部分は、緩やかな南向き斜面となっている（図3）。そして、その範囲のうち、北端から東方にかけては丘陵がそびえ、一方で西端には、その西側が雄樋川に侵食されたとみられる崖となっている尾根線が伸びており、南～南東側には耕地整理以前には、小規模の丘が点在していた（図4）ことで、玉城前川の村落は、その外周を高まりに縁取られる形となっていた（図4）。このうち、緩やかな南向き斜面は隆起石灰岩で構成された段丘、丘陵と尾根線は泥岩などで構成された基盤岩が露出した丘陵とそれに連なる石灰岩堤と推測される[1]ほか、南側の小規模の丘は、溶食から取り残された石灰岩質の残丘であったと思われる。現在の一帯の耕作地の土壌も、こ

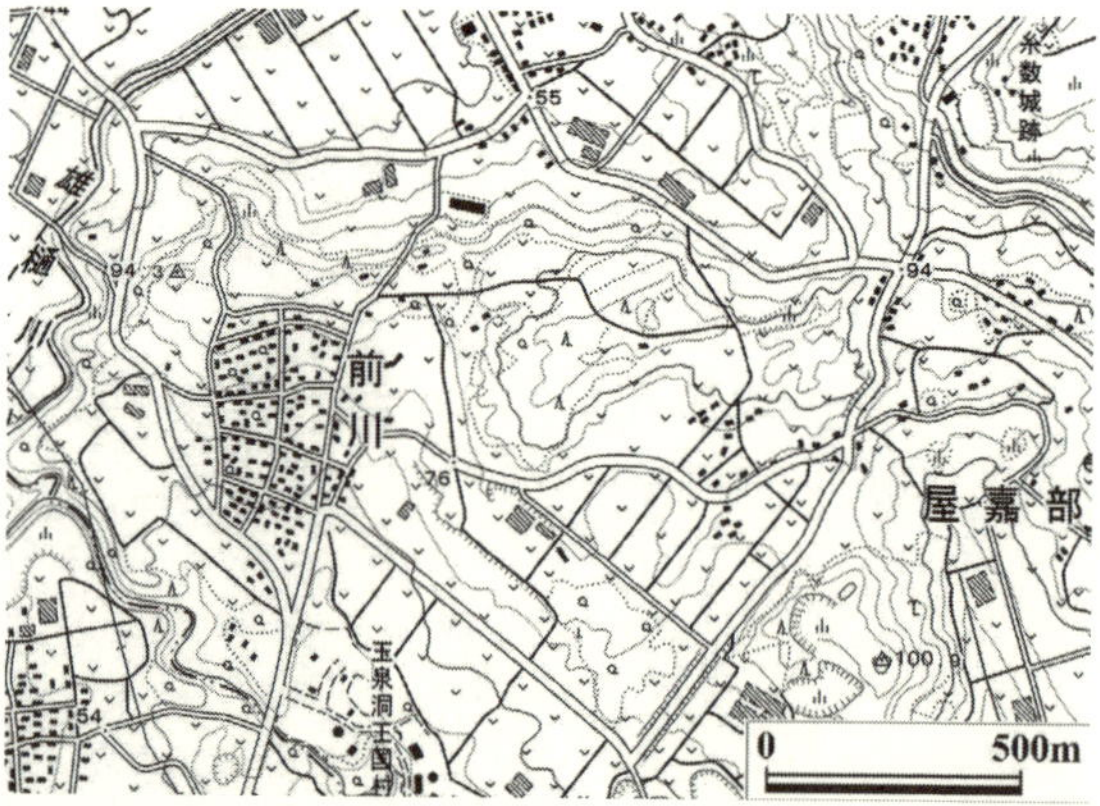

図 3　玉城前川の一帯と糸数城跡
（2006 年更新 1：25,000 地形図「糸満」「知念」）

図 4　玉城前川一帯の標高ダイヤグラム（1985 年修正 1：5,000 国土基本図より標高データを抽出して作成。25mDEM に相当）

れらの関係を受けて、緩やかな南向き斜面の広い範囲が、沖縄本島の南部などに多くみられる、琉球石灰岩が風化して形成された赤みの強い島尻マージとなっているのに対して、東方の丘陵はジャーガル（第三期泥灰岩）が占めているとされる。(2)

　この範囲に本格的な村落が成立した「村立て」の時期は、一八世紀に入ってからとさほど古くない。その住民は、かつては現在の宅地群から東北東に約一キロメートル離れた糸数城《イトゥカズグシク》の麓にあった一三〜一八戸の旧集落、いわゆる「フルジマ」に居住していたが、一七四五年に記された『球陽』巻一三などによれば、一七三六年に現在の地への移動を許されたとされる。(3) ただし、現在の村落北端の丘陵上に設けられた現在の「知念殿」は、この地にあった四つの御嶽《ウタキ》を合祀して設けられたという伝承があることから、「村立て」以前からこの地に、数戸規模の小規模な集落が同数存在していた可能性がある。しかし、一七三六年前後とみられる玉城前川の「村立て」では、基本的にはこの地を新規に開拓し、村落を構成したものと思われる。

　そして、このような「村立て」の時期を受けて、玉城前川の村落内における宅地群は、その大部分が、同じく一七三〇年代から琉球列島各地の村落で広くみられるようになったとされる、直線的な街路が東西・南北方向にほぼ平行に設けられ、それらが直交することで形づくられた、「ゴバン（碁盤）」型あるいは「格子」状の構成となっている。こうした玉城前川のような、「ゴバン（碁盤）」型あるいは「格子」状の宅地群（集落）が広くみられるようになった背景としては、首里王府下における、宅地や農地を共有のものとして、それらの土地を計画的に配分するとともに、一定期間後に人口や収穫の状況に応じて土地の再配分・交換を求める土地旧慣「地割（土地）制」の影響が挙げられる。そこでは、宅地を含めた再配分・交換を容易にすることも目指した可能性のある、宅地面積などへの規制の徹底が行われており、それが、面積のそろった宅地群の一般化に関わっていると解釈されやすい[4]。さらに玉城前川の村落における宅地群においては、上下方向（ほぼ南北方向）には一軒分、横方向（ほぼ東西方向）には二～五、六軒分と横に細長く、四辺形の宅地（屋敷地）が連なった、いわゆる「横一列」型の街区（図５）が卓越していることも、特徴として挙げられる。このような街区の普及については、琉球列島においては敷地に対して南側に開口部（門―玄関）を設けることを良しとする南入り指向があり、それらをより多くの宅地（屋敷地）で満足させるも

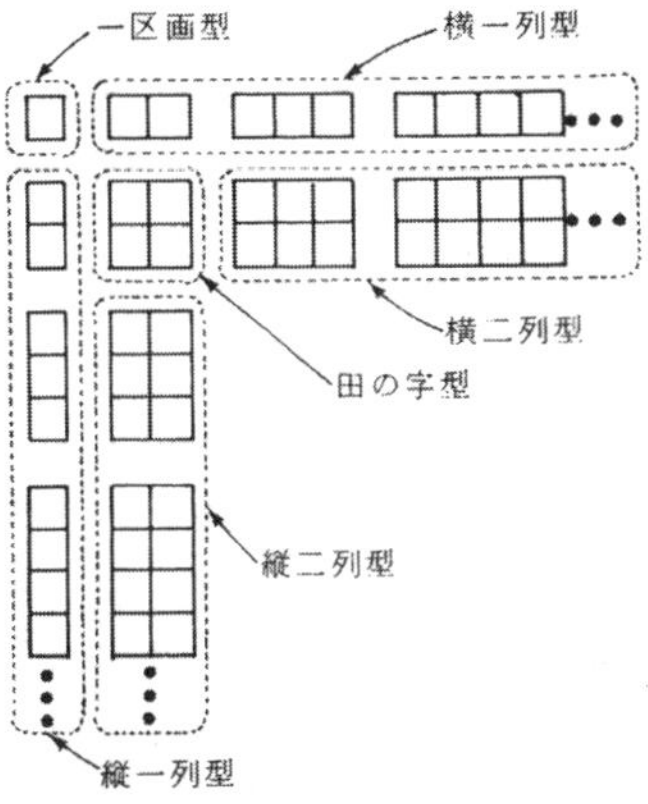

図５「格子状」村落における街区の種類
（坂本磐雄『沖縄の集落景観』（1989年）97頁）

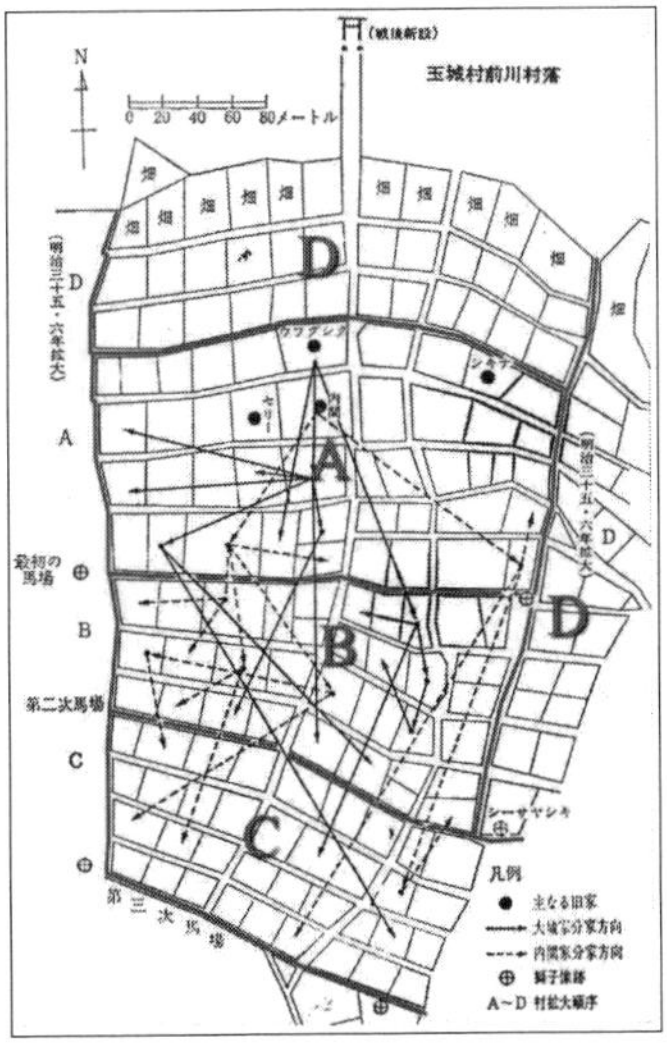

図６　玉城前川の宅地群拡大と旧家－分家関係
（仲松弥秀『古層の村・沖縄民俗論』（1977年）80頁に加筆）

のとして、「横一列」型の街区が多く選択されたことなどが指摘される。[5] このように玉城前川の村落は、琉球列島以外の地域ではあまりみられにくいことで同列島の村落を象徴することになる景観が、宅地群のほぼ全域でみられることが注目され、さらには、「横一列」型街区だけから成る最初の村落こそ玉城前川であるとの指摘[6]までがみられている。

また、玉城前川の村落における宅地群については、「村立て」以降も継続して住民の移住や人口の増加がみられる過程において、段階的な宅地群の拡大があった（図6）ことも、現地の古老などからの聞き取りから明らかにされている。[7] そこでは、まず現在の宅地群の中央部分（図7中Aの範囲）に移住した住民が当初の宅地群を構成し、のちに人口増加に伴い下方に段階的に宅地群を拡大させ（図6中B・Cの範囲）て、分家を含めた増加分の人口を収容し、最終的には明治三〇年代になって、やむを得ない処置として、現在みられるような範囲（図6中Dの範囲を含む）まで宅地群を拡大させたとされる。玉城前川の村落における宅地群の拡大は、その南端に設けられていた「馬場」の段階的な南側移転や、村落の外側からもたらされる様々な災難から住民を守ることを目的として宅地群の外周に外向きに置かれた、石造りの「村獅子」の移転を伴っていることで、より明確に住民に認識され、語られる。その中で、分家などが発生した場合には、新しい宅地（屋敷地）は基本的に下方（ほぼ南側）に求められる傾向があったことや、同じ「横一列」型の街区の中であれば、まずは相対的に街区の中央の宅地（屋敷地）が求められ、その分家などは街区の東西端、すなわち、上下（ほぼ南北）方向の街路に近い宅地（屋敷地）に向かったことも示されている。

ほかにも玉城前川では、村落を冬の季節風や台風時の強風から守る役割などが期待され、また村落の範囲、いわゆる「ムラ域」の境界ともなる、「抱護《ホーグ》」の存在が注目されてきた。この「抱護」は、村落の背後（北側）から東方にかけての丘陵に加えて、そこから連なるように村落の南～南東側にリュウキュウマツなどが人工的に植えられていたとされる林による「抱護」とを合わせて差す。この林による「抱護」について、玉城前川では宅地群の周りを二重に囲むように設けられていたと伝えられ、その内側の林帯は「ウチホーグ」、その外側の林帯は「フカ（外）ホーグ」と呼ばれて、その大まかな位置が『玉城村字前川誌』などに示されている。(8) これらの林による「抱護」は、具志頭親方蔡温の植林奨励により植付されたとされる。しかしながら、一九四四（昭和一九）年より日本軍の駐屯地となるといった、玉城前川の村落が経験した第二次世界大戦中から戦後にかけての混乱の中で荒廃し、やむなくその後一九五一（昭和二六）年に、成長の早いモクマオウなどを植えることで復元をはかったものの、荒廃を止められず、最終的には耕地整理などにより、そのこん跡すらも完全に失われたとされる。そのうち、玉城前川の「フカホーグ」の全容を明確に示すのは、今となっては「十・十空襲」のさなかに米軍によって撮影された空中写真（写真1）ぐらいとなってしまっている。翌年二月から三月にかけての米軍空中写真では、木々もあまり繁茂しておらず、さらにはブルドーザーなどが入って荒らされてしまったとみられる「フカホーグ」跡の無惨な姿が、季節的に多くの雲がかかっていたこともあり、不鮮明ながら写されている。

写真1　1944（昭和19）年10月に米軍が撮影した玉城前川の一帯
（韓国・済州大学校師範大学地理教育科所蔵 The Joseph E. Spencer Aerial Photograph Collection）

二　明治期地籍図に描かれた玉城前川の村落構造

一八九九（明治三二）年から一九〇三（同三六）年にかけて行われた「土地整理事業」は、先述した「地割制」を廃して土地の私有を認める中で、宅地や農地などの所有者を確定するとともに、地税の算出のために測量や調査を行って、それぞれの土地の面積や地目（税制上の土地利用区分）を明確にする土地調査であった。そこでは、当時としては高い測量技術の

写真2　近年発見された「土地整理事業」時の地籍図を写したとみられる図面（南城市役所蔵）

もと、縮尺一二〇〇分の一という大縮尺の地籍図をもって、琉球列島の各地が記録された。この「土地整理事業」は、沖縄本島南部では一九〇二（明治三五年）前後になって進展した。しかし残念ながら、その時点での玉城前川の地籍図自体は残されていない。その中で近年、注記が「玉城村字前川」となっていることなどから「沖縄県島嶼町村制」施行の一九〇八（明治四一）年以降の複写とはなってしまうものの、分筆などの加筆が皆無に近く、「土地整理事業」時点での地籍図をほぼそのまま反映させた写しとみられる図面が発見された（写真2）。これは、写しとはいえ、戦争の惨禍の中で明治期の地籍図のほとんどが失われた沖縄本島の南部において、貴重な発見事例である。また、この図面には一筆ごとに直接、地目や土地等級までもが記載されている。ただしこの図面は、当時としては精度の高いものであったが、とくに急傾斜地でその面積を過大評価するなど誤差が大きく、以降の分析での活用にあたっては、小字ごとであった図面を画像ファイル化し、市の都市計画課などで発給を受けることのできる現行の地籍集成図・地籍併合図などを基準として幾何補正した上で、接合して村落全体の復元図を作成することが求められた。こうして作成した復元図をもって、国土基本図やそこから得られる標高データ、また、現在の数値標高データとの重ね合わせなどが可能となった。

一九〇二（明治三五）年当時を想定した復元図では、のちに宅地の細分化が進んだり、街路の拡張などによってその一部が削られたりする変化がみられる前の「宅地群」と、その周囲にドーナツ状に広がっていた耕地整理以前の不定型な「畑」地筆群、そして、これらの外側を取り囲む「山林」地筆および「原野」地筆などの列で構成された、玉城前川の村落の往時の「同心円的」な空間構造が示された（図7）。この「同心円的」な構造で注目されたのは、その内側ではほぼ一筆も空けずに「宅地」地筆で埋められた宅地群と、その外周を取り囲むように点在する「池沼」地筆、それらの「池沼」地筆を繋ぐように存在する「雑種地」地筆の列であった。農地や宅地、山林などのいずれにも該当しない地目として登記された「雑種地」地筆には、面積規模の大きいものもあるが、宅地群の東西端に沿って最大幅でも約一〇メートルと細長く伸びる、小規模なものもあった。これら「雑種地」地筆の連続は、宅地群東側の「チンシモー（鎮守の森）」などのほか、先述した『玉城村前川誌』に示された「ウチホーグ」の位置[9]とほぼ一致しており、これまで大まかに伝えられてきた「ウチホーグ」の正確な位置や、規模を示すものとなっている。

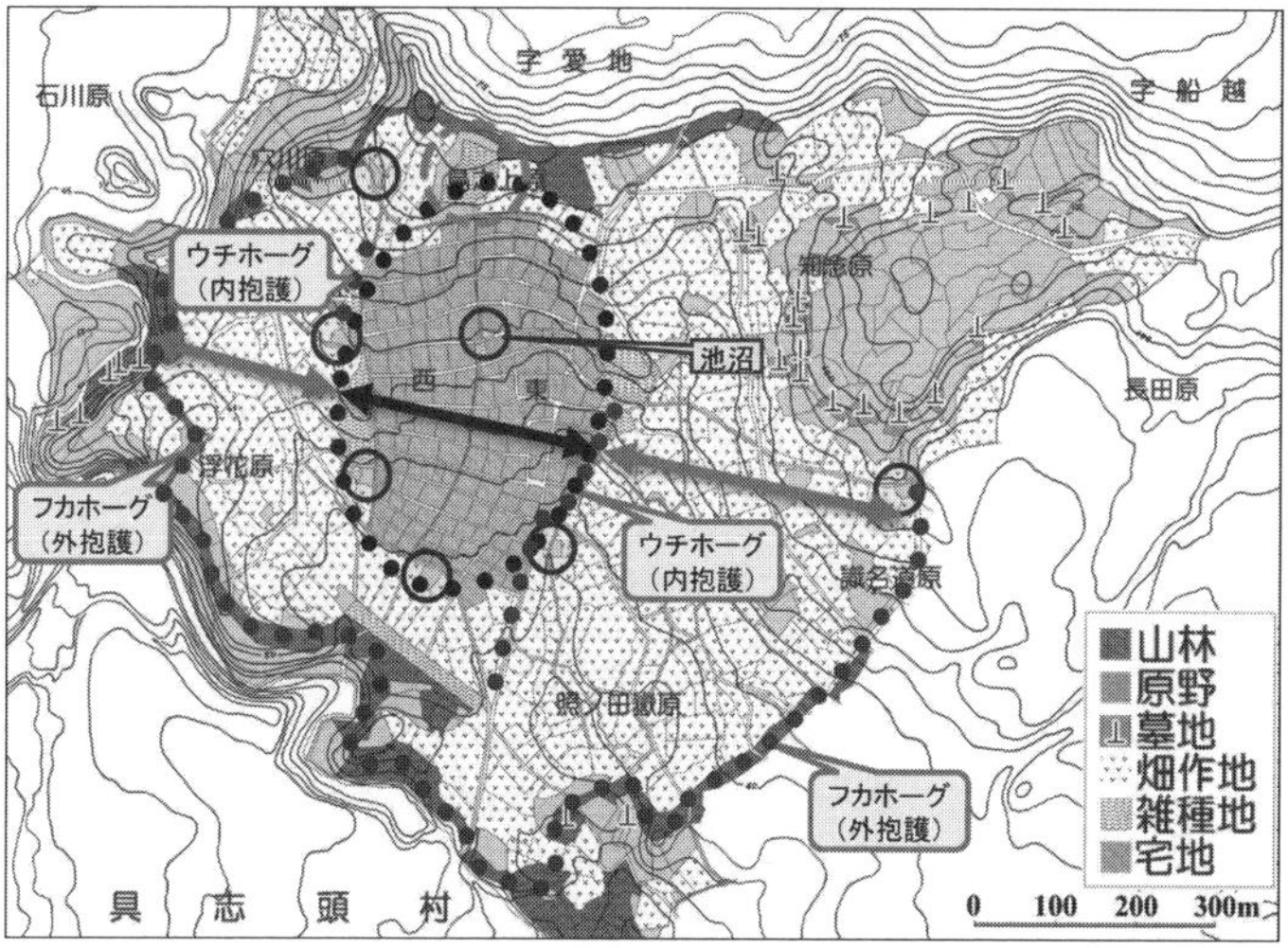

図7　「土地整理事業」当時（1902年頃）の玉城前川一帯の土地利用
（明治期地籍図面の写しより作成）

　その外側には、宅地群の幅とほぼ同程度の幅で周囲を取り囲むように「畑」地筆群が展開され、そのさらに外周には、宅地群の北側で一筆分以上の「雑種地」地筆などを挟む「山林」地筆および「原野」地筆の列と、それらに繋がる形で、宅地群から見て東方に広がる、「墓地」地筆に縁取られた「原野」地筆群とがみられた。なかでも前者では、実際には幅一〇数～二〇メートルの細長い「山林」地筆の連続に、「原野」地筆が絡むように展開されていた。このうち細長い「山林」

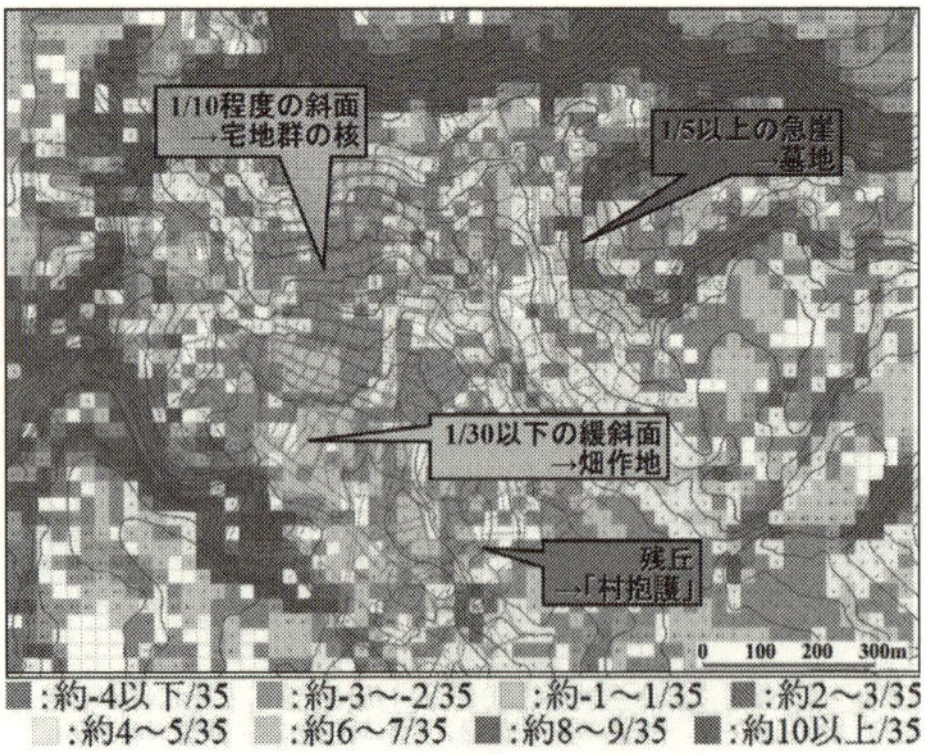

図8　玉城前川一帯の傾斜度と土地利用
（1985年修正1：5,000国土基本図より標高データを抽出して作成）

地筆の連続が、「フカ（外）ホーグ」の正確な位置と規模とを示しているものと思われる。なお、宅地群北側の「雑種地」地筆一筆は、御嶽《ウタキ》である「知念殿」を、宅地群の南方に細長く伸びる長方形の「雑種地」地筆は、「土地整理事業」の時点で最終的にここに設けられていた「馬場」を示している。

　これらの各種地目地筆の分布で示される土地利用を、一帯の詳細な標高データなどと照らし合わせると、玉城前川の村落内の土地利用配分が、一帯の南向き斜面の各所にみられるさまざまな条件の違いを反映していたことが明らかとなる。まず、同村落の宅地群は、その北側に標高九〇〜一〇〇数メートルの丘陵がそびえ、そこから南に向かって舌状に伸びた緩斜面のうち、標高約五〇〜八五メートルの範囲に展開されている（図4）。そして、宅地群のすぐ外周は、傾斜が大きく若干の標高差を持った、段丘崖のようになっている。宅地群の外周に点在する「池沼」地筆は、実際にそうした段丘崖のような急斜面の直下に湧いた池であったり、その急斜面を掘り抜いて設けられていた井戸（井泉）であった。

　このように玉城前川の村落は、その周囲に水源を確保した緩斜面の範囲に限定して、宅地群を展開させていたことがうかがえる。また、緩斜面とはいえ北側に向かうほど急傾斜となる舌状の斜面上に展開された宅地群の中でも、中央部分となる当初の宅地群の範囲は、一〇分の一（水平方向一〇メートルにつき標高変化一メートル）程度の傾斜度となっているところを選ぶように展開されていた（図8）。一方で、同じく一〇分の一程度の傾斜度の緩斜面となっているとはいえ、宅地群の東方に広がる標高一〇〇メートルを越える面は、「原野」地筆で占められ、その外周の、より傾斜が厳しい範囲は、「墓地」地筆となっていた。そして、宅地群の下方（南側から南西側）に広がる、三〇分の一程度の傾斜度とほとんど平坦な緩斜面は、ほぼ「畑」地筆で占められた。

そして、玉城前川の村落全体の外周は、多くが「山林」地筆および「原野」地筆の列となっていたが、そのうち北端から西側にかけては、丘陵とそれに繋がる石灰岩堤上と推測され、相対的に標高が高いだけでなく傾斜の著しいところとも一致した。なかでも「山林」地筆は、幅一〇数〜二〇メートルの細長い地筆の連続となって、ほぼすき間無く村落を取り囲む形となっているが、それらの「山林」地筆は、丘陵とそれに繋がる石灰岩堤の標高のピークを選んで伸びる形となっていた。また、宅地群から見て南東方の細長い「山林」地筆は、谷間となっている緩斜面の中を直線的に横断しているのではなく、緩斜面の中に点在する小規模の高まりを繋ぐように、複雑に曲線を描いて伸びていた。これらの、宅地群の北端に位置する「雑種地」地筆とされた御嶽に加えて、村落の外周でほぼすき間無く取り囲む細長い「山林」地筆の連続こそが、住民によって「フカ（外）ホーグ」と認識されていたことになる。

三　玉城前川の村落における「格子状」宅地群の設定

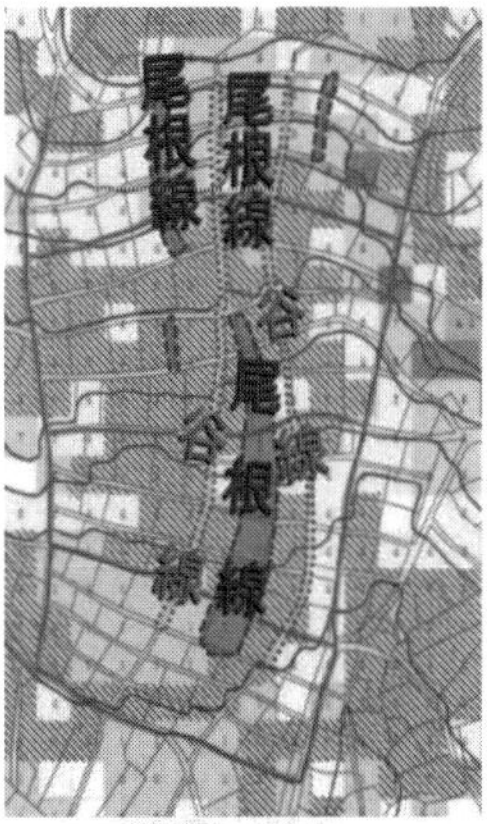

図9　玉城前川村落の宅地群内における傾斜度と尾根線・谷線
（1985年修正1：5,000国土基本図から抽出した標高データと現地調査の結果から作成）

玉城前川の村落の中でも宅地群は、「横一列」型の街区が整然と並ぶ「格子」状の構造をよく発達させているが、詳細に見ると、それらの街区を形づくっている街路は必ずしも直線的ではなく曲線を描いており、街区および配列されている宅地（屋敷地）の多くは厳密には方形ではない（図6・図7）。その理由として、玉城前

写真3　玉城前川の村落における宅地群内での上下方向（ほぼ南北方向）の街路の例（2014年2月22日撮影）

写真4　玉城前川の村落における宅地群内での横方向（ほぼ東西方向）の街路の例（2014年2月22日撮影）

川の村落において宅地群を乗せている舌状に伸びた緩やかな傾斜をもつ段丘面にも、実際には侵食などによると思われるヒダ状の凹凸があり、それらをよく見て街路が設定されていることが響いている。この、舌状に伸びた緩やかな傾斜をもつ段丘面には、村落の北端の丘陵とそれに繋がる石灰岩堤から、周囲よりわずかに標高の高くなっている尾根線が下方（南側）に向けていくつか伸びており、それらの間がまた、周囲よりわずかに標高の低くなっている谷線となっている（図9）。その中で玉城前川の村落における宅地群内の街路は、上下方向（おおよそ南北方向）の街路については地形に従って大きな傾斜を持つものとなっており（写真3）、しかもこれら上下方向の街路は、相対的にわずかに標高の低い谷線に相当しやすかった。そして、斜面において谷線は必ずしも直線的かつ平行して走っているわけではないため、上下方向の街路どうしの間隔も、ところにより広く、または狭くなる。これに対して横方向（おおよそ東西方向）の街路は、可能な限り傾斜を持たないように設けられていた（写真4・図10）。そのため、横方向の街路は等高線のように、尾根状となっているところでは下方（南側）にせり出し、逆に谷状になっているところでは上方（北側）に引っ込む形となって、曲線的なものとなる。

　そして、一〇分の一程度の傾斜度の箇所を選んで当初の宅地群の範囲を定め、さらにはその範囲の詳細な地形的条件を読んで街路を設けて街区を設定し、その中に各宅地（屋敷地）を配置したと思われる玉城前川の村落は、先に述べたように、その後の人口増加を受けて段階的に宅地群の範囲を拡大していく。その過程においては、まずは下方の、より傾斜の緩やかな斜面方向に、のちには上方の、より傾斜が大きい斜面方向に街区を街路を設定していくことになるが、その際にも、当初の宅地群の範囲で適用された街路設定の考え方が継承された可能性が高い。その結果、相対的に早い時期に拡大された、当初の宅地群の下方（南側）となるほぼ平坦な緩斜面の方の宅地群の範囲では、横方向（ほぼ東西方向）の街路が比較的直線的となっているのに対して、相対的に新しい時期に拡大された、当初の宅地群の上方（北側）の傾斜度の大きい斜面の方の宅地群の範囲では、横方向の街路が著しく折れ曲がることになる。

さらに、こうした街路の折れ曲がりを規定することになったのは、一七三〇年代以降徹底されるようになった宅地（屋敷地）の面積規制であると想定される。この宅地（屋敷地）の面積規制は、ここ玉城前川の村落の中でも上方および下方の、のちに拡大された宅地群の範囲で厳密に適用されていた。「土地整理事業」当時（一九〇二年頃）における玉城前川の村落の構造を示した復元図をもとに算出すると、当初の宅地群の範囲に相当する中央部分での宅地（屋敷地）には面積約八〇〇平方メートルを越える規模の大きいものもみられ、面積のばらつきが大きいのに対して、比較的新しい時期に拡大された上方および下方の宅地群の範囲では、前者は五〇〇平方メートル前後、後者は四〇〇平方メートル前後と、面積（水平方向）がよく揃えられていた（図11）。そのような宅地（屋敷地）面積の均等化の中で、上下方向（おおよそ南北方向：多くは奥行き方向）は一五～三〇メートルで平均して約二〇数メートル、横方向（おおよそ東西方向：

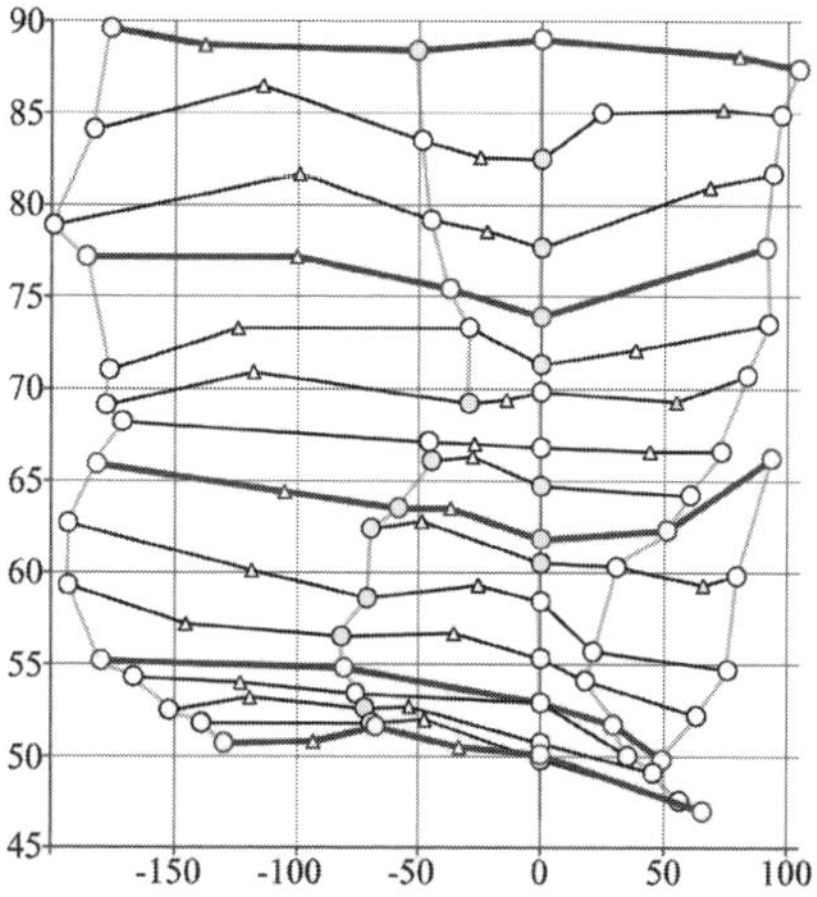

図10　玉城前川の村落における宅地群内を走る各横方向（東西方向）街路の標高断面（単位:m）
横軸の中央基準は「知念殿」から下りてくる街路の一本東側の街路

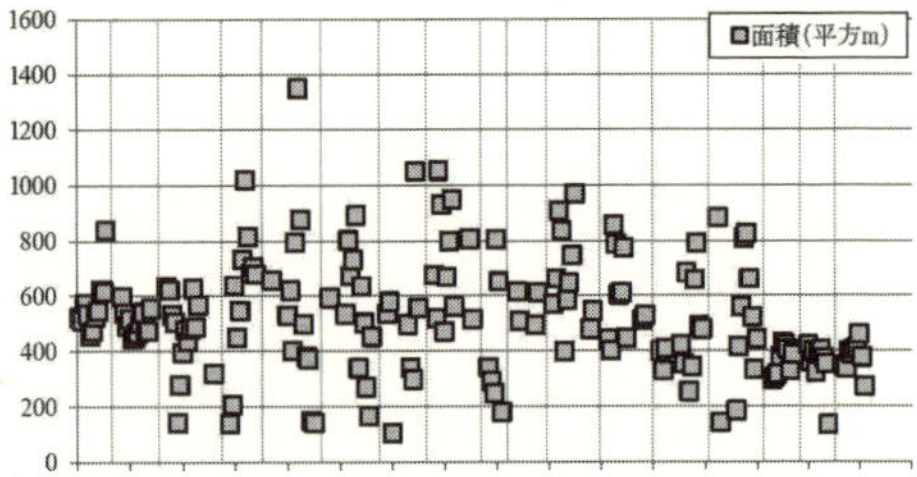

図 11　玉城前川の村落内の各宅地(屋敷地)の面積(「土地整理事業」当時の状況。左側ほど斜面北側の宅地)

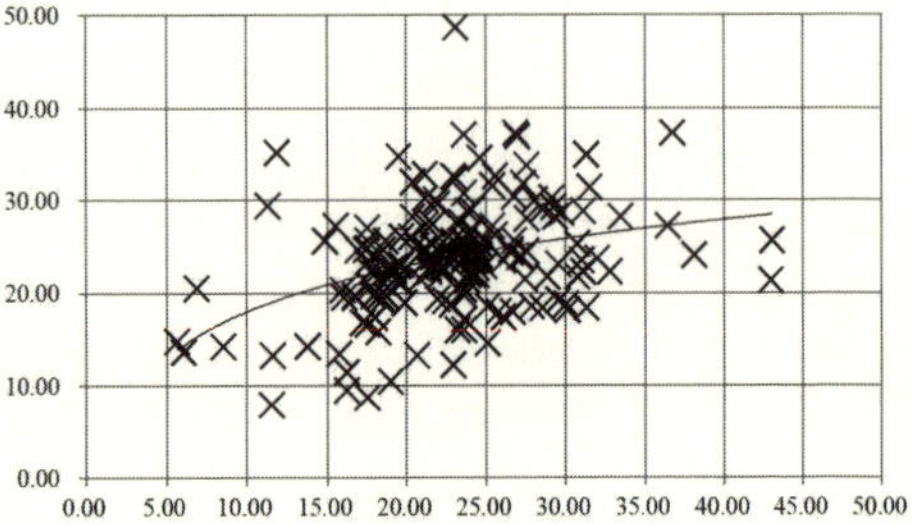

図 12　玉城前川の村落内の各宅地（屋敷地）の奥行き（縦軸）：間口（横軸）（単位はｍ）

写真 5　玉城前川の村落内において尾根線の先によくみられる旧家の例(2014 年 10 月 6 日撮影)

多くは間口方向）は三五〜一〇メートルで平均して同じく二〇数メートルとなる宅地（屋敷地）が設定されつつ（図12）、それらは実際には地形に沿うことで、必ずしも方形とはならず、多くが四辺形となった。

なお、このように一見すると、面積の均等化がはかられた宅地（屋敷地）が「横一列」型の街区に整然と並ぶ玉城前川の村落であるが、先に述べたように、実際に宅地（屋敷地）が求められていく際には、先行して街区の中央の宅地（屋敷地）が選ばれ、次第に街区の東西端、すなわち上下（ほぼ南北）方向に走る街路に近い宅地（屋敷地）に向かったことが指摘されている（図6）。これについて現地で確認すると、少なくとも宅地群の中央部分の、当初の宅地群とされる範囲内では、「横一列」型街区の中でも中央に近い宅地（屋敷地）の面積規模が比較的大きいといった階層性がみられることが明らかとなった（図9）。

とくに、尾根線が尽きたその直下の宅地（屋敷地）には、比較的大きな敷地の中に木々が生い茂り、規模の大きな井戸など水源施設も抱えた、いわゆる旧家が多くみられた（写真5）。上下方向（ほぼ南北方向）の街路が斜面の中でも谷線に沿って設けられていることが多い中で、そうした旧家の立地は、それらの街路からは離れることとなる、少しでも標高の高い尾根線近く、あるいは尾根線が尽きたところを選んだものと思われた。谷線に設けられた街路は、平時には人々が行き来する街路として利用できるものの、大雨が降った際には濁流が流れる危険性もある。しかもそこでの水の流れは一時的なもので、水質的にも良いとはいえない。旧家は、そうした上下方向（ほぼ南北方向）の街路と可能な限り距離を置き、一方では尾根線を伝って流れ下りてくる、少しでも水質の良い地下水を受けることを期待してその場所を求めた可能性がある。こうした旧家は、のちに「ゴバン（碁盤）」型あるいは「格子」状の土地割形態を持つ宅地群が形成される前に、また、一帯において最初に住民が住居を構えた場所かもしれない。

そして、そうした結果からか、明治期の復元図では、屋根線の直下に位置することの多い旧家の上方（北側）において、しばしば宅地（屋敷地）どうしを分ける境界、「筆界（地筆界）」が、逆T字の形で交わっていることが示された（図9）。そうした旧家の立地した宅地（屋敷地）は、尾根線が尽きたところに位置していることでその敷地が尾根線の延長線上をまたいで設定できているのに対して、その上方（北側）では、そこまで伸びてきた尾根線が、宅地（屋敷地）どうしを横方向（ほぼ東西方向）に分けて上下方向（ほぼ南北方向）に走る「筆界」となっていることが多いためである。いわゆる旧家の宅地（屋敷地）は、隣接する宅地（屋敷地）と比べて相対的に面積規模も大きいことから、旧家が位置した「横一列」型の街区と、その上方（北側）に隣り合う同じく「横一列」型の街区とでは、宅地（屋敷地）の間を上下方向（ほぼ南北方向）に走る「筆界」どうしに食い違いが目立った形となっていた。

四　玉城前川で想定された沖縄本島南部における「村立て」原理

ここまで、明治期の地籍図の写しとみられる図面をもとに、少なくとも一九〇二（明治三五）年当時の原型的な玉城前川の村落構造を示す復元図を作成し、それと詳細な地形的条件とを重ね合わせたり、現地の実際の状況を確認したりすることで、かつて同村落が一帯の傾斜度や土壌などの条件をよく読んで立地し、それらの条件の違いを反映させて土地利用を配分した可能性があることがうかがえた。その結果をもとに、玉城前川をはじめとする沖縄本島の南部の各村落の一八世紀当時における「村立て」が、どのような原理のもとで行われたのかについて想定する。

まず、住民の居住する宅地群に関しては、糸数城の麓にあった「フルジマ」のように、かつては、その下方の雨水が地下深く浸透してしまいやすい隆起石灰岩地形とは違い、基盤となる泥岩などが露出していることで水質の良い表層水を得やすく、かつ、外敵の進入も見張りやすい丘陵のかなり上方にその拠点がみられることが多かったと考えられる。ただし、そうしたいわゆる「グスク時代」の村落の場所で得られる水の量は必ずしも多くなく、また、その面積自体もさほど広くないことから、かなり小規模な人口しか収容できないものであったであろう。

しかしながらその後、すでに多くの指摘にみられるように、一四二九年の三山統一を経て琉球国が確立したことに伴って外敵への脅威が減少し、また、井戸を掘る技術なども向上したことを受けて人口が急増して、次第に各村落が下方に下りていく過程をみせていく。その際には、当時はマラリアの脅威などもあった低地にいきなり村落を移すのではなく、現在の玉城前川の村落における宅地群のように、丘陵に繋がる隆起石灰岩地形の、外周が周囲と若干の標高差をもった段丘崖のようになっている緩やかな舌状の斜面が選ばれたと思われる。こうした舌状の緩斜面は、雨水がたやすく浸透して一見すると表層水は得にくいものの、外周には地下水が自噴して最初から「池」がみられたり、その段丘崖のような急斜面を掘り抜けば、隆起石灰岩の斜面に浸透した地下水の漏出を受けた井戸（井泉）を設けることができたりした可能性が高い。

玉城前川は、村落の西端も雄樋川の侵食によって形づくられたとみられる大規模な段丘崖となっており、その崖の直下で地下水が自噴する前川樋川《ヒージャー》に飲み水を頼ることができた。しかし、それだけでは不足する飲み水や現在でいう農業用水を求めるために、すぐ外周に水源を確保できる舌状の緩斜面のその内側に宅地群を設けようとしたのではないかと想定された。なお、同じように周囲を急斜面に囲まれた緩斜面であっても、宅地群の東方に広がる標高一〇〇メートルを越える面は、地質的には泥岩で構成されていると推測される範囲であり、その緩斜面上は「原野」地筆で占められた。その、より傾斜が厳しく岩石の露出した崖となりやすい外周は、墓地として活用された。

さらに、宅地群を乗せている舌状の南向き緩斜面の中でも、当初の宅地群としては一〇分の一程度の傾斜度をもつ範囲がまず指向され、その下方（南側から南西側）の、一見すると宅地を設けやすく映る一〇分の一以下の傾斜度とさらに緩やかになった斜面は、当初は宅地とはされなかったことがうかがえた。そして、舌状の緩斜面の一段下に広がるほぼ平坦な斜面は、現在に至るまで畑などの農耕地として重視されてきた。よく知られるように、根茎作物に適した島尻マージは保水力が弱く、畑作地として活用するためには傾斜が少ないことが求められる。貴重な食料を得るための農業生産に重要な農耕地に平坦地を可能な限り明け渡し、あえて宅地群を一定の傾斜のある緩斜面に集中させたことは、非常に合理的な土地利用配分であった。宅地群を乗せた舌状の緩斜面の周囲の一段下に、ほぼ平坦で、宅地群の約二倍程度の面積をもつ農耕地、すなわち生産域を確保できる玉城前川の一帯は、自給自足的な村落を築く上で非常に有利な空間であると評価されたと思われる。

しかしながら、緩やかすぎる斜面は、冬の寒い季節風や台風時の強風、病害虫を含めた外敵などの進入を許しやすい条件ともなる。その中で、玉城前川の村落の主に北側を取り囲んで存在する丘陵、およびそれに連なる石灰岩堤は、冬の季節風などを和らげる役割が期待される条件、まさに「抱護」として重視される存在となり得た。そこに木々が生い茂っていることも重要であり、村落を背後から取り囲んで守る「腰当《クサティ》」の森《ムイ》として、人の手が加えられ、とくに保全がはかられてきたと思われる。「土地整理事業」時に、こうした丘陵およびそれに繋がる石灰岩堤の標高のピークのところだけが細長く「山林」地筆となっていたことは、こうした住民の意識や対応が反映されたものであろう。また、玉城前川の村落の範囲は、宅地群から見て南東方が大きく開いた谷間状の緩斜面となっており、台風時の強風などに対して宅地群の下方の農耕地を守るには、無防備ともいえる地形的条件となっていた。それを補うためには、人工的なものであっても林帯の存在が期待される。そして、その植林にあたっては、何も明確な特徴の無い緩斜面上ではなく、残丘とみられる小規模の高まりを目印とし、それらを繋ぐように木々が植えられたことが想定された。このように木々が植えられた林帯は、宅地群の北側を取り囲む丘陵およびそれら連なる石灰岩堤と合わせて、「抱護」の中でも外側の「フカ（外）ホーグ」として、往時のその存在が住民にも強く認識されることとなった。

また玉城前川では、宅地群のすぐ外周に、かつては内側の林による「抱護」である「ウチホーグ」があったとされることが注目される。この「ウチホーグ」は、明治期の復元図では、点在する「池沼」地筆を繋ぐ、所によっては極めて幅の狭い「雑種地」地筆の連続であり、位置的にも、単に各宅地（屋敷地）の周囲を取り囲んでいた屋敷林、いわゆる「屋敷囲い」の連続がたまたま地筆として独立したに過ぎないかもしれないものの、確認によってその位置は、宅地群を乗せた舌状の南向き緩斜面の外周と一致しやすいことが明らかとなった。こうした場所は、段丘崖の直下にして相対的に地下水位が高く、木々が自生していた可能性もあり、大雨時における急斜面の崩壊を防ぐためにも木々が繁茂していることが期待される場所であって、そうした認識が、住民による、「ウチホーグ」が存在したとの強調に繋がったかもしれない。ただし、これらの「ウチホーグ」や「フカ（外）ホーグ」のうち、人工的に木々が植えられた部分は、人工的なものであるがゆえに人の手が入らなくなれば荒廃しやすく、第二次世界大戦時の混乱の中で容易に失われることとなってしまった。

ほかに、舌状の南向き緩斜面に乗った玉城前川の村落における宅地群では、斜面の上下方向（ほぼ南北方向）の街路は多くが谷線に沿って走る一方で、横方向（ほぼ東西方向）の街路は可能な限り傾斜を持たないように設けられている中で、上下方向（ほぼ南北方向）には一軒分、横方向（ほぼ東西方向）には二～五、六軒分と、横方向に細長く宅地（屋敷地）を並べた「横一列」型の街区が卓越することになったことが容易に見てとれる。こうした「横一列」型街区のうち、複数以上の宅地を合わせた街区の横方向の幅は谷線の間隔に規定されることは容易に推定されるものの、なぜ横方向に走る街路は狭い間隔で設定され、街区の上下方向については一軒分しか並べなかったのかに関しては、これまでしばしば、琉球列島における南入り指向が強調されるきらいがあった。しかし、玉城前川についての分析からは、同村落においてみられる一定の傾斜をもつ斜面への宅地群の集中的な配置が、「横一列」型街区の必然性を招いたのではないかということが指摘された。

写真6　玉城前川の村落内における空き宅地（屋敷地）の奥にみられる標高差（2014年10月6日撮影）

すなわち、一定の傾斜をもち、しかもヒダ状の凹凸をもつ斜面に宅地群を設けようとすると、その凹凸に応じて、可能な限り傾斜を持たないように設定されることの多い横方向の街路は大きく曲線を描くことになる。それに対応しようとすると、上下方向に複数以上の宅地（屋敷地）を配置することは非常に難しい。とくに玉城前川などにおいては、一〇分の一程度の傾斜度をもつ南向き斜面の範囲が当初の宅地群として求められており、そこに、それぞれ平均して二〇数メートルの奥行きのある宅地（屋敷地）が設けられれば、各宅地内で生じる高低差は二メートル以上となり、上方はもはや崖となる（写真6）。こうなると南入り指向以前に、宅地の上方（多くは北側）に入口すなわち門を設けることはそもそも難しい。街区内で斜面の上下方向に複数以上の宅地を並べた、いわゆる「田の字」型、あるいは「横二列」型などの街区を採用した場合、上側となった宅地ではやむをえず上方を走る街路に向かって門を設けることになるが、そうなるとまず、街路から急な階段などで家屋に下りていく構造を採らざるを得なくなるためである。それでは同時に、人々が行き来する街路から、家屋の中でも玄関などがすぐに見下ろせる位置関係となってしまう。それを防ぐためには、上側となった宅地（屋敷地）に大きく盛土を加えて、上方を走る街路側の標高に合わせることも考えられるが、大きな手間がかかる。玉城前川の村落宅地群を見る限り、横方向の街路が密に走る「横一列」型街区は、平坦地を農耕地に明け渡し、あえて一定の傾斜のある緩斜面に宅地群を集中させようとした歴史的経緯があってこそ、積極的に採用された可能性がある。

おわりに

以上見てきたように玉城前川の村落では、一帯の地形的条件を巧みに反映させた、宅地群の範囲設定やその周囲における生産域の確保と、それら全体を守る「抱護」となる地形の存在および人工的な林帯の造成を重視した村落構造を目指していた可能性があることがうかがえた。とくに玉城前川では、村落を取り囲む丘陵およびそれに連なる石灰岩堤が明確に存在することに加えて、地形的には開放的となってしまう南〜南東側にも残丘とみられる小規模の高まりがあり、それらを繋ぐように木々（松など）を植えて村落の範囲「ムラ域」を定め、村落の守りを強固なものとしていたと思われる。宅地群の内部も非常に合理的な原理で構成されており、一七三〇年代以降の首里王府下での「地割制」やそれに伴う宅地面積などへの規制の徹底の中で、可能な限り均等な規模の宅地（屋敷地）を効率よく配置した、「ゴバン（碁盤）型」あるいは「格子」状の土地割形態を造り上げていた。これらは言い換えれば、一七三六年頃とされる「村立て」が、村落を立地させようとする一帯の地形的条件をいかに注意深く観察し、さらに、のちの拡大にも対応できるように宅地群や村落全体の構造をプランニングしていたのかを示している。こうした構造をモデルとし、琉球列島の広い範囲の各村落が形づくられていったのではないかという仮説を提示したい。

ただし、これらの仮説はあくまで、沖縄本島の南部でもその成立史が比較的よく明らかになっている希有な例である、玉城前川の村落構造を強烈に念頭に置いて求められたものである。今後この仮説を検証するためには、例えば一八世紀に各地で「村立て」された村落のうち、島尻マージ地域における各村落について、その当初の宅地群が玉城前川と同様に一〇分の一程度の傾斜度をもつ緩斜面に該当しやすいかどうか、また、周囲の農耕地の傾斜がどの程度となっているのかについての確認が必要であろう。一方で、そうした宅地群と周囲の農耕地すなわち生産域の面積比についても、本章では一対二程度となるといった指摘を行ったが、これも、島尻マージ地域における各村落で確認したいところである。「横一列」型街区の成立要因についても、各地の同様の構造を持つ村落の宅地群において、上下方向（ほぼ南北方向）の街路が玉城前川と同様に谷線に近いところを選んで走っているかどうか、その結果として、実際に街区の横方向の幅の長短が影響を受けているかどうかといった検討は、これまで管見の限り、あまり行われていないように思われる。沖縄本島の南部ではほかにも、「土地整理事業」当時の地籍図面が少しずつ発見されはじめており、それらを用いた分析によって検討が進むことが期待される。

そして、なかでも本章では玉城前川において、宅地群のすぐ外周を取り囲む内側の「抱護」、「ウチホーグ」と、そのさらに外側の農耕地を含めた領域を取り囲んだ外側の林による「抱護」、「フカ（外）ホーグ」の往時における存在が明確となり、それらの位置が、前者については、舌状の南向き緩斜面の外周の、段丘崖のような急斜面のところと一致しやすく、後者については、宅地群から見て背後となる丘陵およびそれに連なる石灰岩堤と、宅地群から見、て南~南東側に点在していた残丘とを結び、村落全体の外周を大きく取り囲んでいたことを強調した。人工的に木々が植えられることも多かった「抱護」は、かつては琉球列島の広い範囲の村落に存在したとされ、宮古諸島の多良間島などのように現存するところもある。こうした各地の「抱護」あるいはその跡地の位置について、玉城前川においてみられたような地形的条件との関係がみられるかどうかについても検討の余地がある。とくに、本章で注目した玉城前川だけでなく、例えば石垣島の市街地（旧・四箇村）など、かつて「抱護」が二重の林帯を持っていたことが古地図や伝承で強調されている村落が散見される。本章で明らかにした玉城前川の「ウチホーグ」および「フカ（外）ホーグ」の関係との比較を、今後期待したい。

注

(1) 中村和郎ほか編『日本の自然 地域編8 南の島々』岩波書店、一九九六年、一〇八頁。
(2) 玉城村前川誌編集委員会『玉城村字前川誌』玉城村前川誌編集委員会、一九八六年。
(3) 金城繁正編『玉城村誌』玉城村役場、一九七七年。
(4) 仲松弥秀「琉球列島における村落の構造的性格」『人文地理』一六（二）：一一三―一三八、一九六四年。
(5) 坂本磐雄『沖縄の集落景観』九州大学出版会、一九八九年。
(6) 前掲(5)。
(7) 仲松弥秀『古層の村・沖縄民俗文化論』沖縄タイムズ社、一九七七年。
(8) 前掲(2)。
(9) 前掲(2)。

第四章　琉球列島の村落と「抱護」の展開

鎌田誠史

はじめに

ここまで、八重山・石垣島および沖縄本島において、近世期に創建、移動、再建（以下、「村立て」）された村落の近・現代における空間構成とその変化の特徴を考究してきた。その中で、例えば石垣島の各対象村落については、村落の外縁部に林による「村抱護」が、御嶽などの聖域と結合しながら居住域とその周りの生産域を囲むように分布するという、共通した特徴を指摘した。また、沖縄本島の各対象村落では、その背後の丘陵地や林帯が村落全体を取り囲んでいる構造がよくみられることが確認された。そして、これらの村落については、近世期に「村立て」された際に、ある基点をよりどころとしてその位置や領域が設定されており、それらの設定が「村抱護」とも密接に関係していたのではないかという、近世村落の計画手法の一端が明らかになった。

これと関連して先行研究[1]によると、一六〇九年の島津侵入を経て、琉球王国がそれまでの古琉球的な「大交易時代」の貿易国家体制から日本近世的な農業国家体制へと転じた結果、自己の領域内の各村落からの租税増益を目的とした王府の政策によって、各地で村落の創建、移動、再建といった「村立て」が行われた。そこでは、首里王府の三司官である蔡温（一六八二〜一七六一年）が、厳しい沖縄の自然環境に対応しながら各地の良質な耕作地を確保するために、中国で学んだ風水地理思想を活用して、多くの村落の「村立て」を指導したとされる。この「村立て」について、地理学の分野から村落空間構成を究明した仲松弥秀は、沖縄の村落の多くがその背後に丘陵地のあるところに立地し、丘陵地の麓となる南面する緩傾斜地に居住域を展開させているとする、いわゆる「腰当（立地）型」の村落モデルを提示している。[2] 加えて仲松は、近世期に成立した村落について、その平面形態特性の中でも居住域内の街路に着目して、そこで多くみられる構成を井然たるゴバン（碁盤）型形態と命名し、その発生について、近世期の土地制度「地割制」との関連から解こうとした。

なお、このような近世期に「村立て」された琉球列島の村落には、首里王府によって「村立て」されたものと、王府の役人や地理師の指導を受けた村人によって「村立て」されたものとの、二通りがあるとされる。[3] そして、近世期において多くの村落の「村立て」がなされ、これらの近世村落が、現在の琉球列島における村落の構造的起源となっているとされる。[4]

この琉球列島全域を対象に、各村落の空間形成技術や居住環境について宅地平面形態や屋敷配置などを検討したものとしては、仲松弥秀[5][6][7]や坂本磐雄[8]などによる研究が挙げられる。これらは、沖縄の村落研究に多大な影響を与えている。本章においても、とくに仲松の集落論を出発点と設定している。一方で、その空間形成がいかなる技術によるものなのかについての研究は多いとはいえない。仲松弥秀、坂本磐雄の既往研究は、居住域を対象とした平面的な分析が中心であり、琉球列島全域の各村落に対する地形的立地条件に着目した考察は、必ずしも重視されていない。また高橋誠一[9]は、琉球列島全域の各村落の居住域を対象に土地割形態を検討しているが、分析に使用している地図は縮尺二万五千分の一〜五万分の一の地形図にとどまっている。その中で中俣均[10]は、地籍図を使用して地割形態や集落の空間構成要素の相互関係についての検討を試みているが、その対象は特定の島嶼に限定されている。

このように、現在まで琉球列島の村落研究は、主に居住域の土地割形態などを対象として進められており、琉球列島の広い範囲の村落を対象として、居住域の周囲も含めた村落全域の空間構成がどのようになっているのか、さらには、それらに地形的立地条件がいかに関わったかについては、あまりふれられてこなかった。

以上より本章では、近世期に「村立て」されたとされる琉球列島各地の村落を多数抽出し、地形的立地条件との関係に注目しながら類型分類を行って、各村落の空間構成を詳しく分析することを目的としていく。なお、基礎資料の少ない琉球列島において、近世期の村落の空間構成を解明することは困難であるが、第二章までの分析において、近世末期から近代初期にみられた村落の空間構成は、共通して昭和二〇年頃まであまり変化することなく維持されていたことが検討できたことから[11]、第二次世界大戦前の村落の状況を復元的に分析することで、近世期の村落空間構成を知る手がかりとなるのではと考えた。

一　分析の方法

本章も、近世期に「村立て」されたとされる琉球列島各地の村落を対象に、調査、記述、比較、分類、論理化する手順で分析を進めていくこととし、その過程において抽出された対象村落を詳細に観察・記述して、得られた情報を比較・分類することにより、各村落の空間構成を導き出していく方法を基礎とする[12]。

このうち、近世期に「村立て」された村落の抽出は、先行研究[13][14][15][16]や文献[17]をもとにした。そして、抽出した村落の中でも、現在の地形図（国土基本図）と昭和三〇～五〇年頃に作成された「一筆地調査図[18]」に加えて、第二次世界大戦前後に撮影された米軍空中写真が入手可能な村落を対象に、具体的な分析を行った。そこでは、米軍空中写真をベースに、地形図および一筆地調査図を重ね合わせ（図1）、景観復元図[19]を作成した上で、文献調査や現地調査、聞き取

図1　資料の重ね合わせ

り調査を通じて、対象村落がいかに安定した土地を選定したのかといった、村落の地形的立地条件、および「腰当」形態による類型化を試みた。さらに、類型化した各村落について、立地選定、居住域・生産域・聖域といった面的要素の配分構成、およびそれらの境界域、方位軸などに関する記載・分析を通じて、各村落の詳細な空間構成を明らかにした。

なお、後述する村落の境界域について、琉球列島の各地では近世期の耕地は「原」とよばれる耕区を単位として把握されていたとされ、近代以後、これら「原」の多くは小字、近世期の村は字に転じたとされる。いくつかの小字をまとめた範囲が字の領域となるが、これは近世における「原」と村との関係を基本的には踏襲したものであったとされる。[20]　このような「原」、小字をまとめた行政単位としての村の範囲とは別に、ここまでの章では、琉球列島各地の村落において、背後の丘陵地や林帯が村落全体を取り囲む構造が確認され、丘陵地の稜線が生み出す地形などで形成された一定の空間領域が見出されてきた。本章ではこうした領域を、「ムラ域」と称する。

二　抽出した村落空間の類型

先行研究・文献調査をもとに明らかになる、近世期に「村立て」を経験した八三村落のうち、本章ではとくに、米軍空中写真と「一筆地調査図」が入手できた三五村落を抽出した。そして、抽出して注目した各村落について景観復元図を作成し、どのような場所を選定して村落が形成されているのかといった地形的立地条件をもとに、各村落の空間形態を分析した結果、大きくは以下の二分類、そこからさらに五分類を得た（図2）。

1　腰当型

原則として村落の一方（背後）のみに丘陵が分布する村落形態である。具体的には、村落内の居住域の背後（北方の斜面上方）などに、村落を見下ろすような比較的標高の高い丘陵が存在する形態を「腰当型」とする。

①腰当不離型

村落背後の丘陵地を「腰当」にして形成される、いわゆる琉球列島における村落の典型とされてきた村落形態である。「一筆地調査図」上では、居住域の北端あるいは斜面上端に、山林地筆となっている丘陵地が隣接している、あるいは、一筆分程度の畑がはさまる程度で丘陵地の直下に居住域が形成された村落形態として描かれている。これを「腰当不離型」とする。

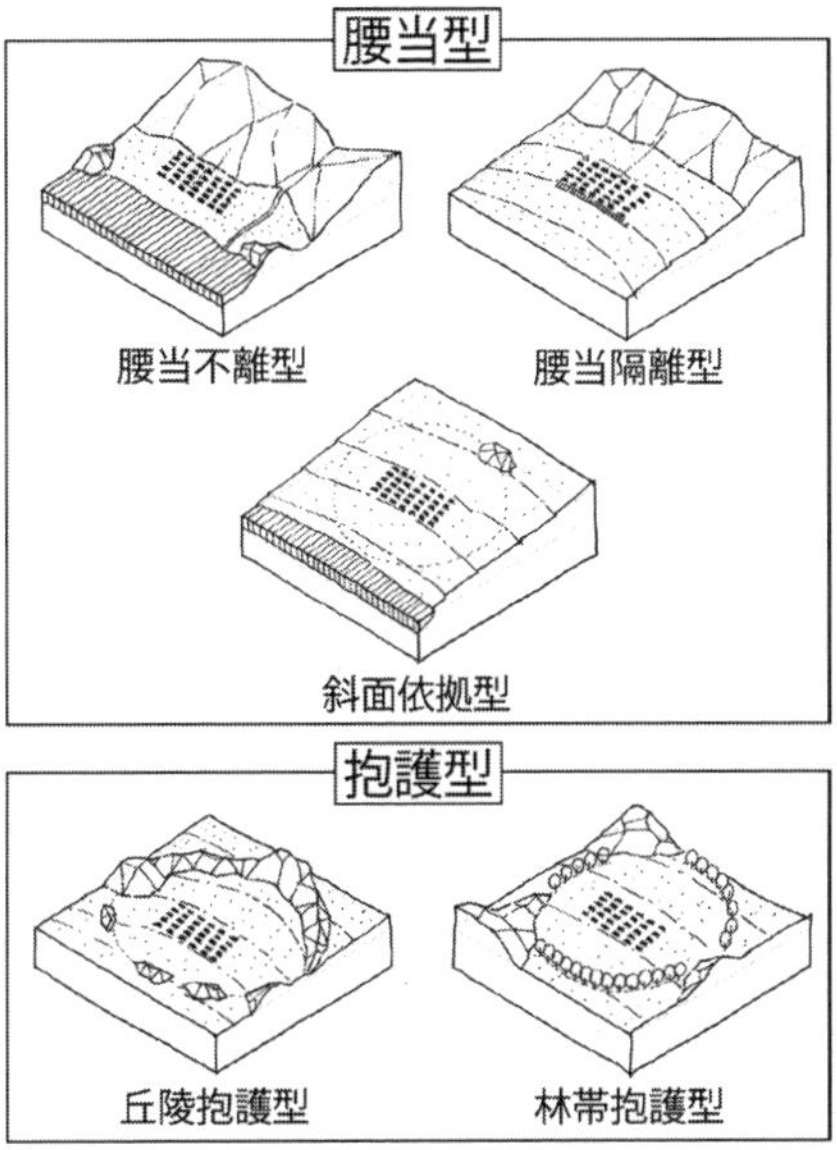

図2　本稿における村落空間の類型

②腰当隔離型

腰当不離型と類似した村落形態であるが、丘陵地の直下から居住域までの間にある程度の余地を挟んだ村落形態である。居住域の北端あるいは上端から、丘陵地となっている山林地筆まで、畑がはさまるなどして一定の距離がおかれている形となっている。これを「腰当隔離型」とする。

③斜面依拠型

村落背後に明確な丘陵地があまりみられない代わりに、村落全域が斜面地[21]に展開しており、全体的に見れば、斜面地の中腹に居住域が発達しているとみなせる村落形態である。居住域の大部分が一〇分の一以上の傾斜度をもつ。居住域の周辺に点在する小丘を「腰当」の代替とすることもある。これを「斜面依拠型」とする。

2　抱護型

村落の周囲が標高の比較的低い丘陵や小丘などによって取り囲まれていたり、それらの間が人工的な林帯などで補われていたりする形態である。村落の居住域の中心からみて、丘陵または林帯が周囲を一八〇度以上囲んでいるものを「抱護型」とする。

①丘陵抱護型

村落の背後のみにとどまらず、全周近くを標高の比較的低い丘陵地に取り囲まれた村落形態である。村落の居住域の背後または周囲に比較的標高の低い丘陵が存在し、かつ、それらが居住域の中心から見て一八〇度以上取り囲んでいるものを「丘陵抱護型」とする。

②林帯抱護型

丘陵の途切れた部分が人工的な林帯などによって大きく補われた村落で、居住域を中心として、その周囲は丘陵と林帯とを合わせて一八〇度以上囲まれた形態となっている。木々が植栽された人工的な林帯のみで村落が囲まれている例もある。これを「林帯抱護型」とする。

三　各村落の空間構成と要素

(1)　類型別にみた村落の諸特性

1　腰当型

①腰当不離型

この類型には、宇根村（一六四八年創建）、振慶名村（一七三六年移転）、山入端村（一七三七年移転）、渡口村（一七六七年移転）、小谷村（一七七〇年移転）、山川村（一八四七年再移転）の六村が該当する（表1）。そのうち、宇根村が久米島の、残る五村が沖縄本島の村落である。

(a)　立地選定

これらの村落は海辺、海沿い、内陸のそれぞれに立地しており、その地形的立地条件に共通性は見出しにくい。海辺の宇根村、山入端村は、丘陵地と海に挟まれた、比較的土地の余地が少ない中で平坦地に村落が形成されている。海沿いの振慶名村と渡口村、内陸の小谷村、山川村においても、居住域の前後が丘陵地にはさまれるなど土地に比較的余地の少ない中で、丘陵地の直下となる平坦地や斜面地に村落の中心がある。

(b)　構成要素の配分

共通して、背後の「腰当」とされた丘陵地の直下でで、一定の幅をもつ居住域と生産域とがみられる。村の成

表 1　村落の空間構成一覧（腰当不離型）【計 6 村】

宇根

■宇根村（1648 年創建）【現：久米島町宇根】a）立地選定：丘陵腰当。海辺の平坦地に立地。b）要素の配分：井戸・池は居住域縁辺、聖域は丘陵地（古島）に分布。c）境界域：ムラ域規定要素は丘陵と河川。居住域規定要素は丘陵と井戸。ムラ域外側の要素は墓、聖域、生産域。d）村落軸と傾斜：居住域の高低差は約 2m。村落軸は北北東。村落の傾斜の向きは北北東。

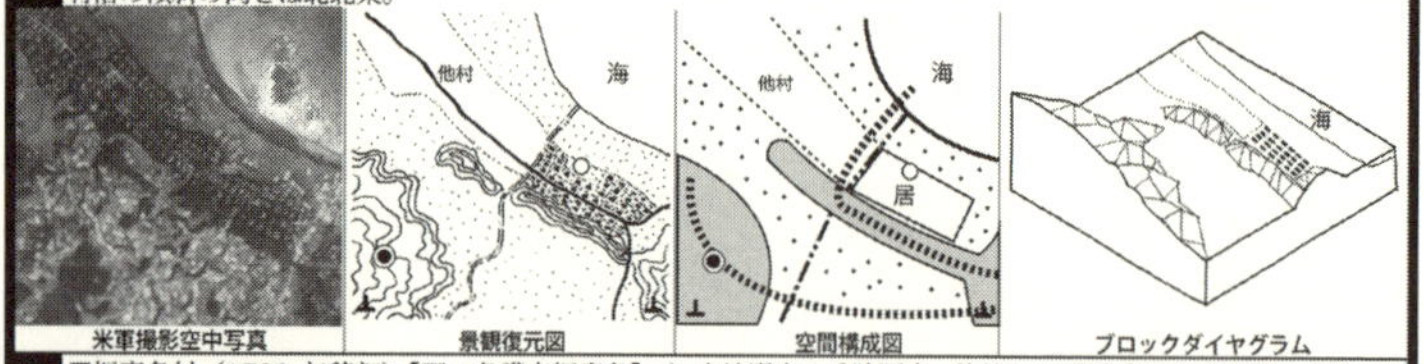

振慶名

■振慶名村（1736 年移転）【現：名護市振慶名】a）立地選定：丘陵腰当。海沿いで丘陵直下の平坦地に立地。b）要素の配分：井戸・池は居住域縁辺と生産域に、聖域は丘陵地に分布。c）境界域：ムラ域規定要素は井戸、御嶽、丘陵。居住域規定要素は井戸、御嶽、丘陵。ムラ域外側の要素は墓、生産域。d）村落軸と傾斜：居住域の高低差は約 2.5m。村落軸は北北東。村落の傾斜の向きは南南西。

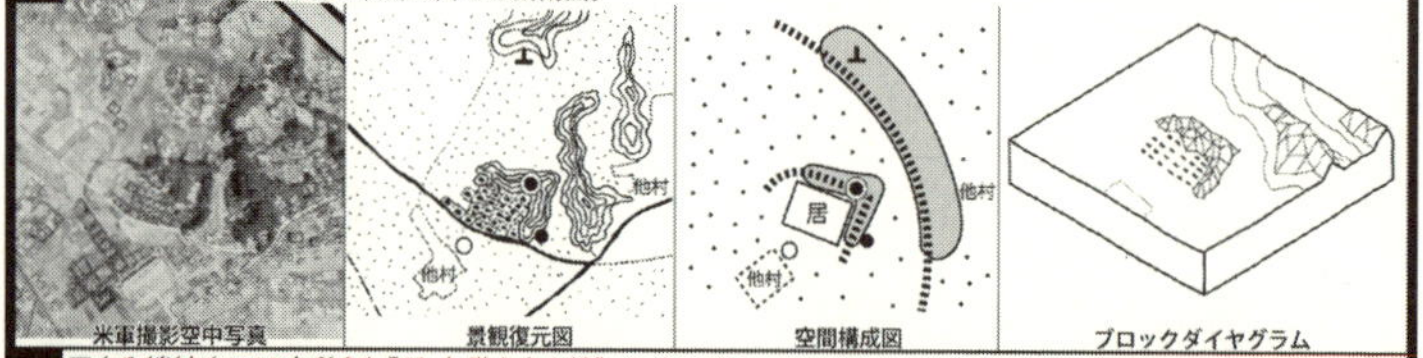

山入端

■山入端村（1737 年移転）【現：名護市山入端】a）立地選定：丘陵腰当。海辺の平坦地に立地。b）要素の配分：井戸・池は居住域縁辺と丘陵地に、聖域は丘陵地と居住域に分布。c）境界域：ムラ域規定要素は御嶽、村墓、丘陵。居住域規定要素は井戸、拝所、丘陵。ムラ域外側の要素は生産域。d）村落軸と傾斜：居住域の高低差は約 2m。村落軸は北東。村落の傾斜の向きは南西。

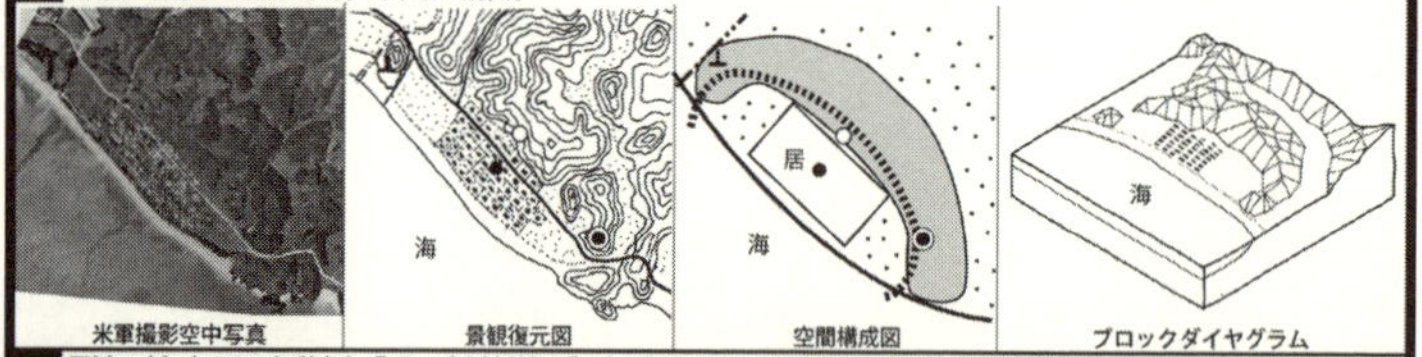

渡口

■渡口村（1767 年移転）【現：中城村渡口】a）立地選定：丘陵腰当。海沿いで丘陵地直下の平坦地に立地。b）要素の配分：井戸・池は居住域縁辺に、聖域は丘陵地に分布。c）境界域：ムラ域規定要素は井戸、御嶽、丘陵、河川。居住域規定要素は井戸、御嶽、丘陵。ムラ域外側の要素は生産域、墓。d）村落軸と傾斜：居住域の高低差は約 10m。村落軸は北西。村落の傾斜の向きは南東。

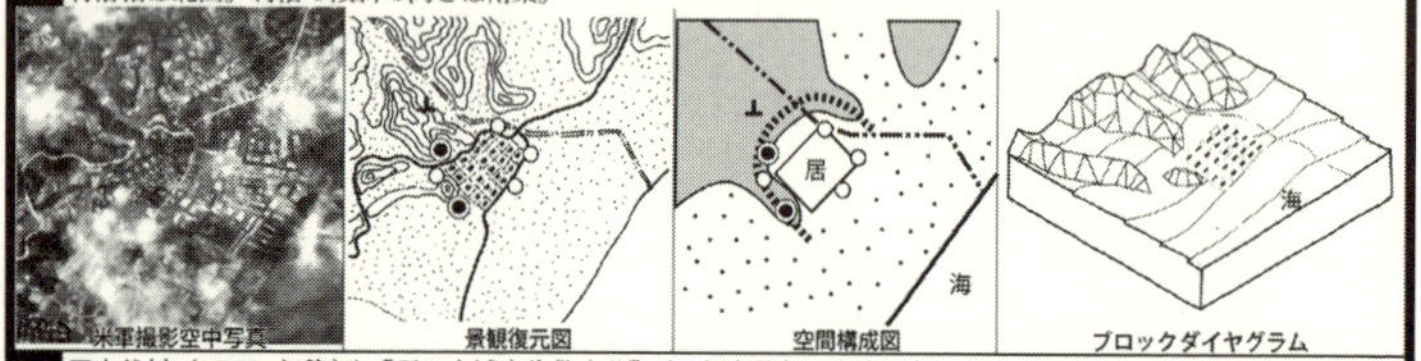

小谷

■小谷村（1770 年移転）【現：南城市佐敷小谷】a）立地選定：丘陵腰当。内陸で丘陵地直下の傾斜地に立地。b）要素の配分：井戸・池は居住域縁辺と生産域に、聖域は丘陵地に分布。c）境界域：ムラ域規定要素は丘陵。居住域規定要素は井戸、馬場、丘陵。ムラ域外側の要素は生産域、墓。d）村落軸と傾斜：居住域の高低差は約 27m。村落軸は北西。村落の傾斜の向きは東北東。

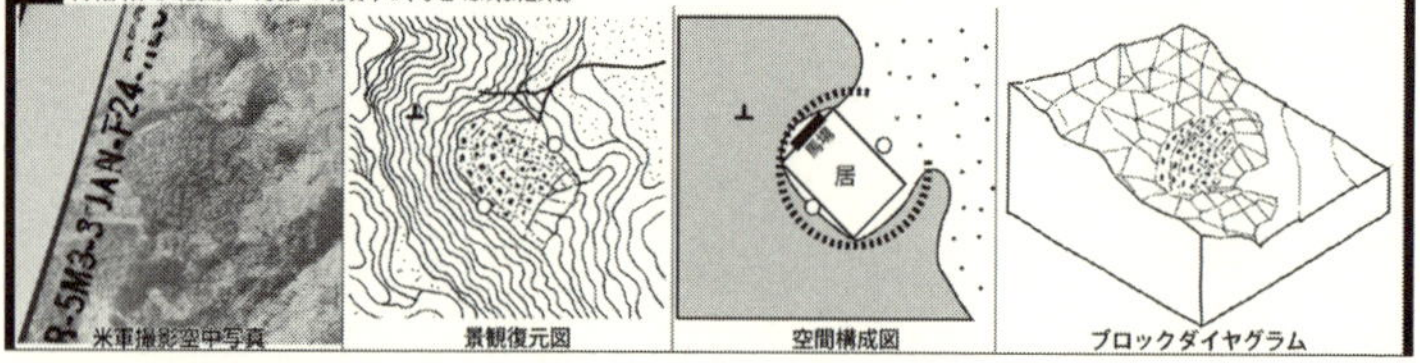

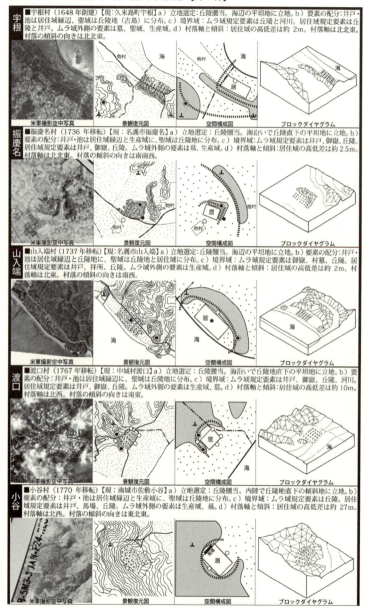

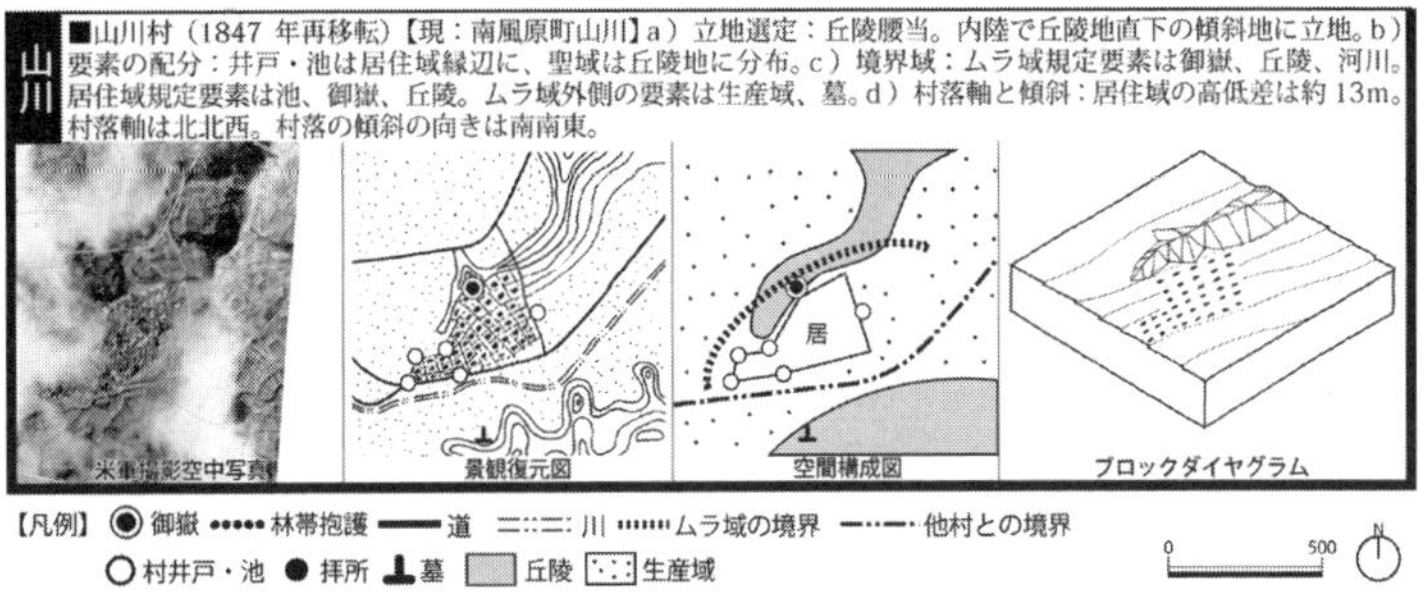

立において非常に重要な要素となったと思われる村井戸、池、沼は、これらの村落では共通して、居住域縁辺に分布している。聖域については、共通して村落背後の丘陵地に村の各御嶽があり、墓は、丘陵地の背後や村落縁辺部にまとまって分布している。以上は、仲松による先行研究で示された「腰当型」の村落の空間構成とも一致している。

（c）境界域

これらの村落の「ムラ域」を見ていくと、山入端村は居住域の背後にある丘陵地の稜線によって囲まれたムラ域が認められ、その域内の中央に居住域が、居住域の両脇に生産域が配分されている（図3・図4）。小谷村と振慶名村は、丘陵地によって

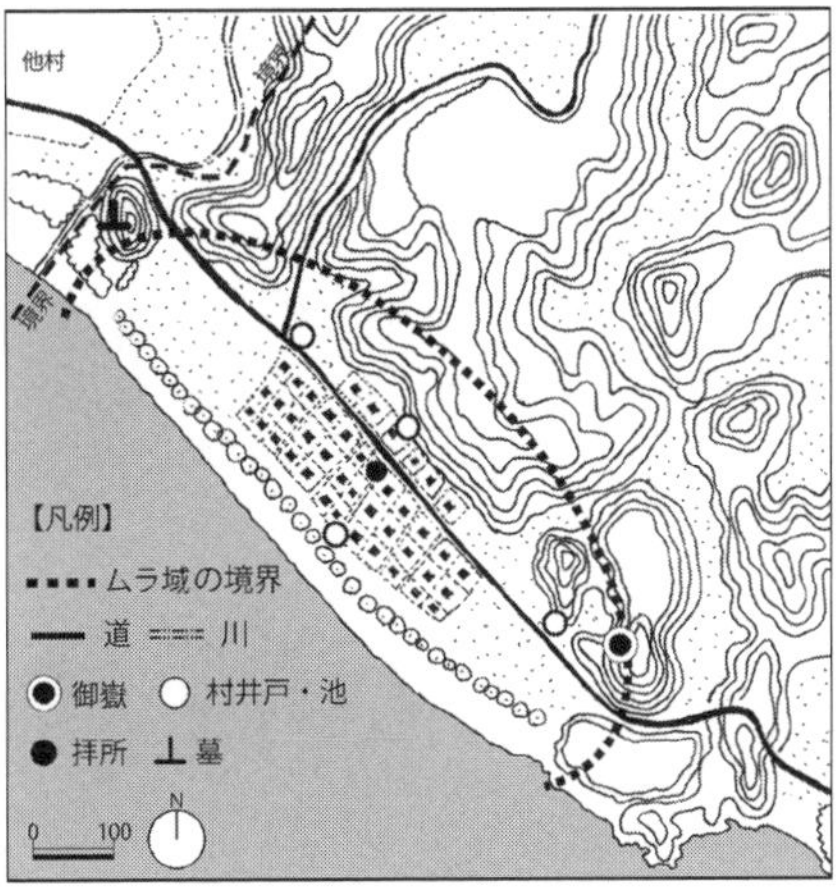

図３　山入端村の戦前期の景観復元図

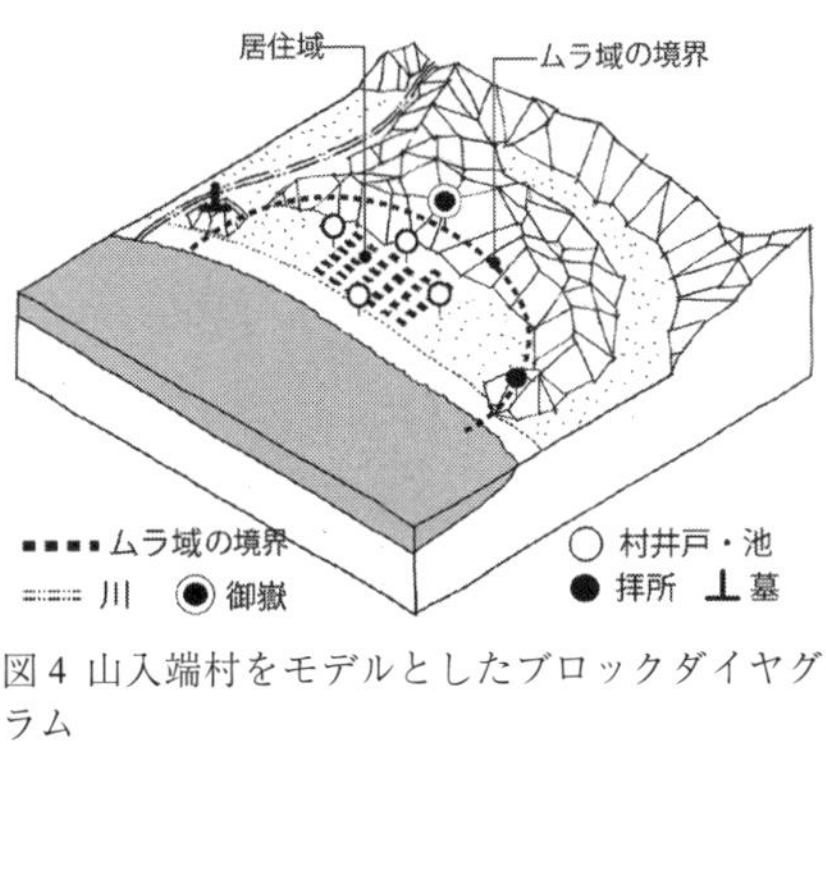

図４ 山入端村をモデルとしたブロックダイヤグラム

囲まれたムラ域内の大部分が居住域となっている。宇根村、山川村、渡口村は、河川、居住域背後の丘陵地を境界とするムラ域が認められ、その域内のうち、丘陵地の谷あいの隅々にいたるまでが生産域となっている。さらに、これらの村落の居住域の縁辺には村井戸、拝所、池、鍛冶屋などが分布しており、同時に、それらの存在が居住域の範囲を規定している。ムラ域の外縁部には、共通して墓が設けられている。

（d）村落内の傾斜

各村落内の傾斜は、南東から南西向きとなっており、おおむね南面する立地が選定されている。

②腰当隔離型

この類型には、謝武村（一六四八年創建）、勝連南風原村（一七二六年移転）、米須村（一七六六年再移転）、屋比久村（一七八〇年移転）、糸洲村（一八〇一年再々移転）、高良村（一八六三年再々移転）の六村が該当する（表2）。そのうち、謝武村が久米島の、残る五村が沖縄本島の村落である。

（a）立地選定

これらの村落は、六村中五村が内陸に立地する。海沿いに立地する謝武村のみ、海沿いの平坦地を選定しているが、村落から海までは若干離れている。村落の中心としては、内陸の米須村、屋比久村、糸洲村、高良村は丘陵地の直下からいくぶん離れた傾斜地を選定している。当類型に該当する村落は、共通して周囲の土地に余裕があり、村落背後の丘陵地と居住域とが一定の距離をもつ村落を形成している。

（b）構成要素の配分

共通して、村落の一方（背後）のみに標高の比較的高い丘陵が分布するが、それらは村落の中心から遠く、一見すると、丘陵などによって囲まれたムラ域は見出しにくい。その中で、居住域に対して生産域の面積が非常に大き

表2　村落の空間構成一覧（腰当隔離型）【計6村】

謝武

■謝武村（1648年創建）【現：久米島町比嘉他】a）立地選定：丘陵腰当。海沿いの平坦地に立地。b）要素の配分：井戸・池は居住域縁辺と居住域内、聖域は丘陵地（古島）に分布。c）境界域：ムラ域規定要素は丘陵と河川。居住域規定要素は井戸。ムラ域外側の要素は墓、聖域、生産域。d）村落軸と傾斜：居住域の高低差は約0.5m。村落軸は北北東。村落の傾斜の向きは北北東。

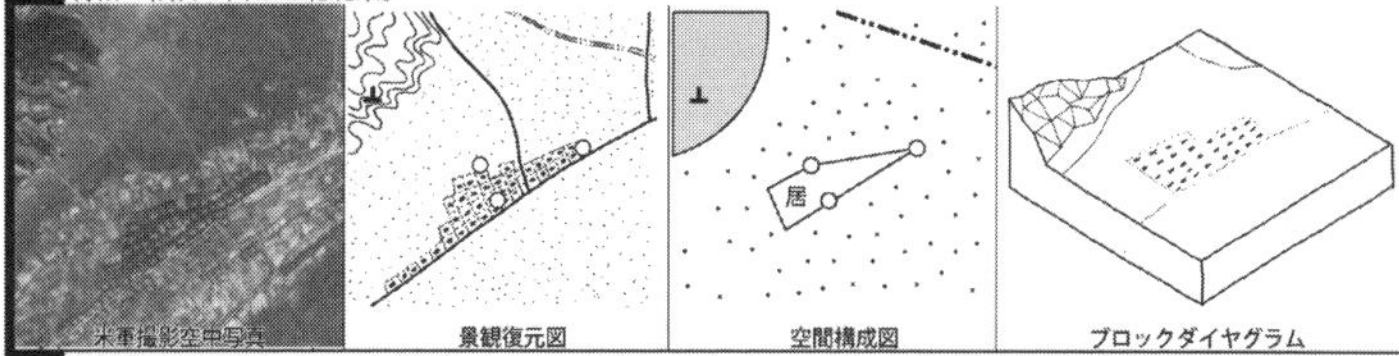

南風原

■勝連南風原村（1726年移転）【現：うるま市勝連南風原】a）立地選定：丘陵腰当。内陸で丘陵麓の傾斜地に立地。b）要素の配分：井戸・池は居住域縁辺と居住域内に、聖域は村外（グスク）に分布。c）境界域：ムラ域規定要素は大岩、丘陵。居住域規定要素は村獅子、村池。ムラ域外側の要素は墓、生産域。d）村落軸と傾斜：居住域の高低差は約10m。村落軸は北東。村落の傾斜の向きは南西。

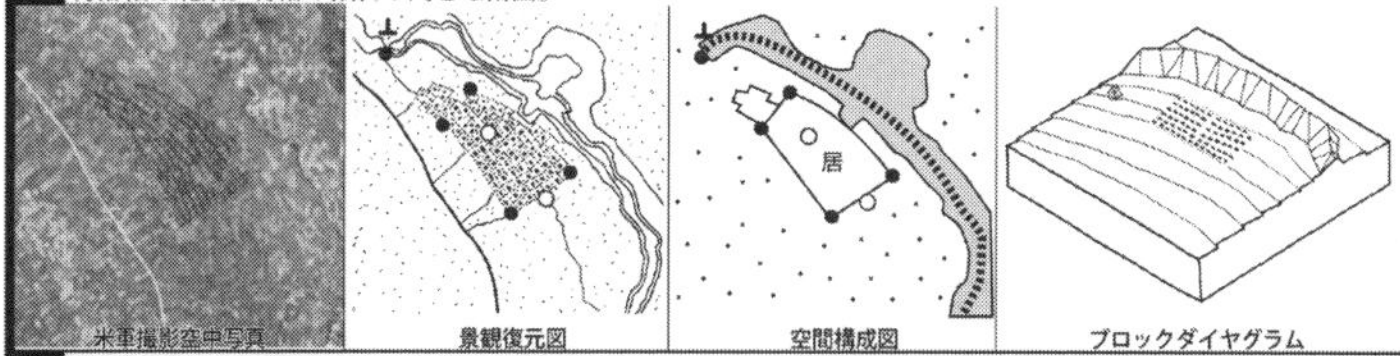

米須

■米須村（1766年再移転）【現：糸満市米須】a）立地選定：丘陵腰当。やや内陸の丘陵麓の傾斜地に立地。b）要素の配分：井戸・池は居住域縁辺に、聖域は丘陵地に分布。c）境界域：ムラ域規定要素は御嶽、グスク、丘陵。居住域規定要素は池、馬場、拝所。ムラ域外側の要素は生産域、墓、グスク。d）村落軸と傾斜：居住域の高低差は約11m。村落軸は北。村落の傾斜の向きは南。

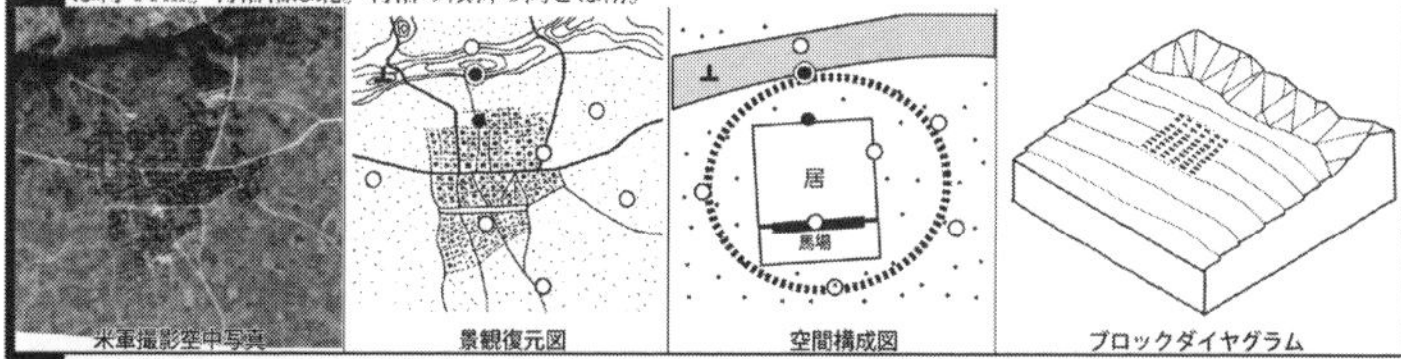

屋比久

■屋比久村（1780年移転）【現：中城村渡口】a）立地選定：丘陵腰当。やや内陸の丘陵麓の傾斜地に立地。b）要素の配分：井戸・池は居住域縁辺に、聖域は丘陵地、居住域に分布。c）境界域：ムラ域規定要素は御嶽、丘陵。居住域規定要素は拝所、池。ムラ域外側の要素は生産域、墓。d）村落軸と傾斜：居住域の高低差は約12m。村落軸は北。村落の傾斜の向きは南。

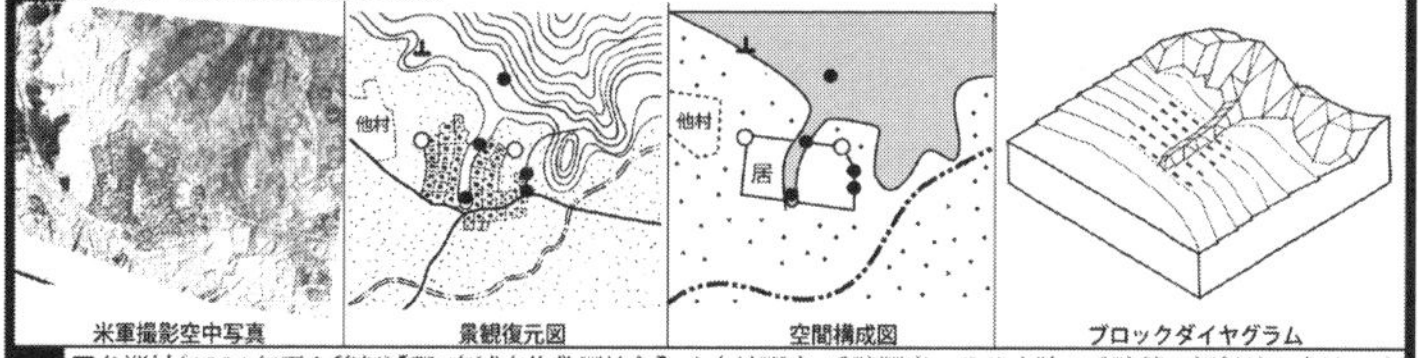

糸洲

■糸洲村（1801年再々移転）【現：南城市佐敷屋比久】a）立地選定：丘陵腰当。やや内陸の丘陵麓の傾斜地に立地。b）要素の配分：井戸・池は居住域縁辺に、聖域は丘陵地と居住域に分布。c）境界域：ムラ域規定要素は御嶽、丘陵。居住域規定要素は拝所、池。ムラ域外側の要素は生産域、墓。d）村落軸と傾斜：居住域の高低差は約12m。村落軸は北。村落の傾斜の向きは南。

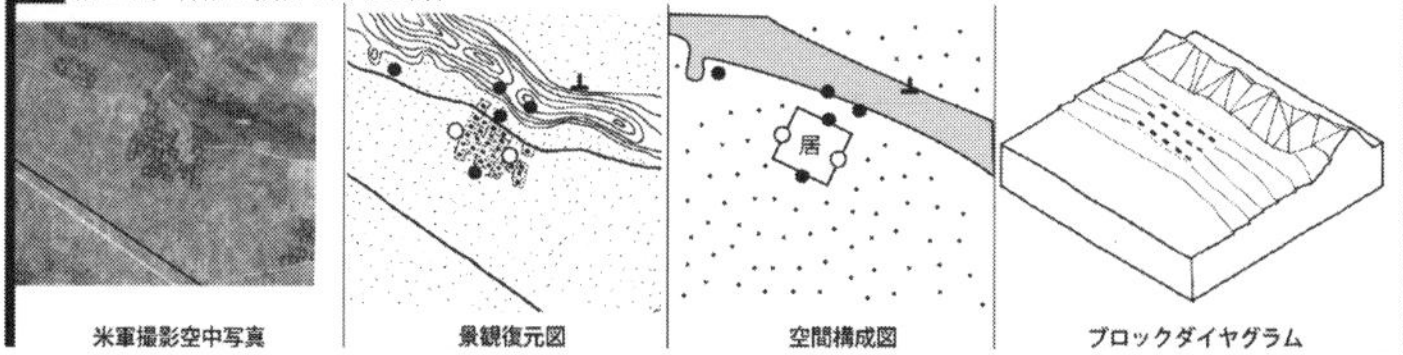

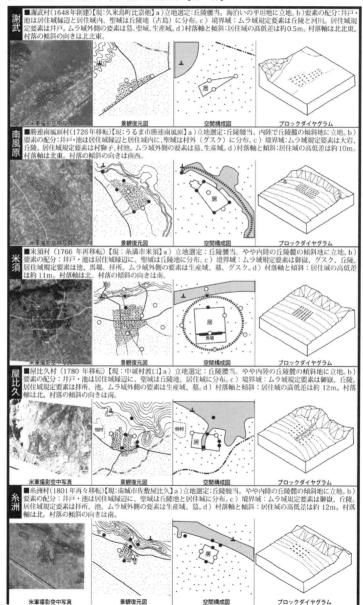

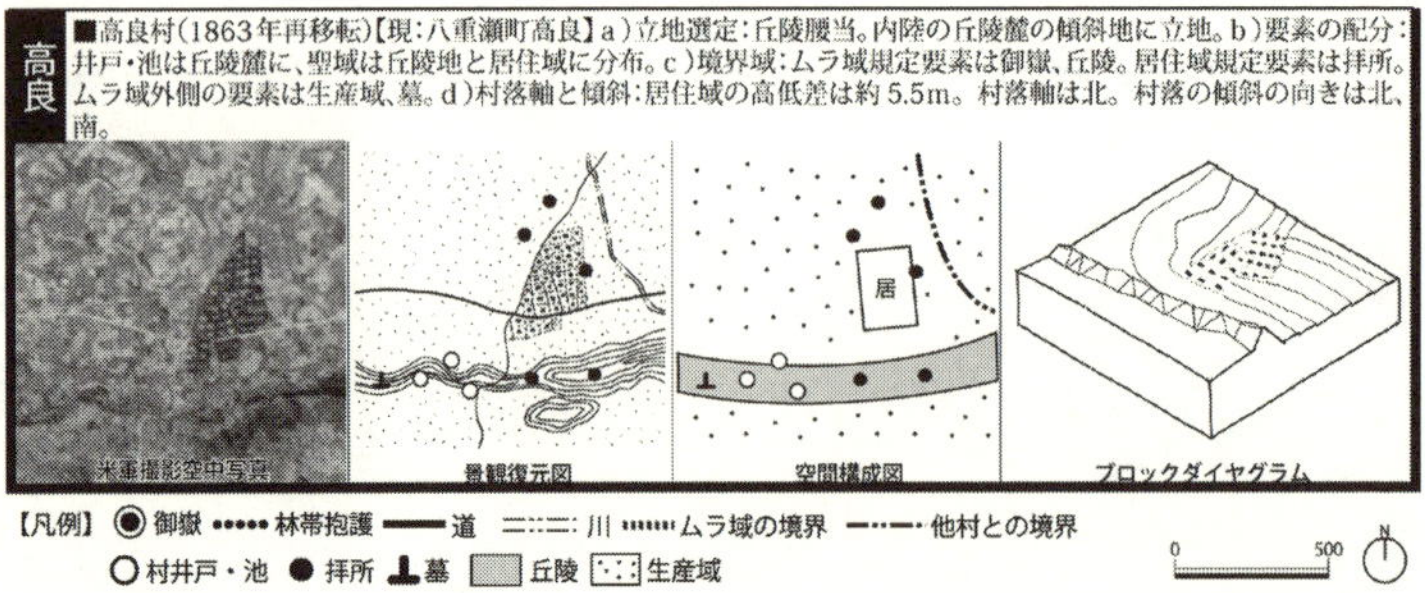

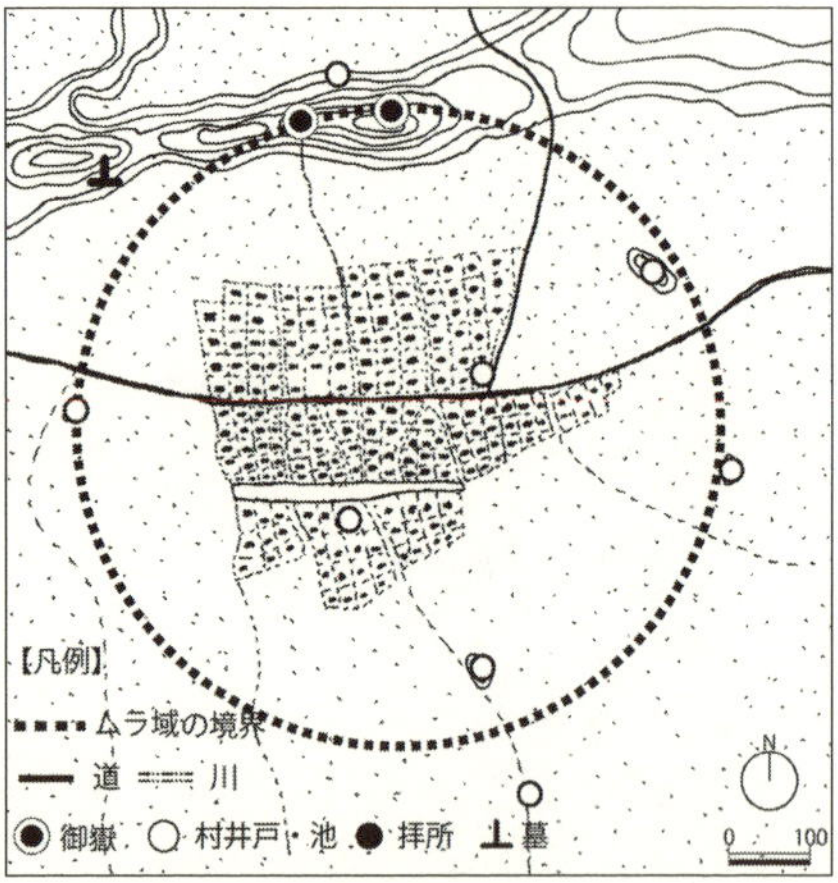

図5　米須村の戦前期の景観復元図

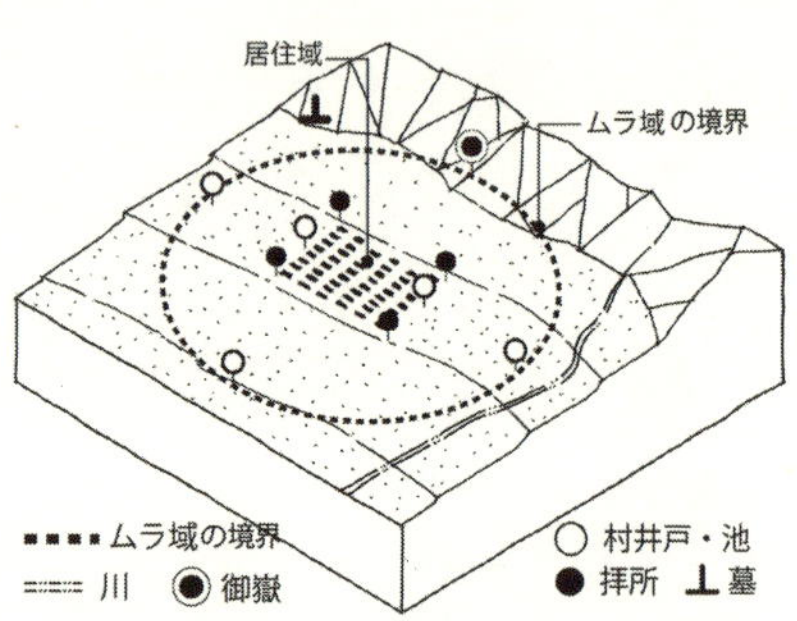

図6　米須村をモデルとしたブロックダイヤグラム

くなっている。これは、土地に比較的余裕のある場所に立地する村落ならではの特徴と言える。村井戸、池、沼は、当村落ではおおむね共通して居住域の縁辺に分布している。米須村については、それらが生産域内にも分布している。聖域については、居住域内に御嶽を持つ屋比久村を除き、共通して村落背後の丘陵地に村の御嶽が分布している。墓は、丘陵地の背後や、居住域から離れた丘陵地の直下にまとまって分布している。

（c）境界域

背後の丘陵地、御嶽、河川、井戸、グスクが村落の周囲にみられるものの、それらに囲まれたムラ域の境界は明確となりにくい（図5・図6）。一方で、共通して、居住

表 3　村落の空間構成一覧（斜面依拠型）【5 村】

佐和田

■佐和田村（1686 年創建）【現：宮古島市伊良部佐和田】a）立地選定：斜面依拠。海辺の傾斜地に立地。b）要素の配分：井戸・池は居住域縁辺、聖域は小丘、居住域に分布。c）境界域：ムラ域規定要素は御嶽、小丘。居住域規定要素は井戸、御嶽。ムラ域外側の要素は墓、生産域。d）村落軸と傾斜：居住域の高低差は約 15m。村落軸は北東。村落の傾斜の向きは南西。

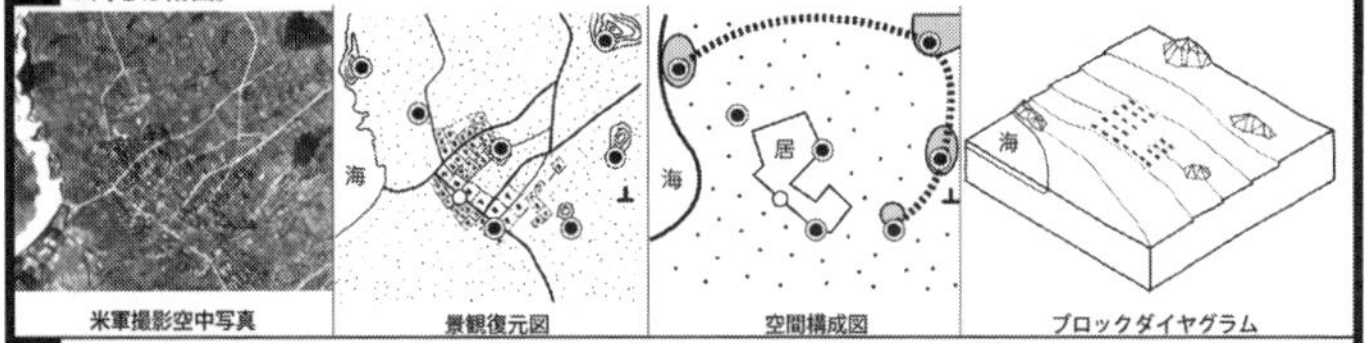

国仲

■国仲村（1737 年創建）【現：宮古島市伊良部国仲】a）立地選定：斜面依拠。海辺の傾斜地に立地。b）要素の配分：井戸・池は該当なし、聖域は小丘、生産域に分布。c）境界域：ムラ域規定要素は御嶽、小丘。居住域規定要素は御嶽。ムラ域外側の要素は墓、生産域。d）村落軸と傾斜：居住域の高低差は約 7m。村落軸は北東。村落の傾斜の向きは南西。

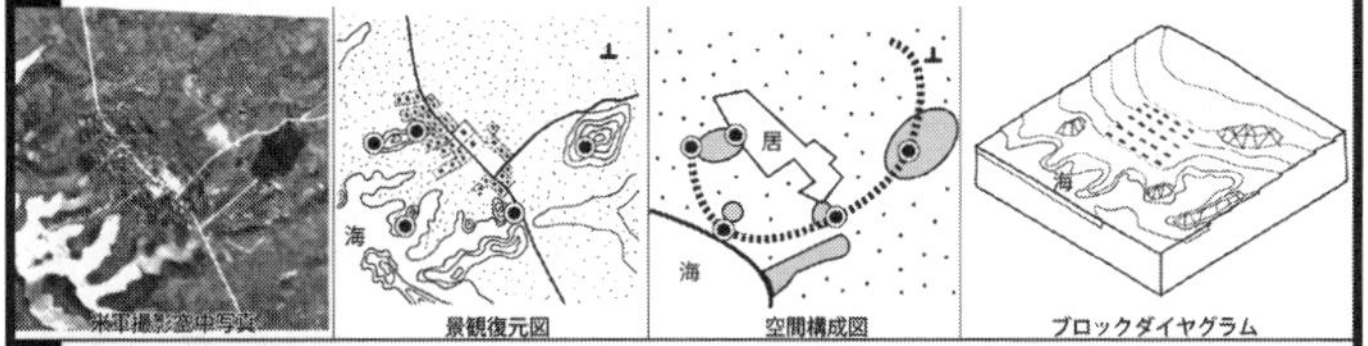

仲地

■仲地村（1737 年創建）【現：宮古島市伊良部仲地】a）立地選定：斜面依拠。海辺の傾斜地に立地。b）要素の配分：井戸・池は居住域縁辺、小丘麓、聖域は小丘、居住域に分布。c）境界域：ムラ域規定要素は御嶽、小丘。居住域規定要素は井戸、御嶽。ムラ域外側の要素は墓、生産域。d）村落軸と傾斜：居住域の高低差は約 13m。村落軸は北東。村落の傾斜の向きは南西。

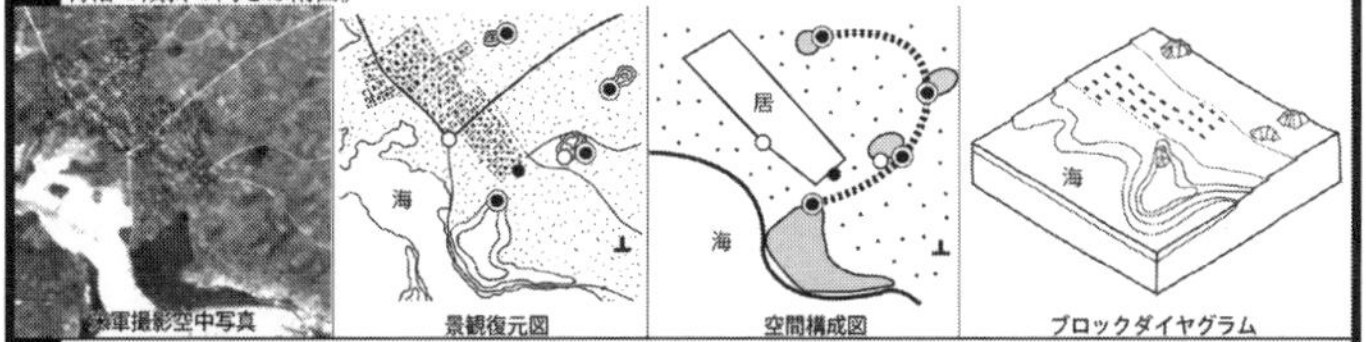

友利

■友利村（1771 年以後再建）【現：宮古島市城辺友利】a）立地選定：斜面依拠。海沿いの段球上傾斜地に立地。b）要素の配分：井戸・池は該当なし、聖域は小丘、居住域、村外に分布。c）境界域：ムラ域規定要素は御嶽、小丘。居住域規定要素は拝所。ムラ域外側の要素は墓、生産域。d）村落軸と傾斜：居住域の高低差は約 15m。村落軸は北東。村落の傾斜の向きは南西。

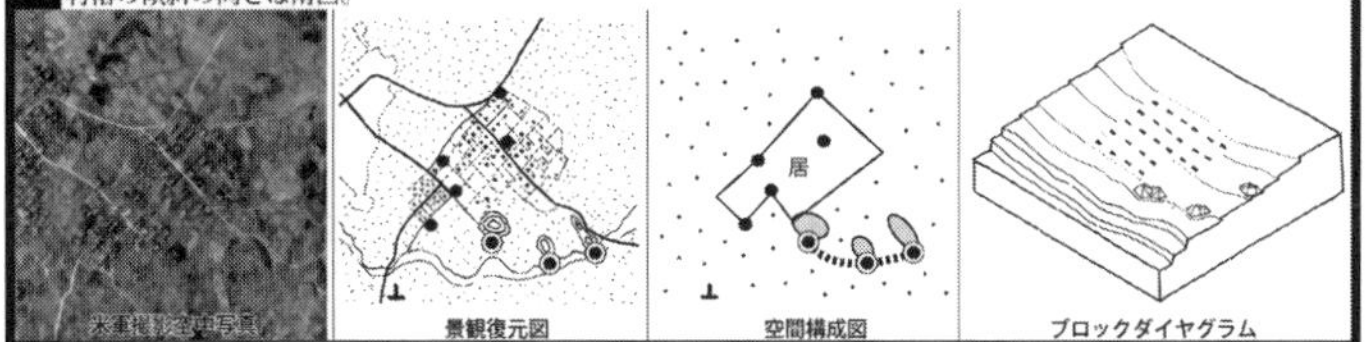

新里

■新里村（1771 年以後再建）【現：宮古島市上野新里】a）立地選定：斜面依拠。やや内陸の段球上傾斜地に立地。b）要素の配分：井戸・池は該当なし、聖域は小丘、居住域に分布。c）境界域：ムラ域規定要素は御嶽、小丘。居住域規定要素は拝所。ムラ域外側の要素は墓、生産域。d）村落軸と傾斜：居住域の高低差は約 12m。村落軸は北北西。村落の傾斜の向きは南。

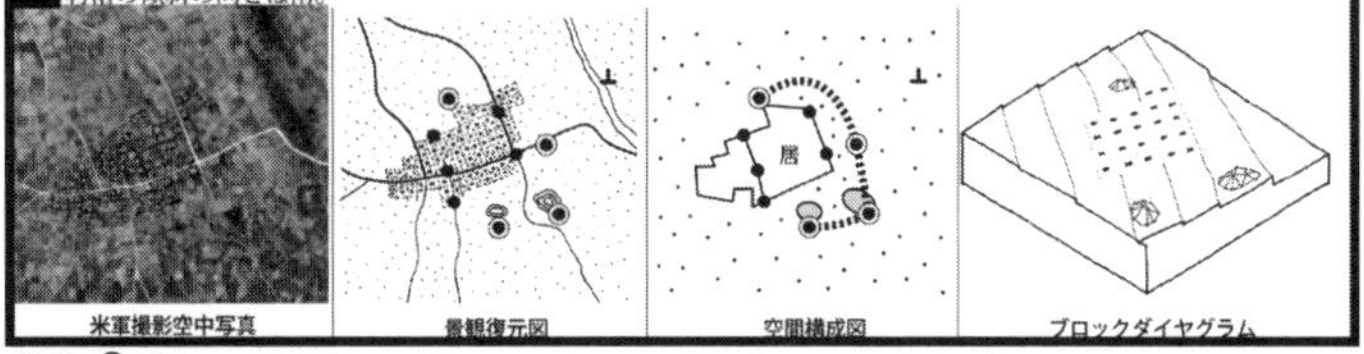

【凡例】◉ 御嶽　•••••林帯抱護　━━ 道　ニ::ニ: 川　▪▪▪▪▪ ムラ域の境界　━･･━･ 他村との境界
○ 村井戸・池　● 拝所　┻ 墓　▨ 丘陵　[∵] 生産域　0　500　N

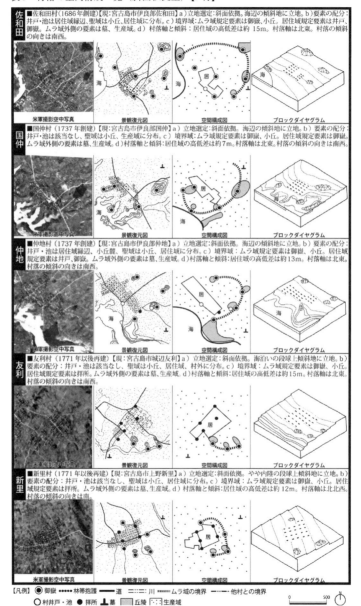

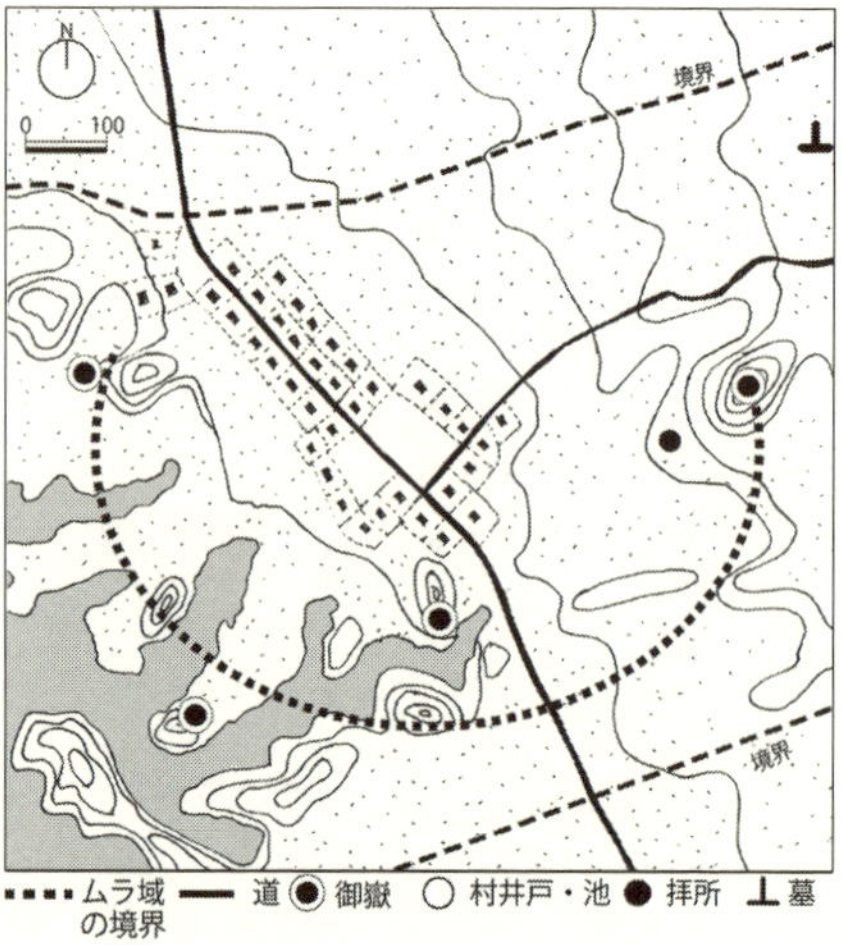

図7　国仲村の戦前期の景観復元図

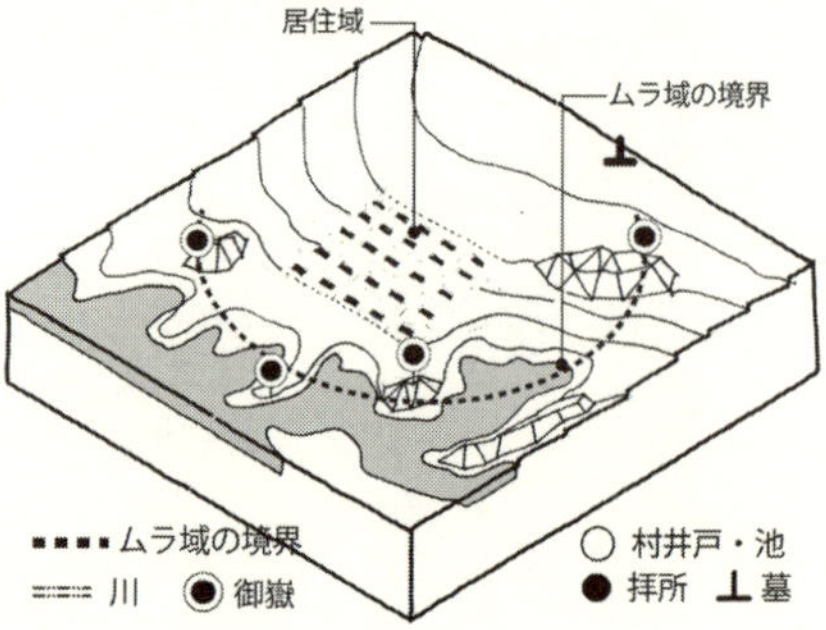

図8　国仲村をモデルとしたブロックダイヤグラム

域の縁辺に村井戸、池、沼、馬場などが分布しており、それらの存在が居住域の範囲を規定している。

（d）村落内の傾斜

各村落内の傾斜は、高良村が北北東向きとなっているのを除けば南東から南西向きとなっており、おおむね南面する立地が選定されている。

③斜面依拠型

この類型には、佐和田村（一六八六年創建）、国仲村（一七三七年創建）、仲地村（一七三七年創建）、友利村（一七七一年以後再建）、新里村（一七七一年以後再建）の五村が該当する（表3）。これら全てが、宮古島の村落である。

（a）立地選定

これらの村落は海辺、海沿い、内陸のそれぞれに立地しているが、海辺の立地が比較的多い。共通して、周囲の土地の余地が比較的大きい。また、周辺に丘陵とは言えない規模の小さな丘が分布していることが多く、これらの小丘が「腰当」の代替とされることもある。村落全域が高低差のある傾斜面に展開されている中で、全体的に見れば、斜面の中腹に居住域が発達し、斜面自体を「腰当」としている形とみることもできる。

（b）構成要素の配分

共通して、周辺に点在する小丘をつないだ範囲の内側をムラ域とみることができる。そして、その域内には、居住域に対して面積の大きな生産域が確保されている。村井戸、池、沼は、佐和田村と仲地村では居住域の縁辺に分布しているが、残りの三村にはみられない。聖域については、共通して周辺に点在する小丘に村の御嶽が設けられている。加えて、居住域縁辺にも拝所や御嶽がある。墓は、ムラ域の縁辺部にまとまって分布している。

（c）境界域

共通して、周囲に点在する小丘が境界的な役割を果たしている（図7・図8）。また共通して、これらの小丘には村の御嶽がある。居住域縁辺に村井戸と御嶽（拝所）が置かれているところがあり、これらは「村立て」の際に、斜面の中でムラ域と居住域の範囲を設定する、重要なポイントとなっていたと考えられる。

（d）村落内の傾斜

各村落内の傾斜は南東から南西向きとなっており、おおむね南面する立地が選定されている。

2　抱護型

①丘陵抱護型

この類型には、川満村（一六八六年創建）、長間村（一七二三年創建）、平久保村（一七二四年創建）、登川村（一七三九年移転）、宮里村（一七六一年再移転）、白保村（一七七一年以後再建）、南波平村（一七八八年再移転）、内間村（一七八九年移転）、比嘉村（一八六三年移転）、嘉手苅村（一八六八年再移転）の一〇村が該当する（表4）。そのうち登川村、宮里村、南波平村、内間村の四村が沖縄本島の、川満村、長間村、比嘉村、嘉手苅村の四村が宮古島の、平久保村、白保村の二村が石

表４　村落の空間構成一覧（丘陵抱護型）【計 10 村】

川満

■川満村（1686 年創建）【現：宮古島市下地川満】a）立地選定：村抱護。海辺の傾斜地に立地。b）要素の配分：井戸・池は該当なし、聖域は丘陵地、居住域に分布。c）境界域：ムラ域規定要素は丘陵、御嶽、井戸。居住域規定要素は御嶽。ムラ域外側の要素は墓、生産域。d）村落軸と傾斜：居住域の高低差は約 9m。村落軸は北東。村落の傾斜の向きは南西。

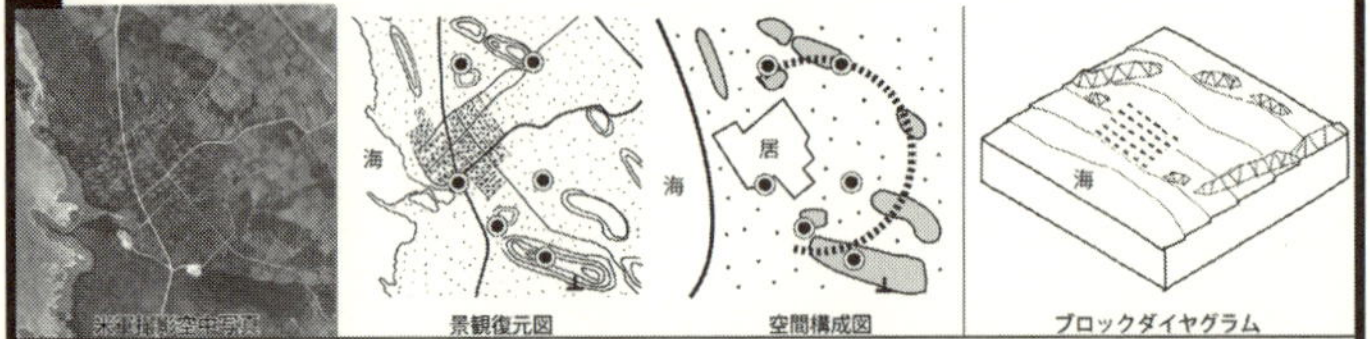

米軍撮影空中写真　景観復元図　空間構成図　ブロックダイヤグラム

長間

■長間村（1723 年創建）【現：宮古島市城辺長間】a）立地選定：村抱護。内陸の丘陵地麓の斜面地に立地。b）要素の配分：井戸・池は該当なし、聖域は丘陵地、居住域に分布。c）境界域：ムラ域規定要素は丘陵、御嶽。居住域規定要素は御嶽。ムラ域外側の要素は墓、生産域。d）村落軸と傾斜：居住域の高低差は約 9m。村落軸は東北東。村落の傾斜の向きは西南西。

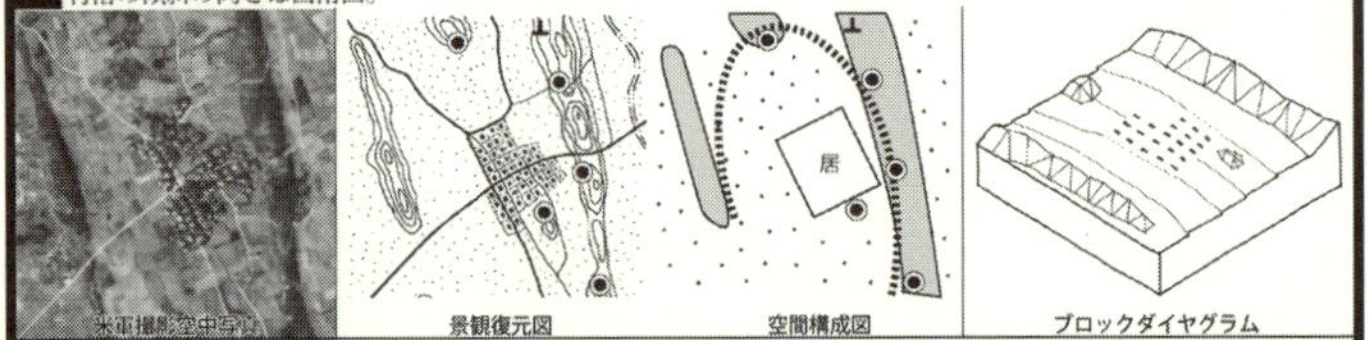

米軍撮影空中写真　景観復元図　空間構成図　ブロックダイヤグラム

平久保

■平久保村（1724 年創建）【現：石垣市平久保】a）立地選定：村抱護。海辺の段丘上の平坦地に立地。b）要素の配分：井戸・池は居住域縁辺、村抱護、聖域は丘陵地に分布。c）境界域：ムラ域規定要素は丘陵、御嶽。居住域規定要素は該当なし。ムラ域外側の要素は墓、生産域、丘陵。d）村落軸と傾斜：居住域の高低差は約 1m。村落軸は北東。村落の傾斜の向きは南東。

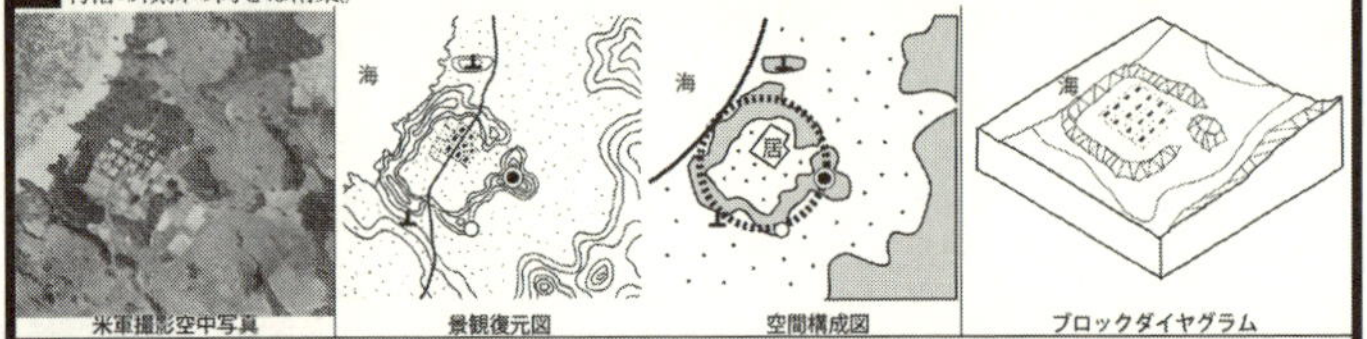

米軍撮影空中写真　景観復元図　空間構成図　ブロックダイヤグラム

登川

■登川村（1739 年移転）【現：沖縄市登川】a）立地選定：村抱護。内陸の丘陵麓の平坦地に立地。b）要素の配分：井戸・池は居住域縁辺、生産域、聖域は丘陵地、小丘に分布。c）境界域：ムラ域規定要素は丘陵、御嶽、河川。居住域規定要素は井戸、拝所。ムラ域外側の要素は墓、生産域。d）村落軸と傾斜：居住域の高低差は約 2m。村落軸は北。村落の傾斜の向きは北北東。

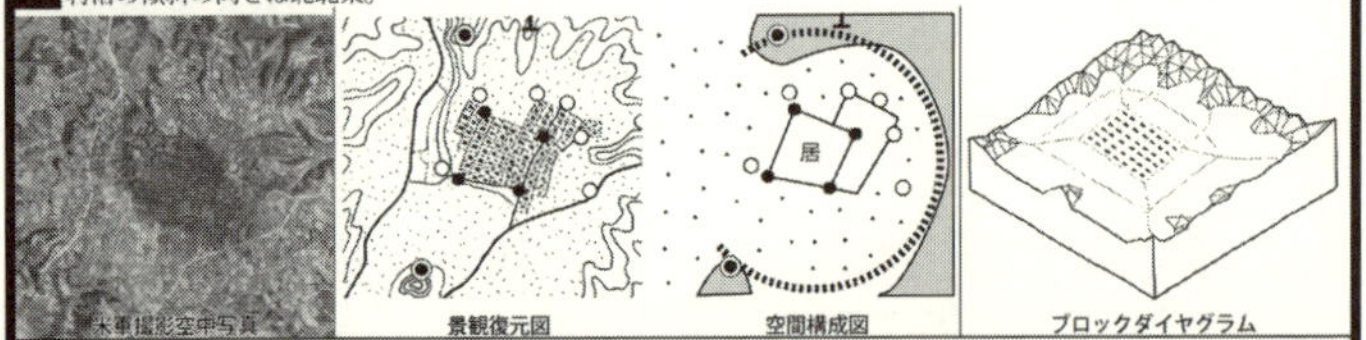

米軍撮影空中写真　景観復元図　空間構成図　ブロックダイヤグラム

宮里

■宮里村（1761 年再移転）【現：うるま市宮里他】a）立地選定：村抱護。内陸の丘陵麓の傾斜地に立地。b）要素の配分：井戸・池は居住域縁辺、丘陵麓、聖域は丘陵地に分布。c）境界域：ムラ域規定要素は丘陵、御嶽。居住域規定要素は井戸、拝所。ムラ域外側の要素は墓、生産域。d）村落軸と傾斜：居住域の高低差は約 12m。村落軸は北北東。村落の傾斜の向きは南南西。

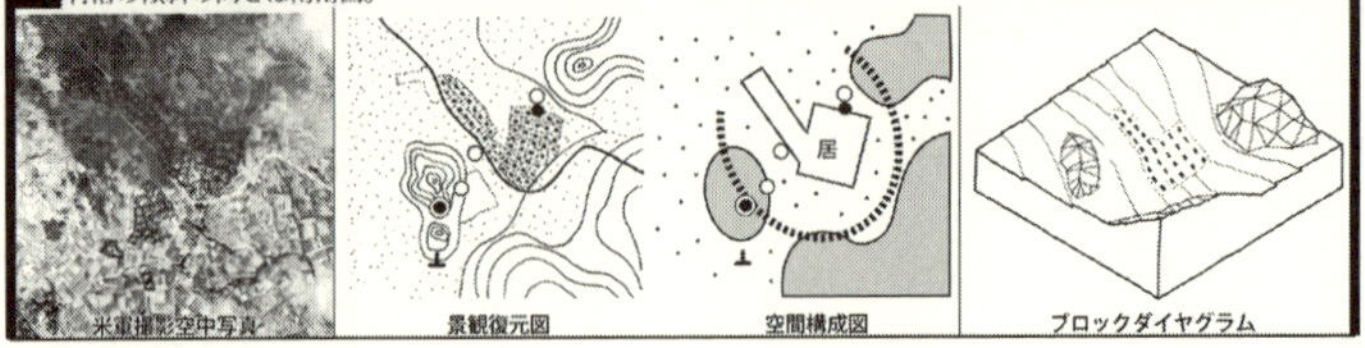

米軍撮影空中写真　景観復元図　空間構成図　ブロックダイヤグラム

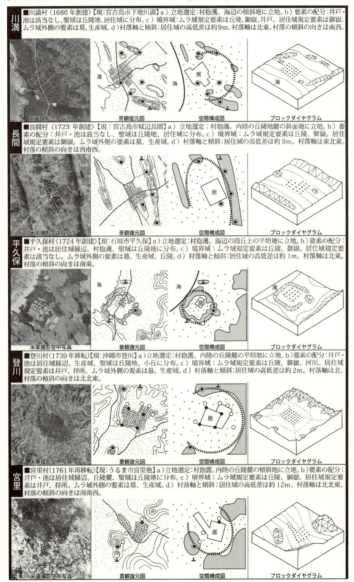

白保

■白保村（1771 年以後再建）【現：石垣市白保】a）立地選定：村抱護。海辺の平坦地に立地。b）要素の配分：井戸・池は居住域、居住域縁辺、聖域は丘陵地、居住域に分布。c）境界域：ムラ域規定要素は丘陵、御嶽。居住域規定要素は井戸、御嶽。ムラ域外側の要素は墓、生産域。d）村落軸と傾斜：居住域の高低差は約 5m。村落軸は北東。村落の傾斜の向きは南東。

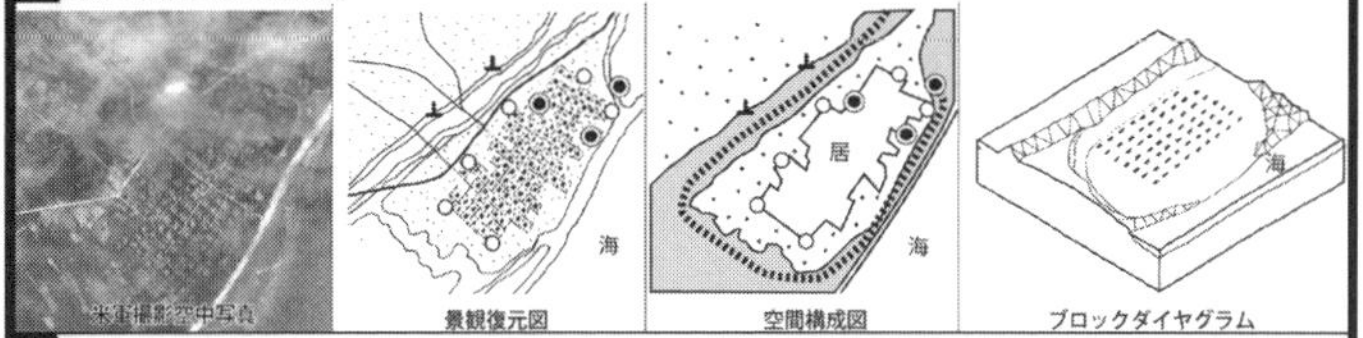

南波平

■南波平村（1788 年再移転）【現：糸満市南波平】a）立地選定：村抱護。内陸の丘陵直下の傾斜地に立地。b）要素の配分：井戸・池は居住域縁辺、聖域は丘陵地、居住域に分布。c）境界域：ムラ域規定要素は丘陵、御嶽。居住域規定要素は拝所、池。ムラ域外側の要素は墓、生産域。d）村落軸と傾斜：居住域の高低差は約6m。村落軸は北。村落の傾斜の向きは南。

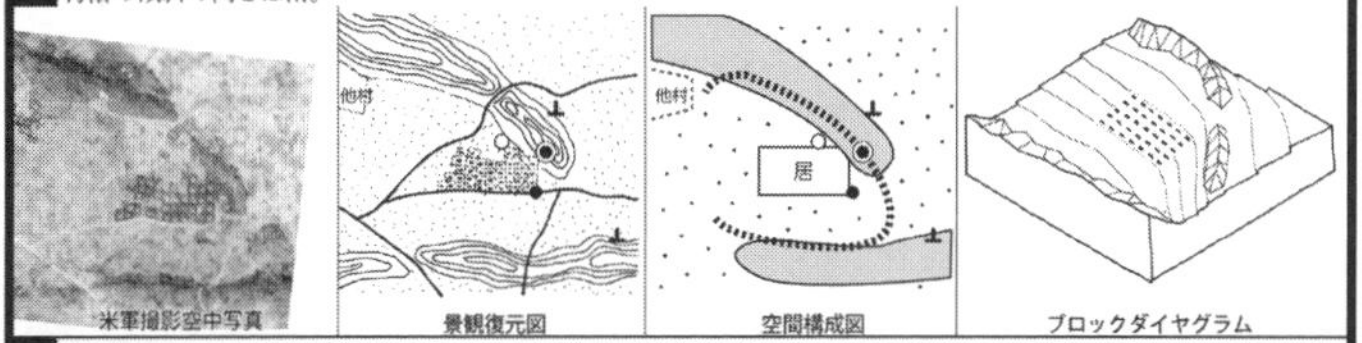

内間

■内間村（1789年移転）【現：うるま市勝連内間】a）立地選定：村抱護。内陸の丘陵麓の平坦地に立地。b）要素の配分：井戸・池は居住域縁辺、聖域は居住域に分布。c）境界域：ムラ域規定要素は丘陵、河川。居住域規定要素は樹木、池。ムラ域外側の要素は墓、生産域。d）村落軸と傾斜：居住域の高低差は約4m。村落軸は北北東。村落の傾斜の向きは南、西、北。

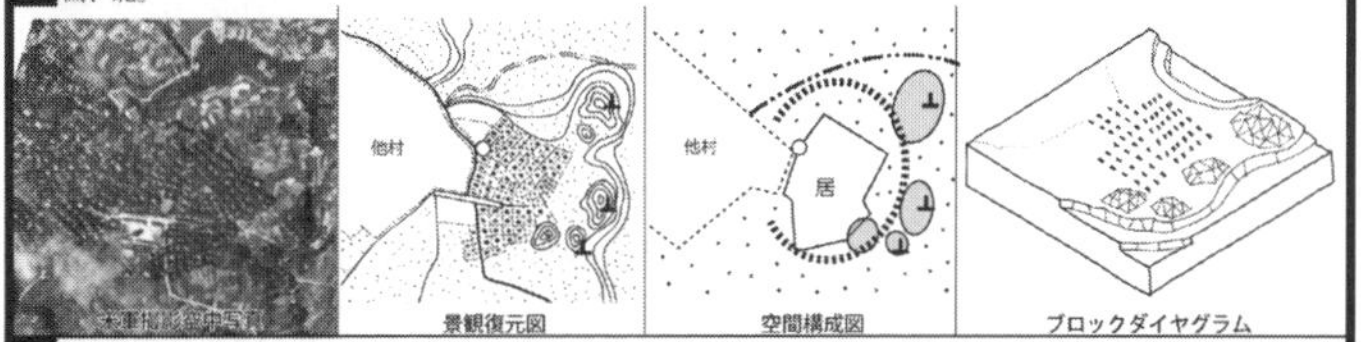

比嘉

■比嘉村（1863 年移転）【現：宮古島市城辺比嘉】a）立地選定：村抱護。やや海沿いの段球上の傾斜地に立地。b）要素の配分：井戸・池は該当なし、聖域は丘陵、居住域に分布。c）境界域：ムラ域規定要素は御嶽、丘陵。居住域規定要素は御嶽。ムラ域外側の要素は墓、生産域、河川。d）村落軸と傾斜：居住域の高低差は約 12m。村落軸は北東。村落の傾斜の向きは南西。

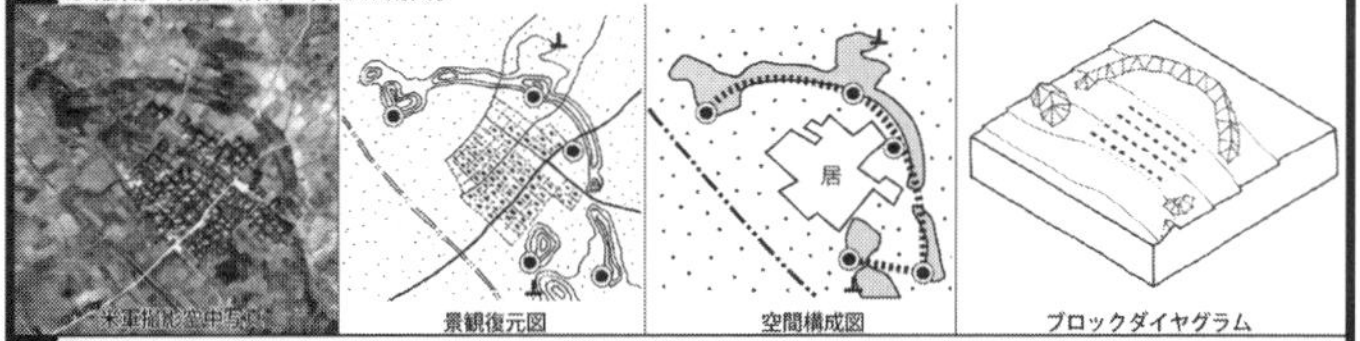

嘉手苅

■嘉手苅村（1868 年再移転）【現：宮古島市下地嘉手苅】a）立地選定：村抱護。海沿いの段球上の傾斜地に立地。b）要素の配分：井戸・池は居住域縁辺、小丘陵、聖域は丘陵、小丘、居住域に分布。c）境界域：ムラ域規定要素は御嶽、丘陵。居住域規定要素は井戸、拝所。ムラ域外側の要素は墓、生産域。d）村落軸と傾斜：居住域の高低差は約 6m。村落軸は東北東。村落の傾斜の向きは西南西。

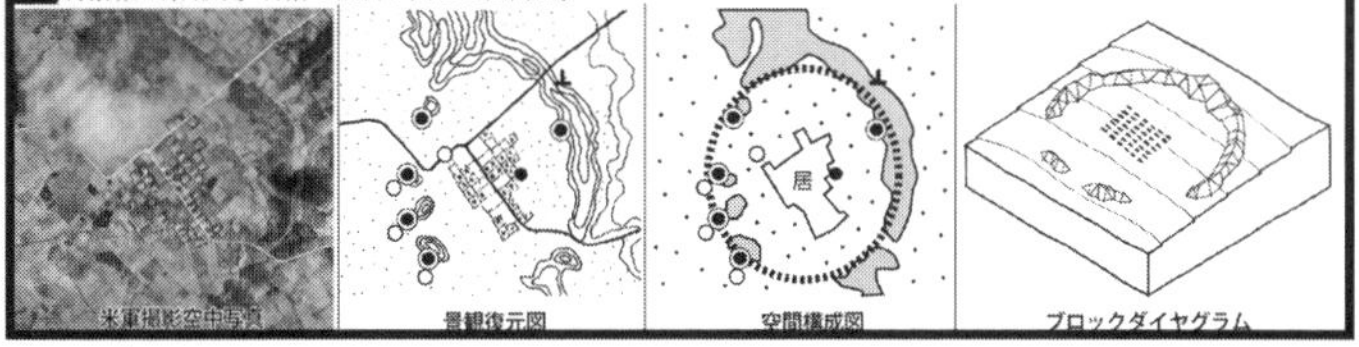

【凡例】 ◉ 御嶽　●●●●● 林帯抱護　━━ 道　ニ::ニ: 川　▮▮▮▮▮ ムラ域の境界　━・・━・ 他村との境界
○ 村井戸・池　● 拝所　┻ 墓　▨ 丘陵　⁚⁚ 生産域

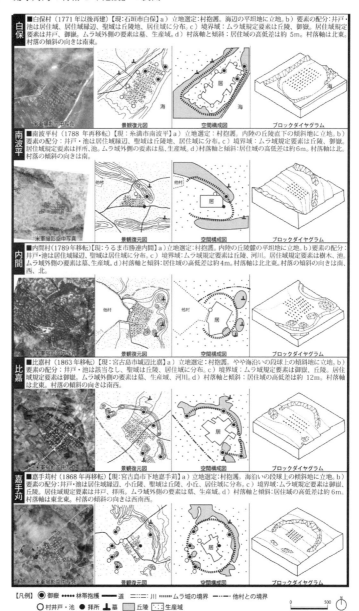

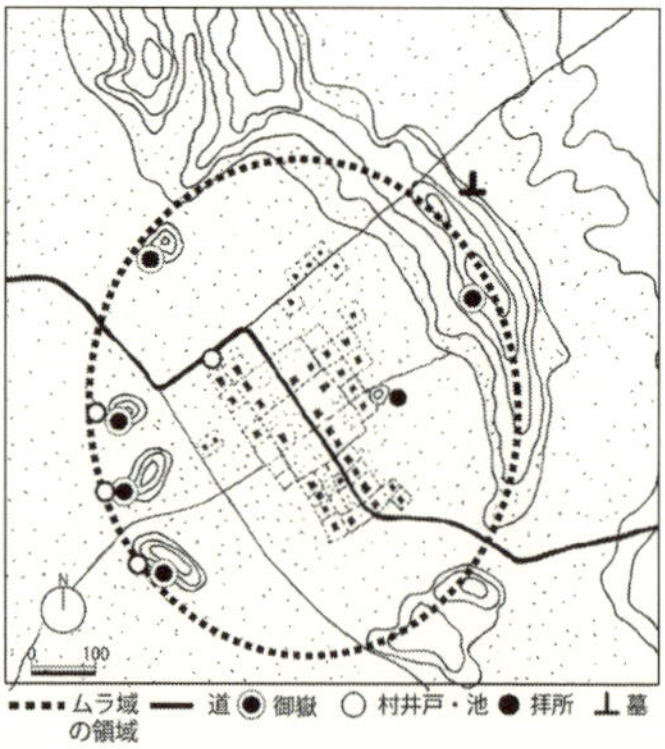

図 9　嘉手苅村の戦前期の景観復元図

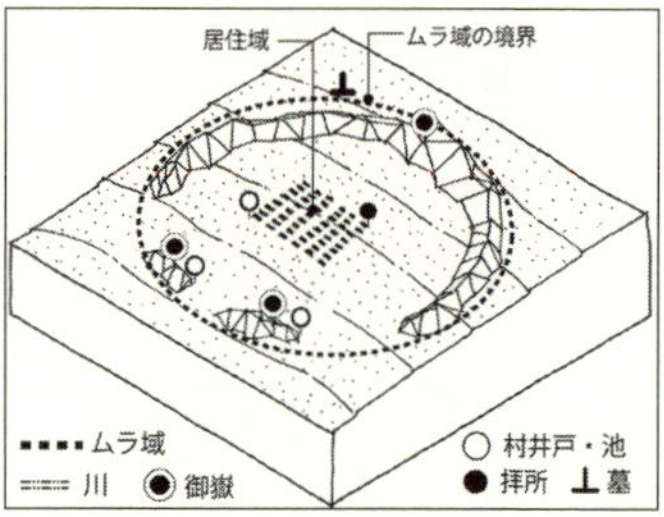

図 10　嘉手苅村をモデルとしたブロックダイヤグラム

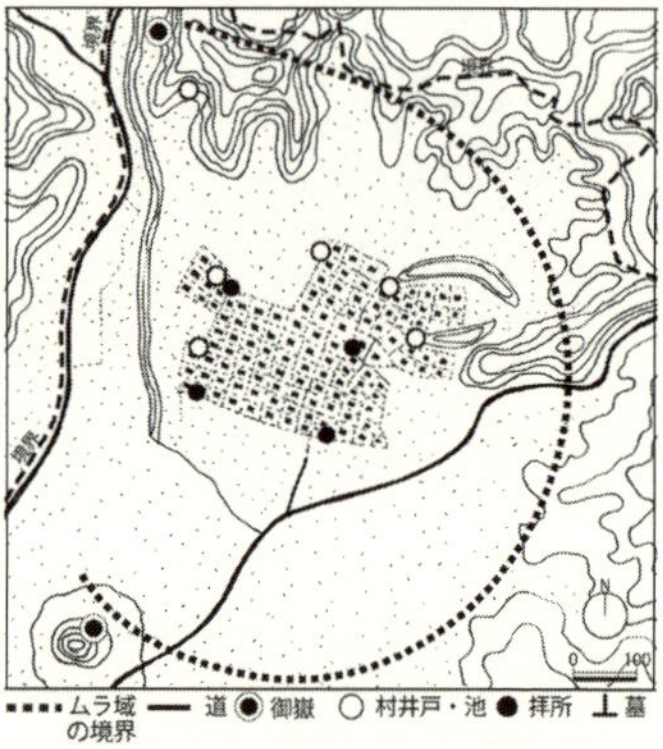

図 11　登川村の戦前期の景観復元図

垣島の村落である。

（a）立地選定

これらの村落は、海辺、海沿い、内陸のそれぞれに立地している。海辺に立地する川満村は海辺の傾斜地、白保村は海辺の平坦地、平久保村は海辺段丘面上の平坦地に立地している。海沿いに立地する比嘉村と嘉手納村は、段丘面上の傾斜地に立地している。

この類型に該当する村落は、標高の比較的低い丘陵地に加えて小丘を丘陵抱護として、それらに村落が囲まれる形態となっている。丘陵抱護の形態は、村落全体を囲んでいるタイプと、一部途切れているタイプとに分かれる。

（b）構成要素の配分

共通して、丘陵地に加えて小丘が村落の外周の大部分または一部を囲むように展開している。これらの丘陵は「村抱護」とも呼ばれ、居住域とその周囲の生産域とを取り囲んでいる。なお、生産域はこの「村抱護」の内側に限定されず、その外側に生産域が広がっていることもある。

聖域については、共通して丘陵地の若干内側に村の御嶽が設けられている。墓は、丘陵地の若干外側にまとまって分布している。

（c）境界域

丘陵や小丘が村落を囲んで、一つの空間領域としての明確なムラ域が見出せる。平久保村、比嘉村、嘉手苅村（図9・図10）は、村の御嶽を内包した丘陵地が両腕で村落を抱くような形で村落を取り囲んでおり、その内側をムラ域と認めることができる。嘉手苅村では、丘陵の途切れた南西部一帯に、御嶽や井戸もある小丘が点在している。居住域の縁辺には「村立ての井」と呼ばれる井戸も分布するほか、同じく居住域の縁辺には、村井戸、御嶽などが分布し、居住域の範囲を規定している。長間村、登川村（図11）、宮里村では、丘陵地と河川に加えて、周囲に点在する小丘の内側がムラ域となっており、その域内に居住域と生産域とが配分されている。また、小丘内に村の御嶽が分布する点は、斜面依拠型の村落と共通しており、これらは、「村立て」の際の重要なポイントとなったと考えられる。これらの村落のうち登川村には、居住域の四隅に、俗に「ヨスミノカド」と呼ばれ、近くにクムイ（村池）が分布する四方神が置かれて、その領域が規定されている。また、登川村の四方神の近辺には村池（火伏）が造られており、これについては、第二章で示した勝連南風原村の村獅子の配置と共通した特徴となっている。[22]

（d）村落内の傾斜

各村落内の傾斜は、南東から南西向きとなっており、おおむね南面する立地が選定されている。

②林帯抱護型

この類型には、大浦村（一七一四年創建）、前川村（一七三六年移転）、具志川村（一七五〇年移転）、砂川村（一七七一年以後再建）、宮国村（一七七一年以後再建）、真栄里村（一七七一年以後再建）、大浜村（一七七一年以後再建）、宮良村（一八七四

表5 村落の空間構成一覧（林帯抱護型）【計8村】

大浦

■大浦村（1714年創建）【現：宮古島市平良大浦】a）立地選定：村抱護。海沿いの傾斜地に立地。b）要素の配分：井戸・池は生産域、丘陵麓、聖域は丘陵、居住域に分布。c）境界域：ムラ域規定要素は林帯、御嶽、丘陵。居住域規定要素は拝所。ムラ域外側の要素は墓、生産域。d）村落軸と傾斜：居住域の高低差は約7m。村落軸は北北西。村落の傾斜の向きは北東。

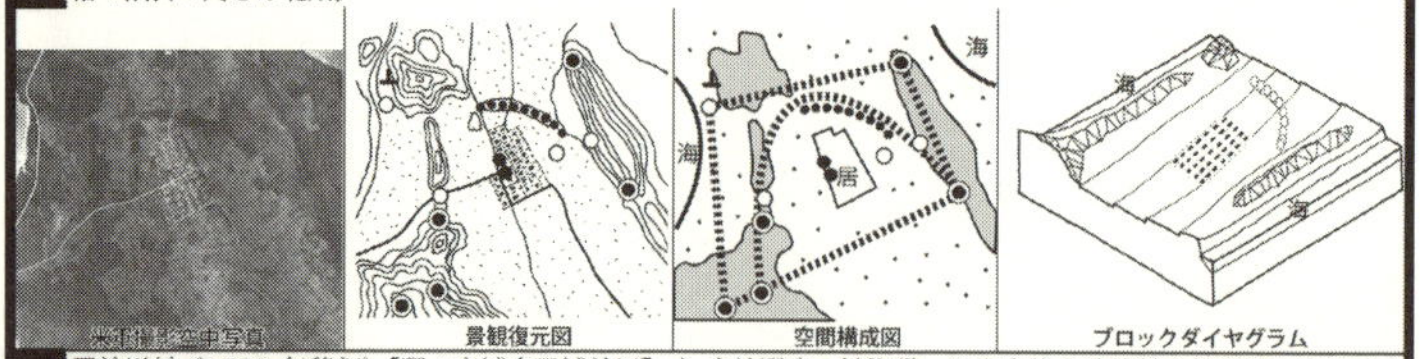

前川

■前川村（1736年移転）【現：南城市玉城前川】a）立地選定：村抱護。やや内陸の丘陵麓の傾斜地に立地。b）要素の配分：井戸・池は居住域、居住域縁辺、聖域は村外に分布。c）境界域：ムラ域規定要素は林帯、丘陵。居住域規定要素は村池。ムラ域外側の要素は墓、生産域。d）村落軸と傾斜：居住域の高低差は約40m。村落軸は北。村落の傾斜の向きは南。

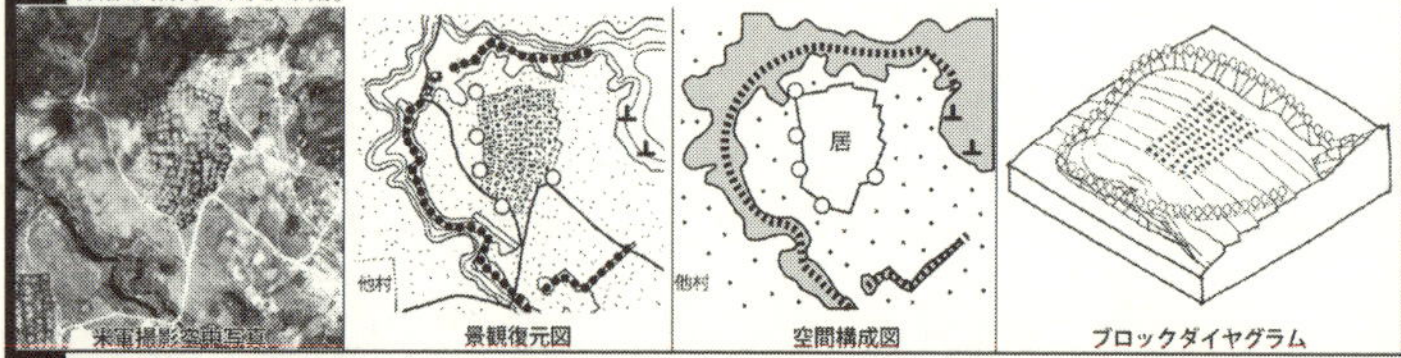

具志川

■具志川村（1750年移転）【現：久米島町具志川】a）立地選定：村抱護。海沿いの丘陵麓の傾斜地に立地。b）要素の配分：井戸・池は林帯、丘陵麓、聖域は丘陵地、村外（古島）に分布。c）境界域：ムラ域規定要素は林帯、丘陵。居住域規定要素は該当なし。ムラ域外側の要素は墓、生産域。d）村落軸と傾斜：居住域の高低差は約8m。村落軸は北東。村落の傾斜の向きは西南西。

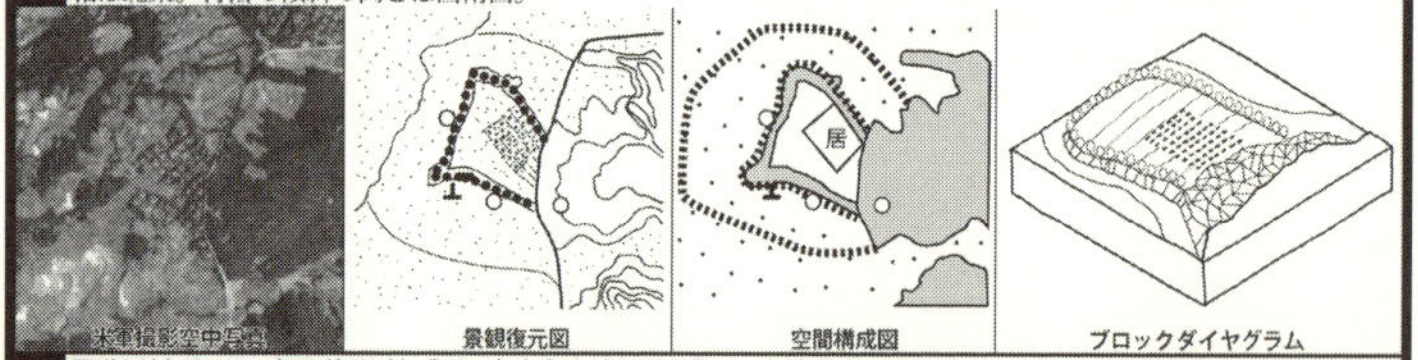

砂川

■砂川村（1771年以後再建）【現：宮古島市城辺砂川】a）立地選定：村抱護。海沿いの丘陵麓の傾斜地に立地。b）要素の配分：井戸・池は居住域縁辺、生産域、聖域は丘陵地、居住域に分布。c）境界域：ムラ域規定要素は林帯、丘陵、小丘。居住域規定要素は拝所、井戸。ムラ域外側の要素は墓、生産域、拝所。d）村落軸と傾斜：居住域の高低差は約9m。村落軸は北西。村落の傾斜の向きは南。

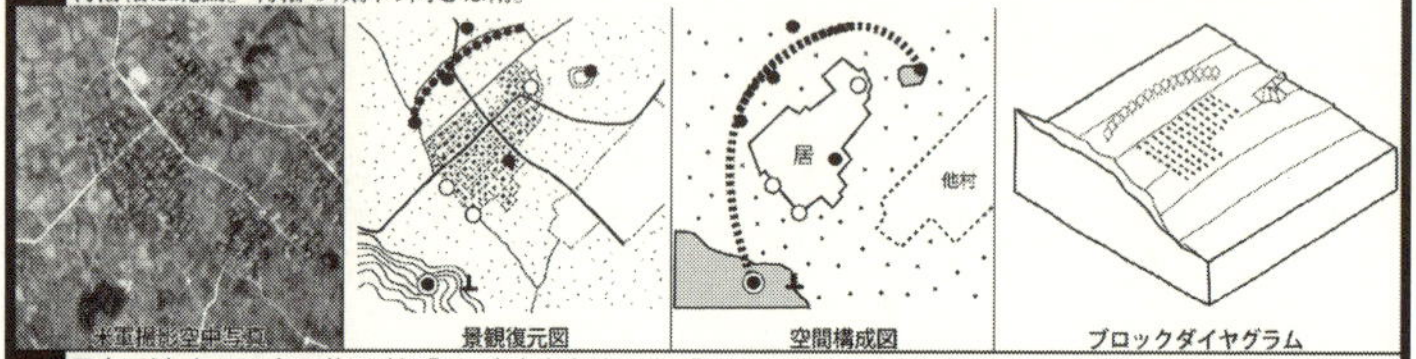

宮国

■宮国村（1771年以後再建）【現：宮古島市城辺砂川】a）立地選定：村抱護。海沿いの段丘上の傾斜地に立地。b）要素の配分：井戸・池は居住域縁辺、生産域、聖域は崖下（古島）、居住域に分布。c）境界域：ムラ域規定要素は林帯、御嶽。居住域規定要素は御嶽、井戸。ムラ域外側の要素は生産域、拝所。d）村落軸と傾斜：居住域の高低差は約24m。村落軸は北北東。村落の傾斜の向きは南。

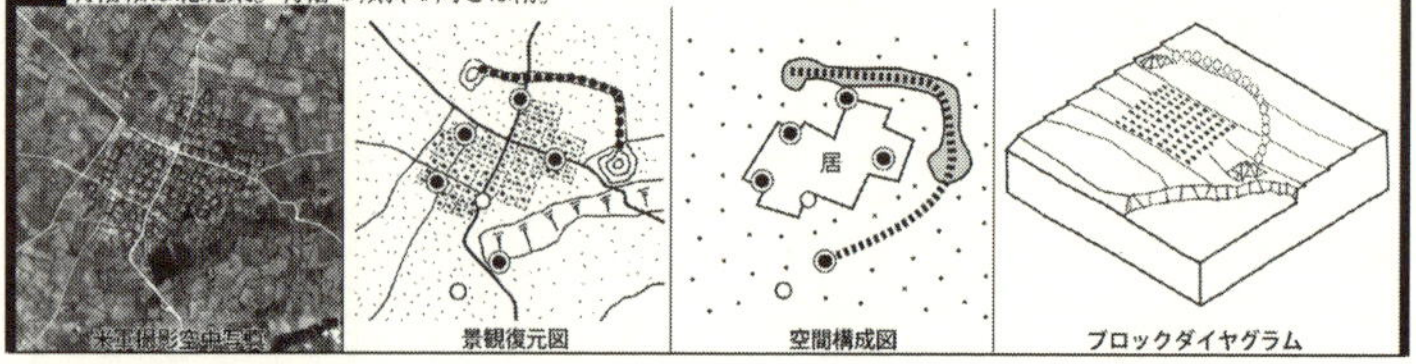

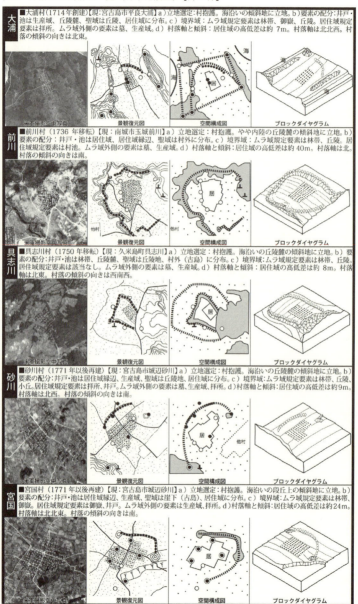

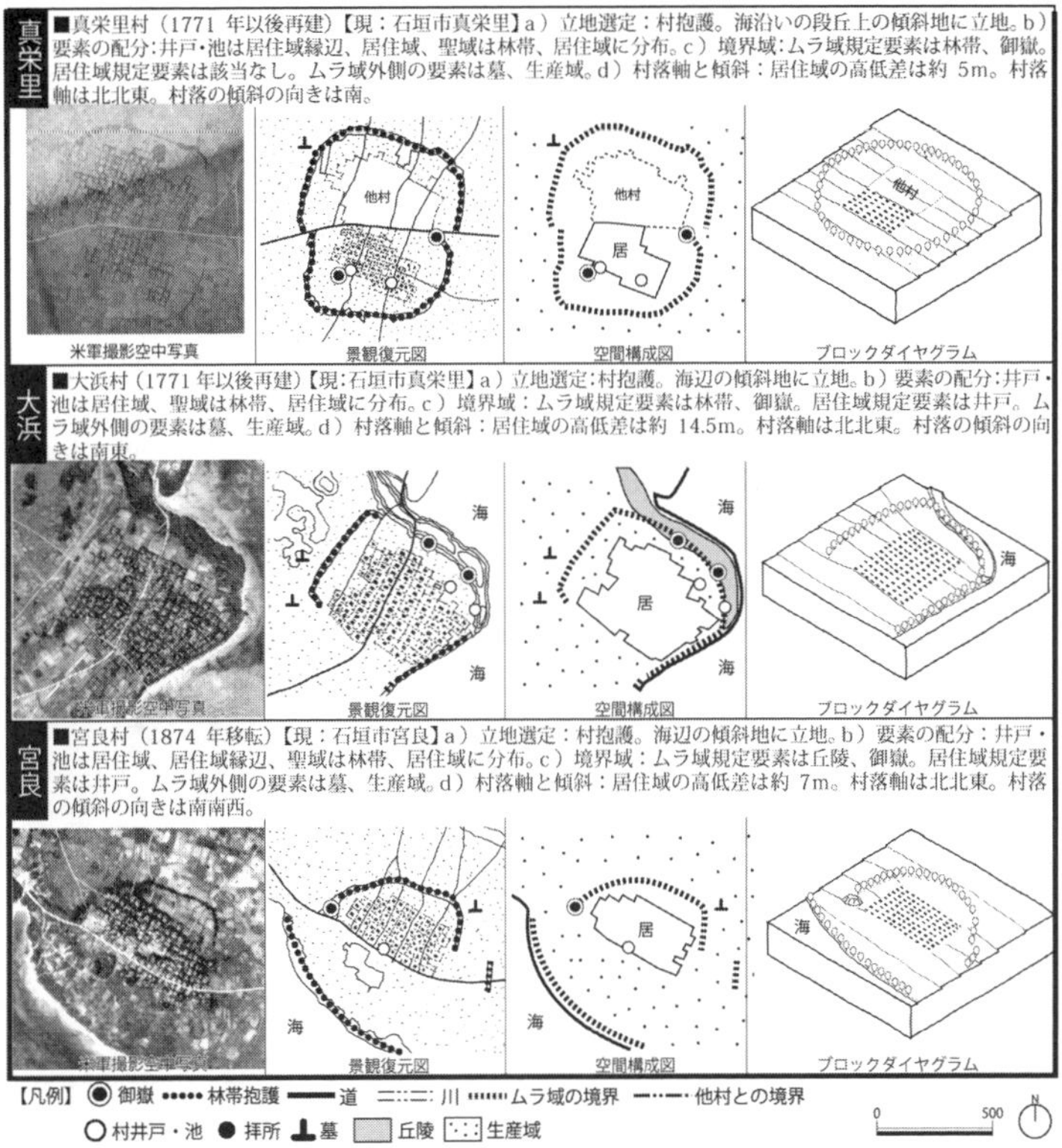

年移転）の八村が該当する（表5）。前川村が沖縄本島の、大浦村、砂川村、宮国村の三村が宮古島の、具志川村が久米島の、真栄里村、大浜村、宮良村の三村が石垣島の村落である。

（a）立地選定

これらの村落は、八村中五村が海沿いに立地している。共通して、これらの村落は広い傾斜地を領域としている。この類型に該当する村落は、丘陵に加えて大きく林帯を組み合わせた「村抱護」が村落の外周を大きく囲むという特徴的な形態をみせている。

（b）構成要素の配分

共通して、丘陵に加えて大きく林帯を組み合わせた「村抱護」が、村落を囲む明確なムラ域の境界となっている。ムラ域内の空間構成は丘陵抱護型と類似している。居住域の縁辺に大部分の村井戸、池、沼が分布しているが、それらが生産域の中や、「村抱護」のすぐ内側に分布する村落もみられる。村の御嶽などの聖域については、二村が林帯内に、二村が丘陵内に分布し、残りはムラ域の外側に分布している。聖域が「村抱護」と結合し、明確に一体化している点が、林帯抱護型の大きな特徴である。墓は、丘陵の背後や、林帯の外側にまとまって分布している。居住域とその周囲の生産域の外周を「村抱護」が取り囲み、さらにその外に生産域が広がることもあるといった、同心円的構造がみられる。

（c）境界域

大浜村、前川村、宮良村では、丘陵地を基点に林帯が村落を囲んでおり、それらに囲まれたムラ域が明確である。また、前川村については、斜め上から撮影した米軍空中写真（写真1）を見ると、丘陵で囲まれていない部分には林帯が設けられており、それらに囲まれてムラ域が明確となっている。このように林帯抱護型の村落では、「村抱護」が、自然地形をうまく利用しつつ、足りない部分を林帯などで補いながら設定されている。さらに真栄里村は、林

写真1　玉城村前川の米軍撮影空中写真（韓国済州大学校師範大学地理教育科　The Joseph E. Spencer Aerial Photograph Collection）

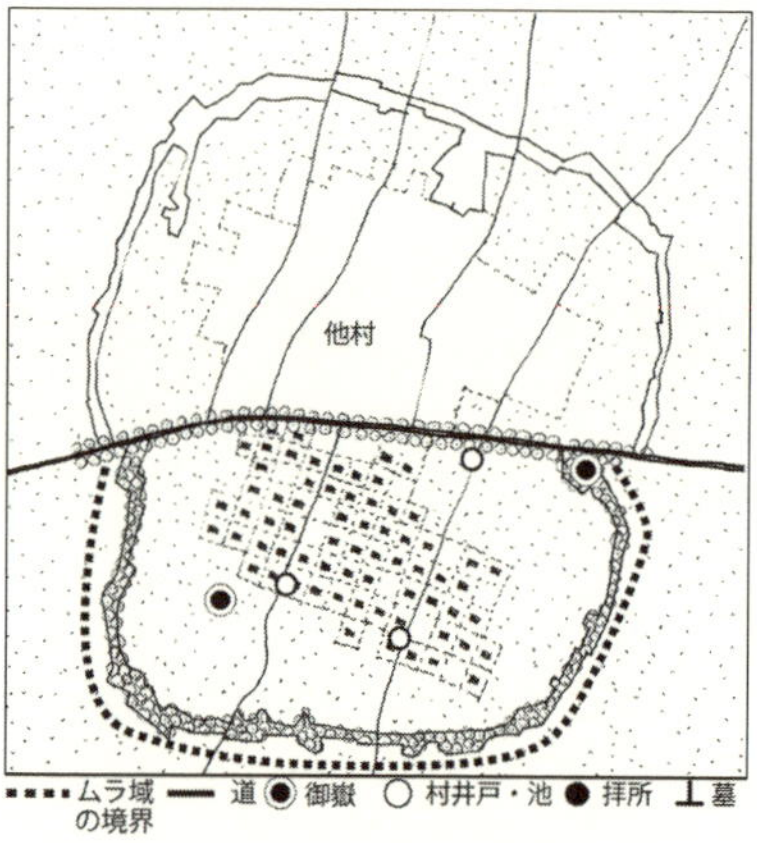

図12　真栄里村の戦前期の景観復元図

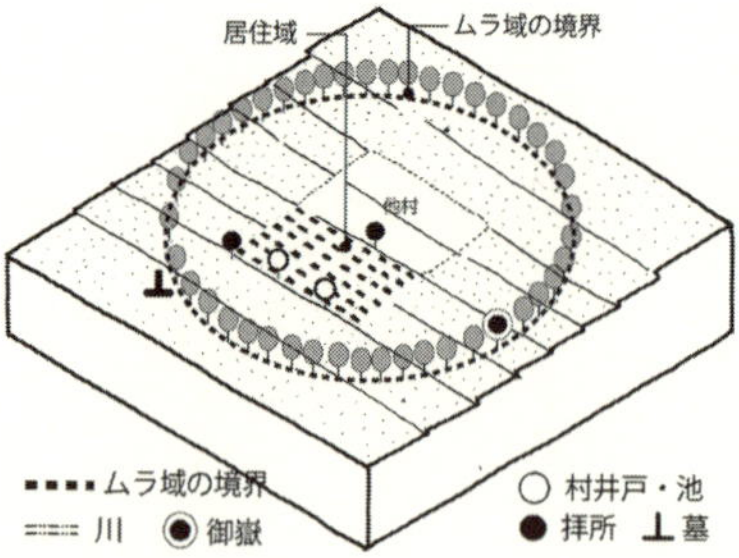

図13　真栄里村をモデルとしたブロックダイヤグラム

写真２　平得村・真栄里村の昭和20年頃の米軍撮影空中写真（加工）
（韓国済州大学校師範大学地理教育科　The Joseph E. Spencer Aerial Photograph Collection）

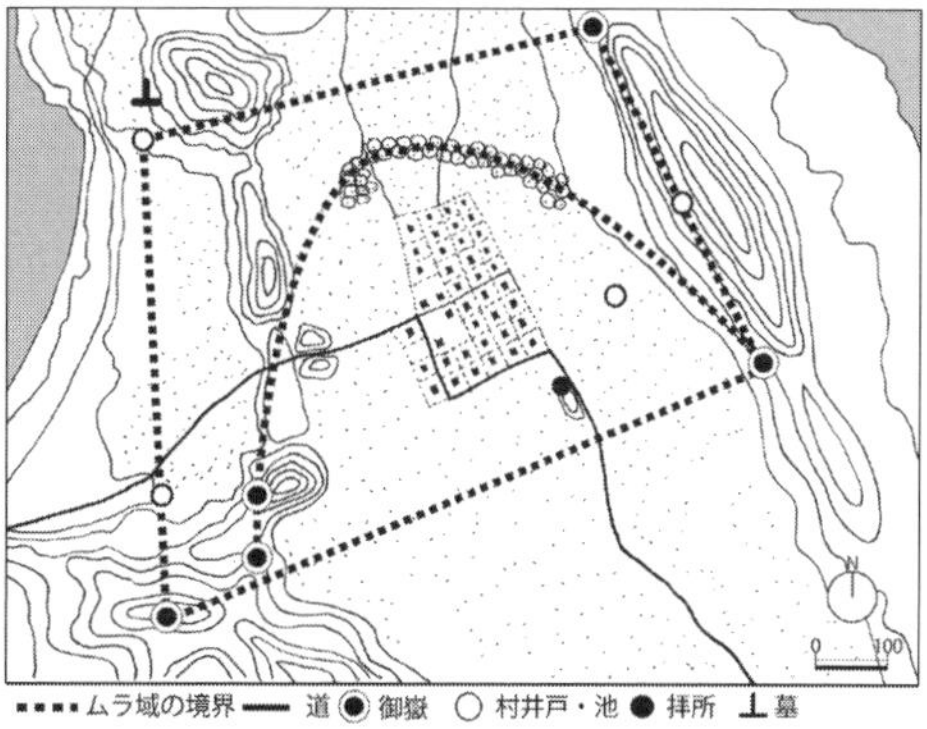

図14　大浦村の戦前期の景観復元図

帯のみで村落を囲むといった、極めて人工的な形態となっている（図12、図13）。また、真栄里村の米軍空中写真（写真２）を見ても、前川村と同様に、居住域と生産域とが配分されたムラ域が、林による「村抱護」で明確に囲まれている。居住域の縁辺には村井戸、御嶽、村獅子などが分布し、居住域の範囲を規定している。

この中で大浦村には、村落の四方に三つの拝所と一つの村井戸が分布する（図14）。この三つの拝所は、キジュマツリ（区域祀り）の拝所と呼ばれている。住民によると、キジュマツリの拝所と村井戸を結ぶ四方の範囲が旧来から住民の主な生活範囲であったとされる。さらに住民によると、丘陵地で囲われていない居住域の北側にはかつて林帯（松）があったとされ、米軍空中写真でも消滅前の林帯の存在が確認できる（ただし、現在は消滅している）。このようなことから大浦村は、キジュマツリの拝所と村井戸とを結ぶラインで囲まれた範囲と、村の聖域（御嶽）と林帯で囲まれた範囲が二重に見出されるパターンとなっている。

（e）村落内の傾斜

各村落内の傾斜はおおむね南向きとなっているが、大浦村のみが北東向きとなる。

(2)　村落の空間構成にみられる地形的立地条件への対応

類型別にみた各村落の諸特性を見ると、原則として村落の一方（背後）のみに標高の比較的高い丘陵「腰当」が分布する、腰当不離型や腰当隔離型といった、いわゆる琉球列島における村落の典型と言われてきた村落は、対象村落三五村のうち一二村と、全体の約三分の一にとどまることが明らかとなった。そして、その他の村落は、傾斜した地形自体や周辺に点在する小丘を「腰当」の代替として村落が形成されていたり、丘陵あるいは林帯に取り囲まれる形で村落が形成されていたりしていた。このうち林帯抱護型については、丘陵に大きく林帯を組み合わせた「村抱護」が村落を囲むという、特徴的な形態がみられる。なかには、周囲に丘陵や小丘のみられないところに立地し、林帯のみで村落が囲まれているという村落も見られるが、本研究で分析の対象とした村落は共通して、地形的立地条件に応じた立地選定がなされていたといえる。

また、各村落には共通して、その外周に境界を示す存在となっているものが見うけられる。とくに丘陵地がそれに該当しやすい。丘陵地を有さないか、もしくは丘陵地が離れたところにある村落においては、小丘群に代替して聖域や村井戸が設けられていることも多い。とくに、丘陵に恵まれない地形的条件のところでは、人工的な林帯を設けてでも境界を明確にしようとしたのではないかという村落もみられた。こうした周囲の丘陵や林帯の存在は、村落を冬の季節風や台風時の暴風から守るためにも有効である。こうしたことから推測すると、とくに近世期の「村立て」時においても、これらに囲まれた空間領域を想定して、村落の立地選定が行われた可能性が考えられる。そこでは、自然地形をうまく利用しながら、足りない部分は林帯で補うなど、地形的立地条件に対応できる空間形成技術を用いて村落構成が進められたのではないかと考えられる。

このようにして確立されていった領域の外周には、その範囲を規定する拝所や井戸、丘陵地や小丘に分布する御嶽や井戸、大岩などの存在があり、それらは、住民によっても強く意識されていくこととなる。そして現在となっては、字や小字の境界とは必ずしも一致しないところに、しばしば「井戸」や「御嶽」、「墓地」が連続的に点在しているように映るが、それらは、近代以前までの住民にとって、生活空間の境界として認識されていた可能性がある。また、往時の居住域には排水のためにある程度の傾斜が必要である一方で、生産域には急勾配の傾斜地は不向きとなっていた。そのため、「村立て」で一定の領域を定め、生産域を確保した上で、居住域の位置と範囲をどう求めるかについても、一帯の地形的条件が考慮されたことが想像される。そこでは、「腰当」となるような丘陵の直下などが求められたが、そうした条件が得られない場合には、一帯に点在する小丘などの内側を活用した。一方で、居住域の無秩序な拡大を防ぐためか、「居住域」の範囲は、村獅子や四方神、井戸などの存在によって規定されていた。

このようにして、近世期の「村立て」の際に自然地形を読み、「村抱護」などで領域を示しながらその地形的立地条件に応じた村をレイアウトした結果、先行研究[23]で示されるような、近世期における、完結的な環境単位での琉球列島の村落が形成されていったのではないかと考えられた。

四　まとめ

本章では、近世期に「村立て」された各村落について、戦前の景観復元図を作成し、それをもとに、地形的立地条件による形態類型を行った。

その結果、原則として村落の一方（背後）のみに標高の比較的高い丘陵が分布する形態である腰当型と、村落の周囲が標高の比較的低い丘陵や小丘などで取り囲まれていたり、それらの間が人工的な林帯で補われていたりすることで村落のほぼ全周が囲われている形態である抱護型との、大きく二つの分類を得た。さらにそれらは、それらの丘陵や林帯の村落との位置関係をもとに、五類型に分類された。このように類型化したそれぞれの村落の特徴として、立地選定や空間構成要素の配分、各村落の境界域などについて詳細に明らかにした。

そして、これらの類型のうち、丘陵不離型と丘陵隔離型の村落は主に沖縄本島に多く、一部久米島にもみられたが、宮古島と石垣島にはみられないことが明らかとなった。斜面依拠型の村落は、全て宮古島にみられた。丘陵抱護型は、沖縄本島、宮古島、石垣島と広くみられた。林帯抱護型は主に石垣島と宮古島にみられたが、一部沖縄本島と久米島にもみられた。また、各村落の「ムラ域」内については、自然地形を巧みに利用しながら、村落の地形的立地条件に応じて、共同体単位としての居住域と生産域とが配置されていることを確認した。ほかに、村の御嶽や村井戸等の重要な構成要素の配置が、居住域・生産域の領域設定の範囲と密接に関係している可能性を指摘した。

最後に、こうした本章での資料収集や分析にあたって、「一筆地調査図」および米軍空中写真の収集では、沖縄県公文書館、韓国・済州大学校師範大学地理教育科の協力を得た。村落の空間構成の考察では琉球大学名誉教授の仲間勇栄氏、沖縄県立博物館・美術館長の安里進氏にご指導いただいた。ここに記して謝意を表したい。

注

（1）北原淳・安和守茂『沖縄の家・門中・村落』第一書房、二〇〇一年。

（2）仲松弥秀によると、「腰当（クサティ）」とは、信頼し、寄り添い身をまかすという意味の言葉である。これが転じて、家や村が北風を防いでくれる丘や山に寄り添っている状況に対しても、「腰当する」との語が用いられる。そして、こうした存在の丘や山自体も、「腰当」あるいは「腰当森（クサティムイ）」と呼ばれることが多い。

（3）仲松弥秀『うるまの島の古層』梟社、一九九三年、二一三〜二一四頁。

（4）前掲（1）。

（5）前掲（3）。

（6）仲松弥秀『神と村』梟社、一九九〇年。

（7）仲松弥秀『古層の村・沖縄民俗文化論』沖縄タイムス社、一九七七年。
（8）坂本磐雄『沖縄の集落景観』九州大学出版会、一九八九年。
（9）高橋誠一『琉球の都市と村落』関西大学出版部、二〇〇三年。
（10）中俣均「琉球諸島における集落の空間構成原理に関する地理学的研究」学位論文（東京大学）、一九九七年。
（11）琉球列島における近世期の村落形態の近代への連続性については、研究者の間でほぼ共通している。安良城盛昭をはじめとする研究者の見解では、古琉球的村落における近世的転換で村落形態は一定の変容をみるが、近世期から明治期に至る旧慣温存の影響もあり、村落形態はほぼ姿を変えず戦前まで引き継がれていたとされる。
（12）齊木崇人「農村集落の地形的立地条件と空間構成に関する研究」学位論文（東京大学）、一九八六年。
（13）名護市教育委員会文化課市史編さん室『名護市史資料編五文献資料集四』、名護市役所、二〇〇六年。
（14）田里友哲『論集沖縄の集落研究』、離宇宙社、一九八三年。
（15）前掲（8）。
（16）仲地哲夫「近世琉球の村落と百姓」、沖縄国際大学社会文化研究 八（一）、二〇〇五年。
（17）球陽研究会『球陽 読み下し編』、角川書店、一九七四年。
（18）沖縄では、去る大戦で明治期の地籍図の大部分が焼失・散逸しているため、現時点において琉球列島全域で総合的に検討できる最も古い大縮尺（一二〇〇分の一）の地籍図となるのは「一筆地調査図」となる。「一筆地調査図」は、昭和三〇年～五〇年頃に作成された精度の高い地図で、必ずしも近世期の村落の姿を理解するために十分な資料とはいえないが、琉球列島全域の村落の分類・比較を行う上で、非常に貴重な資料といえる。
（19）本章における景観復元図の作成は、前章までで作成した明治期についての復元図の手法を踏襲しているが、本章において復元作業の基図として利用したのは一筆地調査図（村落によって製作年が異なる）である。なお、当該地図も小字ごとに描かれているため、接合して一つの村落全体図とする必要がある。具体的な手法としてはまず、当該地図を画像処理ソフトで補正しながら接合してデジタル化した基図を作成する。次に同じ場所の戦前に撮影された米軍空中写真および現在の地形図の上に重ね合わせて精細な照合と整合とを行い、基図を補正して整合性を持たせる。このような手順で作成された基図に、文献や現地調査によって得られた情報を記載して、景観復元図を作成した。
（20）古琉球において確立された地方行政制度の基本は「間切・シマ制度」と称すべきものであり、近世琉球に至ってシマが「村」に改称されたため「間切・村制度」となったのであるが、その性格は基本的に変わらなかったとされる。シマ→村→字（部落ともいう）と呼称を変えながらも存続しつづけてきた間切を構成する各村落共同体は、一九〇八（明治四一）年の沖縄県および島嶼町村制施行時点まで末端の明確な行政単位であると同時に、民衆生活の完結的な母体として機能する、琉球・沖縄社会の細胞にも似た単位であったとされる。高良倉吉『琉球王国の構造』、吉川弘文館、一九八七年。安里進『グスク・共同体・村 沖縄歴史考古学序説』、榕樹書林、一九九八年。

(21) 本章では、居住域内に高低差が五メートル以上ある条件を斜面地としている。

(22) 勝連南風原村では、近世期における「村立て」時の基点の存在を示した伝承や、居住域の四隅に置かれた村獅子、四方神などの存在などによって、当時、居住域の環境領域が設定されていたことが明らかとなっている。野原昌常『勝連村誌』、勝連村役場、一九六六年。

(23) 前掲(20)。

●第三部　失われた「抱護」と生き続ける「抱護」

第一章　八重山諸島・石垣四箇村の「村抱護」と近・現代

山元貴継

はじめに

現在、二万五三二一世帯、人口四万七五六四名（二〇一五年国勢調査）となっている石垣市を支える多くの行政施設や商業施設が集中し、多くの観光客も行き来する中心市街地（図1）は、かつては西側から、新川・石垣・大川・登野城の四つの村落で構成され、通称「四箇村《しかむら》」と呼ばれた。現在でもその区分は、字新川・石垣・大川・登野城として残っている。この「四箇村」は、四つの村落が連担することで、那覇や首里といった一部の中心地を除けば歴史的に大規模な集落があまりみられなかった琉球列島において、巨大な村落となっていた。こうした「四箇村」の特異性は、同村落が港湾を持つことで、農業だけでなくさまざまな産業を発展させてきたことによって生み出され、また、周囲の島々や大陸との関係もあって、多くの寄留民を集めてきたことによって強められたと思われる。

こうした「四箇村」に指摘されるもう一つの特異性は、この大規模な村落の外周が、かつては「村抱護」と呼ばれた林帯に囲まれていたことである。この林による「村抱護」は、他の村落にみられるように、主に冬季における冷たい季節風や、夏季の台風などの来襲時の強風から村落内の家屋や農耕地を守ることに加え、村落自体の領域を

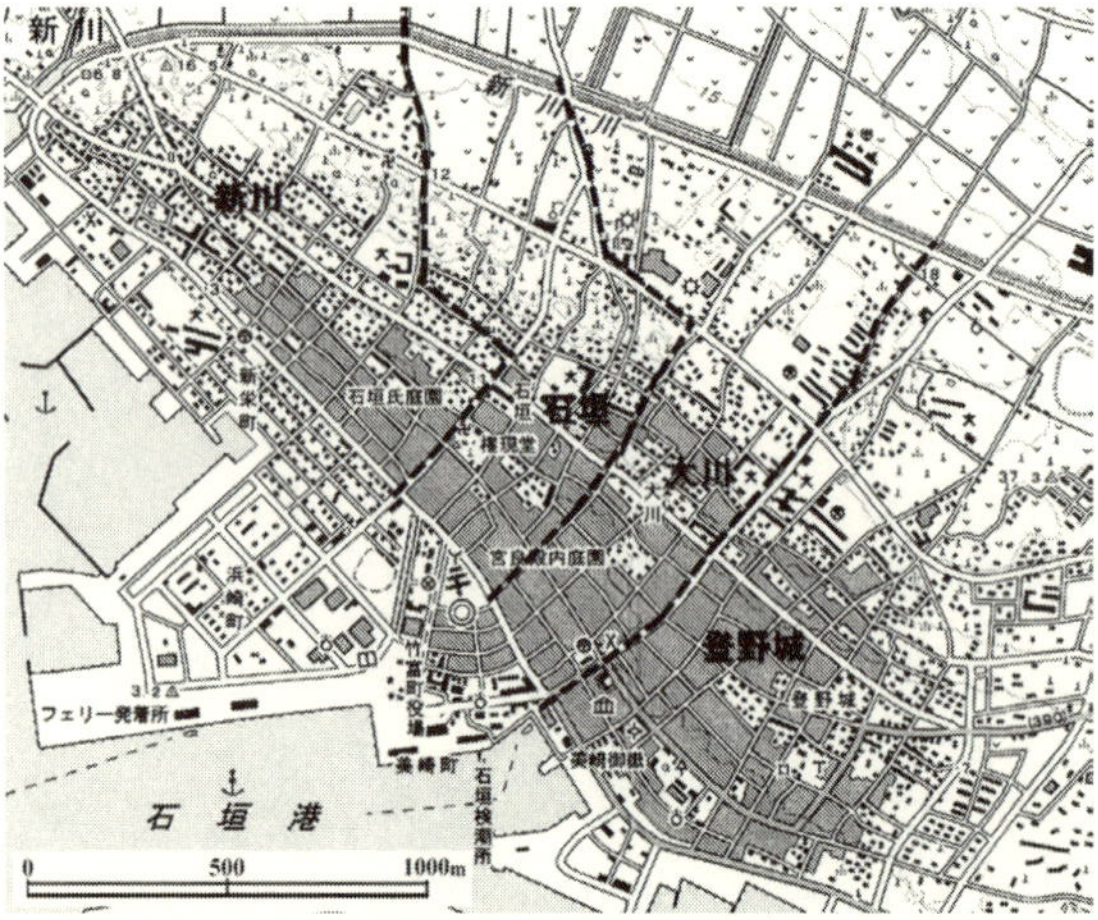

図 1　現在の石垣市中心市街地と 4 つの「字」
(2004 年更新 1：25,000 地形図「石垣」に加筆)

明示することなどを期待してその周囲を取り囲むように植えられたと思われる、人工的な林帯である。

「四箇村」ではこの「村抱護」が、少なくとも近代まで維持されてきた。しかしながら、これもまた他の多くの村落と同様に、「四箇村」の「村抱護」も、第二次世界大戦前後の混乱のもとで失われてしまったとされる。後述するように、古くからの住民の中には、かつての「村抱護」が、旧「四箇村」東端の字登野城をほぼ南北に貫通して一九五四（昭和二九）年に開通した「保安通り」や、市街地の北側を東西に走る昭和五〇年代までに順次開通した幹線道路「産業道路」に転用されていることを知る人々も少なくない。ただし、現在の前者の道路は片側一車線分の後者の道路でもそれに歩道を加えた程度の細長い敷地を走っている。また後述するように、かつての「四箇村」の姿を描いた「八重山古地図」などでは、林による「村抱護」が二列描かれている。この林帯のもう一列が現在のどこに相当するのかについては、古くからの住民の記憶も定かではないようである。

そこで本章ではまず、この地域では一八九九（明治三二）年頃から本格的に進行された「土地整理事業」に伴い整備され、以降の記録が残された地籍図および土地台帳（以下「地籍資料」とも総称）を活用して、かつて「四箇村」の周囲を取り囲んでいた「村抱護」の正確な位置と規模とを示すことを目指す。同時に、地籍資料および一九四五（昭和二〇）年三月一〇日に米軍によって撮影された航空写真（以下米軍空中写真）を確認することによって、少なくとも一八九九年以降、「村抱護」がどのような過程を経て消滅していたのかを明らかにした上で、現地調査をもとに、現在の石垣市の中心市街地において「村抱護」のこん跡がいかなる形で残されているのかを紹介していく。

一　石垣市の中心市街地と「村抱護」

現在の石垣市の中心市街地にほぼ相当する旧「四箇村」は、石垣島の中央部にそびえ立つ於茂登《おもと》岳南方のバンナ岳から見て南に約二キロメートルの、同島の南南西海岸に位置し（図2）、西北西—東南東に細長く広がっていた。

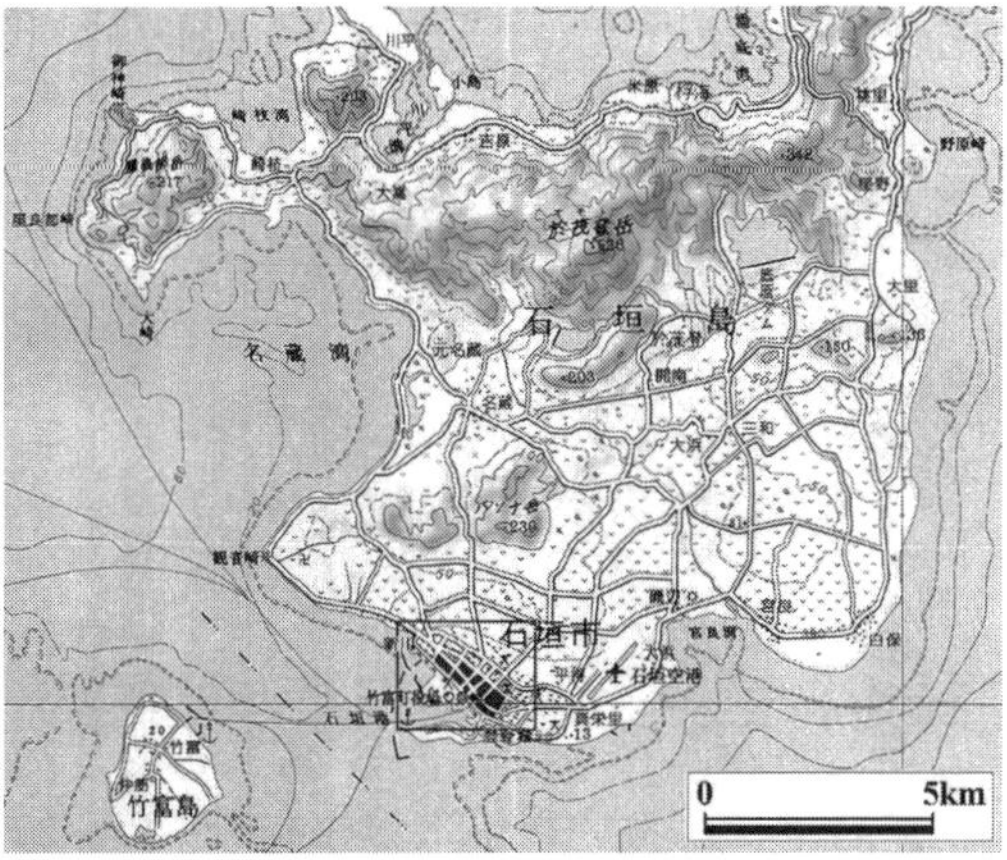

図2　石垣島南部と旧「四箇村」
（2003 年修正 1：200,000 地勢図「石垣島」に加筆）

こうした位置関係から、旧「四箇村」の一帯は一見するとバンナ岳の南斜面に位置するように見えるが、実際には同岳と旧「四箇村」との間は、最も低いところは標高一〇メートル前後の、幅の広い谷間となっている。この谷間は、現在でこそ整備された農耕地となっているが、古くからの住民の認識としても、昭和初期に耕地整理が行われるまで、西側の新川側から海水も入り込む、沼地を含めた低湿地であったとされる。国土交通省国土政策局国土情報課が公開している「土地分類基本調査」でも谷底低地とされているこの谷間は、かつて一帯に発達していたさんご礁などに囲まれていた入り江が、比較的新しい時代の隆起によるラグーン（潟湖）化を経て陸地化したものと思われる。

対して、旧「四箇村」に相当する範囲は、礁縁およびその周囲に

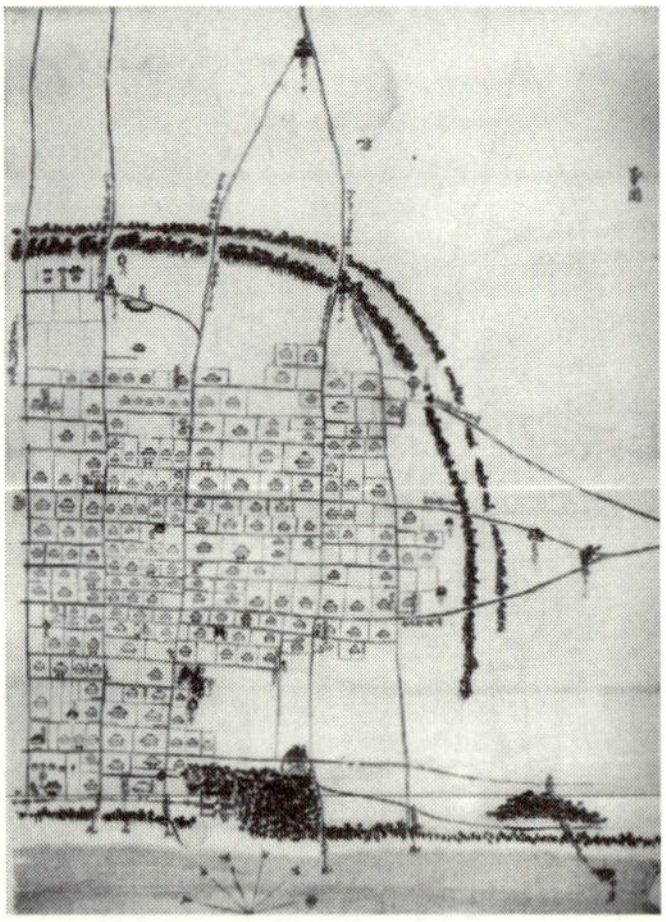

図3　登野城村古地図（豊川家所蔵）

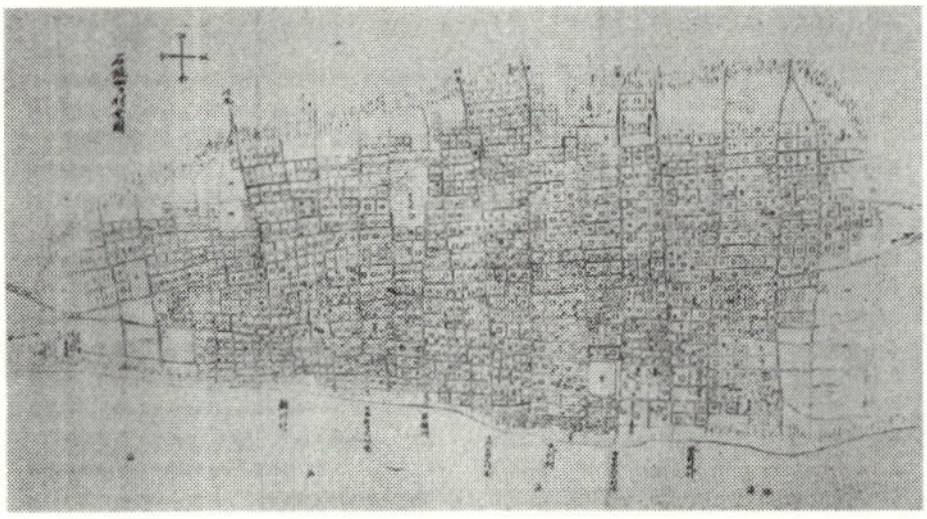

図4　石垣四カ村全図（温古学会所蔵）

形成された砂丘が、古い時代の隆起によって大きく海面より浮上して形成された、典型的な隆起さんご礁地形の上にあると推定される。そして、旧「四箇村」に相当する範囲は、南西側の海岸から内陸に向かうに従って段々と高くなっていく階段状の段丘地形となっている（図1）。そして、西側の字新川付近で埋め立て前の海岸線から内陸に約三〇〇メートルのところから、東側の字登野城付近で同海岸線から約八〇〇メートルのところまでは、最高標高二〇メートルを越える石灰岩性の丘陵群となる。この丘陵群の北東側斜面は大きく落ちくぼみ、ところによっては崖をなしている。

このような、隆起さんご礁地形の上に発達してきた旧「四箇村」は、「村」とはいっても、石垣間切に属していた西側の新川・石垣と、大浜間切に属していた東側の登野城・大川の、計四つの村落の構成を指す通称である。この旧「四箇村」の発生時期には諸説あるが、この一帯における村落の存在は一五世紀には記録があり、後に一七五七（乾隆二二）年に石垣から新川が、登野城から大川がそれぞれ分村することによって、四つの村落が揃った。ただし旧「四箇村」は、一七七一年の「明和大津波」ではその大部分が浸水する被害を受けている。その後の再建を受けてか、旧「四箇村」の範囲では、石垣市の中心市街地となった現在でも、いわゆる「ゴバン型」、あるいは「格子状」の土地割構成を広くみせている。これは、海岸から鉛直方向、すなわち北東側の丘陵に登っていく方向に走る谷線・尾根線に沿って設けられた街路と、それらの街路に直交し、海岸線に平行して等高線に沿うように狭い間隔で設けられた街路とによって囲まれた、ほぼ東西方向に細長い街区が、整然と並ぶものである。こうした様子は、いわゆる「八重山古地図」にも多く描かれてきた（図3・図4）。

そして、この「八重山古地図」においても明示されているのが、林による「村抱護」である。この「村抱護」は、旧「四箇村」の海岸沿いと、村落の背後に相当するところに植えられていたとされており、旧「四箇村」の「ゴバン型」あるいは「格子状」宅地群の少し外側を、ほぼ一周して囲む形で描かれていた。とくに、旧「四箇村」東端の登野城村（現在の字登野城）の一帯を描いた古地図では、「四箇村」の背後に二列の林帯が明確に示されている（図3）。旧「四箇村」における「村抱護」の松林は、文献によると、尚敬王代期（一七一三〜五一年）に、三司官（宰相）であった蔡温による林業政策のもとで植えられたとされる。[1]旧「四箇村」において、林による「村抱護」の木々が植えられた背景として強調されることとしては、一八六三年頃に首里王府から派遣された鄭良佐によってまとめられた風水見分記である、『北木山風水記』による指示が挙げられる。それによれば、北側のバンナ岳から遠いだけでなく、同岳から吹き下ろす風が不吉であるなど、「抱護之情《こころ》無し」とされた旧「四箇村」については、「（中略）四村の後山一帯に多く植樹すれば抱護の力あり」と、その北側に木々を植えなければならないことが強調されていた。[2]また、海沿いの林帯は、「海抱護」とも呼ばれた、現在で言うところの海岸防風林であったとみられる。

写真1　戦前の登野城の「村抱護」
（『明治・大正・昭和初期　思い出のまち・むら』より）

その中で、旧「四箇村」東端の登野城村（現在の字登野城）では、少なくとも一九一〇（明治四三）年の記録によると、当時、村の定めに背くような行いをした者に「村抱護」の中に一尺から三尺の松苗を植えさせる罰を与える、「科松《トゥガマチィ》」という慣習があったとされる。[3] このように、松で構成されていたとされる旧「四箇村」の林による「村抱護」は、第二次世界大戦前までは残されていた（写真1）ものの、戦中戦後の混乱の中で失われたと伝えられている。そこでは、日本軍のための作戦資材として、あるいは、戦後の学校校舎の復旧・新設のための建材などとして伐採されていったということが語り継がれている。

二　明治期地籍図に描かれた「村抱護」とその構造

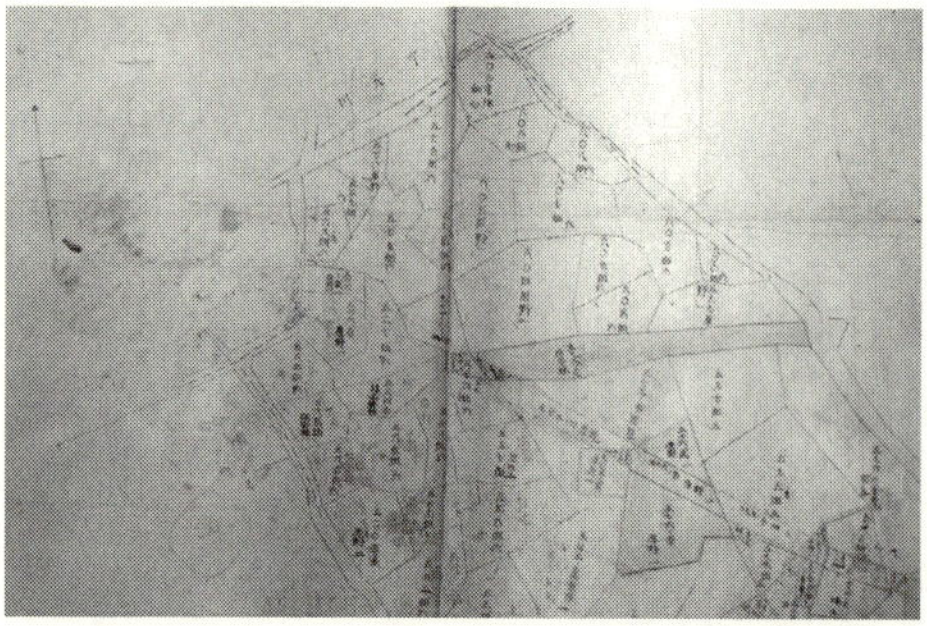

図5　登野城村小字山原の地籍図原図（抜粋）と中央を横断する「山林→保安林」地筆群

一八九九（明治三二）年から一九〇二（同三五）年にかけて沖縄県内で行われた「土地整理事業」は、それまで首里王府下において行われてきた、土地はあくまで共有とし、住民には平等的に土地を配分した上で、住民にはその居住や耕作の権利が与えられるとしつつ、その権利も一定の期間で交換することを求める旧慣習「地割制《ジィーワリ》」を廃し、土地の私有を認めると同時に地税の負担を求めるための土地調査であった。この「土地整理事業」が県内でも先行して行われた石垣島では、まさに一八九九（明治三二）年当初からの地籍図面が残されている（図5）。地上戦で大きな被害を受け、明治期の地籍図面がほぼ残されていない沖縄本島とは違い、ここ石垣島では当時の図面が、非常に良い状態で残されている。これを、現在の国土基本図などに重ね合わせられるように幾何補正を行い、林による「村抱護」とみられる地筆およびその周囲について示す（海岸部分は割愛）と、

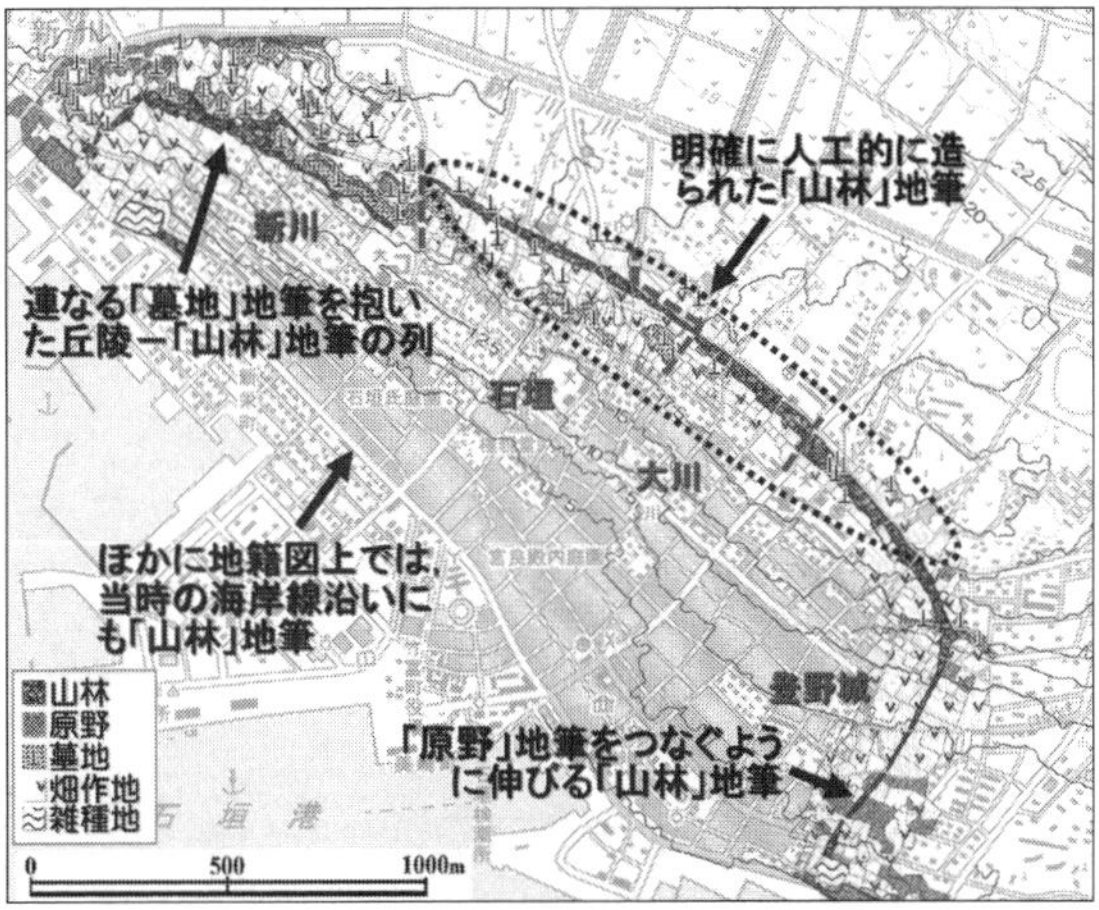

図6　石垣市中心市街地を取り囲んでいた「山林地筆」
（現行地形図に1912年当時の地目（土地利用）などを重ねて表示）

とくに旧「四箇村」の背後を取り囲んでいた明確な林帯の位置とその規模が浮かび上がる（図6）。そこでは、林帯が、新川・石垣・大川・登野城の四つの村落の周囲を、それぞれ若干異なる位置関係と規模（幅）とで取り囲んでいたことが明らかとなる。

まず、旧「四箇村」西端となる新川（現在の字新川）では、海岸に近い長崎御嶽《ナーシィキィオン》よりかなり西側の、現在の運動公園の東側を通る位置に、村落の西側をぐるりと取り囲むような、非常に細長い、地目（税制上の土地利用区分）が「山林」となっている地筆の列が示されている。ここは、西北西—東南東方向に連なる丘陵群のピークが尽きる少し手前に相当し、新川の宅地群からはいく分距離がある。その外側に続く、運動公園の南端で現在でも石灰岩質の岩肌を覗かせている丘陵は、当時から小規模の「墓地」地筆群となっていた。なお新川（河川）沿いでは、「山林」とは異なる地目区分である、林産的価値が認められないとされた「原野」地筆が広くみられた。そして、北東方向に北上していった「山林」地筆の列は、まさに旧「四箇村」の西の出入り口の一つとなるY字路「イーリィチィンマーセー（西チィンマーセー）」のところで、東南東方向に向きを変える。新川の宅地群の北側では、まさに宅地群の背後に丘陵群がそびえている中で、その丘陵群のピークが比較的幅の広い「山林」地筆となっており、その北側に大小の丘陵も点在していて、それらは「墓地」地筆となっていた。これらの「墓地」地筆となっていた大小の丘陵には、現在でも規模の大きい、いわゆる「亀甲墓」が目立つ。興味深いのは、ここから東南東方向に伸びる丘陵群のピークに沿って「山林」地筆とその外側の「墓地」地筆とが伸びていくだけでなく、この丘陵群から分岐する形で、位置的には丘陵群から北側に一段下りたところ（トーヤーヌカー〈唐屋の井戸〉の近く）にもう一列、幅八〜一二メートルほどの細長く人工的な「山林」地筆が、途中で途切れ途切れとなりながらも伸びていたことである。

　新川の東側となる石垣（現在の字石垣）に入ると、宅地群のすぐ北側まで近づいた丘陵群は完全に「墓地」地筆となり、その北側に一段下りたところが「山林」地筆のメインとなる。これらの「山林」地筆は、非常に直線的で、幅も一二〜一六メートルと揃っていた。この、丘陵群の一段下を東南東方向に伸びる「山林」地筆群は、続く大川（現在の字大川）に入ると、丘陵群が若干標高を下げ、丘陵群のほぼピークまで宅地群が迫ることで丘陵が明確でなくなってしまうのを補うためか、「山林」地筆の幅は最大で二〇メートルとなって、その規模を大きくする。その状態のまま登野城（現在の字登野城）の北側に延びた「山林」地筆群は、再び「墓地」地筆となっている丘陵群の東端と交差して南南西に向きを変え、幅を狭めて登野城の宅地群の東側を走る。その位置は、旧「四箇村」を乗せた階段状の段丘地形から少し外側の、やはり一段低くなったところとなっていた。この細長い「山林」地筆群は、登野城に点在していたいくつかの「原野」地筆を貫きつつ、地籍図の地目上では「雑種地」となっていた、埋め立て前の海岸沿いとなる糸数御嶽《イトゥカジィオン》（図6、南端の雑種地）まで伸びていた。なお文献では登野城のもう一列の「村抱護」は現在の気象台通り（石垣島地方気象台東道路）に相当するとしているが[4]、そこは「土地整理事業」の時点ですでに道路であり、その沿道には明確な「山林」または「原野」地筆はみられなかった。ただしこの道路は、階段状の段丘地形東端の、尾根線状のところをたどっていた。

　このように、明治期地籍図をもとに「村抱護」と思われる「山林」地筆などを確認すると、全体的に、それらの多くは、意外にも隆起さんご礁地形とみられる階段状の段丘地形背後の丘陵のピークではなく、その少し外側の、一段低くなったところに共通してみられることが明らかとなった。ただし、これらの「村抱護」の幅の広さや狭さには、位置する村落ごとにそれこそ幅がみられた。

三　地籍資料などに記録された「村抱護」の消滅

一八九九（明治三二）年からの地籍図において「山林」地筆などとして描かれた「村抱護」のその後については、同図面への加筆と土地台帳の記載、および一九四五（昭和二〇）年三月撮影の米軍空中写真等によって確認できる。とくに土地台帳では、土地所有者の申告によるため実際の土地利用の変更時期よりも遅れが生じることがあるものの、地目の転換および土地所有者の変更が、年月日単位で記録されている。それらを確認することで、旧「四箇村」における「村抱護」の消滅過程と、そこにみられる地域差について明らかにしていく。

まず、地籍図面への加筆と土地台帳への記載から確認される、旧「四箇村」における「村抱護」が経験したとみられる最初の大きな変化は、一九一二（明治四五）年に一斉に行われた「保安林」指定である。「保安林」とは、急傾斜の崩壊や自然災害、水源涵養林の喪失などを防ぐために、県知事（現在では農林水産大臣も）による指定が行われた山林などを指し、沖縄県独自の存在ではない。そして、いったん「保安林」指定がなされると、立木の伐採などにも許可を得ることが求められるようになる。この「保安林」指定により、旧「四箇村」周囲の、「村抱護」であったとみられる山林や原野において、指定を受けた地筆（図6の太実線で縁取られた「山林」地筆など）と受けなかった地筆とが生じた。この過程の中で、先述した字新川北側において二列に分岐する形でみられた「山林」地筆のうち、丘陵群北側の一段下に途切れ途切れに伸びていた、より人工的とみられる方の細長い「山林」地筆は、共有地（村有地→字有地）であったにもかかわらず「保安林」指定から外れた。これとほぼ同時期に、これらの指定から外れた「山林」地筆は、一八九九（明治三二）年当初は「山林」であったところも、所有は共有（村有→字有）のまま畑作地に転

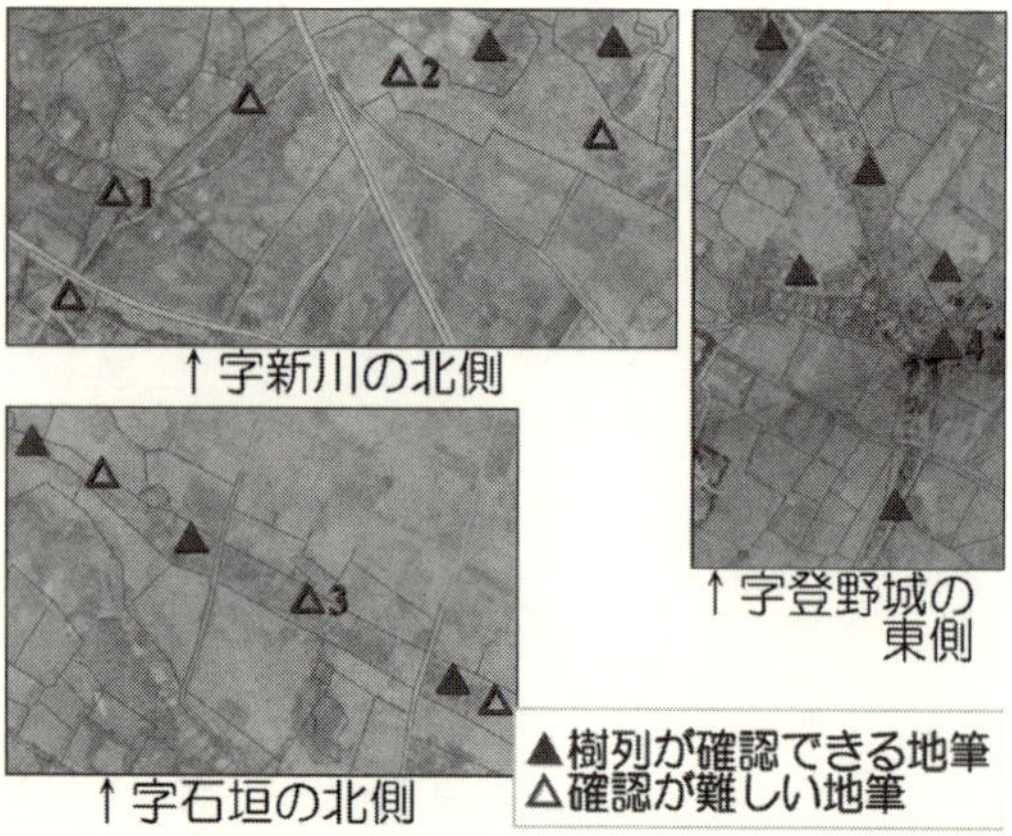

図7　1945年3月10日撮影の米軍航空写真における「村抱護」とその周辺の状況

換されてしまった。

土地台帳の記載からだけでは、これらの「山林」であった地筆が実質畑作地化していたために「保安林」指定から外れたのか、逆に、「保安林」指定から外れることを見越して畑作地に転換されたのかを明らかにすることはできないが、いずれにせよ「村抱護」は以降、「保安林」に指定されて法的にも保全が求められた範囲と、そうでない範囲とに取捨選択がなされた形となる。なお、先述したように一部、共有地でありながら「保安林」指定から外れた「山林」地筆もみられるものの、「保安林」指定が行われた「山林」地筆は、共有地であった地筆とほぼ一致しており、指定には、そうした土地所有条件も考慮された可能性が高い。

続いて、住民にもその消滅時期として記憶に残される、第二次世界大戦前後の「村抱護」の状況を示すために、米軍空中写真に当時の地筆線を加筆して確認すると、例えば旧「四箇村」西端となる、字新川の西側から北側にかけて（図7左上）では、「保安林」にも指定されていた地筆についても、すでにほぼ全ての樹列が失われていた様子が写されている。なお、その北側に隣接する「墓地」地筆では樹列が残されていた。さらに、字新川東側となる字石垣の北側（図7左下）では、「保安林」にも指定されていた地筆について、飛び飛びで樹列が失われていた様子が写されている。その一方で、旧「四箇村」東端となる字登野城では、「墓地」地筆に加えて「保安林」にも指定されていた「山林」地筆において、明確な樹列が確認される（図7右）。このように一九四五年三月の時点で、かつて「村抱護」であったとみられ「保安林」にも指定されていた地筆であっても、相対的に西側ではすでに樹列は失われていたのに対して、東側ではしっかりと樹列が残されていたといったように、字ごとで「村抱護」の残存状況に差がみられていたことが明らかになる。

こうした、第二次世界大戦の前後において「村抱護」がどのような過程を経て失われていったのかについては、土地台帳での記載についての確認が参考となる。例えば、字新川の西側から北側にかけて存在した「山林→保安林」地筆（図7左上の△1）は、すでに第二次世界大戦前の一九三一（昭和六）年には、「保安林」指定の解除とほぼ同時に短冊状に分筆され、それぞれ地目が「宅地」に転換されていた。それでも同地筆は依然として共有地（字有地）であったが、それも戦後の一九五三～五四（昭和二八～二九）年にかけて、同地筆に居住する個人の所有地となった。少し東側の「山林→保安林」地筆（図7左上の△2）は、遅れて一九五〇（昭和二五）年に、「保安林」指定の解除とほぼ同時に地目が「畑」に転換され、一九五四（昭和二九）年にやはり個人の所有地となった。この一九五三～五四年は、先述した、米軍空中写真にみられる第二次世界大戦期にすでに樹列が失われていた「保安林」の状況を追認するように、同指定を解除して地目を「山林」などから転換し、すでにそこを居住地としていた個人の所有地とすることも公的に認められた時期とみなせる。同じく、字石垣北側の「山林→保安林」地筆（図7左下の△3）も、一九五三（昭和二八）年に「保安林」指定の解除とほぼ同時に地目が「畑」に転換され、同年中に個人所有地となった。なお、ここ字石垣における「山林→保安林」地筆については、「畑」への転換が行われるのに際して敷地の南端が分筆され、幅の狭い道路が新設されていた。これに対して、旧「四箇村」東端となる字登野城の「山林→保安林」地筆（図7右の▲4）は、「保安林」指定の解除と「畑」などへの転換が、少し遅い一九五五（昭和三〇）年となった。これは、その跡地に設けられているとされる「保安通り」の開通時期と矛盾しない。また同地筆は以降、土地登記簿との一本化に伴い土地台帳への記載がなされなくなる一九六〇年代末を経て、現在に至るまで共有地（字有地→石垣市有地）のままとなっている。

このように、旧「四箇村」周囲の、多くが共有地であったかつての「村抱護」は、一九一二年に「保安林」指定がなされて、その範囲は絞り込まれたものの法的にも保全がはかられるようになった。しかしながら、土地台帳での記載を見る限りでは、すでに第二次世界大戦以前から相対的に西側においてその存在が不明瞭となっており、場所によっては早々に「保安林」指定が解除され、宅地に転ずるところもみられていた。大戦末期の一九四五年三月の時点では、古くからの住民の認識通り、そうした「村抱護」の体を失っていた範囲が拡大し、一九五〇年代までにそれらの範囲は次々と法的にも個人の宅地や農耕地となり、解体されていった。ただし、そうした「村抱護」の解体の進展は、相対的に東側の、実質、字登野城の範囲ではかなり遅かった。

四　現在の景観に残る「村抱護」のこん跡

旧「四箇村」周囲の「村抱護」は現在、もはや林帯としてはその姿を残していない。しかしながらその跡地では、「村抱護」が転用された場所ならではの景観がみられる。それを、現地で確認する。

まず、旧「四箇村」西端となる字新川西側における「村抱護」は、第二次世界大戦前にすでに「宅地」に転換されはじめていたところであるが、そこでは、かつての「村抱護」の幅そのままに細長く、そこだけ低層の住宅が建ち並ぶ一画がみられる（写真2）。「イーリィチィンマーセー」で東南東に向きを変えた「山林→保安林」地筆の列にもやはり、緩やかな斜面に、比較的低層の建物が建ち並んでいる。その北側の、丘陵地群の一段下にあって「保安林」指定から外れた細長い「林野」地筆は、現在は畑作地となっていて、その存在は一見して不明瞭である。なお、「産業道路」はこれらの地筆よりもさらに北側を走っており、実は字新川内の同道路は、往時の「村抱護」をたどっていない。

字石垣に入ると、往時の「村抱護」の「産業道路」への転用は明確となるが、かつての「村抱護」の幅は最大で約二〇メートルもあり、その幅の全てが同道路に転用されたわけではない。明治期の地籍図と現在の地籍併合図などとの重ね合わせを行うと、「産業道路」は、往時の「村抱護」跡の地筆の北端のみを細長く転用していることが明らかになる。従って「産業道路」の南側にはこれまた細長く、かつての「村抱護」の跡地の一部が並走する形となる。そして、ここ字石垣の「村抱護」跡は、幹線道路沿いであるためか、低層階を商業施設、中層階以上を集合住宅などとした建物群が、屏風のように建てられる形となっている（写真3）。さらに、この建物群の南側には細い小径が走っているが、これは先述した、「保安林」指定からの解除の時点であらかじめ分筆し設けられていた道路の名残りであり、南から順に、この小径と建物群、そして「産業道路」とを合わせた幅二〇メートル近く

写真2　現在の石垣市中心市街地西側・字新川の「村抱護」跡に並ぶ低層住宅（2009年8月29日撮影）

写真3　石垣市中心市街地北側の「産業道路」とその南側（写真奥側）に屏風のように連なる建物群（2007年8月25日撮影）

写真4「産業道路」南側（写真左側）にみられる建物群と小径（ほぼ西を向いて撮影）（2009年8月29日撮影）

が、かつての「村抱護」の幅と想定できる（写真4）。「産業道路」自体は、現在の市街地の中では相当な幅であるが、もし同道路のみを「村抱護」の跡地と認識すると、それは、往時の「村抱護」の規模を過小評価することとなる。

これに対して相対的に東側の、字大川から旧「四箇村」東端であった字登野城にかけての一帯に入ると、往時の「村抱護」跡地転用の方向性は大きく異なってくる。ここではもともと丘陵群の標高が若干低く、また「墓地」としても使われていなかったためか、丘陵群を挟んだまとまった土地が戦後、広大な土地を必要とする学校（登野城小学校や八重山高校）の敷地の一部となった。そして、往時の「村抱護」とみられる「山林→保安林」地筆は、「産業道路」に加えて各校のグラウンドの北端に相当する形となっている。ほかにも、字大川から字登野城にかけては、「産業道路」に加えて、同道沿いの幼稚園や公民館、家畜保健衛生所といった、公共施設用地への転用が目立つ（写真5）。

写真5　「産業道路」の南側沿いでも東側でみられる公共施設用地としての利用（2009年8月29日撮影）

写真6　石垣市字登野城北側の都市計画道路から外れたところに残っていた樹列（2007年8月29日撮影）

写真7　石垣市字登野城北側にみられる細長く開けた空間（2009年8月29日撮影）

写真8　石垣市市街地東側を走る「保安道路」の東側（写真右側）の空いた空間（2009年8月29日撮影）

図8　字登野城付近について「国土基本図」上に「土地整理事業」時の地目を重ねたもの

「産業道路」とその南側に隣接するこれらの公共施設用地とを足した幅が、約一六〜二〇メートルと、往時の旧「四箇村」周囲の「村抱護」でよくみられた幅となる。字登野城の宅地群の北側の、現在でも墓地を抱く少し標高のある丘陵にぶつかった「産業道路」は、そこからは往時の「村抱護」跡をたどらずに、東北東にその向きを変えて伸びていく。その丘陵群は、現在でも共有地（石垣市有地）となっている。そして、都市計画道路から外れたところでは近年まで、「村抱護」の名残りのように樹列がみられた（写真6）。その丘陵の一帯では区画整理が進む中で、現在でもその新しい街区を斜めに横切るように、往時の「村抱護」跡に相当する、細長く開けた空間が伸びている（写真7）。

　最後の字登野城では、同字内をほぼ南北に走り、「保安林」にも指定されていた往時の「村抱護」の跡地が、「保安林」の名を抱いた「保安通り」に転用されている。ただし、同道路の幅は往時の「村抱護」より若干狭い（図8）。そのため同道路沿いには、往時の「村抱護」とみられる「山林→保安林」地筆の一部が並走して細長く存在することになるが、そこでは特徴として、不自然に空いた空間が造り出されている。具体的には、「保安道路」沿道の東側では、全ての建物が道路に対して一斉にセットバックするように建てられており、家々のブロック塀や門柱なども、あくまで道路から一定の距離を置いて建てられている（写真8）。そして、道路とそれらのブロック塀などとの間の空間は、駐車場などといった消極的な利用がなされている。一方で、そうした空間の両側には相応の建物が建ち並んでいる。その地形特性上、石垣市の中心市街地は北方向への拡大が難しく、東西（東南東―西北西）方向に市街地拡大の余地を求めるほかない。旧「四箇村」東西端の「村抱護」跡は、こうした形で市街地の拡大の中に埋没したと言えよう。

このように、往時の「村抱護」は、第二次世界大戦を挟んでその本来の姿である林帯をほぼ失ってしまったものの、明治三〇年代においても最大で約二〇メートルの幅を持ち、さらには一八九九（明治三二）年の「地割制」撤廃後も、一部は現在に至るまで共有地のまま維持された。そしてその存在を、現在では宅地に転換されたり、その敷地の一部を道路などに譲っていたりしていても、合わせて幅十数～二〇メートルと細長い、周囲とは異なる特徴的な景観の連続に残している。また、かつては村落を守っていた「村抱護」であったという記憶からか、あるいは長く共有地であったという前提からか、その跡地の多くは、公共施設用地には積極的に使われるものの、幹線道路「産業道路」沿いの一部を除いて、とくに恒久的な建物の敷地として使うことははばかられているようであった。ただし、こうした「村抱護」跡地の転用には、村落すなわち現在の字ごとでの温度差があり、相対的に西側の、現在の字新川に向かうほど、早い時期から民間転用が進んでおり、相対的に東側の、現在の字登野城に向かうほど、現在に至るまで公共的利用が目立つという傾向が確認できた。

おわりに

以上見てきたように、現在では石垣市の中心市街地となっている旧「四箇村」には、少なくとも明治三〇年代まで、その周囲を取り囲むように、最大で幅約二〇メートルにもなる「村抱護」が存在した。その位置は、旧「四箇村」

を乗せている、海岸から段々と高くなる段丘状地形の背後の丘陵群のピークではなく、そのさらに背後（北側）の、一段低くなっているところとなることが多かった。とくに、旧「四箇村」の最も北側となる、バンナ岳を望む一帯では、木々が自生もしうる丘陵群とは別に、明らかに人工的に木々が植えられた「山林」地筆が、明治期地籍図上でもみられ、この場所に木々を植えるよう強調した『北木山風水記』の指示が守られていたことが裏付けられる形となった。この位置に木々が植えられることで、丘陵群の存在と合わせて防風効果を高めるとともに、近年まで低湿地が広がり、蚊の発生すなわちマラリアの脅威も危惧された旧「四箇村」の北側と、各村落とを隔てる存在となることが期待されていたものと思われる。実際に文献などによれば、第二次世界大戦まで残った、伝染病の進入を防ぐために縄を張って動物の死骸をぶら下げるなどの島の慣習「シィマフサラサー」も、これらの「山林」地筆の場所で行われていたとされる(5)。

また先述したように、登野城村（現在の字登野城の一帯）を描いた古地図（図4）などにおいては、林帯が二列に強調して描かれていた。これについては実際に、「村抱護」が現存する多良間島などにおいても、「村抱護」として木々が植えられる際にはその幅一杯にすき間無く木々を植えるのではなく、敷地の外側に交互に木々を植えて敷地の内側には余裕を持たせ、見かけ上二列になるようにすることで、強風を止めるのではなく勢いを弱める効果が期待されている例がみられる。登野城の古地図は、そうした往時の「村抱護」の姿を示したものと思われる。さらに旧「四箇村」については、丘陵群とは別にその外側に「村抱護」が植えられていたとみられることで、古地図における「村抱護」の二列の林帯の表現がより強調される一因となったのではないかと考えられた。

しかし、これらの「村抱護」はその後、まず一九一二（明治四五）年の「保安林」指定によって、丘陵群側にみられやすかった「山林」地筆群などと、その一段下の位置に人工的に木々が植えられていた可能性の高い「山林」地筆群のいずれかが、「保全すべき」範囲として選択された。そしてこの時に、旧「四箇村」西端となる新川、現在の字新川の北側などでは、丘陵群側の「山林」地筆群が、「保安林」指定を受けたこともあって現在に至るまで木々を残すことになったのに対し、そこから分岐した、丘陵群の一段下のところで人工的に木々が植えられていたとみられる「山林」地筆群は、指定から外れてほどなくして樹列を失ったとみられ、やはり人工的に植えられた林帯の維持は難しかったようである。一方で、人工的に木々が植えられたとみられる「山林」地筆であっても、「保安林」に指定されたところでは、最終的には第二次世界大戦の前後に失われたとはいえ、樹列がしばらく残ることとなった。このように、近・現代における旧「四箇村」の「村抱護」については、「保安林」に指定された地筆か否かによって、その後しばらくの維持が左右されたのではないかと想定された。

　また現在、一帯で「村抱護」がほぼ失われる中で、旧「四箇村」西端となる現在の字新川と東端となる現在の字登野城において丘陵群上には一部木々が残っているのを見ると、丘陵上の樹列は古くから自生していた可能性がある。「村抱護」の海側の起点である「長崎御嶽」および「糸数御嶽」などはいずれも、もともと密林であったところを崇敬するようになって成立したとされている。仮説として「村抱護」は、それらの木々がもともと自生していた森《ムイ》に加えて、それらを結ぶように人工的に木々が植えられて、往時の姿をみせていたと考えられる。林による「村抱護」が失われていった過程は、逆回転すれば、「村抱護」の成立過程を示すのではないかと期待される。

　そして、「村抱護」の大部分は、いったんは「保安林」となりながら樹列が失われ、「保安林」指定から外れた現在では、主に都市計画道路や公共施設用地のほか、多様な用途に転用されている。しかしながらその跡地は、最大幅約二〇メートルで細長く伸びた、周囲とは若干異なる景観をみせていることが明らかになった。こうした過程に対しては、一見すると「村抱護」とそれにまつわる文化の喪失として否定的な評価が与えられるかもしれない一方で、見方によっては、「村抱護」は形を変えて、旧「四箇村」、現在の石垣市の中心市街地を守ってきたと言える。すなわち、もともと「抱護」の語には、村落を守るという感覚があったが、それは明治期以降の、東京中心の近代的な制度の受け入れの中で、「保安」という語に包摂されていった可能性がある。ほかに「村抱護」については、琉球列島各地において、物理的に村落を守るだけではなく、いざ村落が困窮した時には例外的に木々を伐採できたり、その土地の一部を利用できたりするという認識が共有されてきた。こうした、公共的な利用のためならば転用もやむなしとする認識は、「保安林」指定とその解除規定とも通ずる。

旧「四箇村」の「村抱護」は、こうした考え方のもとで大部分が「保安林」に転じ、のちに第二次世界大戦前後の混乱期に住民のための利用もあってその指定が解除されつつ、現在ではその跡地の多くが、都市計画道路や公共施設用地となって住民の生活を支えている。そして、その考え方のもとで、「村抱護」の跡地については特定の住民のみが独占的かつ恒久的に使うべきではないという意識が、依然として共有されているように映った。機会があればこうした観点に基づいて、石垣島以外の地域（島しょ）においても、「村抱護」のその後についての把握に努めたい。なお、本章で示したように、かつての「村抱護」イコール「保安林」とは限らない。このことについての強調は、別稿に譲ることとする。

最後に、本章では地籍資料や米軍空中写真などを活用して、旧「四箇村」をめぐる「村抱護」の消滅過程を明らかにしたが、その中で旧「四箇村」の東端に相当する字登野城では、かなり後まで「村抱護」が残されていたといった実態が示された。この背景として、かつて登野城村（現在の字登野城）においては「科松」といった慣習があったことに象徴されるように、旧「四箇村」内でも「村抱護」に対する住民の意識が強いところがあり、それが「村抱護」に影響した可能性がある。本章ではそうした、村落（字）ごとの住民の意識の差違は充分に押さえられていない。今後、こうした観点に基づく調査も検討したい。

注

（1）石垣市総務部市史編集課『石垣市史巡見 九 村むら探訪——登野城村の古地図を歩く』石垣市、二〇〇五年。
（2）椿 勝義・坂本磐雄・北野 隆「集落の風水資料及び古地図に基づく八重山地方の集落坐向」『日本建築学会計画系論文集』五〇〇、一九九七年、二一三—二二〇頁。
（3）石垣市総務部市史編集室『石垣市史研究資料 二明治・大正・昭和初期 思い出のまち・むら』石垣市、一九九〇年。
（4）前掲（2）。
（5）前掲（2）。

第二章　天然記念物に指定された宮古諸島・多良間島の「抱護」

山元貴継

はじめに

多良間島は、石垣島と宮古島とのほぼ中間に浮かぶ、人口一一八九名（二〇一五年国勢調査）の島である。同島は、その大部分が隆起さんご礁で形成された、面積約二〇・〇五平方キロメートルのほぼ円形の島で、(1)その北側に標高約三〇数メートルと低いながらも存在する丘陵の南側に、人口の大部分が集まる中心集落がある（図1）。この多良間島の中心集落の大きな特色であり、それを目当てとする観光客までもがみられるのが、同集落の周囲を取り囲むように植えられた、フクギをはじめとしてテリハボク、モクタチバナなどの木々が生い茂る、林による「抱護」（写真1）である。現地では「ポーグ」と呼ばれるこの「抱護（村抱護）」は、一九七四（昭和四九）年一二月二六日に沖縄県指定の天然記念物に指定されており、今後も保全が期待される。そして、琉球列島の多くの地域で「村抱護」が失われてしまった現在、伝統的に樹種としてフクギ（多良間島の方言名ではプクギズギー、ジャンジャラギー）の木々が多く選ばれて植えられた多良間島のそれこそが、琉球列島における「村抱護」の典型例であると紹介されやすい。

しかしながら、現地に向かうと分かることとして、多良間島の「村抱護」については、同島の中心集落の南側では、

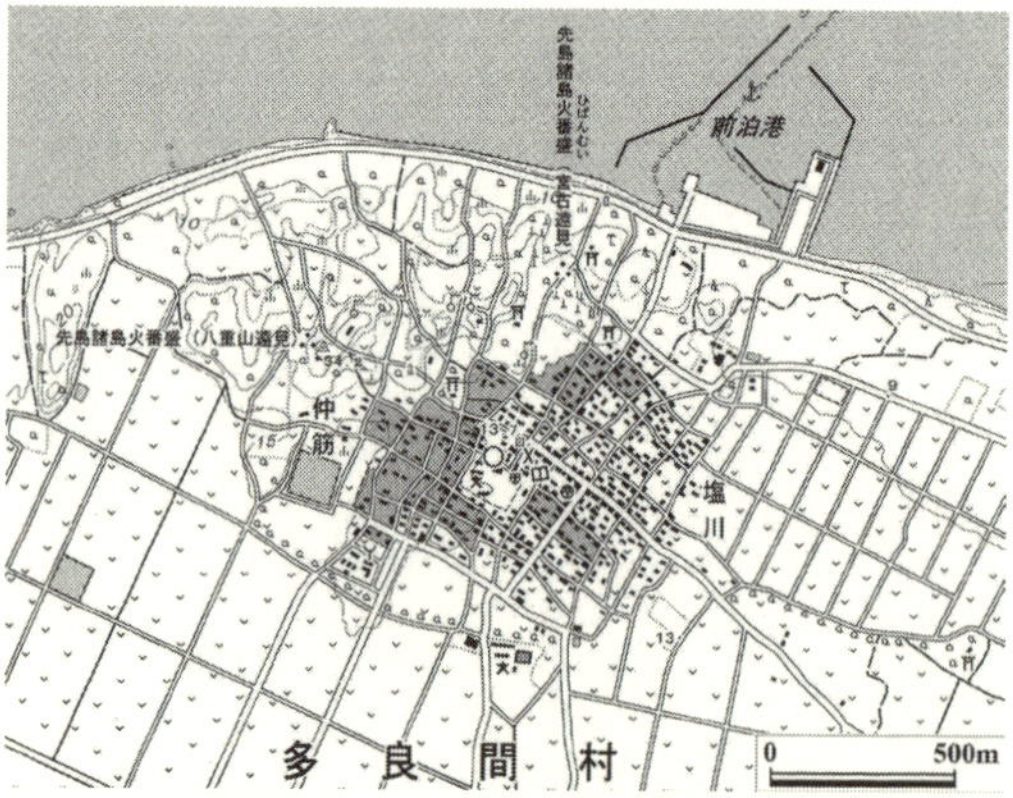

図1　多良間島の中心集落とその周囲（2007年更新1：25,000地形図「多良間島」）

写真1　多良間島中心集落の南側に現在も残る「村抱護」（2009年2月13日撮影）

写真2　宅地群からいくぶん離れて植えられた中心集落の南側の「村抱護」（2009年2月13日撮影）

幅をもって植えられたフクギなどの並木が、宅地群から比較的離れたところにみられる（写真2）のに対して、同集落の東側ではそれらは宅地群の中にあり、フクギ並木は断片的にしか残っていない。このように、一帯の中でもその残存に差がみられる多良間島中心集落の「村抱護」に対して、本章ではまず、同島においても一八九九（明治三二）年から本格的に進められた土地調査である「土地整理事業」に伴い整備され、以降の記録が残された地籍図および土地台帳（以下「地籍資料」とも総称）を活用して、近代以降の変化を経験する前の「抱護」の正確な位置や規模を示す。その上で、現地調査の結果や標高データを用いて、林による「村抱護」の木々が多良間島の中でもなぜその位置に植えられたのかを検討する。さらには、近代以降の「村抱護」の変化の過程について地籍資料などを活用して確認するとともに、現地調査をもとに、現在の多良間島の中心集落における「村抱護」の現状について紹介していく。

一　多良間島の中心集落と「村抱護」

現在の多良間島の中心集落は、本来はその西側が仲筋、東側が塩川という、二つの村落であった。それらの村落が後に一体化し、一九〇八（明治四一）年の沖縄県島嶼町村制施行を経て、それまでの村が「字」とされたことで、中心集落の中央をほぼ南北に貫く街路を境に、現在ではそれぞれ字仲筋、字塩川となっている。

歴史的には西側の仲筋村落が先行しており、同村落のルーツとなったのは、現在の宅地群から見ると西北端に相当する「アマガームラ」「パリマムラ」「ナタツガームラ」と呼ばれた三つの小規模集落であったとの伝承がある。それらの跡地には現在、これらの集落を統一した土原豊見親とその内室の墓「ウプメーカ」（写真3）などが残り、聖なる場所とされている。この「ウプメーカ」などの立地を見ると、かつては「遠見台」も置かれていた多良間島の北側の、最高標高わずか三四メートルの丘陵の南東向き斜面の下の（写真4）、それでも約一〇分の一の傾斜度をもつ、緩やかな南東向き傾斜面上に相当する（図2）。こうした、いわゆる「腰当森《クサティムイ》」の南側斜面は、北側からの冬の季節風を避けるのに有利な位置である。そこは同

写真3　多良間島中心集落のルーツとなったとされる集落跡にある「ウプメーカ」（2017年2月22日撮影）

写真4　北側丘陵から見た中心集落（点線円が同集落のルーツとされる集落のおおよその位置）（2007年8月21日撮影）

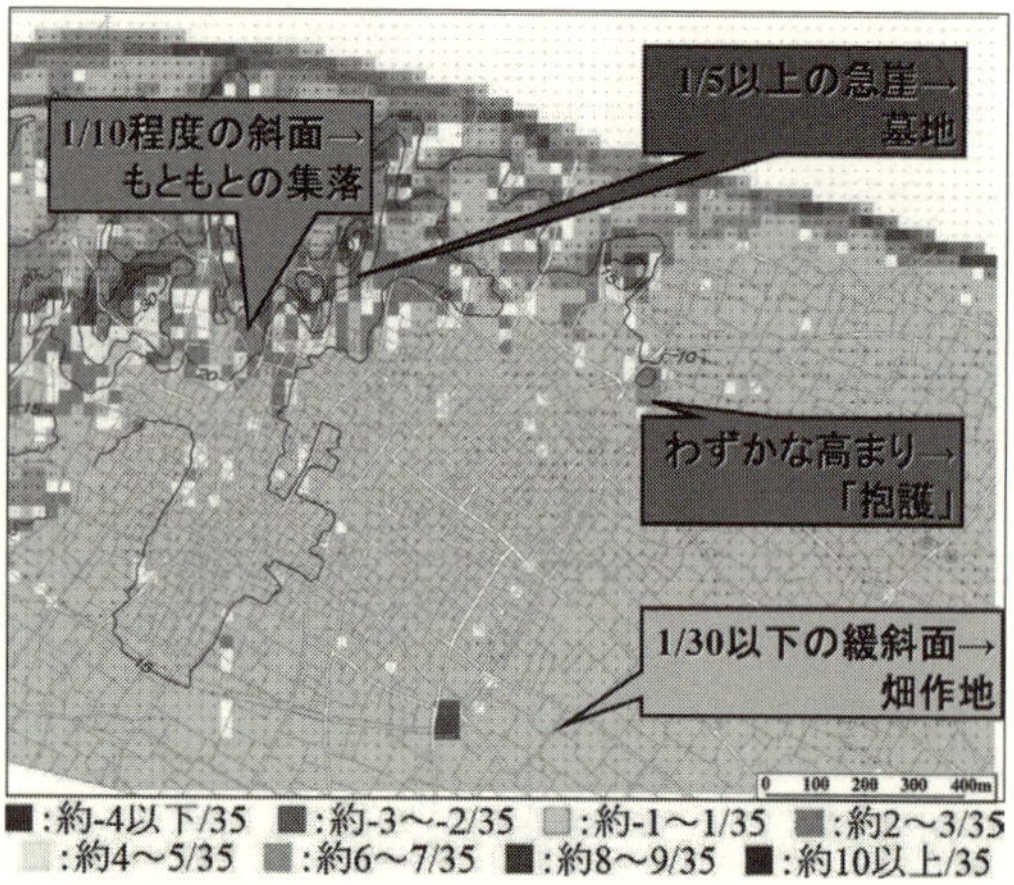

図２　多良間島中心集落とその周囲の傾斜度と土地利用（1981 年修正 1：5,000 国土基本図より標高データを抽出して作成）

時に、丘陵とその下方に広がる隆起さんご礁の段丘との境界近くにて、丘陵に降った雨水が隆起さんご礁の段丘面の地下深くに浸透してしまう前の、比較的浅い位置で地下水を得られる可能性が高い場所である。実際にそこには、自然井戸であった「アマガー」などもあり、この場所を住民が最初の拠点としたことへの理解はたやすい。その後仲筋の村落は、基本的にはこの丘陵直下の、舌状に低くなだらかに伸びた段丘面上に、広く宅地群を展開させていった（図3に示された宅地群範囲の西側）。

一方で東側の塩川村落は、かつてはより島の中央部に近い、現在の場所から一キロメートルほど東南東に位置していたが、一八世紀初頭までに、仲筋村落のすぐ東隣となる現在の位置に移ってきたとされる。もともとの村落の宅地群跡地の一部は現在、「塩川御嶽《ウタキ》」となっている。この「塩川御嶽」の敷地内は現在、鬱蒼としたフクギ林となっている（写真5）。

そして、移転してきた塩川村落の住民が居住してきた宅地群は、基本的には仲筋村落の宅地群の大部分が乗っている段丘面よりは一段下の面に展開されている（図3に示された宅地群範囲の東側）。ただし、これら二つの段丘面間の標高差は極めて小さい。ほかに、これら仲筋と塩川の二つの村落について特筆しておく必要のある歴史としては、一七七一（明和八）年四月二四日（旧暦三月一〇日）に発生した「八重山地震」による大津波、いわゆる「明和大津波」の襲来がある。同津波の高波は、多良間島では南南西方向から進入し、時期的には移動してきて数十年しか経っていなかった塩川村落の大部分と、仲筋村落の南側とを浸水させ、当時の住民三三二四名中、三六二名が命を落とす被害を与えた[2]。この、浸水から逃れることのできた範囲は、仲筋村落の宅地群の大部分が乗っている段丘面と比較的一致する。多良間島は、この「明和大津波」以前にも数百年おきに大津波に見舞われてきており、先述した「塩川御嶽」の中やその周囲には、高さ三〜五メートルはある、「明和大津波」よりもさらに古い時代の津波で打ち上げられた石灰岩石「津波石（岩）」もある（写真6）。

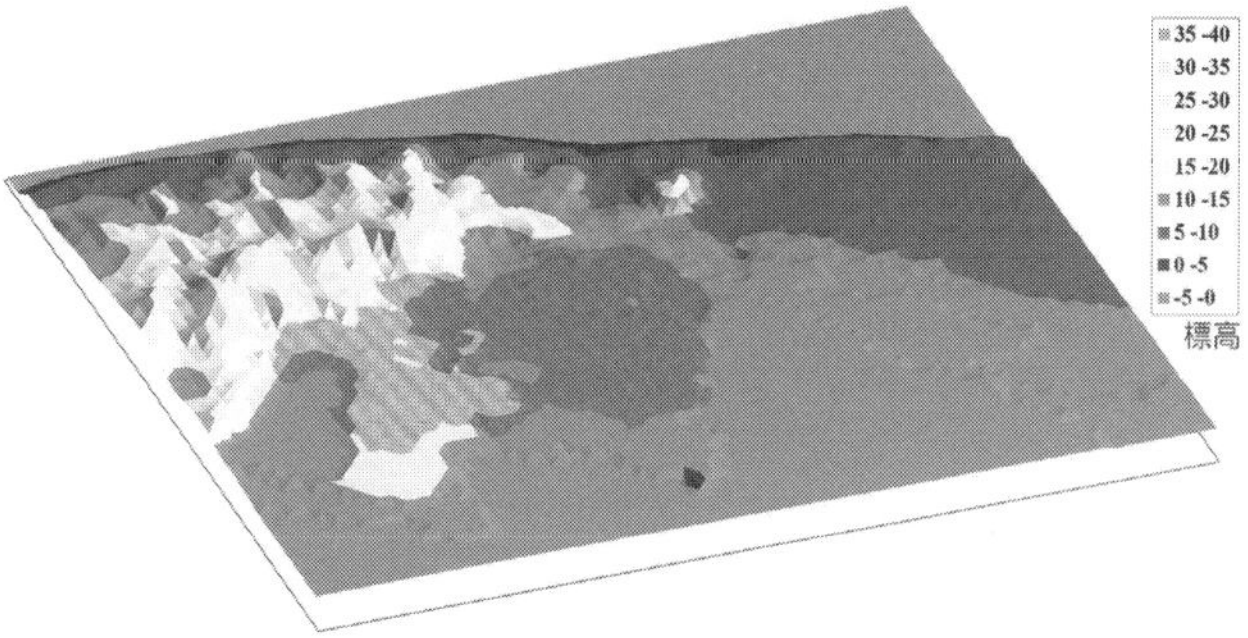

図3　多良間島中心集落とその周囲の標高ダイヤグラムと宅地群の範囲（1981年修正1：5,000国土基本図より標高データを抽出して作成）（図2と同範囲）

写真5　「塩川御嶽（ウタキ）」（2013年8月1日撮影）

写真6　「村抱護」の外側（字塩川側）に残る「津波石（岩）」（2013年8月1日撮影）

こうした多良間島の中心集落の周囲に、琉球列島の他地域と同様に、中国・福建地方で「風水」を学んだ蔡温による政策などを受けて、当時の宮古平良の頭職であった白川氏恵通によって本格的に一七四二（尚敬三〇）年（一七四七年説も）に造成されたと伝えられるのが、現地では「ポーグ」と呼ばれる

写真7　8月8日の立秋の際に「村抱護」に沿って架けられた縄（2007年8月21日撮影）

「（村）抱護」である。[3] そこでは、一七四〇年代に植えられたと推測される、フクギの巨木が確認される。[4] このように、「村抱護」としても植えられたフクギの木々の一部は、「明和大津波」にも耐え、さらに一八六〇年代頃にはさらなる造林整備を経たと推定されている。この「村抱護」は、冬の冷たい季節風や台風来襲時などの強風・潮風から村落を守ったり、村落とその外側との境界を示したりするために植えられたものとされる。多良間島では、「抱護」の内側を「ヤスク」「ムラウツ（村内）」、その外側を「ムラブカ（村外）」と称し、後者を不浄の地と考え、[5] 林帯による「抱護」を設けることで、村落内に良くないものが侵入することを防ぐことが期待されてきた。それを意識して現在でも、八月八日の立秋（旧暦七月）のスマフシャラ（秋ばらい）行事の際には、この林による「抱護」に沿って縄「スマフシャラーンナ」が架けられ、その切れ目となる村落への進入路には豚の骨などが結わえられる（写真7）。また、この林による「抱護」の中自体が様々な祭祀の場となり、かつてはいくつか香炉が置かれ、これを拝む人もあった。[6] 一方では通説として、多良間島中心集落における林による「抱護」も、第二次世界大戦前後には受難の時を迎え、とくに戦後すぐの苦しい時期には、この「村抱護」の木々を伐採して学校の資材にしたり、切り出した木材の代金を村の財政に充てたりした、といった話が伝えられている。

二　明治期地籍図などに描かれた「抱護」とその構造

一八九九（明治三二）年から進められた「土地整理事業」は、それまでは原則として認められていなかった土地の個人所有を認め、琉球列島の各村落における土地利用や土地所有の流動化を後押しし、その後の各地に大きな変化をもたらしたとされる。そして同事業は、調査の時点での住宅地や農耕地、山林などの土地割形態を記録した「地籍図」などを残した。この、「土地整理事業」によって整備された「地籍図」は、当時としてはかなり精度の高い測量に基づいたもので、若干の幾何補正によって、現在の国土基本図やGISデータなどとの重ね合わせを行うことが可能である。この当時の地籍図をもとにしたベースマップに、同事業で同時に整備され始め、以降の地目（税制上の土地利用区分）や土地所有者の氏名および住所、それらの転換や変更と、さらには、登記によるため実際の年月日よりも遅れがみられることが多いものの、それらの転換や変更の年月日が記録された「土地台帳」の記載をもとにしたデータをおとすことで、多良間島中心集落とその周囲の、近代以前の「村抱護」の位置や規模を明らかにするとともに、より詳細なその構造について検討する。

まず、多良間島の中心集落内の各屋敷（住宅）は、地籍図上および土地台帳上では「宅地」地目の地筆と示される（図4）。このうち仲筋村落側では、各宅地は曲線的な街路に囲まれた、比較的面積の大きい不定型な街区の中にみられやすく、また、それらの街区内には畑作地も少なからず点在していた。一方で塩川村落側では、宅地は、琉球列島の各地で発達している直線的な街路に囲まれ東西方向に細長い街区の中によくみられ、しかも、それらの街区はほぼ宅地だけで占められやすい、といった違いが示される。こうした街区形態の違いは、仲筋村落側は古い村落であって自然発生的な構造が多く残され、また、「明和大津波」の影響なども比較的少なかったのに対して、塩川村落側は一八世紀に入ってからの新しい村落であり、さらに同津波で壊滅的な被害を受けたことで、一七三七年以降に琉球列島一帯で広く取り入れられた合理的な「ゴバン（碁盤）」型、あるいは「格子」状の宅地群構造をより積極的に取り入れて再構成されたことによる可能性がある。

その中で「村抱護」は、全長一・八キロメートルにわたる細長い「山林」地目の地筆の並びとして表れる。これ

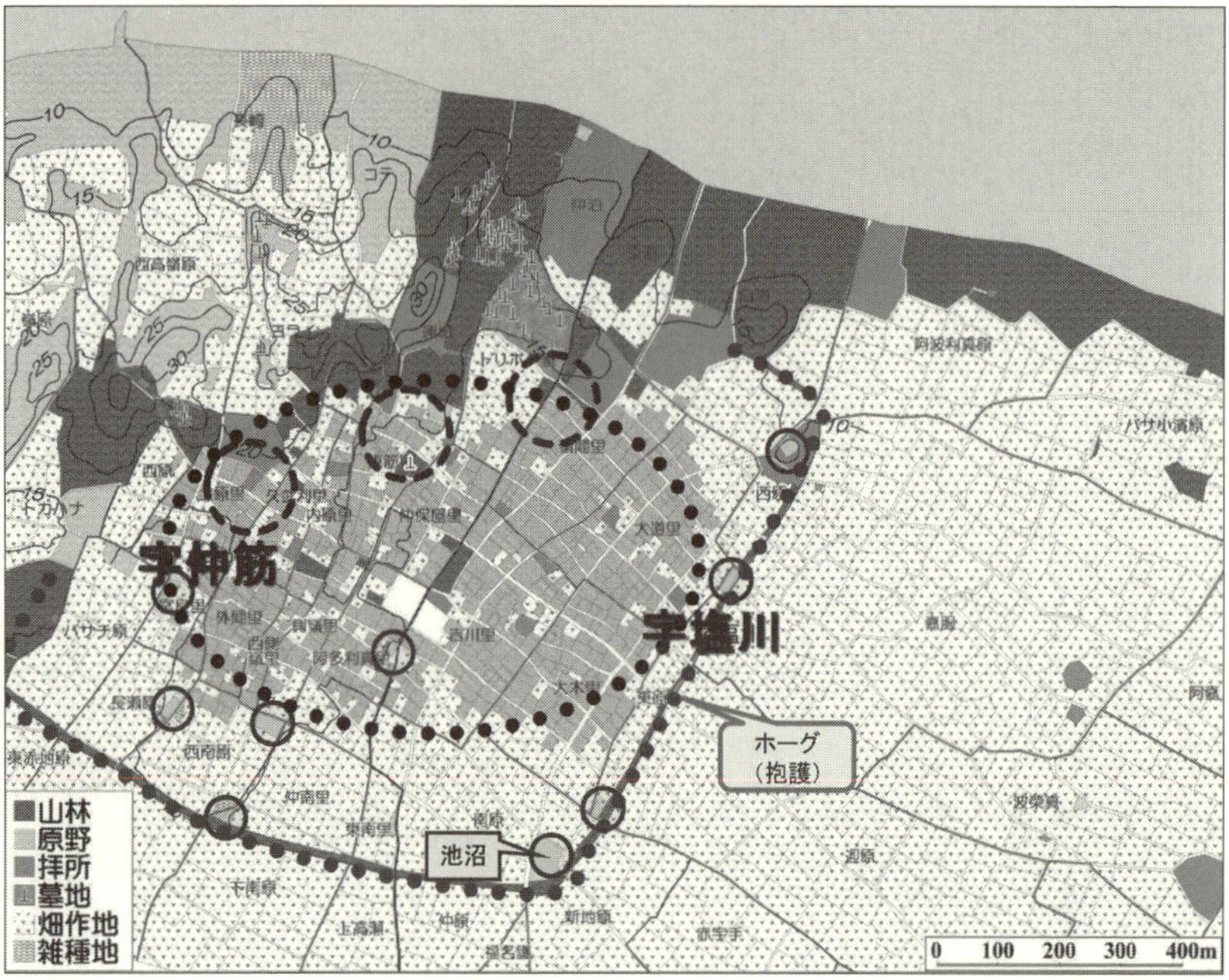

図４　1899（明治32）年頃の多良間島中心集落とその周囲の土地利用（地籍図・土地台帳より作成）

らの「山林」地筆の並びは、同じく「山林」や「原野」、「墓地」地筆などとなっていた中心集落北西の丘陵のうち、北東側に伸びる稜線（白嶺山《スシュムニ》）と南西側に伸びる稜線（トゥカパナ山）を延長するように、細長く伸びていた。これら「村抱護」とみられる各「山林」地筆は、細長いとはいっても幅一二メートルから最大では二〇メートルあり、人工的に植えられた林帯としては存在感のある規模であった。

そして、「村抱護」と中心集落との位置関係を見ると、「村抱護」は全体的には宅地群のすぐ外側を取り囲んでいるのではなく、その宅地群の周囲にある畑作地のさらに外側を取り囲むという、同心円的な位置関係をみせていた。ただし、この「村抱護」と宅地群との距離は、仲筋村落の南側では比較的開いている一方で、塩川村落の東側では非常に近接しているといったように、一定ではなかった。そして「村抱護」内では、二つの村落の宅地群が一体化することによって東西方向にやや細長い楕円形となった多良間島中心集落の宅地群と、その周囲の畑作地とが、ほぼ同じ面積となっていた。

こうした「村抱護」とみられる細長い「山林」地筆が並ぶ場所をめぐって、宅地群とその周辺一帯の地形を詳細に見ると、先述した同心円的な位置関係の中にもう一つの存在が見出せる。それが、「池沼」地筆の並びである（図4）。それらの地筆は、地目上は「池沼」となっているが、実際にはいわゆる掘り抜き井戸「カー」である。それらの並びの一列はまさに、先に述べた仲筋村落の宅地群の大部分が乗っている段丘面のちょうど縁となっており、隆起さんご礁の段丘地形の構造上、相対的に浅い位置に地下水を求めることができるところとなりやすい。さらに、不明確ではあるが一段下の段丘面の縁となっているところにも、もう一つの「池沼」地筆の並びがみられる。このうち東北端の面積の大きいものが、塩川の村落名の由来ともなった「シュガーカー」、東南端に近いものが「フシャトゥーガー」、仲筋村落の宅地群の真南にあるものが「ナガシカー」である。いずれの「カー」も、人の手を加えて掘り抜いた「ウリガー（降り井戸）」で、深さ十数メートルはあって容易には水を汲めないものの、古くから住民の貴重な水源となってきた。これらの「カー」の周囲には、比較的浅い地下水をもとに、木々が自生して、あるいは植えられて育っている。なお、実際に多良間島の中心集落の「村抱護」内では、一本ではあるが一七一七年植栽とみられるフクギの巨木も確認されている。[7] この「カー」となっている「池沼」地筆の外側の並びをつなぐように、「村抱護」とみられる細長い各「山林」地筆が伸びる形となっている。多良間島中心集落の林による「抱護」は、こうした条件を重視して位置を選び、木々が植えられてきたものである可能性がある。

さらに土地台帳によれば、「村抱護」をめぐる、「土地整理事業」当時の土地所有関係も明らかになる。中心集落の北側となる、海沿いの「山林」「原野」地筆と、住民の信仰の場である「御嶽」を指す「拝所」地筆を含めた中心集落西北側の丘陵の広い部分に加えて、宅地群とその周囲の畑作地を取り囲む「村抱護」とみられる細長い「山林」地筆群は、同事業当時、ほぼ村有地となっていた（図5）。多良間島の中心集落はこのように、共有地となって

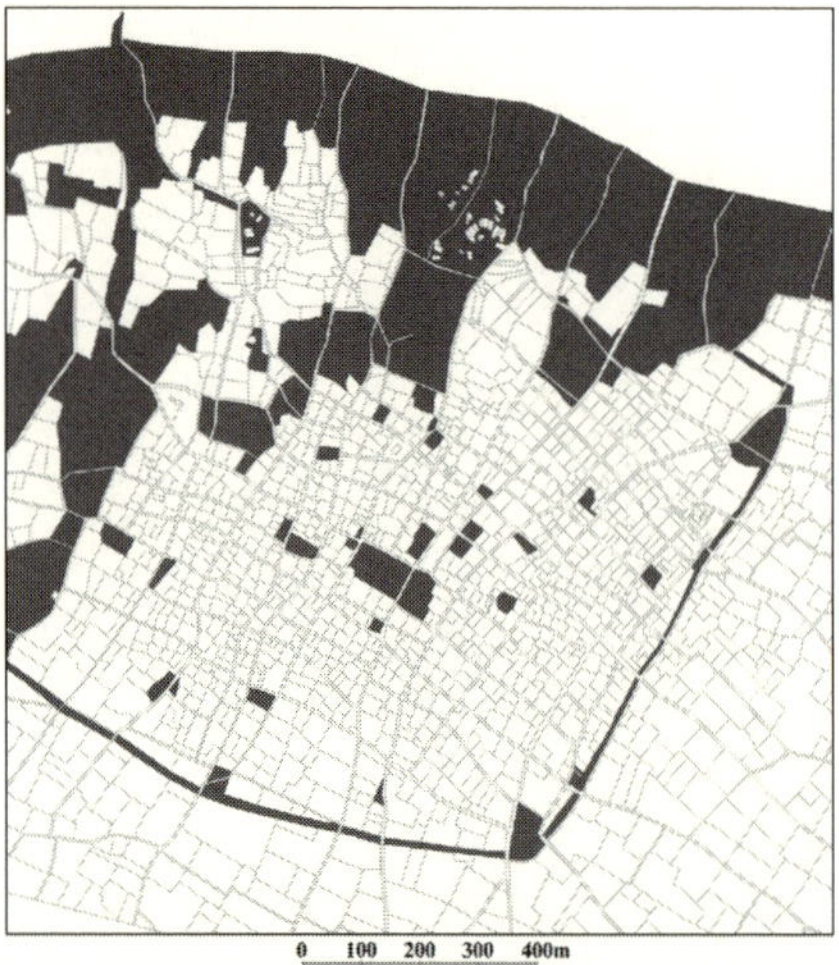

図5　1899（明治32）年頃の多良間島中心集落とその周囲の村有地（地籍図・土地台帳より作成）

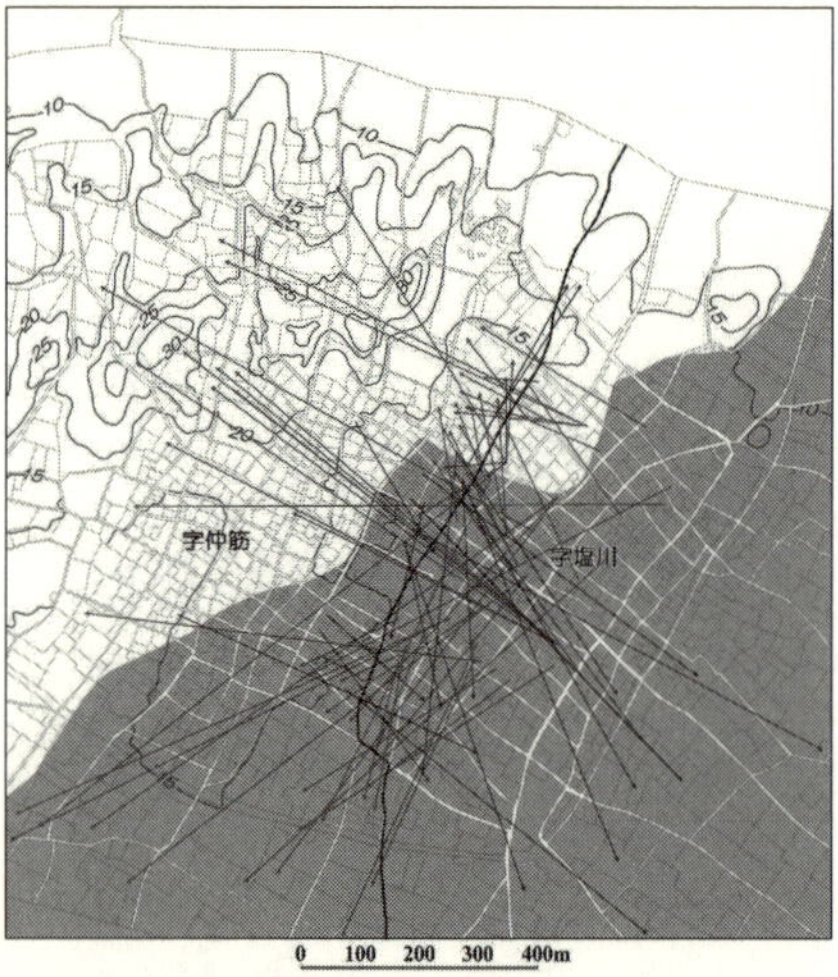

図6　1899（明治32）年頃の村落（字）を超えた土地所有関係と「明和大津波」浸水範囲（地籍図・土地台帳より作成）

いる「山林」地筆にほぼすき間無く取り囲まれてきた形となる。また、土地台帳における各宅地や農耕地の所有者名とその住所記載をもとに、土地所有の観点で見た当時の「村抱護」内外の空間的構造を見てみると、非常に興味深いことに、「村抱護」の存在を前提としているのではないかと思われる土地所有関係が確認できた。すなわち、西側に位置し、かつ発生的には先行する仲筋村落に居住していたか、東側に位置し、かつ、後発の塩川村落に居住していたかを問わず、多くの住民が、自身の居住する「宅地」地筆、「村抱護」内側の「畑」地筆、「村抱護」外側の「畑」地筆、そして中心集落北西の丘陵中の「墓地」および若干の「畑」地筆の、五点セットの土地を所有していることが少なくなかったというものである。そして、中心集落西北の丘陵から離れて居住する塩川村落側の住民も仲筋村落側のとくに丘陵の農耕地を、また、仲筋村落側の住民も塩川村落側の農耕地をしばしば所有していた（図6）。このように、多良間島の中心集落の住民は、少なくとも「土地整理事業」が進行していた一八九九年当時、「村抱護」の外側の農耕地を確保しながら、「村抱護」の内側の農耕地もかなり平等的に確保し合っていたと分析される。その背景については、のちに考察する。

三　地籍資料と現地調査から見た「抱護」のその後

地籍図には「土地整理事業」以降、分筆（土地分割）や合筆が加筆され、また土地台帳にも、地目や土地所有者の変更や転換などが記載される。それをもとに、土地台帳が土地登記簿との一体化により「閉鎖」（記載停止）となる一九六五年末までの「村抱護」の変化を、多良間島中心集落の変化と合わせて見ていく。なお以降では、一九〇八（明治四一）年の沖縄県島嶼町村制に基づく改称に基づき、「字」の呼称を用いる。

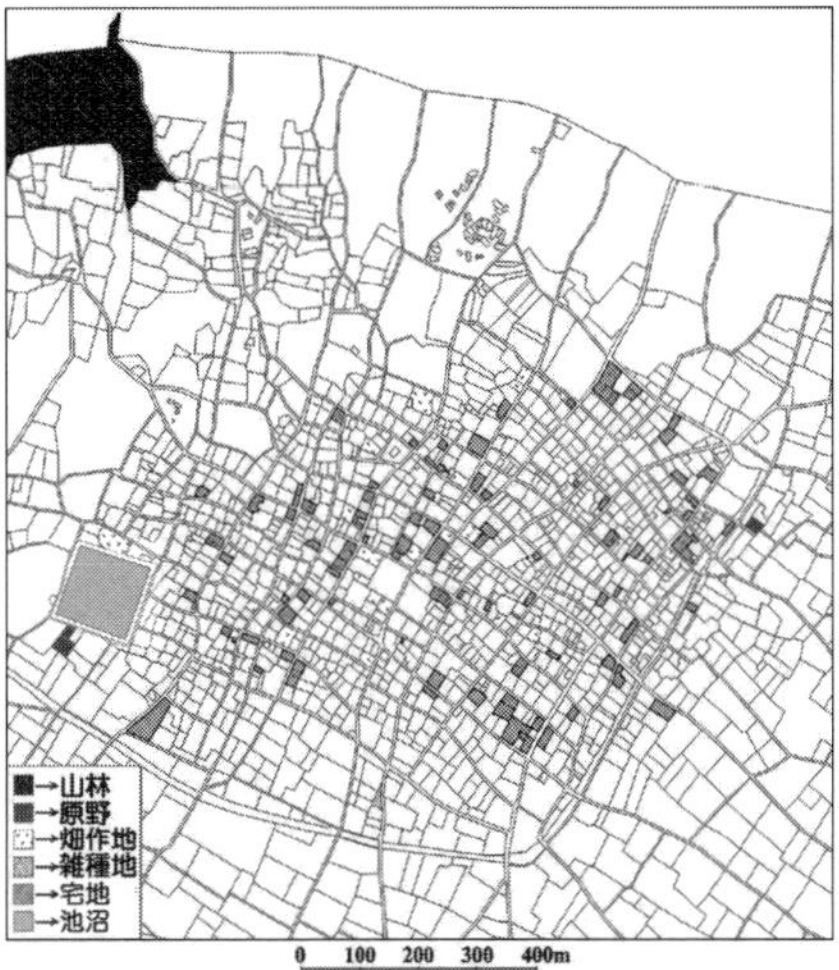

図 7　1965 年末頃の土地台帳閉鎖時までの地目転換（地籍図・土地台帳より作成）

写真 8　1945 年 3 月に撮影された米軍空中写真（沖縄県立公文書館所蔵）

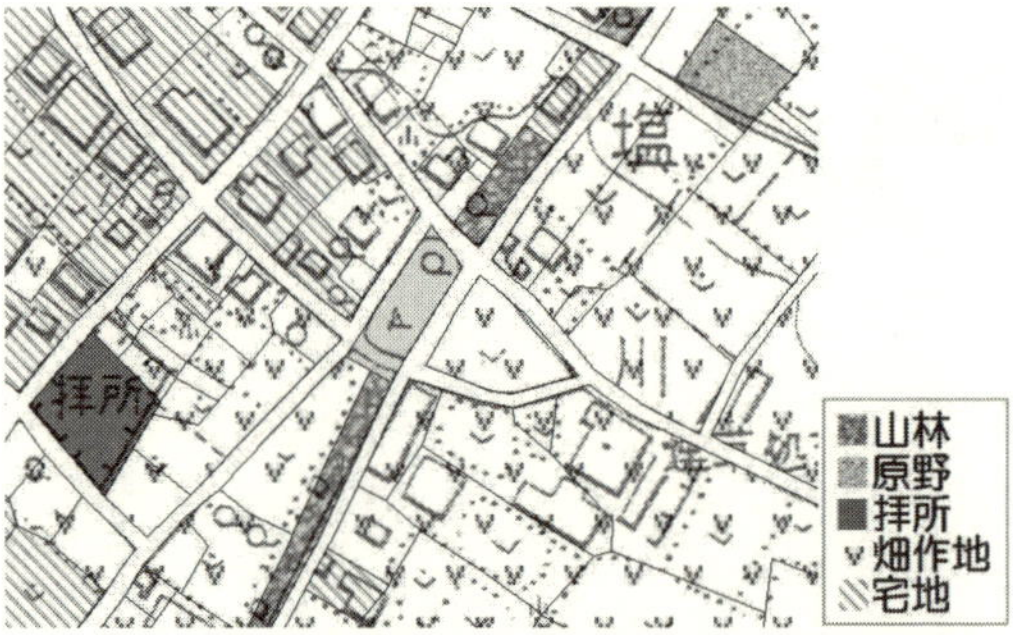

図8　字塩川における「抱護」を超えた宅地群の拡大
（現行国土基本図に土地台帳閉鎖時（1965年末頃）の地目を重ねて表示）

多良間島については同期間、宅地群はもとよりその周囲の農耕地も、琉球列島の他の村落と比べて分筆や地目転換（土地利用変化）といった変化が少ない（図7）。強いて同期間の変化を挙げるとすれば、西の字仲筋側では、「土地整理事業」の時点から宅地群内に畑作地が比較的点在していたのが、宅地の畑作地への転換がみられて、さらに宅地群の中の畑作地が目立つようになった。一方で、東の字塩川側では、逆に畑作地の宅地への転換が進み、加えて、既存の宅地すらも分筆して、宅地にできる地筆を積極的に増やした過程が確認された。これらの字塩川側での宅地の増加は、一九五〇年代から土地台帳が閉鎖される一九六〇年代半ば近くまでにかけて多くみられた。相対的に字仲筋側では人口が停滞していたのに対して、字塩川側では人口増加が続き、住宅地の拡大がはかられていたことがうかがえる。

このような多良間島中心集落の変化が、その周囲の「村抱護」の変化にも波及することになる。一九四五年三月に米軍によって撮影された空中写真（図8）を確認しても、字仲筋の宅地群の南側の「村抱護」は豊かな樹列をみせていたのに対して、字塩川の宅地群のとくに東側の「村抱護」は、すでに樹列が途切れ途切れとなっていた。そして地籍資料からは、その後も相対的に字塩川側で宅地が増加し、宅地群となっている範囲が若干東寄りに拡大していったことが確認できる。その中で一九六〇年代には、ついに宅地が「村抱護」とみられる「山林」地筆などに迫り、それらの地筆は、県知事などによる指定を受けて保全の対象となる「保安林」にも指定されていなかったこともあって、「村抱護」自体の敷地の一部や、その外側にあった畑作地までもが宅地に転換されていった（図9）。宅地の拡大はその後も続き、現行の国土基本図には、「村抱護」を越えた東側にまで家屋や諸施設がみられるようになっている様子が描かれている。字仲筋側では、依然として宅地群と一定の距離を置いて「村抱護」が残存しているのに対して、字塩川側では、「村抱護」はもはや宅地群に取り込まれてしまっているといえる。

さらに、一見すると「村抱護」がよく残されている字仲筋側も含めて現在、ほぼ全線にわたってその脇に沿うように道路が走っている景観（写真1）がみられるが、明治期の地籍図の状況と比較すると、これらの側道は実は、往時の「村抱護」の敷地の一部を削ってその幅を確保したものであることも明らかになる。多良間島の中心集落における「村抱護」は、現在ではせいぜい幅八〜一〇メートル程度であるが、先に述べたように少なくとも明治期には、現在の林帯に側道敷地の一部を加えて、幅一二〜一六メートルから最大で幅二〇メートルと、より規模（幅）のあるものであったことが当時の地籍図などに記録されていることを特筆しておきたい。ただし当時でも、林帯による「村抱護」にはその幅いっぱいにフクギなどの木々が密に植えられていたのではなく、木々の間隔を空けて、ある程度穏やかに風を村の中に取り入れるものであったと思われる。

写真9　天然記念物「抱護林」を示す境界標（2007年8月21日撮影）

この「抱護」とみられる細長い「山林」地筆の並びは、土地台帳上ではその後も村有林を経て字有地、すなわち共有地のままである。そしてこれらの、共有地であることでその位置づけが明示される地筆が、一九七四年の天然記念物としての「抱護（林）」への指定の対象となる（写真9）。こうした経緯を経て現在、東の字塩川側においては、樹列は失われたとはいえ、先述したようにかつての「村抱護」であった敷地を削って現在の幅を確保した側道に沿って、残った「村抱護」跡となる一定幅の地筆が細長く伸びる、独特の景観がみられることとなる。それらの地筆は現在でもあくまで字有地であって、

写真10　公共施設用地に利用されている字塩川側の「村抱護」跡（2007年8月22日撮影）

個人の住宅が建てられないのはもちろんのこと、工場の軒先の資材置き場や駐車場、そして公共施設用地などとして使われるにとどまり、建物を建てることは避けられている（写真10）。

なお、多良間島中心集落における農家の方々への聞き取りからは、こうした「村抱護」自体の転用は時代の変化ゆえにやむを得ない、という以外の声は聞かれなかった。一方で、「村抱護」の外側の、現在は多くがサトウキビ畑となっている農耕地に対しては、土地自体は極めて平坦であるものの、「明和大津波」をはじめとする過去の津波のために、「津波石」（写真6）の存在が象徴するように土壌に小石が多く含まれ、土壌自体も恵まれていないことで、「村抱護」の内側の畑作地と比べて作量が落ちるという声が挙げられた。ちなみに、多良間島では平坦地にある農耕地よりも、樹木が生えているためにその落葉などによって肥料分を含むようになっている、丘陵直下の農耕地の方がさらに豊かである、という認識も示された。

四　多良間島において想定される「抱護」の構造と意味

ここまで見てきた多良間島中心集落の「村抱護」に対する分析をもとに、同島における「抱護」の構造と意味についてあらためて整理したい。まず、一般的に「抱護」については、各屋敷（住宅）を取り囲む「屋敷囲い（屋敷林）」の延長線上で捉えられ、宅地群のすぐ外側を取り囲んでいるというイメージがもたれている可能性があるが、多良間島の中心集落では、古くからの屋敷（住宅）にはこれもまたフクギなどによる「屋敷囲い」が設けられている一方で、

「村抱護」はそれらとは独立した存在となっている（写真11）。多良間島における「村抱護」は、宅地群のすぐ周囲に展開されている農耕地のさらに外側を取り囲むように木々が植えられている。そこでは、宅地群を中心としてその周りに農耕地を確保し、その外周に「村抱護」を設け、そのまた外側に農耕地を求めていくといったような、同心円的な構造が想定されていたことが考えられた。その中で「村抱護」には、現在のように堅牢な構造を持っていなかった各屋敷（住宅）を冬の季節風や台風来襲時の強風などから守ると同時に、そのすぐ周囲の貴重な農耕地を守るという役割が期待されていたと思われる。さらに、近世以前の「村抱護」には、土壌など土地の条件も恵まれておらず、むしろ病害虫や鳥獣、ハブなどの出没危険性もあった、宅地群から遠く離れた一帯に安易に出て行かないようにという、単なる村落の「境界」以上の役割も与えられていたのであろう。

写真11　字仲筋側の屋敷跡に残る「屋敷囲い」（2013年8月4日撮影）

その、林による「村抱護」として木々が植えられた場所についても、村落の周囲を環状に取り囲めるところを適当に選んでいる、というものではなかったことを強調しておきたい。多良間島では、同島北側の丘陵直下から南側に向けて隆起さんご礁の段丘面が舌状に広がり、さらにその周囲にもう一段下の段丘面がみられる。その地形の中で、当初は、そのうち上位の段丘面の上に仲筋村落の宅地群の大部分が、のちに、その一段下の面に塩川村落の宅地群が面的に展開された。丘陵と段丘との境界近くでは地下水が自噴しやすく、また、各段丘面間（崖）の直下も比較的浅い位置に地下水を求めやすいことから、その水分をもとに木々が自生していた、あるいは植えられていた可能性があり、そこに井戸も次々と掘られてきた。

そして、塩川村落内の各屋敷（住宅）も現在の位置に移動してきたことで固まりつつあった一八世紀初頭の多良間島中心集落の宅地群の範囲を見つつ、その周囲の木々や井戸などを結ぶことを意識して、林による「村抱護」として、木々を植える位置が求められた可能性がある。宅地群があり、それらを支える生産域としての農耕地がその周囲に確保されているという自己完結的な生活空間があって、それら全てを「護る」存在として、多良間島では、「ポーグ」と呼ばれた林による「抱護」が整備されたのではないかと想定される。これらの林帯の木々が積極的に植えられた当時、「村抱護」の外側は、農耕地としてもあまり期待されておらず、また、その前後の時期に「明和大津波」を経験し、相対的に下位の段丘面ということで容易に浸水してしまった被害も思い起こされる、あまり良いイメージの無い空間であって、「村抱護」は、これ以上外側に村落を拡大させることは望ましくないことを明示する存在であったかもしれない。とくに多良間島では、各段丘面間の標高差が極めて小さく、上位段丘面の範囲が非常に分かりにくい。多良間島の林による「村抱護」では、生育すれば深く根を張り、風などに多く耐えるものの、一定の大きさに生育するまでに長い時間と多くの手をかけなければならないフクギが伝統的に強く選ばれてきたが、それでもフクギ並木を整備してきたのは、こうした多良間島中心集落の展開されている段丘面の特性と、一部、「明和大津波」への記憶がはたらいていたのではないかと思われる。

しかしながら、こうした「村抱護」に囲まれた閉鎖的な村落空間は、その範囲（面積）が有限であるために、人口が増大した際に空間利用に自ずと限界が来る。地籍資料でも確認できるその対応として、仲筋村落（字仲筋）側では、余裕のあった宅地群の中に点在していた農耕地を宅地に転用するなどして、宅地の拡大が抑えられていた。そうした対応からか、仲筋村落側では、宅地群とその南側に伸びる「村抱護」との距離を保つことができ、その林帯に手を付けることなく現在まで至ることができた可能性がある。それに対して塩川村落（字塩川）側では、当初から横長の街区にすき間なく各屋敷（住宅）が配置され、宅地群内に土地の余裕があまり無かったためか、「村抱護」のある東側に向けて、畑作地の転用を伴った住宅地拡大が進められた。こうした塩川村落の宅地群の「東進」には、同村落がもともとはそのさらに東側にあったという記憶や、農業技術の進歩、および「明和大津波」の記憶への薄れによって、「村抱護」の東側の平坦地も大きく耕作して生産域とすることができるようになり、「村抱護」の内側の農耕地に固執する必要性が減っていたといった前提もはたらいたかもしれない。そして、宅地群が「村抱護」のすぐ際まで迫る中で、ついには第二次世界大戦前後での木々の伐採を見て、また、住宅建築技術の向上をもって防風林の必要性が失われたことで、「村抱護」を越えた住宅地の拡大がみられ、塩川村落側の「村抱護」は、フクギなどの木々を茂らせた林帯としての存在を失った。

ただし、多良間島の「村抱護」は、たとえ林帯が失われても現在までその「跡地」を明確に残すことができている。それは、明治期の「土地整理事業」で、それらの敷地が独立した「山林」地筆などと認められ、かつ、その土地所有が村落の共有地とされたことによる可能性が高い。また、離島ゆえに村落自体の変化が沖縄本島の各村落などと比べれば穏やかで、「村抱護」の跡地を積極的に転換する必要性もさほど大きくなかったことも挙げられよう。これは、例えば第一章で見た、石垣島・旧「四箇村」の「村抱護」のうち、共有地とならず「保安林」指定を受けなかった箇所が第二次世界大戦を待たずして早々に解体され、また、同大戦を挟んでその跡地が市街地化に飲み込まれて、都市計画道路などの敷地などに転用されたのと良い対比となる。多良間島の「村抱護」は、こうしてその重要性が他の村落よりも高く、また第二次世界大戦後、他の村落と比べれば林帯などが比較的良い状態にあったことで、県の天然記念物に指定され、現在に至ることができた。

おわりに

以上見てきたように、多良間島の林による「村抱護」は、現在でも一見すると豊かなフクギなどの並木を見せているが、明治期の地籍図や土地台帳をもとに正確な位置や規模を求めると、少なくとも一九世紀末の時点では、同島の中心集落をほぼすき間無く取り囲み、最大で二〇メートル近い幅を持っていたことが明らかとなった。また、その「村抱護」として木々が植えられる場所は、単に同島の中心集落を環状に取り囲めば良かったわけではなく、一帯の微地形、とくに隆起さんご礁段丘のわずかな段差を読み、木々が生育しやすいところをうまくつなぐように設定されていた可能性が指摘できた。このことは、ほぼ全体が隆起さんご礁地形のため、表層水の獲得を期待しにくい多良間島において、第二次世界大戦前後に多くの木々が伐採されてしまったとみられる塩川村落（字塩川）側でも、途切れ途切れになりながらも依然として「村抱護」跡にフクギなどが生え続けていることからもうかがえる。

琉球列島各地の村落の「（村）抱護」については、村落を環状に取り囲むその姿が目立ち、「防風林」としての役割、そして、村落の境界ともなってきたという民俗学的な観点での注目を集めやすいが、どういった自然的条件のところを求めて木々が植えられてきたのか、といった観点にも注視を求めたい。

また我々は、どうしても「抱護」を、近代以降に大きく変化を経験した現在の村落景観の中で見ることになってしまうが、林による「抱護」として木々が積極的に植えられた一八世紀当時の各村落は、多くは現在よりも人口などにおいて小規模なものであり、かつ、各屋敷（住宅）も風雨などに強く耐えられるものではなかった。また、病害虫や鳥獣の脅威も、今とは比べものにならないものであったはずである。そうした中で、「抱護」のもつ機能に対する期待は大きかったと思われる。地籍資料を用いた本章の分析では、多良間島の「村抱護」が、現在も残るその林帯の幅に加えて、明治期には、その側道となってしまっている敷地などを含めた規模を持っていたことが示された。往時の「村抱護」は、さまざまな脅威から村落を「護」る、より重要な存在であったのである。

それだけに多良間島では、「村抱護」として、手間と時間とがかかるフクギが長年にわたって植え続けられてきたが、それらの脅威が段階的に克服されていく過程において、多良間島においてでさえ「村抱護」が一部失われていくこととなった。それに対して皮肉なことに、現在、宅地群からさらに遠く離れた農耕地（主としてサトウキビ畑）で、「防風林」としてフクギを植樹する試みが進められている（写真12）。ただし、フクギは先述したように、生育までに多くの時間などがかかる樹種であり、この植樹でも、周囲を板垣などで囲み、生育の早い別の樹種の苗を周囲に植えてといった手間がかけられている。もし今後、琉球列島の本来の村落の姿を取り戻すために往時の林による「抱護」を復活させることを目指すといった際には、明治期の地籍図や土地台帳が残されている地域に限定される方法であるが、それらの地域において、本章で紹介したように共有地となっている細長い地筆群を探し出し、さらにその延長線上、あるいは並走する道路や公共施設用地もかつてはその一部ではなかったかどうかを確認して、林による「抱護」の敷地の本来の範囲を確定していく必要があろう。

写真12　多良間島内の農耕地で進められている「防風林」としてのフクギの植樹（2013年8月4日撮影）

最後に本章では、こうした林による「抱護」をはじめとするかつての村落の姿を復元する意義についても強調したい。現在、琉球列島に限らず多くの地域において、人口の減少が進行している。そこで、これ以上の住宅地拡大を抑えつつ、小規模な範囲に様々な機能を集約する「コンパクトシティ」を目指す議論などが進められている。そこでは、現在のような自動車での移動や、膨大なコストをかけた生活インフラを大きな前提としなかった、往時の地域の姿がいかなるものであったのかが参考となりうる。その際に琉球列島においては、かつての村落の範囲がどこまでであったのかを明示し、さらには冬の季節風や台風来襲時の強風を和らげてくれていた「抱護」の存在あるいはこん跡を、現在でも各地で求めることが比較的容易である。一九五五（昭和三〇）年に三二九六名あった人口が現在では三分の一近くまで激減した多良間島においても、

「村抱護」のすぐ外側に二〇数年前に設けられたものの、風雨にさらされて痛みの大きい公営住宅を、「村抱護」の内側となる、字仲筋側にみられる空き屋敷の跡に移してもいいのではないかといった提案が聞かれた。こうした、人口の縮小に応じて宅地群などの規模をも縮小させる「ダウン・サイジング」を想定するにあたって、往時の「抱護」に囲まれた範囲を求め、その内側にかつての生産域であった農耕地空間も自然災害などから宅地群を守る緩衝地域《バッファーゾーン》と位置づけて確保し、その内側の宅地群に居住機能を集約することで、環境的にも負荷が少なくなることが期待される。今後、多くの人々に現在残る多良間島の「ポーグ」を見てもらうことに加えて、本章で示したその位置や規模の復元が、将来的に琉球列島の各村落で進められていくさまざまな試みの、何らかの参考となることを期待したい。

注

（1）多良間村教育委員会『村の歴史散歩』多良間村教育委員会、一九九五年。
（2）前掲（1）。
（3）仲間勇栄「宮古島の森の現在と過去」宮古の自然と文化を考える会『宮古の自然と文化 —永続的に繁栄する美しい島々—』新星出版株式会社、二〇〇三年、五二—六六頁。
（4）仲間勇栄・来間玄次『おきなわ福木物語——琉球王朝時代から脈々と生きる』尚生堂、二〇一五年。
（5）中山盛茂「多良間の民俗」琉球大学沖縄文化研究所『宮古諸島 学術調査研究報告（地理・民俗編）』琉球大学沖縄文化研究所、一九六五年、七五—一一五頁。
（6）中俣 均「沖縄・多良間島の集落空間とその構成原理」平岡昭利編『離島研究Ⅲ』海青社、二〇〇七年、一二七—一四六頁。
（7）仲間勇栄「植生構造からみた琉球の集落『抱護』の特徴」ＡＲＥＮＡ（中部大学編）一四、二〇一二年、四九—六〇頁。

第三章　危機的状況下にある沖縄の「抱護」の現状と保全のあり方

仲間勇栄

はじめに

沖縄には一七三〇年代後半以降、首里王府による計画村落の新設と同時に形成された「抱護」の歴史景観が、今でも残されている。しかし、それらの多くは、戦争や戦後の家屋建築や道路建設などで伐採・破壊され、現在、ごく一部の地域でしか見ることができない。沖縄本島北部の今帰仁村今泊、本部町の備瀬、渡名喜島、多良間島、八重山諸島の白保、波照間島などでは、その景観の原型が今でも確認できる。

琉球王朝時代に確立された「抱護」には、「屋敷抱護」・「浜抱護」（地域レベルで「潮垣」＝すがき、と呼ばれるもの）、「村抱護」、「間切抱護」など、その配置場所によって、さまざまな呼び方が存在する。その配置は、海岸域（「浜抱護」）から村落（「屋敷抱護」・「村抱護」）、複数の村落（間切抱護）にまたがり、地形と林帯（リュウキュウマツ・フクギなど）を混交して、気（乾湿度）を保全するように形成されている。その最大の目的は、冬の北風や台風から農地や村落の気候環境を守ることにある。

このような歴史的に形成された意味のある「抱護」が、その存在意義を問われることもなく、現在、安易に各地で自治体などによって伐採され、単なる盆栽型の庭木に変質させられつつある。今のような状況が続くなら、せっかく、先人たちが相当の労力を駆使して作り上げた歴史遺産が、その存在意味も知られることもなく、消滅していくことであろう。

すでに、その兆候が県内各地で起こりつつある。以下、その主要な事例を取り上げ、その原因と保全のあり方について考察してみよう、と思う。

なお、本文で事例として取り上げる場所は、沖縄本島の西原町内間御殿、同本部町備瀬、渡名喜島の三箇所で、それぞれの位置は、図1に示す通りである。

図1　調査地の位置（原図は google map より）

一　西原町内間御殿のフクギ林伐採問題

1　内間御殿の概要

内間御殿は西原町字嘉手苅の上之松に所在し、二〇一一（平成二三）年二月七日に国の史跡に指定されている。この土地の総面積は五一六二平方メートルである（図2）。内間御殿は、金丸（後の尚円王）が内間の領主のとき、一四五四年から一四七〇年の一六年間に居住していた場所だと言われている。敷地内には、独特の石積み（石垣の頂が両傾面の凸形の円い構造）の東江御殿と西江御殿に、他に、拝所や井戸などの史跡が点在する。現在、この地域は聖域化していて、関係する人々が神拝みをする場所にもなっている。

これらの史跡を囲むように、フクギが植栽されている。フクギの巨木は西江御殿や東江御殿に集中して林立し、屋敷を取り囲むように植えられている。特に東江御殿のフクギは、屋敷を囲む石垣の内側に沿って、列状になっている。このような植え方は、一七三〇年代後半以降、琉球国内で形成されていく、網目状（ゴバン型）計画村落の形態に類似したものである。

内間御殿は一七三八年、尚敬王の時代に、東殿の竹垣が石灰岩の切石積みに改装されている。現在、残されているフクギ巨木の推定樹齢から、この頃にフクギの屋敷林も植栽され始めたものと考えている。

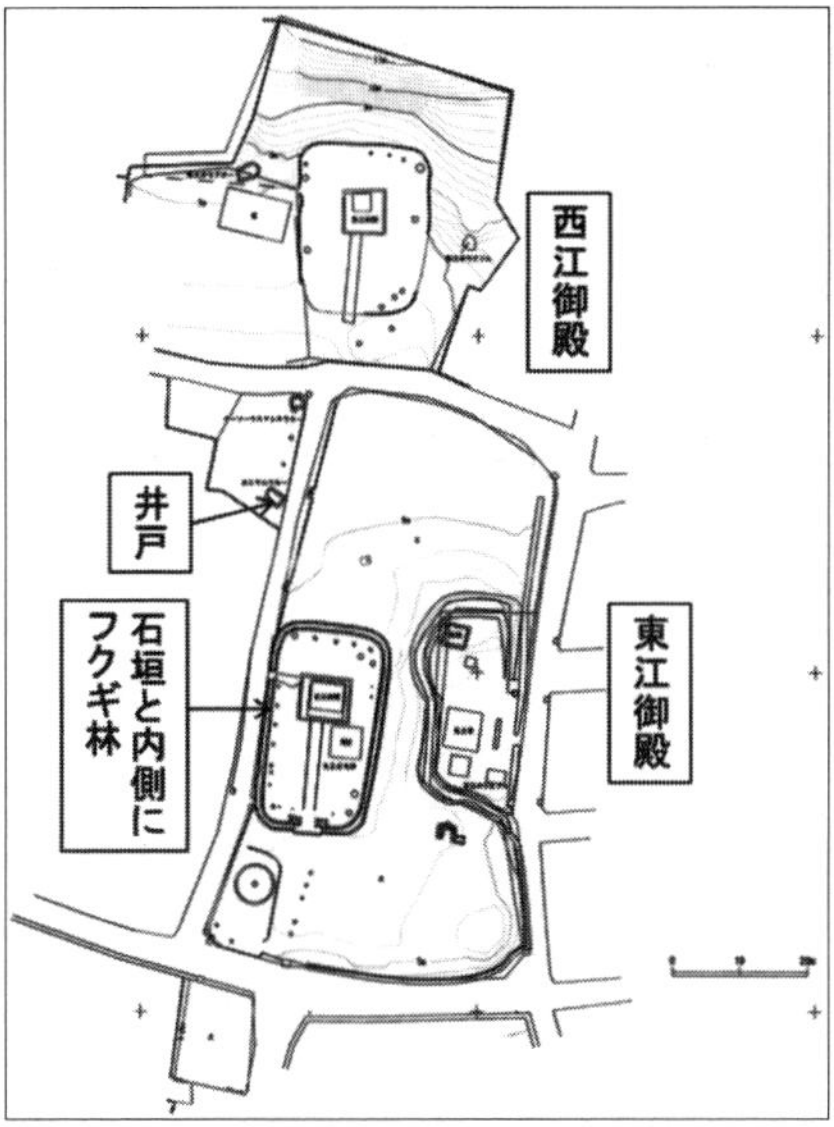

図2　内間御殿の配置

2　内間御殿のフクギ林の調査結果

二〇一三年三月、東江御殿、西江御殿、東江御殿周辺、井戸周辺、西江御殿周辺の五つの地区に分けて、各地区の高さ一メートル以上のフクギの毎木測定を行った。その結果、以下の事実が明らかとなった。

第一は、五つの地区のフクギ樹木の年代がそれぞれ違っていることである。

五つの地区で最も太い幹のフクギが見られるのは、西江御殿の場所である。ここには三本のフクギ巨木があるが、その幹のＤＢＨ（胸高直径）から、二九四年（一七一八年頃の植栽）、二〇〇年（一八一二年頃植栽）、三五〇年（一六六二年頃植栽）と推定できる。西江御殿の次に最も古い年代のフクギが出現する所が東江御殿である。ここでは二九四年（一七一八年頃の植栽）のフクギ巨木が一本だけ確認できる。その他の場所での最も古い年代のフクギは、東江御殿周辺が一二三〇年（一七八二年頃植栽）、井戸周辺が二〇八年（一八〇四年頃植栽）、西江御殿後方が二〇九年（一八〇三年頃植栽）となっている。

以上の事実から、より古い年代のフクギが、西江御殿→東江御殿→東江御殿周辺→井戸周辺・西江御殿後方の順に存在することが認められる。そして、内間御殿におけるフクギ樹木の存在は一七〇〇年代初頭まで遡ることが、西江御殿の事例から推定できる。

第二は、全ての地区で、一七三〇年代中頃以降、フクギ林が計画的に列状植栽されている事実が読み取れることである。

東江御殿には、合体木（二本）を除いて、合計二八本のフクギが存在する。その中に二〇〇年以上のフクギ巨木が合計五本ある。それらを樹齢の高い順に並べると、二九四年、二七四年、二五六年、二〇八年、二〇〇年となる。二九四年（一七一八年頃植栽か）を除くと、その他は一七三七年以降に植栽されたものと推定できる。次に西江御殿には合計二一本のフクギがある。その中の二九四年、三〇〇年、三五〇年の三本のフクギを除くと、その他の樹木は二五五年以下である。その年代を遡ると一七五七年に行き着くので、それ以降に多くのフクギが植栽されたと推定できる。

その他、東江御殿周辺（一七八二年以降植栽）、西江御殿後方（一八〇三年以降植栽）、井戸周辺（一八〇四年以降植栽）の事例から、一七三〇年代後半以降が内間御殿におけるフクギ林植栽の歴史的エポックになっていることがわかる。

一七三〇年代中期以降というのは、琉球王国全体でみると、フクギ屋敷林を中心とした植栽運動が大々的に実施されていった時代である。この時期に造成されたフクギ屋敷林や「村抱護」（風水環境を保全するための村を取り囲む林帯）は、本部町の備瀬村落、渡名喜島、多良間島、今帰仁村の今泊村落などで、すでに確認されている。蔡温をリーダーとした王府のこのフクギ林造成事業が、ゴバン型計画村落の形成や農村の土地改革などとセットで実施されていたことは、歴史事実として、これまでの研究成果から確認できる。

これらの歴史動向の中で、内間御殿のフクギ林も造成されていったと推察できる。その根拠は、一七三〇年代中期以降に計画的に列状に植栽されたとみられるフクギ樹木の数が多いことである。

『球陽』（巻九、尚貞王三八年）によれば、西原間切の農民が尚円王を追慕して、一七〇六年に新たに茅葺の神殿を建てたという。この頃には、フクギの数は少なく、西江御殿の周辺に点在していたのであろう。それが、尚敬王が一七三七年に西江御殿の改修を命じたときから、フクギの植栽も計画的に進められていったと考えられる。この時期に、建物は瓦葺に改められ、屋敷の周辺には竹垣がめぐらされたという（『球陽』巻一三、尚敬王二五年）。さらに、翌年の一七三八年には、東殿の竹垣が石灰岩の切石積みに改造されている。

3　内間御殿のフクギ林伐採問題

二〇一五年六月下旬頃、県内のフクギ巨木調査で西原町にある内間御殿を訪れた際に、推定樹齢二〇〇年以上のフクギの巨木が根元や幹の中途から切られている光景を目にして、唖然とした。すぐに町文化財係に問い合わせたところ、フクギの根上がりで石垣の形が崩されているとの理由と、西側のフクギが台風時に倒れる危険があるとの周辺住民からの苦情などがあって、伐木・剪定を行っているという。

町文化課から入手したフクギ林の伐採計画図をみると、「樹高約二・六メートルの位置で剪定」するのが五本、「根元まで伐採」するのが一二本、「剪定」木が三四本となっていて、そのほとんどが東江御殿周辺のフクギ林に集中していた。とくに、東江御殿の石垣内のフクギ巨木はすべて「剪定」の対象になっていたのである。すでに東江御殿の北側にあるフクギ巨木五本は、一部は根本（道路沿いの木）から、また他のフクギは二・六メートルの高さで伐採されている。東江御殿北側（石垣の外）の伐採されたフクギは健全な木で、地上高三〇センチメートルの直径が六八センチメートル（推定樹齢二〇〇年）もあった。道路沿いの伐採木（推定樹齢二〇〇年）は根本から切られているが、その伐根をみると、一部小さな空洞がみられるものの、今すぐに倒木の危険性があるとは考えにくい。なぜこれらの木を切る必要があったのか、その理由が明確でない。石垣破壊との関連も曖昧である。

現在の状況をみると、計画どおりに伐木・剪定が行われていて、かつての聖域の神々しい景観は消えてしまっている。東江御殿内には数百年を越える巨木が林立していて、中には南門口から入って右側角に雌雄が合体した貴重な巨木（地上高三〇センチメートルの直径九一・四センチメートル、DBH八二・五センチメートル、樹高一四・五二センチメートル）が存在するが、それも無残に枝葉が切り落とされている。このようなやり方は、歴史文化景観の保存を定めた「文化財保護法」（第一三四条）や景観法（第二八・二九条）の趣旨にも反する行為ではなかろうか。

フクギが根上がりし石垣を壊しているため、それを防ぐために伐採を行っていることが理由の一つに挙げられている。しかし、フクギの根がどれだけ石垣に影響を与えているのか、科学的に調べられた形跡はほとんどなく、ただ造園専門家（整備委員の一人）の思い込み判断で伐採が進められていることに驚きを禁じ得ない。また一部には、地震で壊れた石垣もみられ、本当にフクギの根上りだけが主原因なのか、真相は不明のままである。

梢や枝葉を切られたフクギは、生き延びるために枝葉が左右に暴れ出し、その樹形を維持するために、根を広げていく。それを防ぐために定期的に枝葉を切ることになれば、その木は盆栽化していく。そうなれば、かつての神々しい内間御殿の景観は破壊され、単なる民家の盆栽景観に変わっていくであろう。また、切られたフクギの切り口からは、腐朽菌などが入って、幹の空洞化や樹勢の劣化を促進する原因にもなるであろう。

二〇一三年に我々が行った内間御殿の調査では、高さ一メートル以上のフクギは全部で一八〇本あった。そのうち、東江御殿では一二八本、西江御殿では二一本の巨木が確認できた。これらの中には推定で三〇〇年のフクギ巨木もあるが、それらの多くは、推定樹齢から一七三〇年代後半以降に植栽されたものであることが分かった。尚敬王代の一七三八年に東殿の竹垣が石灰岩の切石積みに改造されているので、それ以降にフクギも植栽されたものと推定している。

なぜ、このような歴史的な景観木を簡単に切るのであろうか。問題の一つは、この事業の決定機関である整備委員会の構成メンバーの在り方である。その中には、植物社会やフクギの歴史を説明できる専門家が入っていない（伐採が問題化した後、植物社会学の専門家を委員に入れている）。これでフクギを含めた植物の存在意味や石積みとの共存について、学術的な議論ができるだろうか。

内間御殿の植生は、県教育委員会の調査で、低地林としての学術的価値が高いとされている。同御殿の植物相を調査した仲田栄二氏（植物社会学）は、貴重な常緑広葉樹の二次林の植物自然の原型の保存を提言している。このような場所を安易に切っていいのか。

『沖縄県社寺・御嶽林調査報告書Ⅱ』・『西原町・内間御殿の植物相と植生』によれば、高木層にハマイヌビワ、アカギ、キールンカンコノキ、ホルトノキ、オオバギ、亜高木層にクスノハガシワ、フトモモ、モクタチバナ、クチナシ、タイワンウオクサギ、低木層にナガミボチョウジ、モクタチバナ、リュウキュウチク、フクギ、ハナシンボウギ、草本層にナガミボチョウジ、モクタチバナ、タブノキなどが出現し、都会の中にあって低地林としての学術的価値が非常に高いと指摘されている。なかには、ハナシンボウギのような貴重種などもみられる。

これらの植物種も一部刈り払われ、また東江御殿の東側のアカギ・ガジュマルなどの巨木も石垣を壊す存在として切り捨てられている。とくに東江御殿の北側は、石垣の修復のための器材置き場になっていて、その場所で見られた貴重種のハナシンボウギは消えてしまっている。また、東江御殿の東側一帯には、我々が調査した時点ではフクギの幼木が生育していて、他の樹種（アカギなど）との混交林が成立していたが、今では人為的に破壊されて、か

写真 1　東江御殿の正面入り口（伐採前、2013 年 3 月撮影、以下同）
拝殿の周辺はフクギ林で密閉されていた。

写真 2　東江御殿の拝殿（伐採前）
周辺はフクギ林で密閉されていた。

写真 3　東江御殿の西側のフクギ林（伐採前）
石垣の内側に列状に植えるのが一般的形態である。

写真 4　東江御殿拝殿後方東角のフクギ巨木（伐採前）
中央の巨木は推定樹齢 294 年である。

写真 5　東江御殿正門右側のフクギ合体木（伐採前）

写真 6　東江御殿拝殿後方のフクギ林（伐採前）

写真 7　枝打ちされた東江御殿拝殿奥のフクギ林（伐採後）
2015 年 6 ～ 7 月にかけて伐採されている。撮影年月も同じ。以下同。

写真 9　東江御殿拝殿後方の景観（伐採後）
自然に伸びた枝が盆栽型に切り揃えられている。写真右のフクギ（約 100 年生）は地上高 3m で切られている。

写真 11　東江御殿入口前の景観（伐採後）
右横のサワフジを保護するといって、枝を切り取られている。

写真 8　東江御殿拝殿西側の景観（伐採後）

写真 10　東江御殿の東側の破壊された景観
かつてこの場所はフクギを主体とした森林が成立していた。

写真 12　東江御殿正門右横にある珍しい合体木（伐採後）
左側が♀で右側が♂。学術的に貴重なフクギだが、上部の枝が切り取られている。

つての聖域の面影はもう見られない。いったいこれが、文化財を保護する立場の人が行う行為だろうか。

写真1〜12は、内間御殿の伐採前から伐採後の写真である。

4　「西原町景観計画」と「西原町景観まちづくり条例」にみる景観の保全

二〇〇四（平成一六）年六月「景観法」が制定され、翌年の四月から施行されている。この法律の目的は「我が国の都市、農山漁村等における良好な景観の形成を促進するため」に、「景観計画の策定」を行い、「美しく風格のある国土の形成、潤いのある豊かな生活環境の創造及び個性的で活力のある地域社会の実現を図る」ことによって、「国民生活の向上」・「国民経済及び地域社会の健全な発展に寄与する」と謳っている。

この条文の「基本理念」の中でとくに強調されていることは、良好な景観を創出する「景観計画」を樹立し実行することによって「地域の個性及び特色」を伸ばし、「観光の促進」と「地域の活性化」を図り、そのために「地域の自然、歴史、文化」の「整備及び保全を図」る、としている点である。そして「景観計画」では、景観重要建造物の指定、景観重要樹木の指定、景観重要公共施設の整備、景観農業振興地域整備計画などを大きな柱としている。これらの基本理念が、沖縄県内の各自治体の条例の中にどう生かされ実行されているのか、以下、この点について確認しておきたい。

沖縄県内では現在、沖縄県を含め二九の自治体が、この法律に基づく「景観行政団体」となって景観条例及び施行規則を作成し公表している。西原町は二〇一四（平成二六）年六月に「景観行政団体」になり、二〇一六（平成二八）年三月に「西原町景観計画」を策定し、それと同時に、二〇一六（平成二八）年度に「西原町景観まちづくり条例」を制定している。「西原町景観計画ガイドライン」によれば、同地域は、六つの地区（平野部市街地、集落農地緑地、台地部市街地、工業、小波津川沿川、レクレーション）に分けられ、問題の内間御殿は「平野部市街地地区」に一括して含まれている。このガイドラインの「平野部市街地地区」で、内間御殿のフクギ林に関連する「開発及びその他の行為に関する基準―木竹の植林又は伐採」の項目を見ると、「敷地内に……地域の景観を特徴付ける樹木等がある場合は、それらをできる限り自然のままの状態で残すこと」と、立派なことが書いてある。

ここで問題なのは、「地域の景観を特徴付ける樹木等」は、「景観法」第二八条で「景観重要樹木の指定」で規定されているように、それは名木などのような単木が対象であって、あるまとまりをもった樹木群としての取り扱い規定になっていないことである。内間御殿の場合、幼木から巨木を含むフクギ林の群体及び他の植物群落が大事であって、ただ単にいくつかの巨木を抽出して、それを指定するやり方では、この地域を保全する意味をなさないのである。

「景観法」の基本理念では、「地域の自然、歴史、文化」の「整備及び保全を図」る、としていながら、ここでは「地域の自然、歴史、文化」の理念が実際に生かされていないのである。この点は、沖縄の「抱護」の保全を考える場合、非常に大切なことであるが、この法律の実際の施行に当たっては、とくに歴史風致保全地区の植生の面的な保全に関しては、この法律では機能しえない仕組みになっているのである。

内間御殿のような歴史的に重要な場所は、「平野部市街地地区」で一括りするのではなく、その中で「地域の自然、歴史、文化」の特別地域として細区分し、それらの風致保全のための特別な指針（自然・歴史・文化地域保全条例」のようなもの）が示されて、初めてその保護・保全対策が法的に完結すると思う。今の状況では、内間御殿のフクギ林および植物群落の保全が、法的には無防備の空白地帯になっている、と言わざるを得ない。

二　本部町備瀬村落のフクギ屋敷林の伐採問題

1　本部町備瀬村落の概要

備瀬村落は沖縄本島北部の本部半島の突端に位置し、西側は海に面し、南西から北西にかけて海岸沿いに弓状に伸びている。村落内の道路は東西と南北にゴバン型に区分され、各屋敷はフクギ林で密閉されている。このフクギの景観は、我々の調査結果から、一八世紀の半ば以降、首里王府の指導のもと、計画的に造成されたと判断している。

村落の人口は約五〇〇人（二〇一七年六月現在）、うち約三〇％は六五歳以上で、他地域に比べて高齢人口の比率が相対的に低い。住民の多くは建設業・観光業・農業・漁業などに関わっているが、とくに県内でも著名な観光地である海洋博公園に隣接していることもあり、また、「フクギの里」の知名度の相乗効果もあって、村落のフクギ景観を散策する観光客数も年々増え、それに関連する民宿・食堂などの観光業が活況を呈している。

2　備瀬村落フクギ樹木の伐採に関する要望書Ⅰ（二〇一三〈平成二五〉年、一二月九日付）

この要望書は、備瀬のフクギ林が伐採の危機に直面しているという地元住民からの依頼を受け、県内のフクギ林を一〇年以上にわたって調査してきた者として、その取扱い方について、慎重に対処すべきことを備瀬区長宛てに出した文書である。

用語や文末を修正し、以下、その原文を掲げておく。

備瀬村落のフクギは、これまで我々が調べた結果、一七三七年以降の蔡温時代に、村落内の神アシャギや根神屋の周辺から造成されたことが、樹齢推定から明らかになっている。根神屋の周辺には、いまでも二七〇年を超すフクギの巨木が生えている。これらは村落の成り立ちや、琉球王朝時代の沖縄の伝統村落景観を知る学術上貴重なものである。

数十年前から備瀬村落やその他の県内に残るフクギ屋敷林を調査研究し、それを学術論文にまとめて、外国の学術誌に掲載してきた。このようなフクギの屋敷林は、沖縄だけにしかなく、極めて学術上貴重なもので、外国の研究者からも注目されている。沖縄県内では、このようなフクギ屋敷林がほぼ完全な形で残されているのは、本部町備瀬・今帰仁村今泊、渡名喜島、八重山諸島の波照間島などの地域のみである。

備瀬のフクギ屋敷林は、先人が残してくれた生きた文化遺産で、備瀬区民だけでなく、沖縄及び世界の宝である。今後、森林ツーリズムや子供たちの環境教育にも活用できる観光資源でもある。この貴重な文化遺

写真 14　備瀬の根神屋敷入口
樹齢 242 年のフクギ巨木がある（2015 年 6 月撮影）

写真 13　フクギに抱かれた備瀬村落全景
（2011 年 9 月撮影）

写真 15　フクギ屋敷林から海を望む景観
（2015 年 6 月撮影）

産は、これまで備瀬区民が苦労して守り育ててきたからこそ、残されたと思う。昔は、区民が一体となって、フクギの落ち葉取りや枝打ちなどをして、定期的に手入れをして保全してきた。いまでは空屋敷が増え、そのフクギ林の管理も難しくなっている。

今後、この貴重なフクギ屋敷林をどのように管理していくべきかは、備瀬区民だけでなく、沖縄県民全体にとっても、大事な課題になっている。

今回、国の一括交付金で、備瀬区のフクギ屋敷林を伐採するということを知り、どのように伐採するのか、非常に心配しているところである。人間が植えたものは、人間の手で管理しなければ、さまざまな弊害がもたらされる。問題はその切り方である。以下に、これまでわれわれが調査してきたことを踏まえて、手入れの仕方の基準を示しておきたいと思う。参考にしていただければ、幸いに存じる次第である。

できるだけ今の景観を大きく変えないような手入れを行う。たとえば、現在観光コースになっているルートは、緑のトンネルを壊さないよう、必要最小限の抜き切りを行う。

伐採する木は、枯れ木、虫害木、障害木などに限定する。村落内のフクギ屋敷林で、風通しの悪い下層木は抜き切りする。村落周辺の屋敷林で、とくに北側や海岸沿いの木は、潮風害を防ぐために、できるだけ残す。フクギ樹木の上部の芯のところは、伐採しない。フクギの樹勢が衰えるためである。

伐採した切り株、枝の切り口は、虫害を防ぐため、防虫処理をする。

空屋敷のフクギ林は、樹木間の密閉した小木のみ抜き切りし、大木はそのまま生かす。

根神屋敷周辺のフクギは、二七〇年以上の巨木が多く、神木となっているため、その枝など、一切切らない方がよい。

沖縄の街路樹の剪定でよく行われているような、盆栽型に切られた景観にだけはしない。

以上の点に配慮していただき、備瀬のフクギ屋敷林が、県内外の人々に自慢できる沖縄の伝統村落景観の先進モデル地域になることを期待している。

3　備瀬のフクギ屋敷林の伐採問題Ⅱ（二〇一四〈平成二六〉年三月二三日付「沖縄タイムス」論壇）

昨年、備瀬のフクギ屋敷林に、国の一括交付金が認められ、その整備に向けて、事業計画が動き出そうとしている。本事業計画の骨子は、国の一括交付金（七〇〇〇万円）を受けて、約一万五〇〇〇本のフクギを対象に、危険木や枯死木などを除去し、高さを八メートルから一〇メートル程度に切りそろえる内容になっている。

私がとくに問題視しているのは、立木の芯や枝葉を伐って、一律に高さや形を揃える、という事業計画になっている点にある。しかも伐採対象木の数が半端ではない。約一万五〇〇〇といえば、備瀬のすべてのフクギ林が含まれてしまうことになる。この数字は予算獲得のための見積もりで、実際の伐採本数ではないというが、実際にどの木を切るかについては、危険木や枯死木を除いて、その科学的な根拠が曖昧である。

今年二月一七日、備瀬公民館で地域住民を対象に説明会が開かれ、それに私も呼ばれて、備瀬のフクギ屋敷林の歴史と、その保全の在り方について話した。

以前、我々が行った調査によれば、備瀬には、一〇〇年生以上のフクギ巨木が一〇七六本ある。そのうちの約九〇パーセントは、二〇〇年生以下の木である。二〇〇年生から二四九年生の木が八九本、二五〇年生以上の木が一八本ある。最高樹齢の木は二八八年生で、村落内の神アシャギや根神屋敷の周辺に群生している。これらのデータから、備瀬のフクギ屋敷林が、一七三七年以降、蔡温の三司官時代に計画的に造成され始め、その後、人口増加で周辺に拡大していったことが分かった。

一〇〇年生以上の屋敷林の樹高は、平均約一一メートル、最高樹高は一八メートルで、様々な高さの木で構成されている。このことは重要な点である。樹高に凹凸があるということは、台風時に互いに緩衝し合い、倒木の危険を回避する効果もある。また、津波に対する減災や救命機能も高い。このことを考えないで、すべて一律に高さを揃えることは、伐採された後の腐朽菌の侵入問題や、また景観上から見てもマイナス効果が大きい。伐採は、危険木や枯死木などに限るべきである。

備瀬のフクギ林は、沖縄の伝統村落景観を代表する歴史遺産の一つである。このような景観は県外・国外でもみられない。先人達が残したこの歴史遺産を後世に引き継いでいく責務が我々にはある。伐採木の選定については、専門家による科学的な調査を実施し、それに基づいて進めていただきたい。

4　備瀬のフクギ屋敷林の伐採問題Ⅲ（二〇一四〈平成二六〉年一〇月四日付「沖縄タイムス」論壇）

備瀬のフクギ屋敷林の伐採計画やその取扱い方については、すでに今年三月二三日付本紙論壇（「沖縄タイムス」誌）で述べたところである。その事業計画に沿って本格的な伐採が始まっているが、そのやり方があまりにも杜撰で、我々が備瀬公民館での講演会で助言したことが、ほとんど生かされていない。

備瀬のある民家の屋敷周辺のフクギ林が、木の太さに関係なく、地上七〜八メートルの高さから全て切り落とされ始めているのである。その中には現場で測定した結果、樹齢最大二四〇年にも達する巨木もある。

なぜ、このような景観や樹木の生長を無視した乱暴な切り方が行われているのか。現地で聞いた話をまとめると、問題は二つあるように思う。

一つは、フクギ屋敷林は個人の所有物だから、個人の意思で自由に切ることができるという発想である。しかし、備瀬のフクギ屋敷林の歴史を遡ると、琉球王朝時代の蔡温の三司官時代から王府の政策のもと、備瀬の住民が共同で植え育ててきたものである。その主な目的は暴風・潮害・火災などから、家屋を守るためである。したがってその機能性からみれば、フクギ屋敷林は個人の財産というより、村落全体を守る共有財産とみるべきである。村落の共有財産であるからこそ、その保全対策について、公的資金が投下される意義もある。もし個人の財産であって、個人の自由裁量に委ねることができるという論法なら、個人の所有物の伐採に公的資金が使われることになって、そのこと自体、公金の違法使用にならないだろうか。この点を、一括交付金を管轄する県や内閣府の担当者に確認していただきたい。

二つ目は、伐採業者による伐り方の技術的な問題である。

樹木の切り方には、樹形の全体像が変わらないようなやり方がある。透伐というべきか、人間の髪の毛を透くような切り方である。その場合、樹木の芯の部分は出来るだけ残し、樹木にストレスがかからない枝打ちをする。今の切り方には、そのノウハウが全くみられない。樹高の危険性だけが強調されているが、過去に倒木による人身事

写真 16　伐採された屋敷林
村落中央から西北側（2014 年 9 月撮影）

写真 17　7m 付近から伐採された屋敷林
写真 16 の東側（2014 年 9 月撮影）

写真 18　伐採され太陽に晒された景観
写真 16 の近辺（2014 年 9 月撮影）

故があったという話を聞いた事がない。

今のようなやり方で、今後、備瀬のフクギ屋敷林が切られていくとなれば、大変な歴史遺産の景観を失うことになりかねない。一括交付金が問題の発端になっている。その使い道をもう少し工夫できないか。例えば、伐採は危険木に限り、根上がり木の根元の保全、石畳道や竹材による目隠しの設置等、より有効な活用の仕方があるはずである。

5　「本部町景観計画」と備瀬区のフクギ屋敷林の保全

二〇〇四（平成一六）年六月に制定された政府の「景観法」に基づいて、本部町は二〇一〇（平成二二）年九月に「景観行政団体」となり、翌年の三月には「本部町景観計画」が策定され、それを受けて、二〇一一年「本部町景観計画ガイドライン」・「本部町景観条例」・「本部町景観条例施行規則」などが制定されている。本計画では、「地域の個性を活かした景観形成方針」の下で、本部町の景観を一〇箇所にゾーニング区分し、そのうち備瀬区などは「伝統的集落地域」に類型区分されている。

この「伝統的集落地域」では、村落を一つの集合体としてとらえ、「フクギ並木の屋敷林、石垣や瓦屋根住宅等」および「集落内の細い道や周辺の農地等」が一体となって景観を形成しているとの認識に立って、「フクギ並木、石垣、瓦屋根住宅等、それぞれを重要な景観要素として保全していくとともに、新たな建築物や工作物等を建設する場合においては、周辺の土地利用状況や建築の形態意匠、屋敷林等の配置を考慮し、集合体の一部として調和するような配慮に努める」との景観形成方針を掲げている。

この村落を形成する様々な景観要素を一体化してとらえる考え方は、備瀬区のようなフクギ屋敷林を主体とした景観保全を考える場合、とても重要な理念であるが、それが具体的な施策の中で、どのように生かされているのか、その内容について、以下、吟味してみよう。

「本部町景観計画ガイドライン」には、「景観計画」に関する具体的な「景観形成基準」などが示されているが、その中で備瀬区の屋敷林に関しては、以下のような事が書かれている。

◎建築物の高さは、原則として軒の高さ七メートル以下とすること。
◎フクギ屋敷林等の樹木が周辺にある場合は、その高さを超えないこと。
◎既存のフクギ並木等の緑が形成する景観と調和するよう、できる限り勾配屋根とすること。
◎屋根・外壁面の色彩については、極端な高彩度、低明度を避け、フクギ並木等の緑と調和した色彩とすること。
◎建築物を新築・建替えする際、その敷地内に良好な樹木がある場合は、伐採しないこと。やむを得ずフクギを伐採した場合には、それに代わるフクギを植えること。
◎枯れたフクギや倒壊したフクギは伐採し、それに代わるフクギを植えること。
◎良好な景観を形成している既存のフクギ等の屋敷林及び石垣は、保全・活用すること。
◎新たに垣を設ける場合は、できる限りフクギ等の生垣とすること。

フクギ屋敷林の保全に関して、これらの条項の中には、一定の「景観形成基準」は示されてはいるが、たとえば、家主が実際にフクギ屋敷林を伐採する場合の手続き等については、家主の裁量に任されたままになっていて、それらの行為を規制する法的根拠は明確ではないのである。つまり、フクギ屋敷林はあくまでも個人の所有財産という認識であって、その処分は個人の財産権に基づく自由意志に任されているのである。したがって「景観条例」にもとづく「景観形成基準」は、フクギ屋敷林に限って言えば、あくまでも一定の基準を示しただけのもので、何ら法的な規制や罰則を伴うものではないのである。この点に「景観条例」の実行性の限界が存在するのである。

三　渡名喜村の「歴史的景観保存条例」・「景観計画」とフクギ屋敷林の保全

1　渡名喜島の概要

同島は、那覇の北西五八キロメートルの洋上に位置する。周囲一二・五キロメートルの三日月形の小さな島である。島の北部には西森（標高一四六メートル）、南部には義中山（一三七メートル）、大岳（一七九メートル）、大本田（一六五メートル）、ヲム（一五一メートル）などの山々がそびえ、これらの南部と北部の山岳地の間の砂丘地に村落が形成されている。島の面積の六五パーセントは森林・原野で占められ、耕地はわずか二パーセント（八ヘクタール）ほどしかない。そのため、昔から漁業が島の経済を支えてきた。現在でも沿岸漁業が島の産業を支えている。他に、民宿業などのサービス業が島の経済を補てんする。農業では主にモチキビ、ニンジンなどが栽培され、一部は販売されるが、そのほとんどは自家消費用である。

二〇一八年一〇月末現在の総人口は三七九人（男性二〇七人、女性一七二人、世帯数二三二戸）で、うち、六五歳以上が約四二パーセントを占めている（村提供資料より）。

村落はゴバン型の道路で形成され、赤瓦の家並みがフクギの屋敷林で囲まれていて、沖縄県内でも歴史的な村落景観が比較的よく保存されている所である。そのため、同村落は二〇〇〇（平成一二）年五月、国の「重要伝統的建造物群保存地区」に選定され、およそ一〇〇棟の民家が国の保存地区に指定されている。これは沖縄県内で八重山の竹富町に次いで二番目の指定となる。

2　フクギ屋敷林の歴史

沖縄本島とその周辺離島で現在残されているフクギ屋敷林を調査した結果、フクギ屋敷林の残存率が五〇パーセント以上の村落は、沖縄本島では今帰仁村今泊・兼次、名護市稲嶺・汀間、本部町の備瀬、離島では渡名喜島、伊是名島、久米島謝名堂などで、その中でも残存率が七〇パーセントを越えているのは、渡名喜島と本部町備瀬の二か所のみである。これらの村落のフクギ屋敷林は、これまで調べたデータによると、一七三〇年代後半以降に植栽されたことが、樹齢推定で分かっている。

渡名喜島で古いフクギ林は、村落の西側の外れに立っている王朝時代の番所跡のフクギである。ここのフクギ巨木群は、琉球王朝時代、農耕地と番所の境界になるように植えられたといわれている。その巨木群の中で、最高樹

写真 19　フクギ林で囲まれた村落遠景（渡名喜島）。2018 年 4 月撮影。以下同。

写真 20　村落内の景観（渡名喜島）

写真 21　番所跡のフクギ巨木（渡名喜島）
最大樹齢は 216 年である。

齢は二一六年・二一五年・二一一年の三本である。二一六年の樹齢の歴史を遡ると、一七九九年ごろの植栽に当たる。

3　「渡名喜村歴史的景観保存条例」の内容と問題点

渡名喜村は、フクギの屋敷林で覆われた村落景観、赤瓦の屋根葺きの木造建築と石垣の屋敷囲い、などの伝統的建造物群を顕著に残しているとして、二〇〇〇（平成一二）年五月に、文化庁から「重要伝統的建造物群保存地区」に指定されている。沖縄県内では一九八七（昭和六二）年四月に竹富町が最初に指定され、渡名喜村は二番目の指定となる。

渡嘉敷村の「重要伝統的建造物群保存地区」指定の前年の一九九九（平成一一）年九月に、文化庁の「重要伝統的建造物群保存地区」の指定に向けて村独自の「渡名喜村歴史的景観保存条例」が公表されている。この条例の中に、フクギを含む木竹の伐採に関する規定が具体的に述べられている。この「渡名喜村歴史的景観保存条例」の第六条では、「木竹の伐採」（主にフクギ屋敷林）の行為を行うときは、あらかじめ村の教育委員会の許可を受けなければならない規定になっている。しかしながら、第六条の第二項で、下記のように、フクギ屋敷林の伐採について、許可を受けることを必要としない要件が規定されている。

◎枯損した木竹若しくは危険な木竹の伐採、又は森林病害虫等防除のための木竹の伐採
◎自家の生活の用に充てるため、又は木竹の保育のため通常行われる木竹の伐採

この条例から明らかなことは、この、許可を受ける必要のない伐採要件については、すべて屋敷林の所有者の判断に任されている点である。つまり、所有者の理由づけによっては、フクギ屋敷林の全体景観を著しく変える先端

の伐採や、家屋の増築などに伴うフクギ屋敷林の全面伐採が可能になる規定要件になっているのである。そのため、これらの条例の存在にもかかわらず、フクギ屋敷林の先端の伐採や、大木の切り倒しなどの問題が、近年、届け出なしで数多く発生している。それを受けて渡名喜村では、村の教育委員会の広報を通して、許可を受けるように指導しているが、「渡名喜村歴史的景観保存条例」の第六条には、フクギの全面伐採や先端の全面伐採などに関する規定は具体的に盛り込まれていないため、条例の規制が及ばず、曖昧な法規定になっているのが実状である。

4　「渡名喜準景観計画」・「準景観地区ガイドライン」とフクギ屋敷林の保全

政府の「景観法」二〇〇四（平成一六）年を受け、渡名喜村は二〇一〇（平成二二）年三月に地域の景観行政の担い手となる「景観行政団体」に移行し、二〇一三（平成二五）年三月には、「海の郷・渡名喜島・ふれあい交流の景観むらづくり」の理念の下、「渡名喜準景観地区計画」を策定している。

同村はすでに、文化庁の「重要伝統的建造物群保存地区」（二〇〇〇＝平成一二年五月）の指定を受けているが、その条件整備のために、村独自の「渡名喜村歴史景観保存条例」（一九九九＝平成一一年九月）を制定し、さらに「自然公園法」（昭三二年制定・平二六年改正）に基づく県の「自然公園条例」によって、島のイノーを含む海岸域に関して「自然景観保全地区」にも指定されていることから、これらの条例を補足する意味で法令に基づいて「準景観地区計画」策定の地域指定になっている。同村の「準景観地区」は、島のイノーを含む海岸域を除いて、①伝統的集落景観保存地区（重要伝建地区）、②島の玄関景観形成地区（漁港区域）、③農地景観形成地区（農用地区域）の三つに区分され、本章で問題にしているフクギ屋敷林は、「伝統的集落景観保存地区」の中で取り扱われている。

「渡名喜村景観むらづくり条例及び施行規則」によれば、「伝統的集落景観保存地区」において「木竹の植栽又は伐採」を行う際は、「渡名喜村歴史的景観保存条例」の第六条（許可の基準）に則って行うことになっている。その具体的な手続きや問題点については、すでに前項で述べたところである。
その他の地区においては、「伐採は最小限にする」「郷土種で樹高が三メートルかつ樹齢が一五年を超えるものは保存し、やむを得ない場合は移植または同等樹木の植栽を行う」となっている。

結論

沖縄県内でフクギ屋敷林の保全に関して具体的に言及した条例は、「渡名喜村歴史的景観保存条例」（一九九九＝平成一一年九月）が最初である。その後、政府の「景観法」（二〇〇四＝平成一六年）の制定を受けて、県内の各自治体でも「景観計画」が策定され、その具体的な施策の展開として「景観計画ガイドライン」・「景観条例」などの基本方針が示されるようになった。

これらの「景観計画」・「景観条例」を俯瞰して、フクギ屋敷林の保全の面から、その問題点を指摘すれば、大きく二つあると思う。

一つは、村落景観を構成する樹木を一つの群落（纏まり）としてではなく、単木で規定するしくみになっている点である。

「沖縄県景観形成ガイドライン」では、「景観重要樹木の指定」に関して、「地域のシンボル樹」・「景観形成に役立っている木」・「地域住民から親しまれている木」などを「景観重要樹木」として指定することが望ましいとされている。「御嶽林や屋敷林の保全に活用することも考えられるが、景観重要樹木は原則として単体の樹木に適用されるものであるため、樹木を特定する必要がある」と説明する。そしてこの「景観重要樹木」は、住民が可視できる場所にあり、「幹回りが一メートルを越えるような大木である」こととしている。この解釈は、「原則として」と適用範囲を拡大できる可能性を含ませるが、以後、県内の「景観計画」策定では、この「単体の樹木」の考え方が踏襲されていく。しかしながら、フクギ屋敷林は幼木から巨木まで、様々な樹木で構成されているのであって、それらを一つのまとまりとして保全することに意味があり、ただある巨木だけに特化する考えは、まさに「木を見て森を見ない」、本来の景観の保全から乖離した実行性のない議論と言わざるを得ない。

二つは、これらの条例が、フクギ屋敷林の伐採行為を規制できる法体系になっていないことである。法整備で保全の基本方針は示されてはいるものの、それでもフクギ屋敷林の伐採が止まらない。なぜなのか。はっきり言って、これらの条例が伐採の現場で生きてこないからである。その背景には、個人の私有財産という意識が強く、先人たちから引き継いだムラの共有の財産という認識が低いことにある。

この条例には、個人が何らかの理由で伐採行為を行う際に、それをチェック・指導し、場合によっては勧告するシステムがみられない。ドイツなどの「樹木条例」では、ある一定以上の太さの樹木を伐採しようとする時は、その樹木の所有者が勝手に切ることはできない仕組みになっている。規定にかかる樹木を伐採する時は、行政に届け出て、樹木の専門家や行政や樹木所有者などが現場で立ち会い、その木を切るかどうか、また切るとしてもどのように切るか、そのノウハウを含めて判断するシステムになっている。一度、その判断が下されれば、たとえ樹木の所有者の意図に反していても、従わざるをえないのである。そこにはたとえ個人の私権を犠牲にしてでも、地域全体の望ましい景観を保全することを最優先する社会的合意形成（共有財産という認識）ができ上がっている。

日本の「景観条例」には、とくに沖縄のような個人所有のフクギ屋敷林まで踏み込んで、その景観保全のための地域の合意形成、伐採のノウハウを伝授するステークホルダーのシステムは、残念ながら、見出すことができない。その理念は立派だが、それが現実に機能するように完結していないのである。

沖縄のフクギ屋敷林は、琉球王朝時代に、厳しい法的規制の下で、先人達が作り出した歴史景観の一つである。

当時は「屋敷囲み」（「屋敷抱護」）と呼ばれ、その他の「浜抱護」（潮垣）・「村抱護」と連携して、村落や農地などの生活基盤を冬の北風や台風などから守る大事な役目を担っていた。今ではその一部は保安林に引き継がれているのもある。しかしながら、現状ではその歴史・現存の意義も問われないまま、消滅しているところもある。その存在意味を問い、再生していくためには、現行の「景観条例」を現場レベルで通用する内容に改める以外にないと考えている。

参考文献

（1）沖縄県、沖縄県景観形成ガイドライン、二〇一〇年。
（2）渡名喜村、渡名喜準景観地区計画、二〇一三年。
（3）渡名喜村、渡名喜準景観地区ガイドライン、二〇一三年。
（4）渡名喜村、渡名喜村景観むらづくり条例及び施行規則、二〇一三年。
（5）渡名喜村、渡名喜村歴史的景観保存条例、一九九九年。
（6）仲間勇栄・来間玄次・陳碧霞『沖縄の聖域景観とその保全に関する調査研究――西原町内間御殿のフクギ林伐採問題』、二〇一六年。
（7）西原町、西原町景観計画、二〇一六年。
（8）西原町、西原町景観計画ガイドライン、二〇一六年。
（9）西原町、西原町景観まちづくり条例、二〇一六年。
（10）西原町、西原町景観まちづくり施行規則、二〇一六年。
（11）日本国政府、景観法、二〇〇四年。
（12）本部町、本部町景観計画、二〇一一年。
（13）本部町、本部町景観計画ガイドライン、二〇一一年。
（14）本部町、本部町景観条例、二〇一一年。
（15）本部町、本部町景観条例施行規則、二〇一一年。

●第四部　生き続ける琉球の村落——学際シンポジウムの記録

第一章　第一回学際シンポジウム「生き続ける琉球の村落
――固有文化にみる沖縄の環境観と空間形成技術」

高良倉吉、浦山隆一、鎌田誠史、山元貴継、鈴木一馨、
仲間勇栄、澁谷鎮明、崔元碩、齊木崇人

はじめに

以下は、「生き続ける琉球の村落―固有文化にみる沖縄の環境観と空間形成技術」と題して、二〇一二年一〇月六日に沖縄県立博物館・美術館において開催した、学際シンポジウムの記録である。ここでは、本書のテーマである「抱護」に比較的関連があり、かつ、その後論考化された内容が本書に収録されていない報告のみを抜粋して掲載する。

なお、当シンポジウム全体の構成と報告者は、下記の通りであった。

第一部：基調講演

「琉球の歴史と村落」高良倉吉（琉球大学名誉教授、元沖縄県副知事）

第二部：研究報告

「琉球の村落空間の復元と空間構成」鎌田誠史（国立有明工業高等専門学校准教授〈当時〉）

一　第一部

司会挨拶（浦山隆一）

ただ今より、シンポジウム「生き続ける琉球の村落」を開催させていただきます。秋の三連休の初日、那覇では「大綱引き」や「世界エイサー大会」がある祭りの時期に、多くの皆様においでいただき、主催者としては大変に感謝しております。ありがとうございます。

私は、富山国際大学の浦山と申します。今日は、シンポジウムの趣旨説明と進行役をさせていただきます。どうぞよろしくお願いいたします。今日は午後一時から五時という長時間にわたりますので、リラックスしてお聞きください。学術的な講演会ではありませんので、分かりやすくご説明させていただきます。

今回の企画は、文部科学省の科学研究費助成金の研究成果の地元への報告会として、一年前に鎌田先生の発案で計画いたしました。昨年二〇一一年一〇月八日・九日の両日、澁谷先生や山元先生の勤務されている中部大学が主催（渡邊欣雄先生が呼び掛け人）しました学際シンポジウム、「風水思想と東アジア」が開かれました。その企画の中に、小特集として「風水と抱護」を組んでいただきました。基調報告後に発表いたします多くのメンバーが、その時に発表をしております。その中間報告をさらに発展させた論点や成果を、沖縄で報告させていただくのが主な目的であります。実は、中部大学で行われたシンポジウムのその日のうちに、鎌田さんが「ぜひ沖縄でこの話を聞かせたい！」と。鎌田さんの熱意がこのシンポジウムを生んだと思っております。

さて、今日のプログラムは三部構成になっております。第一部は、沖縄の近世、近代の村落や集落の全体像を見る視点として、高良倉吉先生に基調講演をお願いしております。テーマは、「琉球の歴史と村落」です。高良先生のお話によれば、このテーマで話されるのは初めてとの事なので、御期待ください。「首里城公園友の会」で、高良倉吉ファンの方がたくさん来ておられると思うのですが、高良先生の講演が終わったからとさっさと帰らないでくださいね。高良先生の御講演を受けて、初めてシンポジウムの本題に入ります。

第二部は、五名の先生に発表していただきます。タイトルを見ていただければ、「村落」「抱護」「風水」というキーワードが散りばめられております。

第三部は、三名の先生からコメント・批評・総括をいただきます。今後のさらなる研究の課題や発展につなげたいという、主催者側の希望でもあります。最後の二〇分は、フロアの皆さんからの質疑時間であります。その時は、忌憚のない意見を投げ掛けていただければ、私たちの今後の課題にさせていただきます。

ところで、いろいろな写真資料や地図などをお見せしますが、自分の住んでいる集落（村落）をイメージしながら見てください。いろいろと思い当たることがたくさんあるのではないでしょうか。

おわりに、この企画が開催にこぎ着けたもう一つの要因としまして、㈱国建の協力があります。平良啓取締役をはじめとし、若いスタッフの方々の協力・バックアップがなければ、実現しませんでした。あらためて、お礼申し上げます。

では早速、「基調講演」に移らせていただきます。では高良先生、どうぞご登壇お願いいたします。高良先生につきましては、紹介する必要はないのでしょうが、一応形として紹介させていただきます。高良倉吉先生は、現在、琉球大学法文学部国際言語文化学科教授です。一九四七年、沖縄県伊是名島生まれ。沖縄市史編集所専門員・沖縄県立博物館主査・浦添図書館館長を歴任され、一九九三年に九州大学で文学博士の学位を取られ、一九九四年から琉球大学法文学部で教鞭を執っておられます。

ご存じのように、首里城の復元に長年関わっておられますし、ＮＨＫ大河ドラマ「琉球の風」の監修者でもあります。著書については皆さんがよくご存じでしょうから、紹介はこれぐらいにして、高良先生、どうぞよろしくお願いいたします。

基調講演「琉球の歴史と村落」高良倉吉

皆さん、こんにちは。今、司会の浦山先生からこのシンポジウムの趣旨説明がありました。建築や都市計画を中心とするさまざまな専門家が、琉球を含めて韓国、台湾、中国と、まさに東アジアの自然と人間が造り上げた景観であるとか、空間といった問題の中に含まれている意味を、ただ観察するのみではなくて、それを現在とこれからの地域づくり、まちづくりに生かしていこうというような趣旨の共同研究を行い、大変豊かな研究成果が蓄積されたと聞いております。しかも皆さんは、その成果を沖縄の県民にお伝えするという大変ありがたい企画をつくってくださいまして、今日のシンポジウムが実現したということです。

このきっかけをつくった鎌田さんとは何度もお酒を飲んだのですが、私はちょっとだまされました。「おまえが基調講演をしろ」と言われたのです。酔っぱらっていて、全然何も考えずにお引き受けしたのですが、「さあ、どうしよう」という不安でこの場に立っております。ともかく、今日は三〇分の時間を頂戴していますので、前近代の琉球史、しかも文献を中心とした歴史の勉強をしている立場から、後で立派な研究成果の報告があると思いますので、その方々の報告の前座として、歴史的な背景のような問題を、ラフスケッチとして提示できたらと考えております。

日本全体	区分	琉球・沖縄をめぐる主な動き	
旧石器時代	先史時代	＊湊川人（18.000年前）	
縄文時代		＊沖縄にも縄文文化が展開	
弥生時代		＊弥生式土器の出土	
古墳時代			
奈良時代		＊日本と一定の交流が存在	
平安時代			
鎌倉時代	古琉球		
南北朝時代		＊沖縄各地で大型グスクが登場	
室町時代		★ 琉球王国の成立（1429年）	琉球王国時代
戦国時代		★ アジア諸国と活発に交流（万国津梁の鐘、1458年）	
徳川時代	近世	★ 薩摩軍の侵攻（1609年）	
		＊日本・中国とのバランス関係維持、文化の発展	
		＊ペリー艦隊来航（1853～54年）	
明治（近代・現代）	近代	★ 琉球処分（沖縄県設置、1879年＝明治12）	
大正		＊海外移民、出稼ぎ者の増加	
昭和		＊ソテツ地獄（沖縄経済の破綻）	
		★ 沖縄戦（1945年）	
	戦後・現代	＊アメリカ統治時代（27年間）	
		★ 日本復帰（1972年＝昭和47）	
平成		＊沖縄振興開発の推進	
		＊首里城の復元（1992年）	
		＊九州・沖縄サミット（2000年）	

図1　琉球・沖縄の歴史的推移（高良作成）

私の資料は紙で提示しておりますので、紙を使って説明したいと思います。まず、皆さんにお配りした資料の二頁目（図1）です。沖縄の歴史の流れというか、時代的な推移が一覧できるようにしてあります。私の主たる研究は、そこに書いてある古琉球と近世琉球、つまり琉球王国時代のことが対象です。

三頁目の地図（図2）を見てください。若気の至

『明史』に見るアジア諸国の対明朝貢回数

順位	国名・地域名	回数
1	琉球	171
2	安南（ベトナム）	89
3	烏斯蔵（チベット）	78
4	哈密（ハミ）	76
5	占城（チャンパ）	74
6	暹羅（シャム）	73
7	吐魯蕃（トルファン）	41
8	爪哇（ジャワ）	37
9	撒馬児罕（サマルカンド）	36
10	朝鮮	30
11	瓦剌（オイラート）	23
12	満剌加（マラッカ）	23
13	日本	19
14	蘇門答剌（スマトラ）	16
15	真臘（カンボジア）	14
16	浡泥（ブルネイ）	8
17	三仏斉（パレンバン）	6

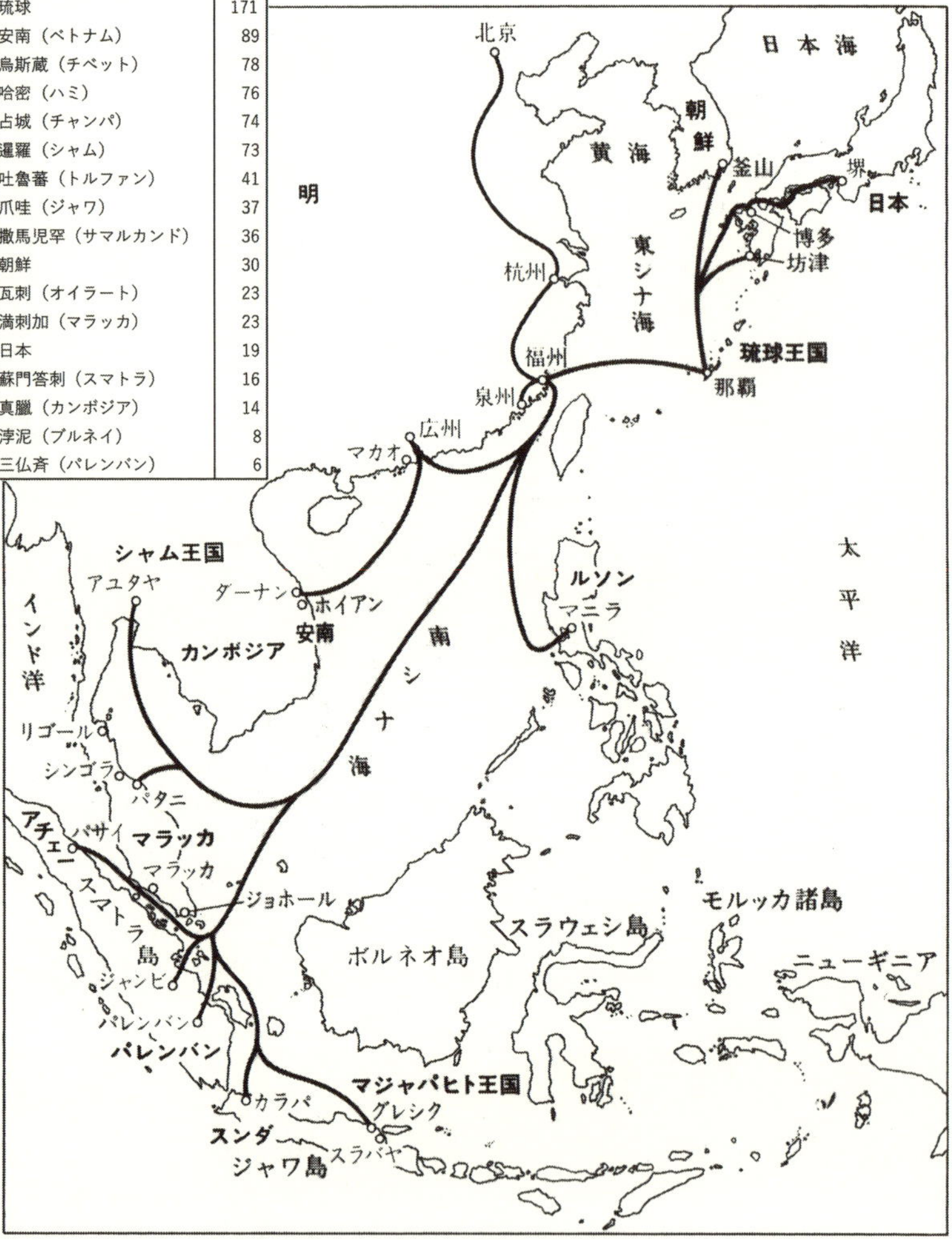

図2　琉球王国交易ルート概念図（14世紀～16世紀後期）
（高良倉吉『アジアのなかの琉球王国』、1998年、吉川弘文館より）

りと言うべきか、戦前の先輩方が積み上げた研究上のスタンスとは違い、もう少しアジアの目線から琉球史を眺めるということが必要なのではないかと思い、この地図に表現されているアジア各地を訪ね歩いて、中身は薄く軽いのですが、とにかくアジアの中で琉球、沖縄を考えようというような活動をしてまいりました。

もちろん現在は、若手を中心にして、中国、台湾、韓国の研究者を含む優れた方々がこの分野について研究を深めており、大変な蓄積のある研究分野になっているわけです。四〇年ほど前から私は、とにかく「アジアの中の琉球」

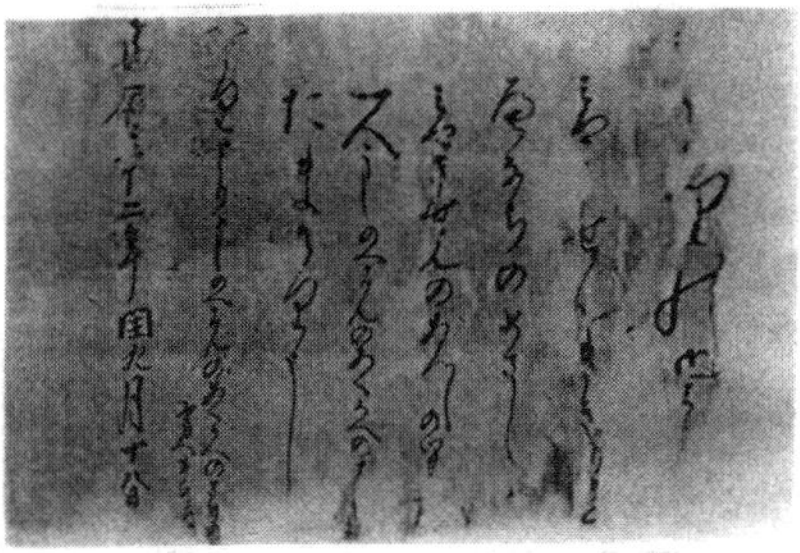

1604年9月18日
今帰仁間切　　辺名地というシマ
しよりの御ミ[事]/ミや[き]ぜん**まぎり**の/**へなち**のめざしハ/ミやきぜんのあんじの御ま[への]/一人うしのへばんのあくかべの[さち]に/たまわり申候/しよりよりうしのへばんのあくかべのさちの/方へまいる/万暦三十二年閏九月十八日

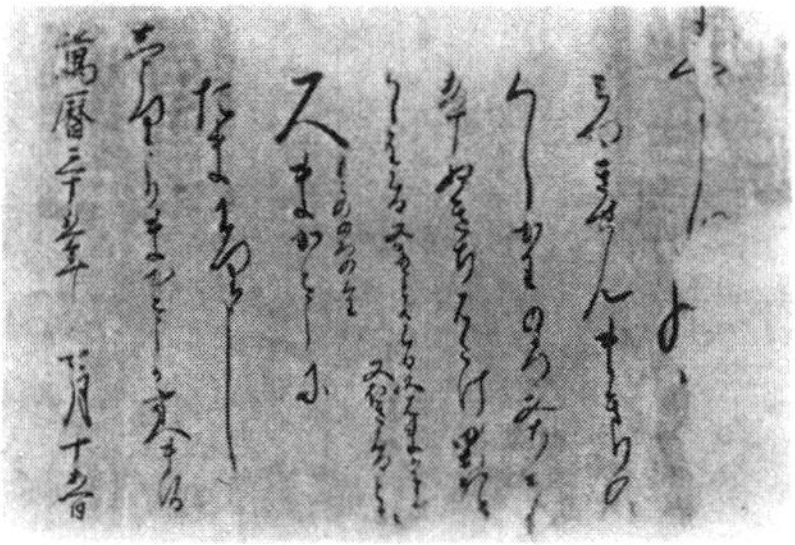

1607年7月15日
今帰仁間切　　具志川ノロ　　原名
しよりの[御ミ事]/ミやきぜん**まぎり**の/**ぐしかわのろ**又ちとも二/五十ぬきちはたけ四おほそ/ぐしかわ**はる**又によは**はる**又はまかわ**はる**/又ほき**はる**とも二/もとののろのくわ/人まかとうに/たまわり申候/しよりよりまかとうが方へまいる/万暦三十五年七月十五日

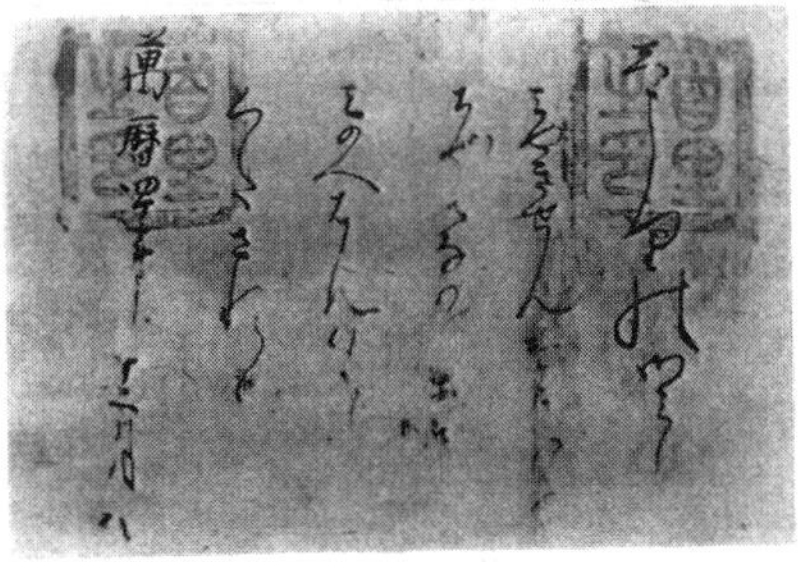

1612年12月★日
今帰仁間切　　謝花という村＝シマ
しよりの御ミ事/ミやきぜん**ま[ぎりの]**/**ぢやはな**のおき[てハ]/ミのへばんの[　　　ニ]/くだされ候/万暦四十年十二月[　日]

図3　仲村家資料

という視野が必要だと思い、問題提起のための作業に取り組んできたということです。

そのアジア行脚をしているときに、やはり今から四〇年ほど前のことになるのですが、沖縄本島の本部町の辺名地という、渡久地という港の東側の高台にある小さな集落に面白い資料があるということを聞き、それを調査に行きました。

それが、配布資料の四頁目の資料（図3）でして、代々ノロを出してきた辺名地の仲村家に伝わってきた資料です。この三点の資料を調査して、私は、村落、村、あるいはシマと呼ばれてきた、行政単位であると同時に人々の生活単位でもあった存在の重要性について目覚めさせられたのです。

最初に見たときはぐちゃぐちゃで、ボロボロだったのですが、当間さんという専門の方に修理してもらい、写真で提示したような形になったのです。

一番上のものを見てください。一六〇四年ですから、薩摩軍が琉球に侵攻する五年前の年月日を持つ資料です。ちょっと読んでみます。

「しよりの御ミ〔事〕（首里城の王の命令である）」。「ミや〔き〕ぜんまぎり（今帰仁間切）のへなちのめざし」という地方役人に、「ミやきぜんのあんじの御ま〔への〕一人うしのへばんのあくかべの〔さち〕にたまわり申候」とある。「しよりようしのへばんのあくかべのさちの方へまいる」と記され、「万暦三十二年閏九月十八日」と書いてあります。

この辞令書を読んで、衝撃を受けました。「さち」という男性が、この辞令書を首里城の王様からもらい、役人生活をスタートさせたのです。では、「さち」という人はそれまで何をしていた人なのかというと、今の今帰仁城（今帰仁グスク）跡に置かれていた北山監守、つまり北部方面を統括するボスで、今帰仁按司と言ったのですが、その按司に仕えていた人物でありました。その彼が、後の「村」、当時「シマ」と言う行政単位であった、辺名地というところの役人になったという事実を伝えるものなのです。これまで今帰仁按司に奉公していた男性「さち」が、辺名地のシマの目差という職に就き、役人生活をスタートさせた、という確かな事実を確認することができる。では、辺名地というシマはどのような存在なのか、という疑問がここから浮上します。

真ん中の辞令書は、詳しい解説は省略しますが、「まかとう」という女性に与えられたものです。「もとののろのくわ」が「まかとう」ですから、これまでノロを務めてきたお母さんの娘が「まかとう」で、母から娘にノロ職が継承された。ノロの職名は「ぐしかわのろ（具志川ノロ）」と称しました。

この「具志川」は現在の地名には存在しませんが、この当時、今の本部町の渡久地から浜元辺りの海岸低地にあった村落、つまりシマの名前だと思われます。それから、一番下のほうの辞令書には、「謝花」というシマの名前が登場し、そこの役人に男性が任命されたのです。つまり、私が調査した約四〇〇年前の資料には、辺名地・具志川・謝花という名前の具体的なシマ（村落）が登場し、そこの役人やノロになる具体的な人物が登場しているのです。

それを見て私は、アジアと活発に交流していた琉球の状況を捉える作業も大事だが、目の前の資料が示すように、その当時の琉球の内部はどうなっていたのか、人々はどのように暮らしていたのかという問題を考える必要がある、という強烈なメッセージを受け取ったのです。言い換えると、どのような政治行政的な仕組みがあり、それを前提に役人はどのように任命されていたのか、宗教界を担うノロはどのように任命されていたのかという問題を検討する必要性を感じました。

その後、各地に残る辞令書を本格的に収集し、検討しました。薩摩軍に敗れる一六〇九年以前の時代を、われわれは古琉球と呼んでいます。辞令書研究から得られた、この古琉球時代の内部的な政治行政体制の問題を、五頁目（図4）のほうで整理しておきました。

大ざっぱになりますが、当時の琉球の政治行政体制というのは、「間切・シマ制度」が基本だったと断定できると思います。つまり、琉球の内部には行政区画であるさまざまな間切があって、さらにその間切の中に、行政単位

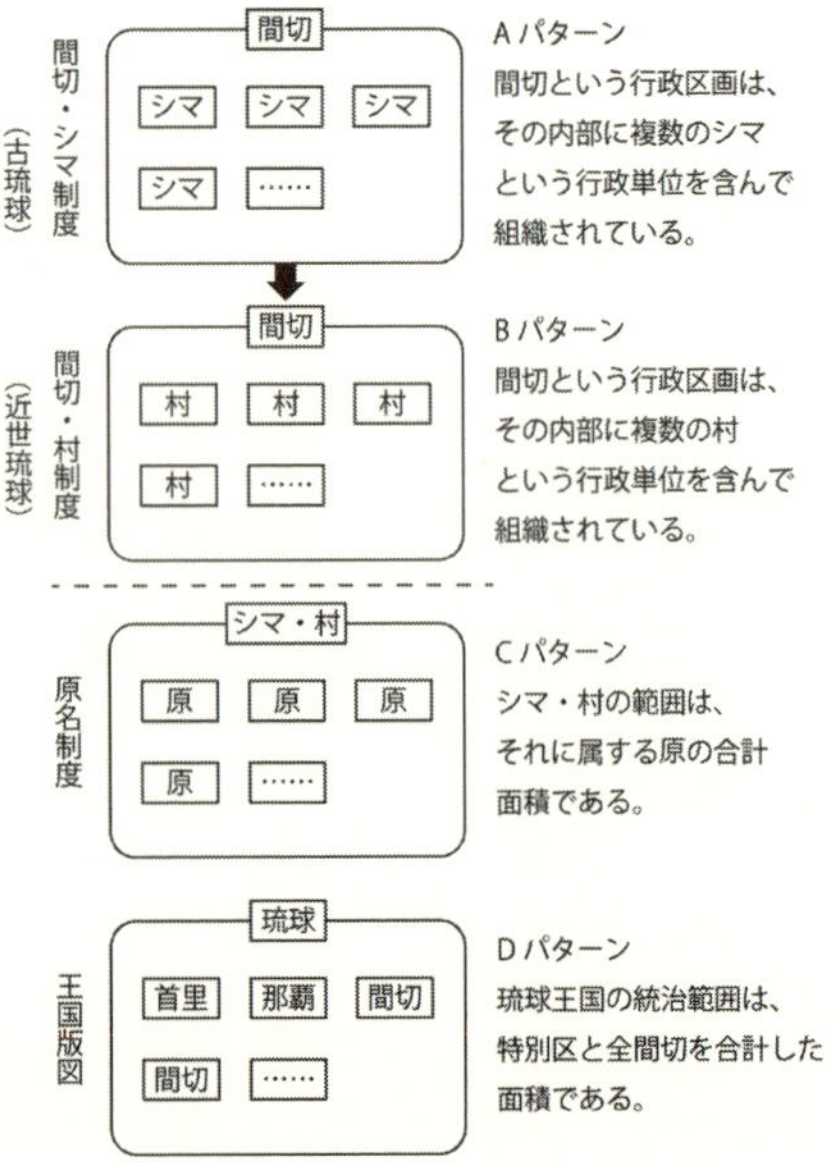

図4　古琉球時代の政治行政体制（筆者作成）

であると同時に、人々の暮らしの単位でもある「シマ」と呼ばれた存在がありました。

五頁目（図4）の上のほうの「間切・シマ制度」に、Aパターンと書きました。A間切という行政区画は、その内部に複数のシマという行政単位を含んで組織されている、というのが当時の実態でした。この間切・シマ制度というものは、薩摩軍に敗れる一六〇九年以降の近世琉球の時代になると変化し、「間切・村制度」になった（図4：Bパターン）と私は理解しています。つまり琉球王国時代、古琉球と近世琉球の二つの時代を通して考えてみると、前者は「間切・シマ制度」、それが変容して、後者の「間切・村制度」というものに変わっていったというわけです。

では、その間切・シマ制度、あるいは間切・村制度におけるシマ＝村というものはどのような存在なのかといったときに、今日のテーマである村落、集落につながるのかもしれませんが、要するにそのシマ＝村は、多数の「原《はる》」と呼ばれている小さな地区にさらに分割されていたということです。この原には全部、名前が付いておりました。先ほどの具志川ノロに任じられた「まかとう」が首里城の王様からもらった辞令書には、所得としての畑のことが明記されています。それは「五十ぬき」の面積の畑で、「ぐしかわはる」「によははる」「はまかわはる」「ほきはる」という四つの原にまたがって存在していると書いてある。畑の面積と、その畑が所在する場所が表記できたのは、そのシマ＝村の中に原と呼ばれている多数の地区があるということを意味します。つまり、シマ＝村とは、その内部を構成する原群を合計したもの（図4：Cパターン）という原則が存在したのです。

従って、琉球王国という統治体制は、古琉球・近世という時代区分を取り外して考えると、また、首里や那覇といった政治的・経済的な中央を除いて考えると、基本的にその内部は多くの間切に分割されていました。これは、宮古や八重山、奄美でもそうでした。そうなると、琉球王国のテリトリー、版図は、首里・那覇プラス間切群だということになります（図4：Dパターン）。そして、それぞれの間切は内部のシマ＝村群を合計したもの、それぞれのシマ＝村は内部の原群を合計したもの、それが琉球王国の制度原則だった、ということになるのです。以上の認識をふまえたうえで、薩摩に敗れて以降の近世の間切・村制度段階の問題、今日のシンポジウムのテーマである村落をめぐる問題について、文献史学の立場から若干の意見を述べたいと思います。近世の村をめぐる状況には、どのような論点が含まれているのか、その問題についてです。

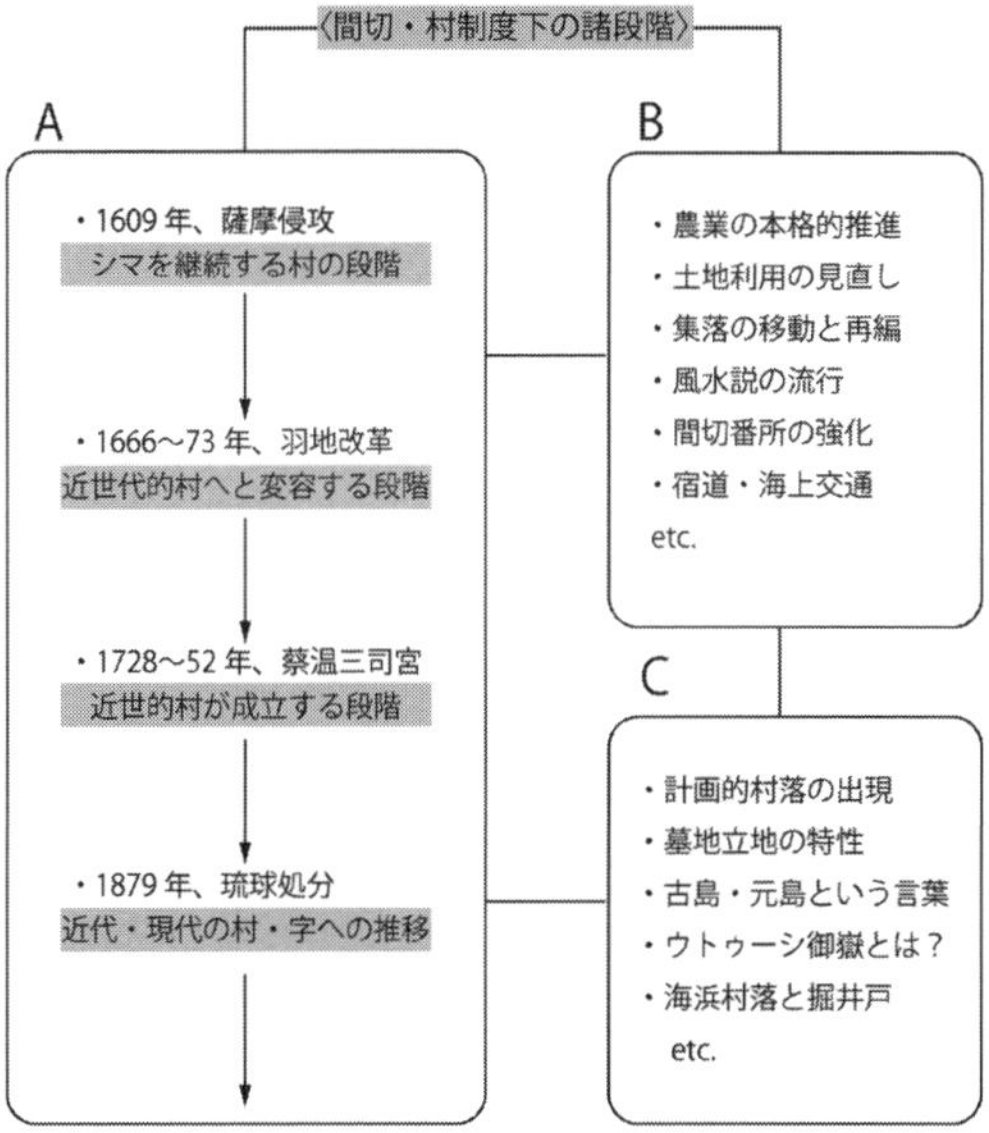
〈間切・村制度下の諸段階〉
A
・1609 年、薩摩侵攻
シマを継続する村の段階
・1666～73 年、羽地改革
近世代的村へと変容する段階
・1728～52 年、蔡温三司宮
近世的村が成立する段階
・1879 年、琉球処分
近代・現代の村・字への推移
B
・農業の本格的推進
・土地利用の見直し
・集落の移動と再編
・風水説の流行
・間切番所の強化
・宿道・海上交通
etc.
C
・計画的村落の出現
・墓地立地の特性
・古島・元島という言葉
・ウトゥーシ御嶽とは？
・海浜村落と掘井戸
etc.
図5　間切・村制度下の諸段階（筆者作成）

六頁目（図5）で、A、B、Cと問題群をパターンに分けてみました。見通しのようなものを少しメモしたのですが、一六〇九年春に琉球は薩摩軍に敗れます。われわれはとりあえず、そこで古琉球が終わり近世琉球が始まると考えるわけですが、しかし、言うまでもなく古琉球的社会がいきなり近世琉球的社会にスイッチするのではなくて、古琉球のシマを継続しながら、やがて近世の村に徐々に変容した、と考えております。

そして、一六六六年から一六七三年にかけて、琉球王国を抜本的に荒々しく改革した、羽地朝秀というリーダーの改革路線の中で、古琉球的シマから近世的村へと変容する段階が本格的に始まった、という見通しを持っています。やがて一八世紀に入り、一七二八年から一七五二年にまたがる二五年程度、三司官という要職にあった蔡温の段階に、それ以前から始まっていた近世的な村への転換が、ほぼ全琉球的に完成すると見ています。

そのように成立した近世的な村というものが、一八七九（明治一二）年の琉球処分＝沖縄県設置をきっかけにして、徐々に近代・現代で転換し、変容していくのだという見通しになるのではないかと、私は考えております。

このAパターンの認識をさらに補強するいくつかの論点というか、検討すべきメニューを示したのが、Bパターンになります。いろいろ書きつつ、私もあまり自信はないのですが、薩摩に敗れて以降、羽地朝秀の改革時代が大きな転換点になると思います。実は何が変わったのかというと、冒頭に書きましたが、琉球社会が本格的な農業振興に取り組んだということです。

もちろんそれ以前にも農業はあったわけですが、それ以前とは比較にならないくらいに農業に重点を置き、農業を基幹とする経済構造に急速にシフトしていきました。その最も分りやすい例は、土地利用の大幅な見直しです。例えば、ソテツ敷とかバショウ敷という言葉が出てくる。敷とは土地利用上の用途を示すもので、ソテツ敷はここはソテツを植える土地、バショウ敷はここはイトバショウを植栽するための土地、ということになります。つまり、自由勝手にさせるのではなく、政策的に土地利用を誘導したわけです。そういう政策が本格的に推進される時代になっていくのです。

それから、墓地の移転が活発になります。今お墓になっているその土地は、畑として使えるじゃないか、墓のほうは耕地不適格の場所に移して、そこを畑として確保し農業振興に利する、というやり方です。その最たる現象が集落の移動と再配置であり、これまで集落が立地していたその場所を畑や水田、あるいはその他の耕地に跡地利用し、集落のほうは耕地にあまり適さない海岸低地などに移転させたのです。そのような土地利用の見直しのために、チェック体制が構築されました。例えば、お墓を建設しようとする者がいたら、その者は首里王府の行政機関である高所に図面付きの申請書を出して、その許可をもらってはじめて墓の建設が認められたのです。そのときの申請書類が、古文書としてちゃんと残っています。そのような、厳しい土地利用の見直しが始まったというわけなのです。

これに連動する政策として、例えば、「牛や馬を殺すな」という牛馬屠殺禁止令が出ているのです。その昔から、琉球では牛を結構食べていたのです。牛や馬は農業振興には欠かせない家畜であるから、それを殺して食糧にすることを原則禁止にしました。食べて良い場合は、牛や馬が年を取って、よれよれになって使い物にならない場合に限る、しかしその場合でも屠殺許可をもらえ、と言っています。

牛や馬に代わる食肉として奨励されたのが、実は豚でした。沖縄の人は大昔から豚大好き人間だったというのは間違いです。政治的・行政的な背景があって、要するに、牛や馬から豚のほうに転換した、ということだったのです。首里王府の農業推進政策は、そうした結果までもたらしたのです。

土地利用の見直し、それに伴うお墓や集落の移動を推進するためには、旧来の知識や認識、技術で対応できるものではなく、新しい、今風に言えば土地利用計画、集落計画、生態系観測などが必要で、その知識体系が風水、あるいは地理というものだったわけです。琉球において風水説が流行するのは一七世紀後半からなのですが、その時期と土地利用の見直しの推進策は一致しており、その事業のためにテクノクラート、すなわち風水師が台頭したのだと私は考えています。つまり風水師は、政策的なニーズに対応するように琉球社会で活動の場を広げたのです。

多くの研究者が明らかにしているように、琉球風水師は中国、とくに中国風水のメッカの一つである福建省に行って風水を習い、それを琉球の環境に合うようにアレンジしながら、琉球的な風水というものを展開していくのです。例えば、墓に相応しい場所や立地の問題を検討し、土地利用政策に矛盾しない地点に墓を造ることをリードしまし

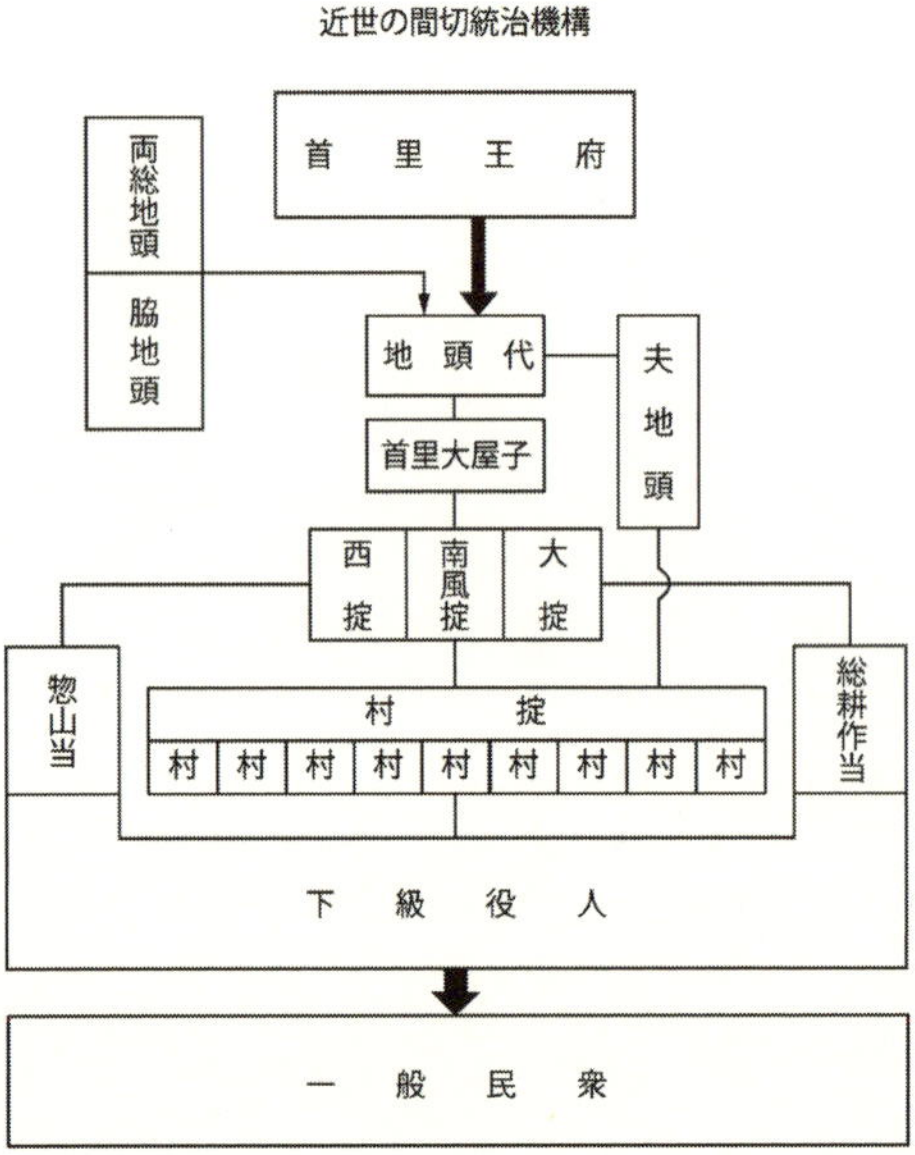

図6　近世間切の行政機構

た。あるいは、高台にあった集落を海に近い低地に移転させるときに、移転先の新しいその場所の集落計画を作り、住空間と生産空間の連携を考える、そういう実学的なプランニングをしたのが風水師だったと私は理解しています。その当時の風水説は、単なる知的な遊びではなくて、いわば、琉球の国土経営に深く関与する知識として存在していたのではないでしょうか。

　そして、これもよく知られている話ですが、その風水師はかなりの専門的職業だったんです。沖縄の方言でフンシミーと言ったりしますが、王国時代の風水師は全部久米村の人間に限られていました。久米村の人間の専売特許だったことが、当時の記録で分かっております。

　ところで、先ほど間切・村制度の話をしましたが、その制度を通じて、地方の行政体制を強化していきます。首里城に中央政府がありましたが、それだけでは琉球社会を運営できませんので、間切単位ごとに地方行政を強化していくという体制が図られていくわけです。間切番所を中心とした体制の強化、それが、七頁目に示した間切行政機構になります（図6）。このようながっちりした行政組織体制を構築して、これまでお話ししたような、農業の本格的な推進から始まる新しい王国づくり、国土経営が固められていくというわけです。

　それに連動することとして、地方番所と首里を結ぶための宿道、一種の基幹道路の整備が行われます。しかし、沖縄の地形はかなりアップダウンが多いので、馬車や牛車は発達せず、宿道では大量の物資輸送ができませんでした。そのため、一八世紀の蔡温の時代から海上交通のネットワークが形成され、海運の時代を迎えます。

土地利用の見直しによって移転した村落、つまり、新たに登場した近世型の村落、集落とはどのようなイメージになるのか、そこが問題です。歴史文献は限られており、体系的な説明ができるわけではありませんが、私のイメージの基礎になっているのは、例えば今に残る竹富島の集落や渡名喜島の集落などの伝統的集落です。あるいは伊是名島の伊是名集落のイメージです。屋敷林があり、ノロ殿内《ヌルドゥンチ》があり、村落の始まりに繋がる根屋《ニーヤ》があり、公民館《ムラヤー》があり、祭祀のためのアサギ（アシャギ）があったりする。そういう伝統的な村落、集落というものは、近世の土地利用の見直しに伴って生まれた景観だったのではないだろうか、と思うのです。それ以前の琉球ではみられなかった、新しい琉球風景として登場してきたのではないでしょうか。

もちろんその当時、瓦葺は規制されていましたので、赤瓦の住宅は存在しません。離島や農村部での瓦葺建造物は、例えば間切番所の施設です。コメやアワなどの税金を保管する倉庫は瓦葺であり、その理由は火災から税を守るためで、首里王府が各地に通達を出して、行政施設の瓦葺化を奨励しています。そのことをふまえた上で言うと、沖縄の伝統的な集落の骨格は、やはり一八世紀以降に登場するのではないかと思います。

現在に残る古い墓の立地にしても、その地点に偶然設置されたわけではなく、一八世紀以降の土地利用の見直しと、それに連動する風水思想が生み出したものだと言えます。なぜ、古いお墓は丘陵やその緩斜面、岩陰にあるのかという問題も、それは偶然ではなく、土地利用政策と風水説がもたらしたのだと思います。

また、沖縄で古島《フルジマ》とか元島《ムトゥジマ》と呼ばれる言葉は、現在の集落の側から過去の集落を指して使われます。集落に住む人々のあいだで、新旧ふたつの集落という空間認識が存在しています。比較的分かりやすい例でいきますと、例えば伊是名島に伊是名城《グスク》跡という小高い岩山があります。文献資料と伊是名に伝わる伝承を重ね合わせて考えてみますと、字伊是名という集落は、もともとはそのグスクの麓にあった。元島原《ムトゥジマバル》という地名があり、そこに古伊是名集落が存在した。やがてその場所から、現在の字伊是名の少し外れた地点に移動した。そしてさらに、現在の場所に移ったというのです。

現在の字伊是名という集落は、かなり計画的につくられた集落になっており、ノロ屋敷、第二尚氏王統関係の名門の屋敷、アサギなどが計画的に配置されています。そして、今の集落の側から、移動以前の旧集落の記憶を元島として捉えているのです。そうした集落移動の記憶は、やはり近世の土地利用政策や風水思想がもたらしたのではないか、と思われるのです。また、あまり自信はありませんが、ウトゥーシ（お通し）御嶽というものについてもそうです。移動以前の生活圏に元々の御嶽があって、そこに通うのはもう難儀だからといって、今住んでいる場所に遥拝用の新しい御嶽を造ったのではないか、という説明があります。私はその説を全面否定するわけではありませんが、もしかしたら、移動して新しい集落を造る当初計画の時点から、ウトゥーシ（お通し）御嶽の設置を含んで新集落が設計された可能性も検討する必要があるのではないかと考えています。

それからもう一つ、農業の本格的な推進、土地利用の見直し等々に伴って沖縄の伝統集落が出現したというときに、新集落の多くが海に近い海浜側に立地しました。つまり、農業でいえば砂地で、ほとんど役に立たない土地に集落が移動しています。その不毛な場所で安定して栽培できるのはサツマイモであり、新集落とサツマイモ栽培の普及は、実はセットだったのではないかと考えています。

そのような海浜側に出現した集落というものには、技術的に克服しなければならない課題が横たわります。一つは水の確保の問題で、砂地の場所には天然の湧水がほとんど期待できませんので、井戸を掘る必要があります。水脈を探り、井戸を掘削する知識や技術が求められます。もう一つは、暴風や強い北風、あるいは潮害への対策です。そのためには、海岸線に沿って厚い林帯を造成する必要がある。海に面した前線に潮に強いアダンを植え、その後にテリハボク（ヤラブ）などの骨格となる樹種を植えて、分厚いグリーンベルトを形成する必要があった。さらに、集落全体を囲むように林帯を整備し、最後の仕上げとして、屋敷の周囲にもフクギなどの林を育てるという、二重、三重の緑を造成したのです。つまり、近世の土地利用の見直し政策は、沖縄の伝統集落を形成させたのみならず、伝統的な集落景観をも出現させたと言えると思います。

沖縄の村落の内部を構成する概念に、チネー（家内）という言葉があります。チネーという言葉は、各集落の中における一種の世帯という意味ですが、この言葉が歴史資料に本格的に登場してくるのは一八世紀以降だと思われます。チネーと称するものがそれ以前の琉球にあったかどうかはまだ検証できていませんが、一八世紀以降の資料ではっきりしている点は、それが、間切・村制度を支える末端の単位、具体的には末端の納税責任単位となっていたということです。集落＝村に属する全てのチネーを五つずつグルーピングして、与《くみ》と呼ばれた責任単位を構成します。その与には、一番与、二番与、三番与というふうにコントロールナンバーが付けられました。そうすると、チネー→与→村（集落）→間切→首里王府という、直線状のヒエラルキーが完成します。

私の印象では、チネーという世帯単位はもともと琉球社会に根強くあったものではなくて、首里城の政府が上から育成した、というイメージです。そして、チネーというものが形成されることによって、例えば村落の生活や祭り、祖先祭祀、家族墓なども変化していったのではないかと想定しています。

私が村落や集落に注目したきっかけは、本部町の辞令書に出会ったからだと先ほど話しましたが、それ以前、学生時代にもう一つ、とても印象的な出会いがありました。それは、佐喜真興英の『シマの話』（大正一四（一九二五）年）という本を読んだことです。今の宜野湾市にある普天間基地の中、その北側にあった、新城という集落のことを書いた本です。

佐喜真興英という人は大変な秀才だったらしく、東大の法学部で学んだ後にやがて裁判所の判事になり、三二歳の若さで、今の岡山県の津山の裁判所で病死します。彼の人生最後の地となった津山を二度訪問したことがありますが、あまりにも短命で、惜しい才能だったと感じています。

学生時代に読んだ『シマの話』という本は、大正一四（一九二五）年に出版された佐喜真の初期の本の一つです。この本は、古琉球ではシマ、近世では村、近代以後は字・部落と呼ばれた集落、村落の一つ、宜野湾の新城という生活単位、いわば小宇宙のような世界を描いたもので、沖縄研究の歴史の中で初めて、一つの集落の問題を提示した古典的な仕事です。人はどこに属し、どのように生活し、祭や信仰に係わり、そして死んでいくのか。人々の一生を包むシマという世界を、コンパクトなかたちで佐喜真は提示しています。佐喜真の仕事がベースになって、それ以降に多くの民俗学者や文化人類学者たちが、さまざまな村落誌、コスモロジーを書いていくのです。

今回のこのシンポジウムに対して私が注目するのは、確かに従来の沖縄研究は村落に関する膨大な蓄積を持っていますが、その蓄積を踏まえた上で、さらに新しい方法や切り口、分析手法を用いて、琉球の村落問題に多様な光を与えてくれることを期待するからです。

会場の皆さんは、これまでの琉球研究、沖縄研究の蓄積を踏まえつつ、これから展開される新情報について期待して下さい。「写真を使い、こんなふうに分析するのか」とか、「いくつかの情報を重ね合わせて、このようなイメージを抽出するのか」とか、そういった分析に注目していただきたい。最新の知見が提供されるはずですので、ぜひ沢山の質問を浴びせ、今日のテーマを深めて下さるようお願いして、私の拙いおしゃべりはこれで終わりたいと思います。ご清聴、ありがとうございました。

二　第二部

(1)　抱護の受容文化とその植生構造の特徴（仲間勇栄）

琉球大学農学部の仲間です。私は、森林と人間との関係を歴史・文化の面から調べています。特に最初の頃は、沖縄の山と人との関わりを林業史の視点から学位論文としてまとめました。その後、沖縄の人々の歴史的な森林との関わりについて、文化史的な面から調べてきました。その一部が、今日、皆さまにお話しする集落のフクギ屋敷林の景観や、集落周辺の「村抱護」と「浜抱護」などです。これは沖縄の森林文化を構成する要素の一つで、東アジア、日本の中でも異色の事例だと思います。沖縄の集落景観は中国や韓国の事例とも違いますが、この沖縄のフクギの屋敷林を含めた集落景観というのは、一体誰がいつごろ、どういう思想に基づいてつくったのだろうか、今日は集落を囲むフクギの屋敷林や村を囲む林による「抱護」を中心に、これまで調べてきた研究成果を基にして、お話させていただきます。

本題に入る前に、「抱護」の概念について概略的に把握しておきたいと思います。沖縄のフクギ屋敷林や村の景観の意味を解釈する上で、重要な概念が「抱護」です。文献上の初出は、一七三七年の『杣山法式帳』です。その中に「山気が洩れないように、諸山が相互に囲んでいるのを抱護という」と書いてあります。「抱護」という言葉が歴史文献上、最初に確認できるのは、今のところここだけです。『杣山法式帳』では、「抱護」は地形の概念として説明されています。要するに、ある平地の空間の周辺を山々が林立して囲っている状態を、「抱護」と言っているわけです。もちろん、『杣山法式帳』というのは当時の王府の行政文書ではあるけれども、実際には、これの思想的リーダーは蔡温といって間違いないでしょう。この『杣山法式帳』によれば、山と山の間がクロスする場所を「抱護之門」とか「抱護之閉口」といって、ここの場所は大事な場所だから、ここの森林は絶対に切ってはいけないと繰り返し注意喚起しています。この場所の森林を切ってしまうと、外からの空気が山内に吹き込んできて、山自体が次第に衰退してしまうと言っています。つまり、山に植林をする場合には、周辺の森林環境を保全することが大事だと言っているのです。そうしないと木は育たないという、実学的な考え方なんですね。

「抱護」は、地形からの解釈と、もう一つは立地環境によって、集落を取り囲む林帯による「村抱護」、間切全体

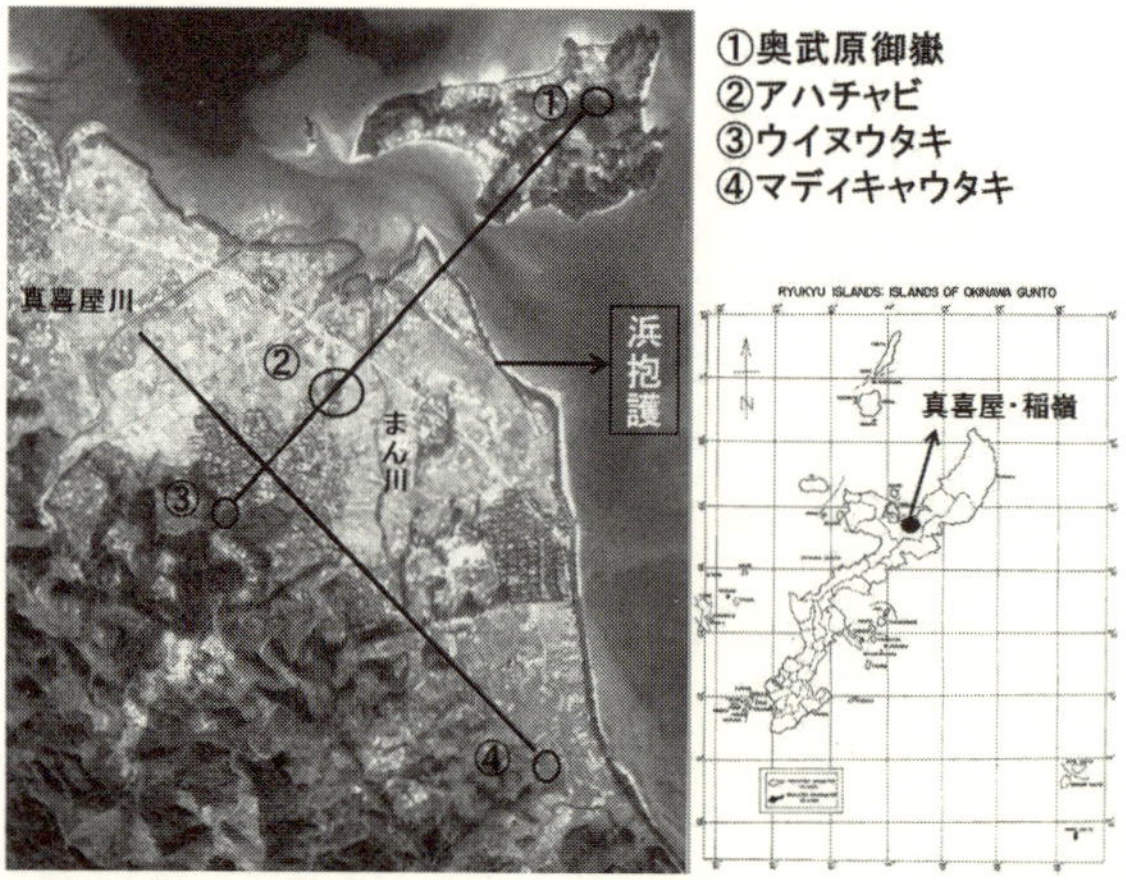

図1　旧羽地村（現在の名護市）の真喜屋・稲嶺（1945年、米軍空撮）

を囲む「間切抱護」、屋敷を囲む「屋敷抱護」、海岸沿いを囲む「浜抱護」などがあります。これらは、植林によって形成された各景観の呼称ですね。それから、山に木を植えるときの「抱護」もあります。たとえば、茅《チガヤ》とか薄《ススキ》の原野に、魚鱗状に穴を空け、その穴（植林地）の周辺の林帯を残すテクニックがあります。茅の場合は「茅抱護」、薄の場合は、「薄抱護」と呼んでいます。これらの「抱護」があることで、木は風から守られて安定して育つという考えです。

後で詳しい説明があると思いますが、韓国には「裨補」という考え方があります。風水の欠陥を補う手法として、裨補、人工林、石塔、築山の手法などがありますが、これと沖縄の「抱護」はどう違うのか。それから、中国の水口林との関連です。私も以前、学生と一緒に福建省の農村を見て回ったのですが、集落の入り口に木が二、三本ぐらい立っていて、それを水口林だと言っていました。これらの事例を見ていると、沖縄の「抱護」とは、機能的に違う概念のように思います。中国の事例では、水口林は邪気の流入を防いだり、生きた気を村から出さないとか、そういう考え方があるようです。韓国の「裨補」の場合はどうでしょうか。この点については、後で澁谷先生が説明しますので、省きます。

実は私は、沖縄の「抱護」の問題を考えるときに、一つ大きな疑問をもっています。それは、近世期の村づくりで、なぜ王府側の「抱護」の論理がうまく適応できたか、という点です。それには、村の精神世界の論理と王府側の論理が融合する、文化受容の背景があったのではないかということを、仮説的に考えております。その仮説を考える場合のモデルの一つとして、旧羽地村（現在の名護市）の真喜屋・稲嶺の事例を紹介したいと思います。今皆さんにお見せしている写真は、一九四五年に米軍が空撮した写真（図1）です。そこにはフクギの屋敷林に囲まれた戦前の真喜屋・稲嶺の集落が確認できます。集落のクサティに山があって、真喜屋川や満川が集落内を貫流し、前に奥武島があります。

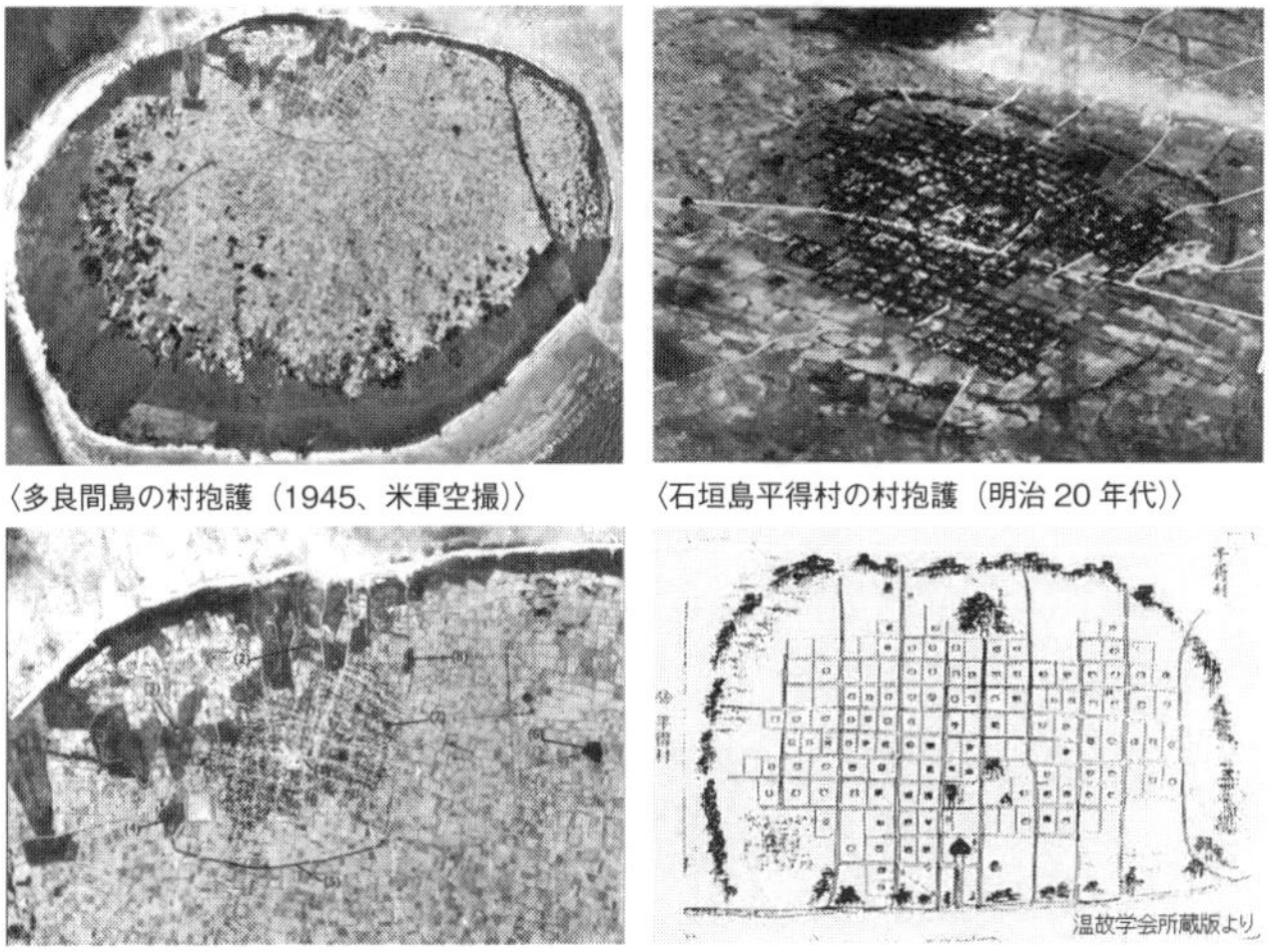

〈多良間島の村抱護（1945、米軍空撮）〉　〈石垣島平得村の村抱護（明治 20 年代）〉

図2　平地型の集落景観（多良間村、石垣島の平得・真栄里村）

われわれはこれまでに、両村の屋敷林を調べて回っているのですが、真喜屋のフクギ屋敷林は、だいぶ無くなっています。稲嶺の屋敷林は、真喜屋よりはだいぶ残っています。真喜屋の集落内を歩きながら気づいたことは、この集落は集落の後方の御嶽を原点にしてレイアウトされているということです。例えば、真喜屋集落後方のウイヌウタキと、向かい側の離れ島の奥武原の御嶽とのラインを引くと、その線上にアハチャビや村の中心地の拝所などが重なってきます。当然、この中心ラインが存在すれば、それをクロスする横の線が考えられます。そこでそのクロスラインを引いてみると、そのラインの一終点にマディキャウタキが出てきます。これは何を意味しているのだろうか。御嶽というのは、もともと集落の精神世界というか、基層の文化の象徴でもあります。そのことを考えれば、御嶽の論理と「抱護」の論理はどこかで融合していないと、この景観は成り立たないということが言えるのではないでしょうか。

　このスライドは、石垣島の平得村と多良間島の事例です（図2）。これらは米軍が上陸前に撮った写真です。これらを見ますと、明らかに林帯による「抱護」が村を囲繞するような形で存在しています。集落のクサティには御嶽があります。この御嶽から南に伸びるラインが重要です。御嶽を集落の原初点にし、そこから集落を貫く軸線を基本にして、集落の外側を抱くように林帯による「抱護」が囲繞しています。それが「村抱護」と呼ばれるものです。「村抱護」の基本植物は、石垣島の平得村ではリュウキュウマツ、多良間島ではフクギとテリハボクになっています。この「村抱護」の形態は、まさに集落の精神世界を支配する御嶽が、集落全体を抱いている構造と解釈できます。

　とくに多良間島の「村抱護」は、典型的な平地型の「村抱護」の事例で、今日、多良間島だけにしか残されていません（写真1）。多良間島の「村抱護」は、クサティに先祖の墓地や御嶽などがあって、そこの森林は主にテリハボクなどで構成されています。このクサティの森を原初点にして、「村抱護」は西の小高い森のトゥカパナを起点に集落の南側・東側を回り、集落後方のススンミ（白嶺、集落北側の山）で終結しています。この景観構成で最も注目すべきは、御嶽の存在です。クサティの墓地や嶺間ウタキ、西側にある土原ウタキ、東側の塩川御嶽、それらは、集落を抱く構成要素の基本として存在しているとみています（図3）。つまりここでは、集落内外の御嶽が、集落の構成と有機的に結合されて存在しているということです。これを、御嶽の精神世界にみる「抱く世界観」の発現形態ではないかと、私は仮説的に考えています。

写真1　多良間村の村抱護

　このような形態は、王府の村落改革の風水地理に基づく「抱護」と、琉球の神人《かみんちゅ》（村落祭祀を司る）の精神世界の基層にある御嶽を中心とした「抱く世界観」とが融合した典型的な事例とみています。そうでなければ、神人の人たちを説得して、あのような大規模の計画村落ができるはずがないと思います。以前から、宮古島の狩俣の神行事における植物利用のことを調べていますが、狩俣には各神人が自分の持ち分のイビ（拝所の香炉）を持っています。このことを狩俣の神人は、「イビを抱く」と表現します。『南島歌謡大成』の宮古島篇でも、狩俣では神人がシマを抱くとか、祖先を抱くとかいう言葉が出てきます（図4）。同じような抱く世界観が、八重山島の歌謡にも出てきます。沖縄本島の歌謡でも、クサティを中心に「集落を抱く」という表現があります。八重山島の『北木山風水記』の「抱護之情」は、情景とか情感という意味で使われているようですが、おそらくこれも抱く世界観につながる表現とみています。ですから、どうやら沖縄の「抱護」の概念は、中国や韓国とは基本概念は同じでも、その応用形態が違うのではないかと、仮説的に考えています。

　このことを考えながら、これまでに各集落のフクギの屋敷林を調べてきました。このスライドは沖縄本島のものですが、四四の集落のフクギの残存率とフクギ巨木の樹齢を調べてみると、次のことがわかってきました（図5）。仲松弥秀さんは、一七三七年をゴバン型近世村落の

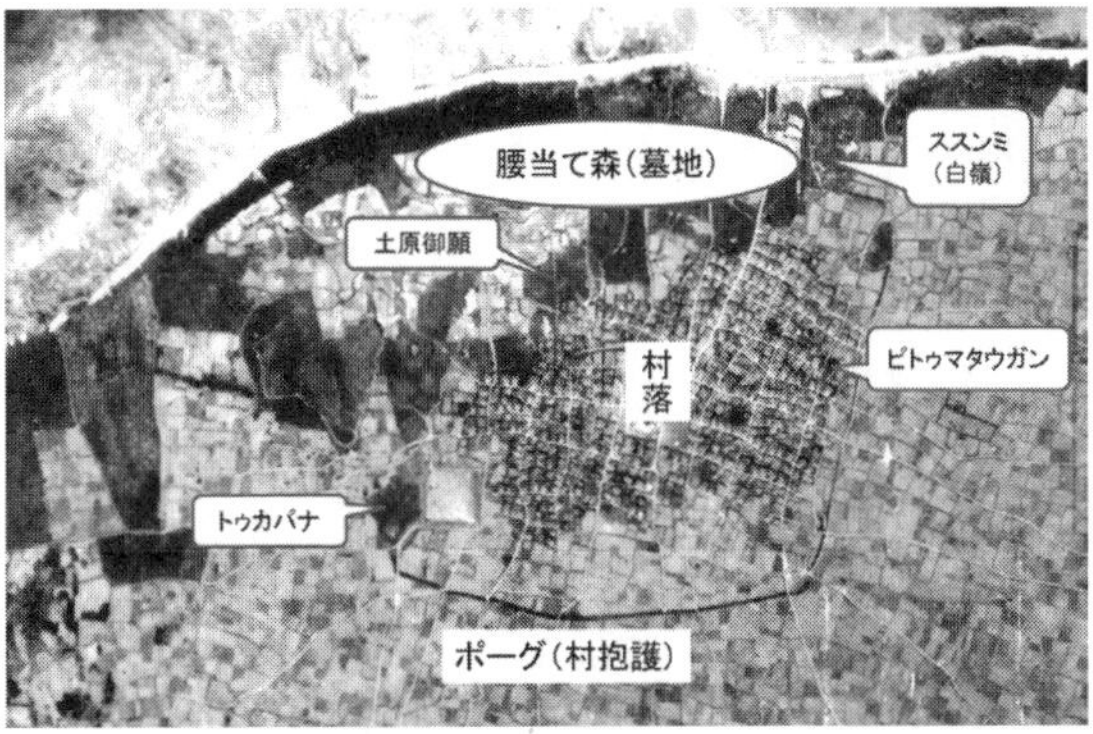

図3　多良間村における風水所の配置

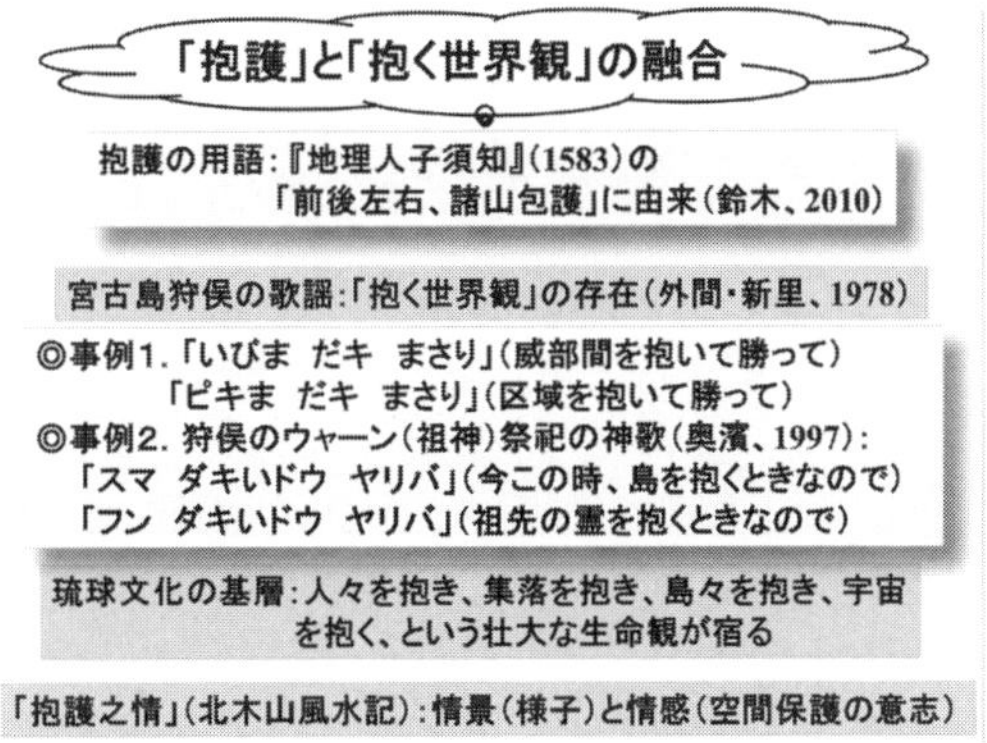

図4　古い歌謡にみる「抱護」と「抱く世界観」の存在

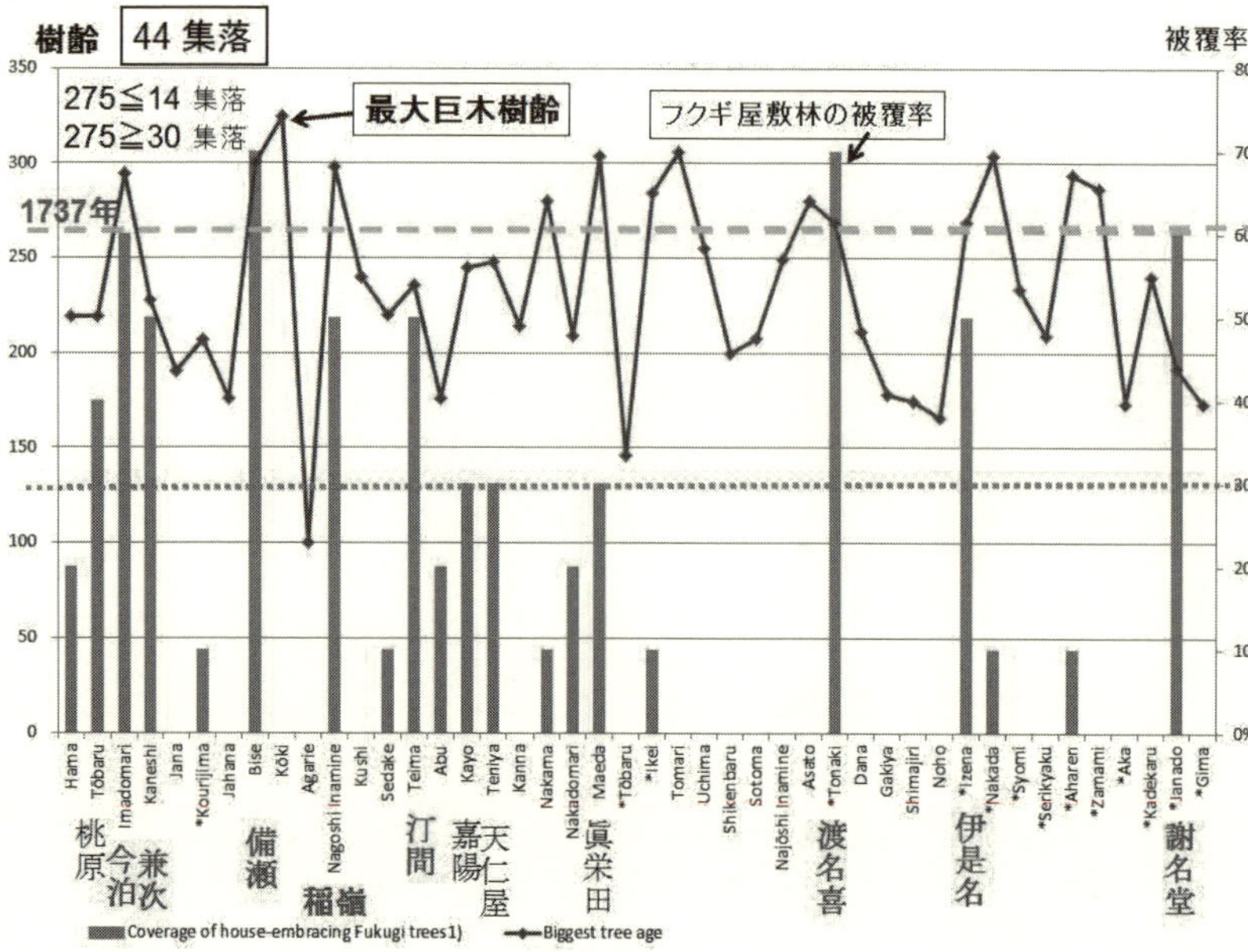

図 5　沖縄群島のゴバン型集落とフクギ屋敷林

表 1　村抱護内における上層の優占種（5 調査の合計、多良間島）

調査 Plot：12×13m²

樹種名	数量	%	平均樹高（cm）	平均直径（cm）	平均推測樹齢
フクギ	119	63.6	691.1	20.5	82.1
テリハボク	38	20.3	667.8	25.4	
モクタチバナ	12	6.4	631.2	15.3	

クサティ森の上層の優占種（3 調査地の合計）

調査 Plot：半径 5m

テリハボク（66 本）、モクタチバナ（66 本）、リュウキュウガキ（65 本）、フクギ（25 本）、イヌマキ（17 本）、アカギ（10 本）

表 2　樹齢階層別フクギ樹木数（多良間島）

樹齢階層別	仲筋	塩川	抱護
250 ～ 299 年	1	1	1
200 ～ 249 年	17	8	14
150 ～ 199 年	240	157	107
100 ～ 149 年	1,334	923	336
Total	1,592	1,089	458

成立期の原初と考えているようですが、そのことを念頭におきながら各集落の巨木の分布を調べると、三〇の集落で一七三七年以降に植えられたことがわかってきました。あとの一四の集落には一七三七年以前のフクギが存在しています。このことから、フクギは一七三七年以前にもあったが、一七三七年以降になって農村改革の一環として、王府の計画的な植栽が実施されたとみています。また一七三七年以降は、王府が杣山《そまやま》と里山の区分、各村所持の杣山の区分などの林野改革を大々的に実施した時期にもあたります。

多良間島の林帯による「村抱護」の構造がどうなっているのか、集落北側の林帯も含めて調べてみました。林帯による「村抱護」の中に、いくつか調査プロットを設置して調べた結果、高木で一番多かったのはフクギです。そのほか、上層ではテリハボク、モクタチバナなどが出現します（表1）。フクギは人工的に植えられたものです。クサティ森にはテリハボクとその他の樹木が混成していて、全体的にみると人工植栽と自然林とが混ざっています（表2）。次に、仲筋、塩川の「村抱護」や、屋敷の林帯の一〇〇年以上のフクギについて、全部調べ、その分布図を作成してみました。そのデータからみると、二五〇年以下のものが圧倒的多数を占めています。これから推定すると、フクギの多くは一七三七年以降に植栽されたことになります。歴史資料の中に、多良間島の「村抱護」は一七四二年に、当時の宮古島の頭職の白川氏恵通の時代に、蔡温が命じてつくらせたという記録がありますので、その歴史的事実とフクギの巨木分布とは、一致していることになります。

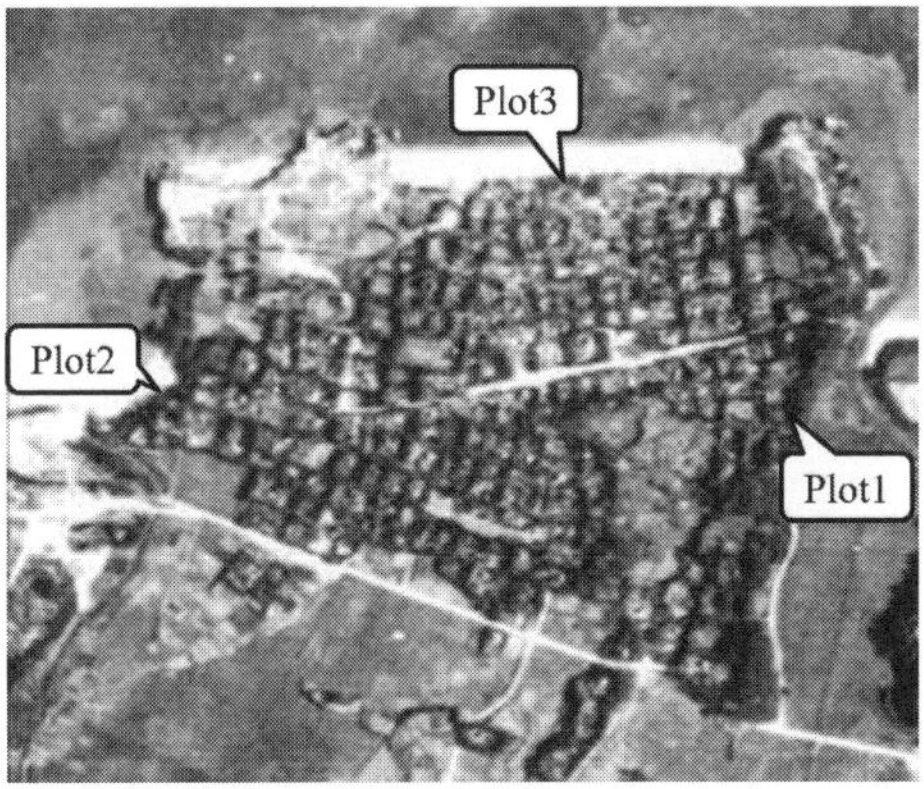

図6　今帰仁村今泊集落の村抱護·浜抱護調査地（1945年、米軍空撮）（沖縄県公文書館所蔵）

次は今帰仁村今泊集落の事例です。今泊集落は多良間島と違って、「村

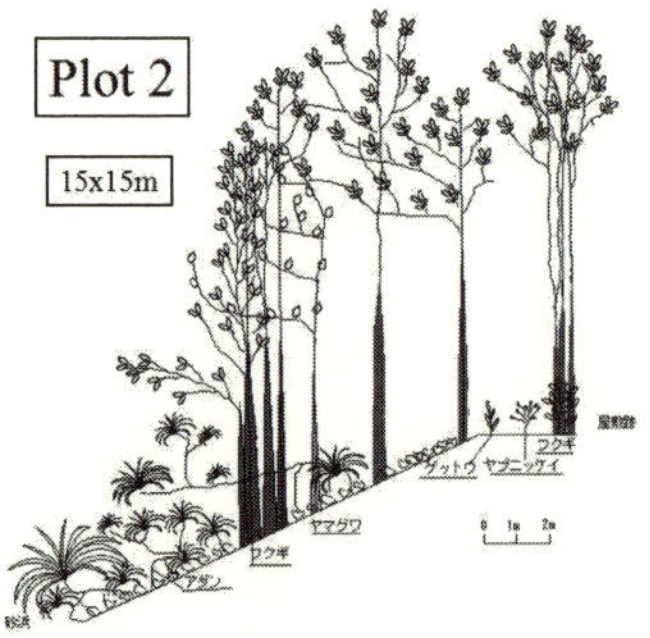

図 7　Plot 2 の植生断面

Plot 2 の樹齢 100 年以上のフクギ林

No.	DBH (mm)	樹齢
1	256	102.4
2	333	133.2
3	672	268.8
4	612	244.8
5	358	143.2
平均	446.2	178.4

※ 1. 地籍番号 99−1 のフクギ林。
※ 2. 平均樹高 1212cm。

表 3　Plot 1 の樹種、本数、最大・平均 DBH

樹種	本数	最大 DBH (cm)	平均 DBH (cm)
フクギ	54	68.0	24.7
クロヨナ	4	6.6	5
ヤブニッケイ	4	48.9	25.3
イスノキ	3	34	21.9
オオバギ	2	10.5	9.3
クワノハエノキ	2	56.5	40.2
ショウベンノキ	2	19.6	14.5
ハマビワ	2	5.8	5.4
クスノハガシワ	1	8.1	—
シマグワ	1	10.8	—
シンタゴ	1	19.6	—

Plot 1 の 100 年以上のフクギ林

No.	DBH (mm)	樹齢	No.	DBH (mm)	樹齢
1	253	101.2	11	440	176
2	305	122	12	358	143.2
3	349	139.6	13	586	234.4
4	410	164	14	658	263.2
5	285	114	15	434	173.6
6	680	272	16	572	228.8
7	579	231.6	17	380	152
8	340	136	18	438	175.2
9	287	114.8	19	585	23.4
10	548	219.2	平均	446.6	178.6

※ 1. 地積番号 3153-1 のフクギ林。
※ 2. 平均樹高 1210cm。
※ 3. 樹齢は平田式 DBH÷2×0.8 による。

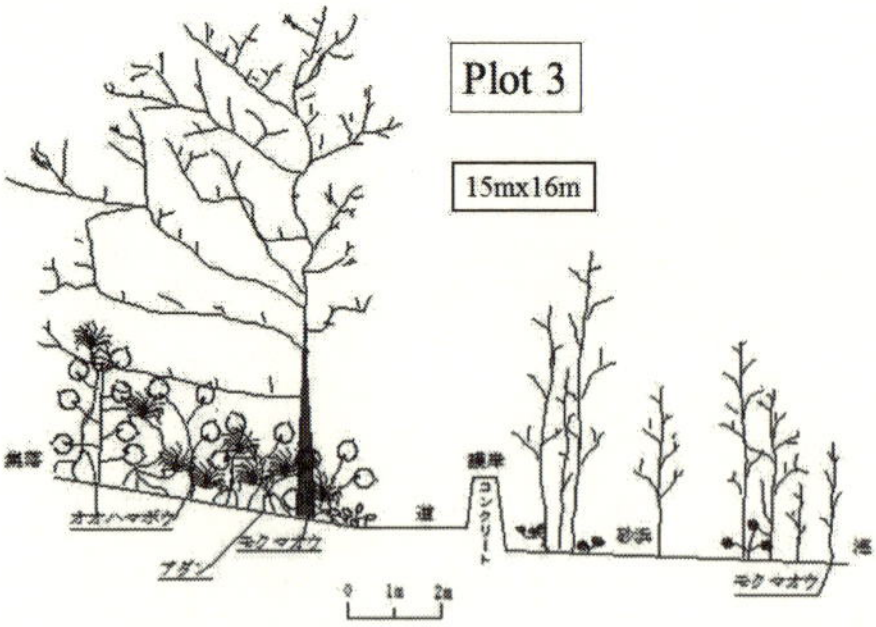

図 8　Plot 3 の植生断面

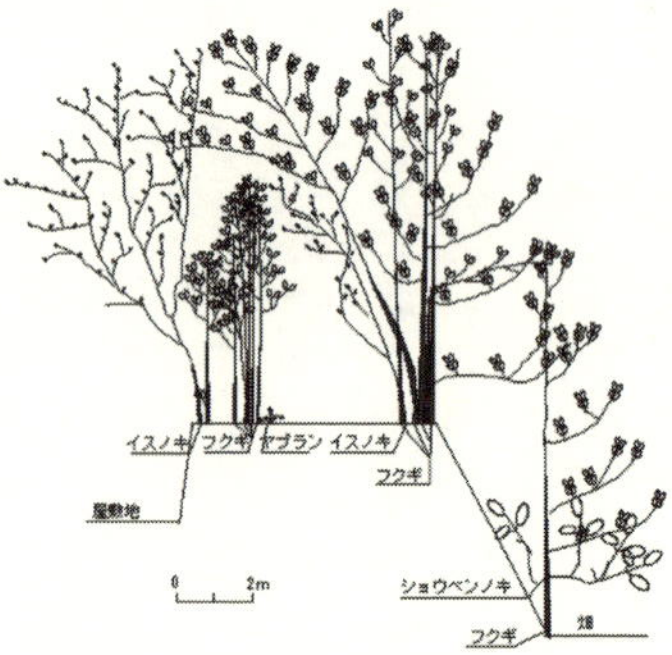

図 9　Plot 1 の植生断面

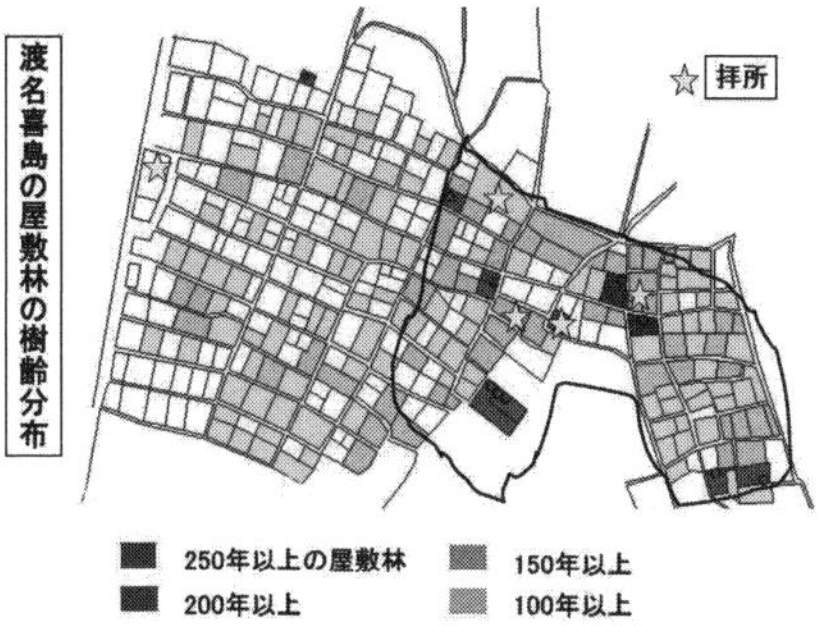

図10　渡名喜島の屋敷林の樹齢分布

樹齢階層別フクギ樹木数（渡名喜島）

樹齢階層別	樹木数	分布屋敷数
250年以上	2	2
200～249年	9	7
150～199年	112	59
100～149年	842	165
40～100年	6,733	251
Total	7,698	251

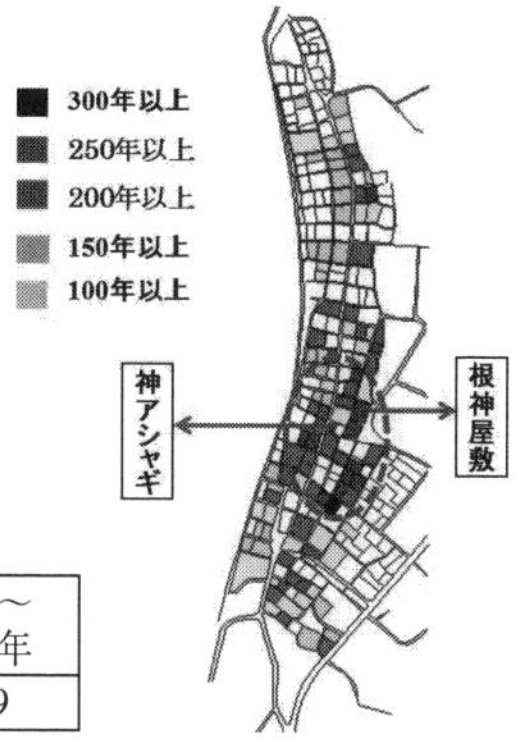

合計（本）	300年以上	250～299年	200～249年	150～199年	100～149年
1,076	1	17	89	360	609

図11　備瀬集落の100年以上のフクギ屋敷林

抱護」は集落の北側と南側に隣接しています(図6)。西側の海に向かって「浜抱護」があります。それぞれの場所で植生を調べると、北側の林帯による「抱護」は、石垣島の「村抱護」の事例同様に、二列植えになっています(図7)。なぜ二列植えなのか、よく分からないです。列状に植えられた樹種はフクギです。そのほか、自然林が組み合わさっています。ここの植生の樹種構成と樹齢を調べてみました。樹種で圧倒的に多いのがフクギです(表3)。フクギの樹齢で一番古いのが二七二年と二六三年です。南側の林帯による「抱護」でも、樹齢を調べてみると、一番古いフクギで二六八年というのがありました。これらの樹齢から、一七三七年以降に植栽されたであろうと推測しています。西側の「浜抱護」ですが、戦後植えられたとみられるモクマオウなどがあって、本来の植生が崩れています。それでも、海岸植生の代表種であるアダンやオオハマボウなどが確認できます(図8・9)。

次に渡名喜島の事例を取り上げます。集落内のフクギの巨木を調べ、その分布図を作成しました。これらのデータによると、集落内の御嶽が集まっているところに巨木は林立しています（図10）。このことから、渡名喜島のフクギ林も、集落内の御嶽や古い屋敷から造成され、人口増加や移住などによって、外縁に拡大していったと考えられます。また巨木の樹齢から、一七三七年以降にできたことが推定できます。

次は本部町備瀬の事例です。備瀬集落の場合も、フクギの巨木は神アシャギ（村の拝所）や根屋《にーやー》（村発祥の屋敷で拝所）を中心に分布しており、その樹齢から一七三七年以降にできたものと考えています（図11）。

最後にまとめです。まず一つ目は、フクギ屋敷林とゴバン型集落形成には相関関係がある、ということです。従って、このフクギ林は王府が計画的に植え広めていった、と考えています。二つ目は、近世期の琉球風水集落＝ゴバン型集落は、風水思想の論理にもとづく「抱護」と、集落内の神人の抱く世界観とが融合して、フクギの林を核として形成されていると考えています。「村抱護」のレイアウトも、御嶽を基本的な要素にして形成されていると仮説的に考えています。三つ目は、フクギの屋敷林は神行事の中心地から形成され、同心円状に拡大している形になっているということです。四つ目は、ゴバン型集落の林による「抱護」は、韓国や中国と違って、沖縄の自然環境（冬の強い北風、台風、潮害）に適応する形でできています。

時間の関係で最後は省略した部分が多かったのですが、沖縄にあるフクギは、フィリピンから台湾、八重山諸島、宮古諸島、沖縄諸島、北は奄美まで分布しています。なぜフクギかということですが、それはフクギの多様な性質に由来しています。フクギは非常に台風にも強く耐塩性も高い。材も家屋の建築材になります。皮からは黄色の染料も取れます。葉っぱが燃えにくいため、屋敷間の防火樹としても価値があります。隣接木どうし根っこが絡んでいるため、津波などへの防災機能は高くなります。このようなマルチ樹木は、沖縄では他にほとんどみあたらないですね。このようなフクギの機能を見出して、それを屋敷林として活用してきた先人の知恵に学ぶことは多いと思います。

以上、簡単ですが、発表を終わらせていただきます。

(2)韓国の「裨補」と沖縄の「抱護」（澁谷鎮明）

ご紹介、ありがとうございました。中部大学の澁谷でございます。どうぞよろしくお願いいたします。よく、沖縄の調査をさせていただくと、澁谷さんの顔はミルク様の顔によく似ていると言われて、浦山先生にもよくからかわれるます。ミルク様はいいものを運んで福を呼ぶものだと聞いていますので、今日来た皆さんにいいことがあればと思って、お話を進めさせていただきます。

写真２　韓国全羅北道雲峰郡杏亭里の「帆柱の林」（澁谷撮影）

私は韓国研究者で、地理学者です。今回の調査などで沖縄を勉強させてもらって、非常に役立ちました。韓国のことを相対化するために、非常に役立ったんですね。今日は、その逆をお話ししようと思います。沖縄の村落あるいは林を、今度は外側から見てお話しできればと思っています。

この韓国中部の農村の林なのですが、何か変な形をしています（写真１）。実はこれが、先ほどからお話に出ている沖縄の「抱護」といわれるような林と、非常に似ています。私が沖縄に関心を持ったのも、この辺がきっかけです。ですので、こういった林を例としまして、比較を少し考えてみたいと思います。それをもって、沖縄の集落とか周辺環境のようなものを位置付けてみたいと考えています。これらが東アジアの中でどういった位置を占めるのか、少しお話ししたいと思っています。それから、こういった林が韓国では再評価さ

写真3　韓国慶尚北道義城郡丹村面併方里の村の林（林が村の入り口を遮り、外部から村が見えない）（澁谷撮影）

れて、復元されたりしています。その取り組みなどについてもお話しできればと思っています。お手元の資料の順番でいくはずなのですが、もしかすると脱線したり、飛んだりするかもしれません。ご了承ください。

まず、これは何度も出ておりますので、簡単に確認だけしておきたいと思います。沖縄の「抱護」、あるいは林による「抱護」といわれるような林は、先ほどの仲間先生の話で「村抱護」に属するのでしょうが、集落の周りにある距離を持って林が囲むように配置される。こういったものが古地図などの資料に表れ、とくに平らな島、低い島では、現在も見事に残っているところがあります。場所によっては、沖縄の象徴的な景観になっていると考えます。

この背景には、東アジアに広まった風水が存在します。「抱護」というのも、先ほどの仲間先生の話にもあったように、風水と絡めた形で説明されます。例えば、先ほどの林政関係の文書や風水関係の見分記などに、そういったものがよく表れます。そういった説明のされ方が、沖縄でされています。例えばということで、こういった文献に「抱護」という言葉が出るのですが、それと絡めて、木を植えなさいという指示があります。あるいは、樹木を植えて、周りを囲んで遮蔽しなさいという指示があります。さらには、そういった樹木を植えることで、幸せを運ぶはずの「気」が逃げないように守りなさい、というような形で説明されることが多くみられます。

要するに、「抱護」という言葉は、周りを囲んで気が漏れないようにする。それを植林でやることがあるということです。地理学者にとって、景観に大きな影響を及ぼすものとして重要であり、同時にいろいろな風水的な説明の仕方があるということで、私も関心を持ってきました。このような点について、先ほども申し上げた韓国の似たような林を説明することで、比較していきたいと思っております。

韓国には多くの村に、その地域で管理・保全されている「マウルスプ」というものがあります。「マウル」が村で、「スプ」が林です。直訳すると、村の林です。全てとはいいませんが、その中の一部の林に「裨補《ひほ》」という役割があります。風水的に欠けている部分を補い、助けてあげるというものが「裨補」です。風水で説明され、保全されたり、つくり直されたりするという林があります。これについて、少し見ていきたいと思います。

例えば、これは韓国中部の山村なのですが、林が谷をふさぐようにつくられていて、その向こうに村があります（写真3）。近づいてみると、林は結構大きいんですね。トンネルのようになったところを抜けると、ようやく村が見えてくるのですが、その入り口のちょうど進入していく道路と林の交点ぐらいに、祭壇があります。村祭りの場所です。こういった林はどういう論理で、どういう考え方で説明されるのでしょうか。先ほどの仲間先生のお話とシンクロする部分があるのではないかと思うのですが、気が漏れないように、山が切れている部分、あるいは足りない部分に植林しているのだと言われます。植林ではない場合もあるのですが、欠けた部分を補って助けてあげようとする場合、それに林が使われることが非常によくみられると考

図12　風水における村落の理想型（与儀兼徳『風水書』より）

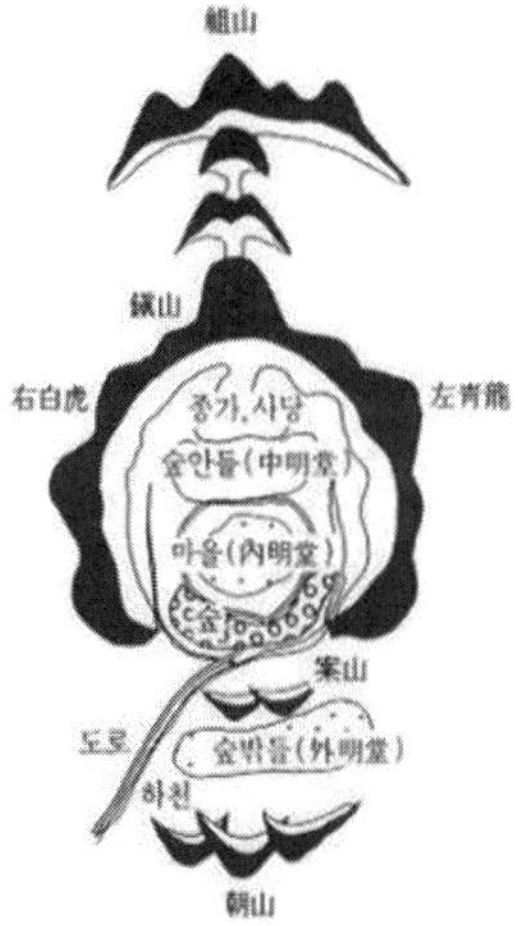

図13　韓国の風水・裨補と植林の論理

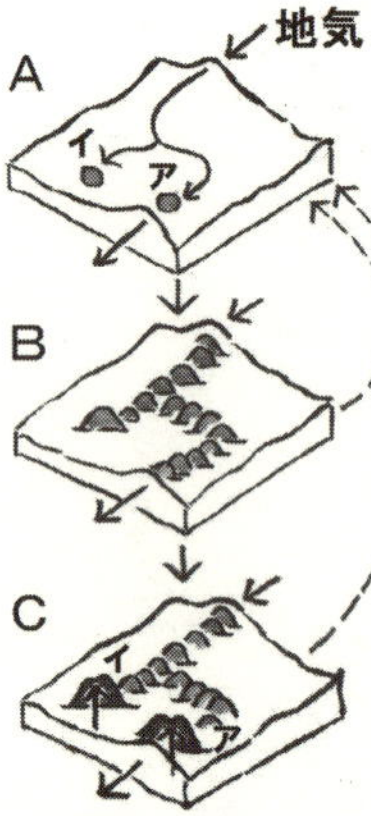

図 14　韓国の風水・裨補と植林の論理

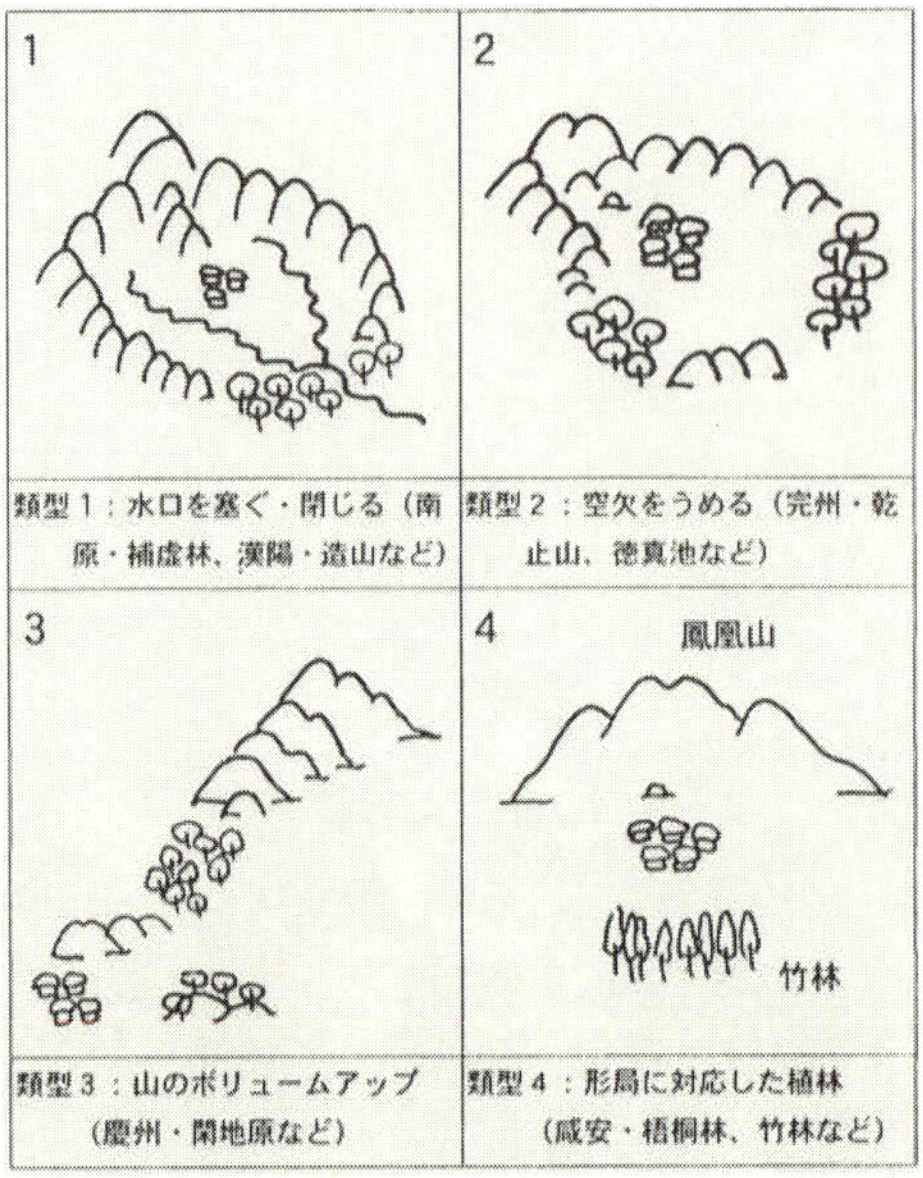

図 16 『朝鮮の林藪』(1938) にみる風水・裨補と樹林地

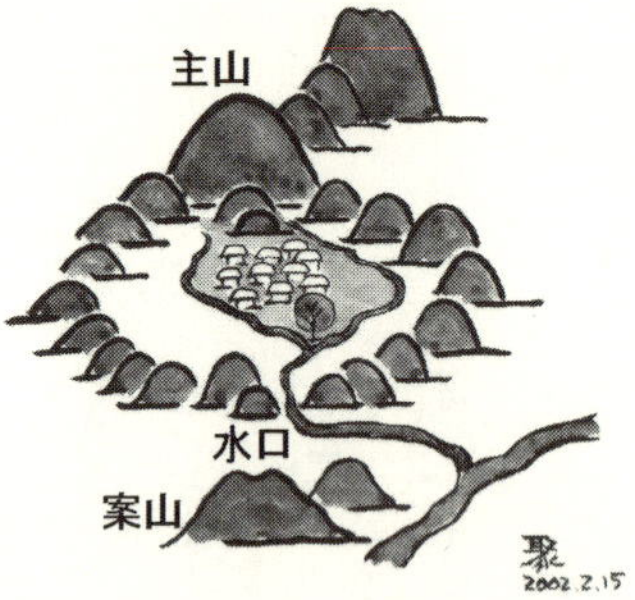

図 15　韓国の風水・裨補と植林の論理

えられます（図1、2）。

しかも、沖縄と比べて韓国の場合は、このような林が非常によく残っていると感じます。その背景には、韓国の風水でよくいわれます、地面に気が流れていて、適当な場所からよい気が出てくるという考え方があります。それを人間は捉えて、村をつくったり、家をつくったり、あるいはお墓をつくったりしなくてはいけない、というような感覚があるということが言えるかと思います（図3）。

これだけが理想の地ではないと思うのですが、そういった論理に乗っかっていくと、こういった小盆地のようなところがいい場所であると言えるでしょう。小盆地に後ろから気が流れてきて、出る。それを捉えて逃がさないために、周りに山がなくてはいけない（図4）。その結果、このような小盆地の地形というのが評価されます。

そして例えば、小盆地のこの辺が、川が流れていますから切れていたりします（図5：1）。そういうところに、裨補として木を植えてあげたり、あるいは塔を建てたり、これは中国でよくあります。基本的にはこういった論理なんですね。足りないところというのは、例えば、山が低いところだったりするわけです。

裨補は、その対象も林だけではありません。村だけでもないですね。実際に行かれた方もおられるかもしれませんが、韓国のソウルに景福宮《キョンボックン》という朝鮮王朝の王宮があり、復元された部分に変わった石像があります。これは、ソウルの前方に火の気を帯びた形の山があるので、それを抑えるために、水の性質を持った動物の石像を置いています。これは犬なのか何なのか、見たところよく分かりませんが、そういったものが設置されています。

これを林でやるときがあります。これは一九三八（昭和一二）年、植民地のころに、『朝鮮の林藪』という日本人の調査報告書があり、その中に出てくるものを分類してみたものです。そうすると、図5の左上の1番のように、気が漏れないようにふさいであげる。どこか抜けている場合は2番のように埋めてあげる。あるいは、とくに韓国の場合は、山を伝って気が供給されるという考え方があり、山が低いと困るので、ボリュームアップをしてあげる。4番は少し特殊で、後ろに鳳凰の形の山があるため、鳳凰が好きなはずの竹の林を植えてあげる。そのような四つの類型があるかなと思って見ております。

写真4　韓国・慶尚北道義城郡点谷面沙村里（澁谷撮影）

もう少し例を見てみたいと思います。例えばこの村では、こういった立派な林が村の西側にあります。ここの村の西側に山がない。それを保護してあげるために、川沿いに林をつくる。この林の場合は、この村にかかわる一族が管理をしていて、一族の石碑があったりする。一族で林の維持管理をしていくという場所です（写真4）。

写真５　韓国・全羅北道鎮安郡佳林里銀川里（澁谷撮影）

写真６　林の外側におかれた「石亀」（2005年復元）（澁谷撮影）

それから、ここは、韓国南部の鎮安《チナン》というところのある村なのですが、村の入り口のところに看板があります（写真５）。二〇〇五年に無くなった林を復元したということです。つくり直しているんですね。ここの特徴というのは、村があって、こちらの方向にやはり火の山があります。火の山が見えると火事になるという考え方がありますので、それを見えないようにここでふさいであげているのです。ここは林でふさいでいるのですが、林だけではなく、亀の石像をつくっています。火に対して強いもの、水の性質を持つものの一つとして亀があります。急に見るとびっくりしますね（写真５）。しかも、一緒に調査に行った方が、「これも澁谷先生に似ていますね」と言われて、太っているものは全部私に似ていることになってしまうのですが、ちょっと変な形をしています。復元したので、もともとこういう形だったのか分からないのですが、ただ、火の山のほうを向いていますので、一応お仕事はしているということになります。このような形で、都合の悪いものを遮ってあげたりするという考え方があります。

また、ここまでは割と地方の小さな農村の話だったのですが、もう少し大きめの、昔からある都市にもそういったものが残っていて、例えばこの竹の林は、街の背後にある鳳凰の形の山の気運が逃げないためにつくった林なのですが、これなどは記録、かなりちゃんとした歴史書に出てきます。先ほどの先生方のお話の中にも沖縄の『球陽』が出ましたが、そういったものに出てくるような話と同様です。

先ほどはソウルでも王宮の話をしたのですが、ほかのところにもあります。例えば、これは古地図なのですが、ここに先ほどの王宮（景福宮）があります（図6）。ソウルは、こう山に囲まれて、東側だけ低いんですね。このところに小さな築山を造ったという記録があります。これはちゃんとした一級の資料なのですが、そこに築山を造って、ここに気をためるという考え方があるわけです。こういったものが、例えば文字ものだけではなくて、古地図にも表れてきます。このあたりは、後でコメント（本書では割愛）される崔《チェ》先生が非常に詳しいと思いますが、興仁（之）門の近くに山がありますね。この上に松が植えてあったということです。

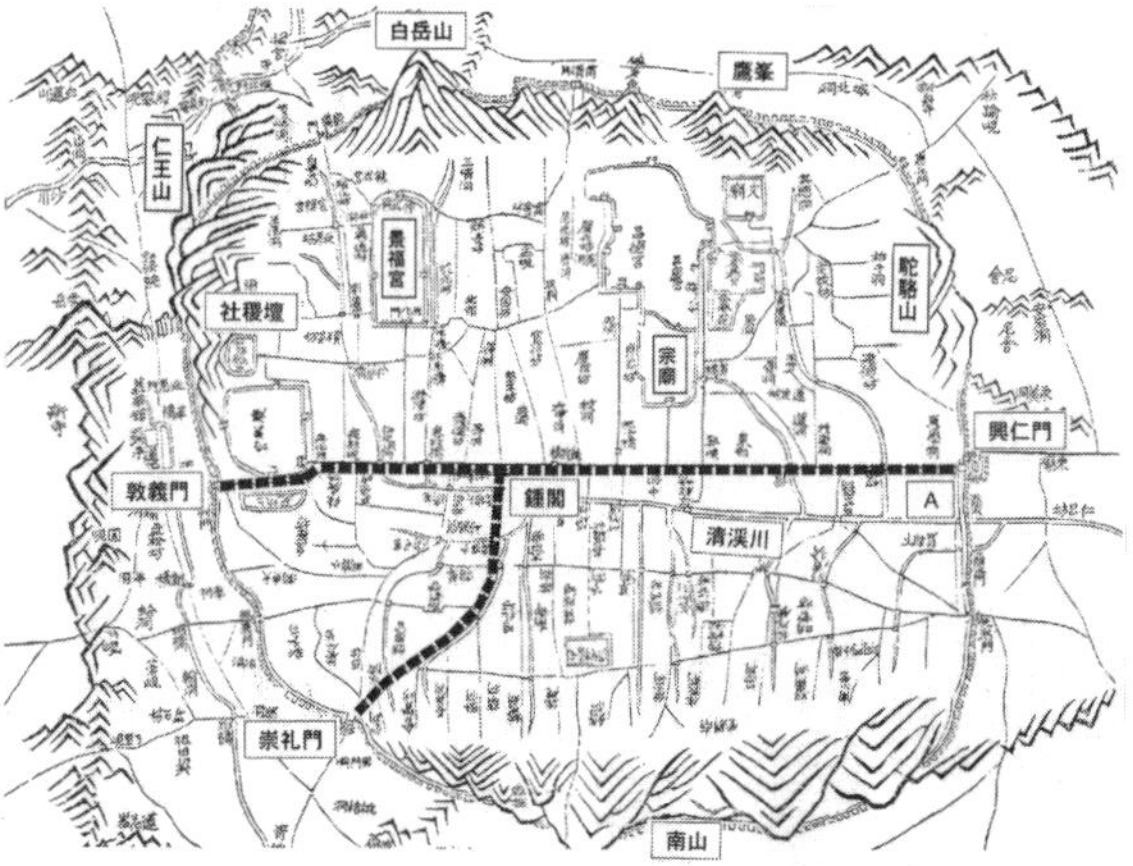

図17　ソウル城内の図（1861年）

ここで一つ確認しなくてはいけないことは、林だけではなく、石積みを置いたり、築山を造ったりして、ポイントを押さえるやり方もあります。林ではないもので、「裨補」して補強してやることもあります。逆に、これは韓国南海岸の村の林です。先ほどの仲間先生のお話で言えば「浜抱護」に近いのかもしれません。ただし、ここでは風水での説明があまりないのですね。なので、村の林があれば全部「裨補林」ということではないとは思います。この辺が重要なポイントかもしれません。

次に、このような村の林というのは、実は、韓国で非常に評価されています。例えばという話をします。先ほど最初にお見せした林なのですが、これは「帆柱の林」といわれます（写真1）。村がこの林の後ろに隠れています。その村というのは、たぶんこちらの方向

写真７　韓国・慶尚南道泗川市大谷里

ということだと思いますが、船のような形をして進んでいる地勢である。そこには、帆柱がなくてはいけない。おそらくは、帆柱に帆を張った状態でこちらへ進んでいるんですね。そうすると村がうまく進んでいく、というような説明のされ方をします。ただ、こういった説明というのは、伝承や説語のような形で言われることが多いと思います。

その林に反対側から入ってみると、木の札が立っています。看板ですね。これは、この林が「第一回美しい林全国大会」で優秀賞を取ったときのものです。優秀賞を取るといろいろな支援もあります。韓国では二〇〇〇年ごろより「美しい林全国大会」というのがあって、林産資源を使う企業と、山林庁（日本の林野庁）とが一緒になって、こういった林を顕彰して、賞をあげているわけです。

この賞を受けた中にはいろいろなものがありました。市民の林、美しい天然の林、学校の林とかがあるのですが、その中に「美しい伝統的な村の林」というのがあります。これを見ますと、都市内の林は除外して、村と林が調和していて管理・活用を自発的にしている、美しいものを選びましょうということです。この賞には申請がいろいろなところからあって、審査をします。審査基準が、村の歴史、文化的価値うんぬん、いろいろあります。実は、こういった申請の際に、風水あるいは裨補概念を用いた説明が非常によくなされています。そういうものを含んで、選定作業が行われているということです。賞金があるわけですが、後から支援をもらうこともあるようです。

少し実例を見てみましょう。こちらは、今日おいでの先生方と一緒に行ったことがあるのですが、村の出口のところに、横一線に林ができています（写真７）。この林は、村から流れ出る小川をふさぐようにつくられていて、一部は公園のようになっています。なぜ公園があるのだろうといって見ていくと、まず、こんな看板がありました。大谷《テゴク》という村の林であるという説明です。そこに林の由来が書いてあるのですが、それは、風水的な解釈が非常に強い内容です。この場所は、ちょうどこういう「ふるい」の形をしていて、その中に村があるので、財物が出ていってしまわぬように出口部分に林をつくりましたという説明です。

このようなものが韓国にはたくさんあります。しかも、評価をされて、案内看板が建てられます。ここの林の場合は、見ると、大賞受賞後の二〇〇三年に村の林復元地に選定され、韓国山林庁の緑色基金と市のお金で復元されて、公園のようになっている。こういった形で、評価と整備が行われているんですね。これはおそらく、韓国の環境政策の一つと考えてもいいのではないかと思います。政策時に保全したり支援したりする林の中に、このようなものが入っているということになると思います。

ベルも鳴りましたので、そろそろ終わりにしていきたいと思いますが、一つは、韓国の裨補概念と林の話ですね。人工林で埋めたり、つないだり、あるいはふさいだりという形です。先ほどの仲間先生のお話にありましたように、気の概念、あるいは気が流れる道筋を「脈」というのですが、その脈の概念が韓国は強くて、それをうまくコントロールしてあげようという発想です。樹林地は「村の林」と呼ばれて、それ以外の複合的な機能も実は持っています。薪炭林みたいな役割もありますし、民俗的な意味がつけられるのは先ほど申し上げた通りです。さらには、復元が行われて、林の評価基準に風水に関わるような話が中に含まれ、審査されているということになります。

さらに、沖縄との違いを少しだけ考えてみたいと思います。先ほどの四分類（図5）で言うと、沖縄にあるもの、無いものがきっとあるでしょう。先ほどの仲間先生のお話もありましたが、伝統的な育林と非常に結び付いた沖縄の風水に対し、韓国の風水はそれほどそういう感覚がありません。韓国では、『杣山法式帳』のようなものがほぼ存在しないような気がします。さらに、村を「かこむ」沖縄と、「さえぎる・つなぐ」韓国。韓国の場合、気がどこから来ているかがはっきりしています。山からつながってくるという形で言われます。そういったものを抱えて、裨補、すなわち助けてあげる。一方で、囲む。両方とも、要するに環境を補強してあげているわけですが、その内容がやや異なっている。

同じ部分もかなりあります。ただ、林全体、林そのものに関して言うのであれば、風水的な説明があったとしても、例えば民俗学的な役割、「道切り」のように、ここから村の入り口ですよと示す役割の場所、あるいは、民間信仰の場所になる。共有林としての役割もあります。先ほどの韓国での林の評価というのは、長い時間をかけて、コモンズのような評価もされているのだろうと思います。そういったように、風水だけではない、複合的な機能を持つという意味では、非常に類似しています。

このように風水にかかわる部分では、裨補、あるいは抱護というような話でやや違いはあるのですが、非常に似ている部分があると考えています。沖縄の林というのも、韓国の真似をする必要はないのですが、同じように顕彰するとか、地域の環境に合わせて、コントロールしたり、復元をしたりということは、考えの一つにあってもいいのではないかと考えております。

私の発表は以上です。どうもありがとうございました。

［付記］本シンポジウムの一部は、次の文部科学省科学研究費補助金の成果に基づくものである。
◎文部科学省科学研究費補助金基盤研究（B）研究代表者：鎌田誠史「沖縄の固有文化が持つ環境観と空間形成技術から見る集住環境の構成原理に関する研究」課題番号：22360257
◎文部科学省科学研究費補助金基盤研究（B）研究代表者：浦山隆一「沖縄の集落空間における伝統的人工林「抱護」の形態と機能に関する研究」課題番号：21360300
なお、シンポジウムの開催には、文部科学省科学研究費補助金基盤研究（B）研究代表者：鎌田誠史「沖縄の固有文化が持つ環境観と空間形成技術から見る集住環境の構成原理に関する研究」課題番号：22360257、本書の発行は、文部科学省科学研究費補助金基盤研究（B）研究代表者：浦山隆一「琉球の近世計画村落形成に伝統的祭祀施設と村抱護が果たした役割と意味に関する研究」課題番号：25289212 の科研費を使用した。

シンポジウム運営協力（敬称略）

◎株式会社国建
　取締役　平良啓
　建築設計部　那根律子、照屋あづさ、鮫島拓、川崎翔一
◎沖縄美ら島財団
　首里城公園管理部　松田一美
◎有明工業高等専門学校
　専攻科　大川泰毅

主催
　有明工業高等専門学校

後援
　富山国際大学、神戸芸術工科大学、琉球大学

第二章　第二回学際シンポジウム「生き続ける琉球の村落――沖縄の村落観を問いなおす」

安里 進、浦山隆一、鎌田誠史、山元貴継、仲間勇栄、
河合洋尚、齊木崇人、澁谷鎮明、平良啓

はじめに

以下は、「生き続ける琉球の村落――沖縄の村落観を問いなおす」と題して、二〇一四年一〇月四日に沖縄県立博物館・美術館において開催した、学際シンポジウムの記録である。ここでは、本書のテーマである「抱護」に比較的関連があり、かつ、その後論考化された内容が本書に収録されていない報告のみを抜粋して掲載する。

なお、当シンポジウム全体の構成と報告者は、下記の通りであった。

第一部：基調講演

「地図世界に見る琉球の村々――沖縄の村落観を問いなおす」安里進（沖縄県立博物館・美術館〈当時〉）

第二部：研究報告

「生き続ける琉球の村落――村落計画（村立て）の原理」鎌田誠史（国立有明工業高等専門学校准教授〈当時〉）

「『格子状集落』の成立――琉球村落のイメージへの再検討」山元貴継（中部大学准教授）

「場所に刻印された土地の記憶――集落と御嶽」浦山隆一（富山国際大学教授〈当時〉）
「沖縄の御嶽林の形成とその植生構造」仲間勇栄（琉球大学名誉教授）
「中国各家地域における生命観」河合洋尚（国立民族学博物館助教〈当時〉）

第三部：総括

「総括」齊木崇人（神戸芸術工科大学学長）

一　第一部

司会挨拶（平良啓・澁谷鎮明）

司会（平良）　ただ今より、第二回学際シンポジウムを、「生き続ける琉球の村落」をメインタイトル、「沖縄の村落観を問いなおす」というサブタイトルで始めさせていただきます。よろしくお願いいたします。

私は、本日の進行役の一人であります、株式会社国建の平良啓と申します。よろしくお願いします。もう一人は、中部大学の教授をされております澁谷鎮明さんです。澁谷さんは、二年前のこの同じ場所で行われたシンポジウムの時の発表者、研究者です。本日のシンポジウムは、文部科学省の科学研究費助成金での研究成果を地域に還元することを目的としております。その科学研究費に富山国際大学が申請されまして、今日は、その富山国際大学の主催となっております。

第一回学際シンポジウムは、二年前の平成二四（二〇一二）年一〇月六日に、この場所で行いました。その時も大変な盛況でした。その時に参加された皆さん、大変ありがとうございました。今日も立ち見が出るほどの盛況で、ありがとうございます。天気も悪いのですが、本当に大勢の方に集まっていただきました。

さて、今回も前回同様、午後四時半、あるいは午後五時近くまでの長丁場になります。それで、大まかな流れをご説明します。最初は、安里進先生の基調講演です。次に、五名の研究者による研究発表。そして、齊木崇人先生による総括講演です。時間がありましたら、最後に皆さんとの質疑応答という流れになっております。どうぞ、皆さんから多くのご質問をいただきたいと思っております。もちろん、途中に休憩も挟みますので、ご安心ください。

それでは、今回のシンポジウムの趣旨説明ということで、澁谷さんに説明していただきます。よろしくお願いします。

司会（澁谷）　平良さんと共同で司会を務めさせていただきます、中部大学の澁谷と申します。よろしくお願いいたします。本日は、おいでいただいて本当にありがとうございます。このシンポジウムにつきまして、簡単に経緯と趣旨説明をお話しいたします。

我々の研究グループは、建築学、地理学、人類学、林学など、文系、理系を含めたさまざまな分野の学者が集まり、御嶽ですとか、風水ですとか、計画、環境などを視点に据えながら、沖縄の伝統的な村落の研究を継続して行ってきております。タイトルに「学際シンポジウム」とありますが、学際、すなわち「学を越えるシンポジウム」であるとあるのは、そのためであります。

また、我々は研究の中で現地調査を行い、現地の方々のお話を聞くということが多くございます。前回、第一回目のシンポジウムを二年前に行いましたが、そのきっかけといいますのは、今回も発表される鎌田さんの、「現地調査や研究の結果を地元にお知らせしたい」という思いでありました。これは、我々にとっても初めての試みでありました。前回、そうしたシンポジウムを行いまして、来ていただいた皆さまにアンケートを取ったところ、さまざまな忌憚のないご意見とともに、「またやってほしい」「また聞きたい」という、非常に温かいお言葉をいただきました。「これは、またやってもいいのかな」と思いまして、させていただくことになりました。

また、前回は韓国人の先生がコメンテーターでおみえになったのですが、その先生が、参加されて「驚いた」とおっしゃいました。それは、「市民の、参加された方の参加姿勢が素晴らしい。みんな熱心にメモを取っている。これは韓国ではあまりないことで、あり得ないレベルの高さである」とおっしゃって帰られました。前回は、そうした皆さま方の熱意と温かさに囲まれて、無事に終えることができました。今回、このように同じ場所で第二回目のシンポジウムを開くことができますことを、一同、非常に嬉しく思っております。

少し、内容の説明に移らせていただきたいと思います。今回のシンポジウムのサブタイトルは、先ほど平良さんが言っておられました、「沖縄の村落観を問いなおす」です。ただ、色刷りのパンフレットの裏側を見ていただきますと、小さな字で「沖縄の村落をめぐる環境観と近世の村立て」という情報が入っております。

前回は「抱護」という、首里王府時代からある村の林を軸としながら、研究成果をお話いたしました。今回は「村立て」、つまり村の形成という、沖縄の村のでき方そのものに迫る話になるものと思います。

これまで、沖縄の研究者の方々、それから市民の方々、住民の方々の協力をいただきながら、数々の良い資料を手にすることができました。新たな研究成果も得ることができました。今回は、その一部を皆さまにお伝えしたいと思います。それは、首里王府期に形成された近世の計画村落がどのようにできたのかということです。そして、御嶽をはじめとした個別の構成要素がどのような役割を果たすのかということを中心に据えて、お話をしていきたいと考えております。その際に、新たに入手した資料を使いながら、仮説を提示しながら、沖縄の村落像を再度問い直す試みをしたいと考えております。ですので、もしかしますと、これまでの沖縄村落のイメージと少し異なる内容が出てくるかもしれません。

ところで、今申し上げました近世計画村落ですが、現在の沖縄の多くの村々の基礎を成すものであると思います。

とくに街路の形態から、「ゴバン型（格子状）村落」などとも言われます。これらは、一八世紀に首里王府の三司官、蔡温の指示のもとで形成されていった村々であると理解していますが、もしかすると、皆さま方のお住まいの地域も、そのようなところであるかもしれません。

今回の発表の中では、そんな皆さまの地元の村、あるいは、村の図や写真が登場することがあるかと思います。ぜひ、イメージをおつくりいただきながらご覧ください。その上で、ぜひご意見をいただければと考えております。また今回は、そのような村落の計画性につきまして、沖縄を考える上で非常に重要だと思われます、中国南部からの視点も加えながら、お伝えできればと思います。

趣旨説明の最後になりましたが、今回のシンポジウムの企画には、株式会社国建のご協力もありました。司会も担当いただいている平良さんをはじめとしまして、若いスタッフの皆さまのバックアップがあって、今回のシンポジウムが実現をしております。御礼申し上げます。それでは早速、発表、講演のほうに入っていきたいと思います。平良さん、よろしくお願いします。

司会（平良）　早速、基調講演を始めます。ご承知かと思いますが、安里先生は、こちら沖縄県立博物館・美術館の館長であられます。今日はこの会場を利用させていただきまして、ありがとうございます。

準備されている間に、安里先生のプロフィールをご紹介いたします。先生は昭和二二年のお生まれで、琉球大学をご卒業後、岡山大学に行かれまして、考古学の研究をされております。職歴としましては、大阪府の教育委員会に入られ、沖縄に戻られまして、浦添市美術館にお勤めになっております。そして、浦添市教育委員会の文化部長もされておりました。その後、沖縄県立芸術大学の教授として教鞭を執られまして、現在、沖縄県立博物館・美術館館長という要職に就いておられます。

ご専門は考古学、さらに琉球史、漆工史、近世期の琉球地図の研究など、大変多才な方でございます。著書も多くありますが、『考古学から見た琉球史』ですとか、論文もたくさん発表されております。「琉球―沖縄の考古学的時代区分をめぐる諸問題」「グシク土器の地域色と『くに』・『世』」など、多くの論文も出されておりますし、地元紙への投稿ですとか、今日のようなご講演、シンポジウムなどにも参加され、大変ご活躍の先生でございます。

本日は、「地図世界に見る琉球の村々――沖縄の村落観を問いなおす」ということで、大変刺激的なタイトルでございますが、ぜひ先生のお話を拝聴したいと思います。先生、よろしくお願いいたします。

基調講演「地図世界に見る琉球の村々――沖縄の村落観を問いなおす」（安里 進）

こんにちは。県立博物館・美術館の安里でございます。私の報告は、「地図世界に見る琉球の村々」、そして、サブタイトルが「沖縄の村落観を問いなおす」です。「村落観を問いなおす」というたいそうなタイトルは、私が考えたのではなくて、付けられてしまいました。一応、考えてみましたので、今日は、その話をしようと思います。

近世沖縄村落の研究には、二つの前提があったと思います。

一つは、古琉球王国は、古代国家、古代専制国家で、それを支えている、その下にある村落は古代的な村落だという前提です。従って、その系譜を引いている近世村落も、古代的性格を残した共同体、原始的な村のイメージです。もう一つは、近世の村落というのは、古琉球から続いてきた自己完結的な、小宇宙といわれるもので、しかも、単一集落という前提があったと思います。

まず、「古琉球王国は古代国家」という前提についてです。私は、この見方に疑問を持っています。そもそも、どのようにして古琉球王国が古代国家だという見方が出てきたかといいますと、学史的、研究史的には、一九七〇～八〇年代に登場してきます。

その大きな出発点が、新里《しんざと》恵二《けいじ》さんが一九七〇年に出版しました『沖縄史を考える』です。これは、一九六一年に新聞に連載されていまして、これが本にまとめられたのが一九七〇年です。私が琉球大学の史学科に入ったときは、この本が琉球―沖縄史のテキスト代わりで、一生懸命勉強しました。『沖縄史を考える』では、古琉球王国＝古代専制国家という主張が、マルクス主義による歴史観で貫かれていました。新里先生は、歴史家ではございませんが相当勉強されていて、歴史、民俗、考古学、言語学などいろいろな分野を総動員して、琉球―沖縄史論を展開したわけです。この『沖縄史を考える』の登場で、琉球―沖縄の歴史研究は二五年も一挙に飛躍したと言われるぐらい、大変な衝撃的な歴史論でした。

ただ、今から振り返ると、その背景には、「遅れた歴史的出発論」による、「沖縄は遅れた社会だ」という認識がありました。沖縄は、歴史的出発が遅れたために原始社会がずっと続き、国家も古代国家だった（だから現在も沖縄社会は遅れている）というものです。

もう一つの背景には、沖縄の文化は古代日本の姿を残している「古代日本の鏡」論がありました。さらに、そういうものを支えている大きな社会的背景としては、日本復帰運動、要するに、沖縄人は日本民族の一部だという大前提の下で「祖国復帰」に向かっていく、そういう大きな社会のうねりがあって、こういう歴史観が出てきたと思います。

そして、新里さんの歴史観を学問的に完成させたのが、安良城《あらき》盛昭《もりあき》先生でした。一九八〇年に『新沖縄史論』を出版しています。一九七〇年代に書かれた、いろいろな論文をまとめたものですが、この中で安良城先生は、古琉球王国は「アジア的専制国家」だと述べています。高良《たから》倉吉《くらよし》さんも、一九八〇年の『琉球の時代』で、古琉球を「古代専制国家」の社会だと述べています。

私も、一九九〇年の『考古学からみた琉球史』で、古琉球王国が「古代国家」「古代専制国家」であることを前提にして琉球―沖縄史を論じました。一二世紀まで続いた貝塚時代は原始社会で、その後のグスク時代は、古代国家のちょっと前ですから、初期の階級社会だということを、あれこれ証拠をならべて論じてきたわけです。

こうした歴史観が、現在でも定説になっています。最近出た本の中にも、「古琉球王国＝古代国家」ということを前提にして議論をされたものがありますし、沖縄県教育委員会が出した冊子も、たぶんそうなっていたと思います。定説でございますので、無難に行きたい方は、定説を信じたほうが大丈夫かと思います（笑）。

ところが、二〇〇〇年代に入ると研究が大きく進展してきます。新たな調査研究の展開がありました。一つは、七、八世紀の社会、貝塚時代後期の後半ですが、この時代に大規模な貝の交易が展開されていたことが明らかになります。本土（本州・四国・九州）はもちろん、朝鮮、中国を含めた東アジア社会を相手に貝の交易が展開されたのですが、こうした社会は交易社会で、階級社会化に向かっていたのではないかという議論が登場してきます。代表的なものは、木下尚子《きのしたなおこ》さん、そして髙梨修《たかなしおさむ》さんの論文です。

ちょうどそのころ、私も一三～一五世紀の初期琉球王陵・浦添ようどれの調査をやっておりました。石棺の骨のDNA分析とか、そして石棺彫刻の分析とか、ようどれの全体構造の分析とか、いろいろやった結果、だんだん面白いことが分かってきました。浦添ようどれの王族の骨を分析したところ、王族はウチナーンチュビケーン（沖縄人だけ）ではありませんでした。南中国、あるいはもっと南方系の女系DNA（ミトコンドリアDNA）が検出されたのです。中世日本人の顔立ちをした頭骨もありました。この人はすごい出っ歯です（これが中世日本人の特徴です）。それから、墓室内の建物には高麗系瓦が葺かれていました。つまり、出現当初の琉球王権の形成には、沖縄人だけでなく、朝鮮、中国、そして日本人が深く絡んでいたわけです。

もう一つは、私はグスク時代の農業の研究をやっていたのですが、これまで、沖縄の農業技術は低レベルだと考えてきました。その根拠は収穫方法です。生産力が象徴的に現れるのは収穫のときです。生産力が高まると、一挙に大量の収穫をしないといけませんので、稲や麦は根刈りをします。現在でしたら、コンバインか何かでガンガン収穫しないと間に合わないわけですが、生産力が低いとチビチビでいいわけです。弥生時代は、石庖丁で穂摘みしていました。グスク時代は、石庖丁程度の機能しかない小さな鉄鎌で、実ったものから先に穂摘みをするという、弥生時代と同じような収穫の仕方でした。

ですから、「琉球社会は遅れている」「やはり、これは古代的な社会なのだ」と思っていたのです。しかし、だんだん研究が深まってくると、「遅れている」のではなくて、どうも生産力を上げて収量を増やそうという方向に琉球の農業は向かっていなかったのではないかと考えるようになってきました。毎年、台風か干ばつがやってくる琉球列島の自然環境に耐えられるように、生産量は増えないが、災害に強い安定型の農業をしていたのではないかということです。そして、社会の生産主力は、農業生産の拡大ではなく、海外交易による富の蓄積に向かっていたということです。

こういう琉球―沖縄社会を、私たちは日本史の枠の中で捉えてきたのではないか。日本は農業型社会です。農業生産を中心に社会が発展し、国家形成にむかうわけです。日本史をモノサシにして琉球史を測ってきたのではないかということです。平たく言うと、農業はそこそこにしてもっと儲かる交易に主力を注いでいる人々を、農業をモノサシにして評価すると、いつまでも「駄目」な、「遅れた」ということになるわけです。数学に興味がないのでいつも落第点を取っているが、社会科や他の教科は優れているという人を、数学で測って評価しているようなものではないか、このように最近、考えてきています。これについては、『沖縄県史　古琉球編』などに書きましたので、ご覧いただきたいと思います。

そういうことで、本当に沖縄は古代国家だったのか。そして、それを前提にした琉球の近世村落を古代的なイメージで捉えていいのかということについて、大きな疑問を抱いています。

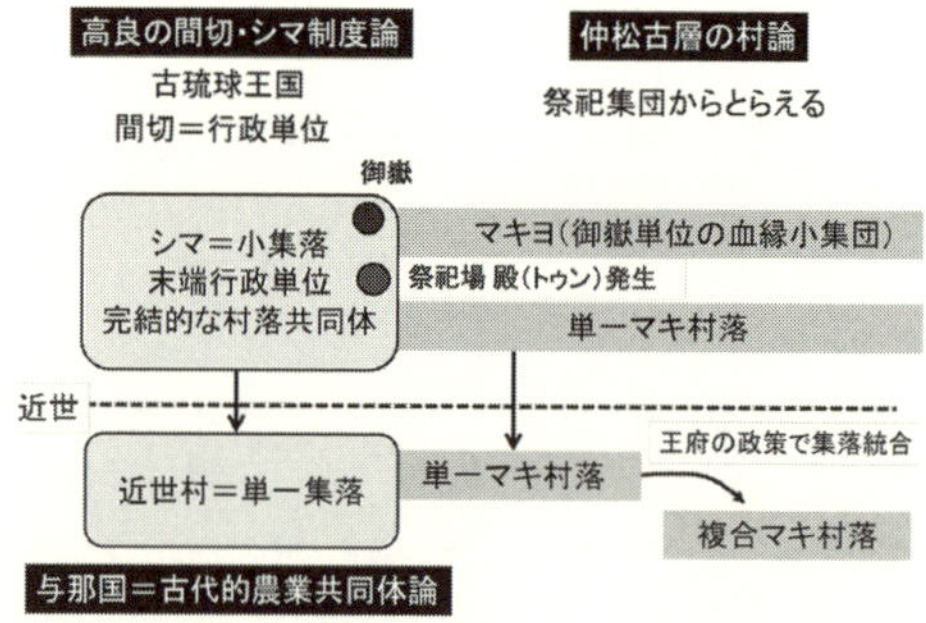

図1　古琉球・近世の村落論

さて、前置きが長くなりましたが、今日、お話ししたいのは、沖縄の村落論です。「古代的村落観」ということについては先ほど説明しました。「自己完結的で小宇宙的な単一集落」という沖縄の村落観なのですが、これについても見直しが必要ではないかと考えています。

そもそも、こういう村落観は一九七〇年代に成立してきます。その大きな貢献者は、仲松《なかまつ》弥《や》秀《しゅう》先生です。「古層の村論（仲松一九七七『古層の村』）」で自説を展開していきます。そのほかに高良倉吉さんも、古琉球の行政制度という側面から古琉球の村落を捉えています（高良一九七八『琉球王国の構造』）。そして与《よ》那国《なぐに》暹《のぼる》さんは、琉球の近世村を農業共同体と位置づけています（与那国編一九七九『沖縄の村落共同体論』）。農業共同体というのは、原始社会から古代社会に移っていくころに出てくる、非常に古代的な色彩の強い共同体です。こういう議論が、一九七〇年代に出てきます。

ちょっと図式的に紹介しましょう（図1）。高良倉吉さんの「間切・シマ制度論」があります。古琉球王国の行政単位は間切で、その構成単位が「シマ」と呼ばれる集落です。この「シマ」を完結的な村落共同体として見ているわけです。そこに島津氏の琉球侵攻があり、琉球社会は大きく変化して近世社会に変わっていきます。古琉球の行政末端単位のシマ＝小集落は、近世に入るとそのまま近世の行政単位としての「村」と呼ばれるようになるのですが、内容的にはそう変化はないという考えです。

近世の村では、村の「共有地」である百姓地を割り替える地割制が行われていました。そして、土地の私的所有が未発達で原始的な農業共同体だと論じたのが、与那国暹さんです。

一方、仲松先生の「古層の村論」は、沖縄の村落を祭祀集団から捉えた議論です。例えば、シマには御嶽があります。仲松先生は、シマを祭祀集団の側面から捉えて「マキヨ」と呼んでいます。御嶽単位の血縁小集団という理解です。そこに、殿《トゥン》や神アサギという祭り場が発生します。殿や神アサギをもつ村落を、仲松先生は「マキ村落」と呼んでいます（マキヨとマキ村落を区別している）。原則的には一つの御嶽と一つの殿をもつ祭祀集団の小さな集落があるわけで、これを「単一マキ村落」と位置づけています。これが近世には行政的な「村」になるわけです。近世には、王府の政策で複数の村が統合されて、「複合マキ村落」が発生してくる。仲松先生の「古層の村論」を大づかみで言えば、こういうことになります。

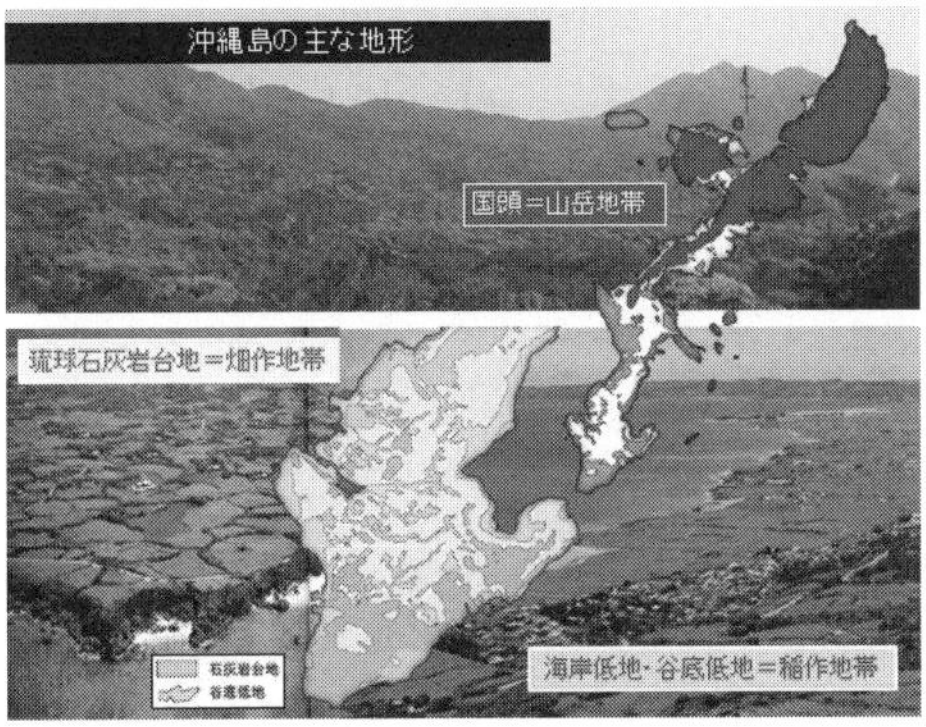

図2　沖縄島の主な地形

この代表的な三者の考え方には共通性があります。近世村は、単一集落で完結的な古代的共同体だというイメージです。しかし、「果たしてそうか」というのが、今日の私の言いたいことです。

考古学から見ると、次のように見えてきます。これは、沖縄の主な地形の分布図です（図2）。国頭《くにがみ》地方は山岳地帯です。そして、中頭《なかがみ》・島尻《しまじり》地方は琉球石灰岩地帯ですが、河川沿いに谷底低地、海岸沿いに海岸低地が広がっています。琉球石灰岩台地は畑作地帯、海岸低地や谷底低地は稲作地帯です。

これにグスク時代の遺跡分布を重ねると、遺跡（集落）は、谷底低地とか海岸低地を望む琉球石灰岩台地や丘陵上に集中分布していることがわかります（図3）。このような立地の集落では、石灰岩台地上では畑作、低地では稲作を行っていたと考えています。そして、遺跡分布をよく見ると、水系や丘陵的なまとまりごとに群を形成しています。この遺跡群のエリアは、後の間切の領域にほぼ対応しています。

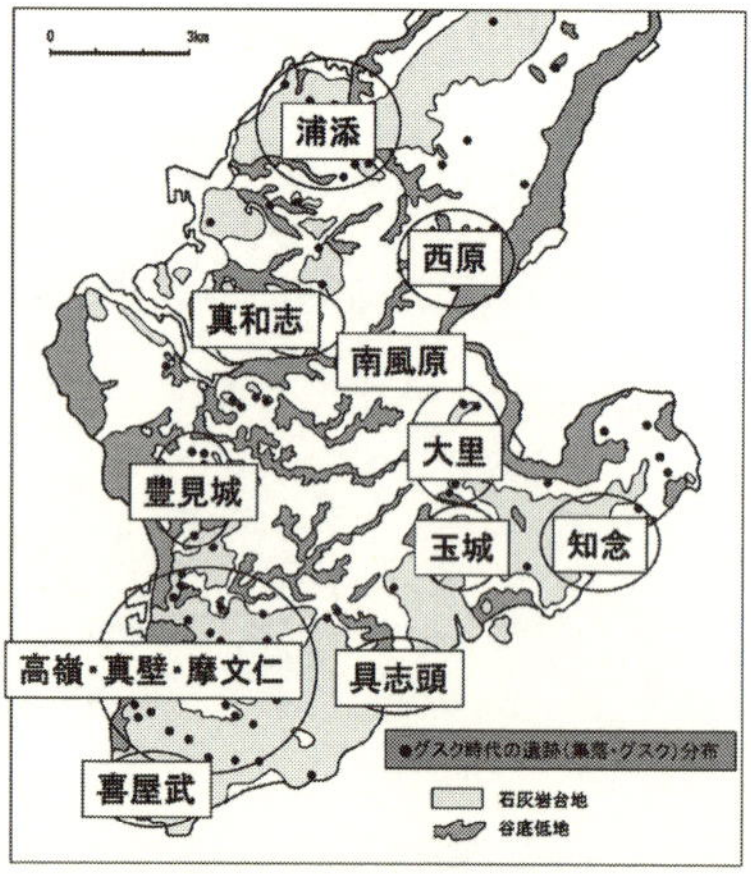

図３　グスク時代の遺跡群と間切

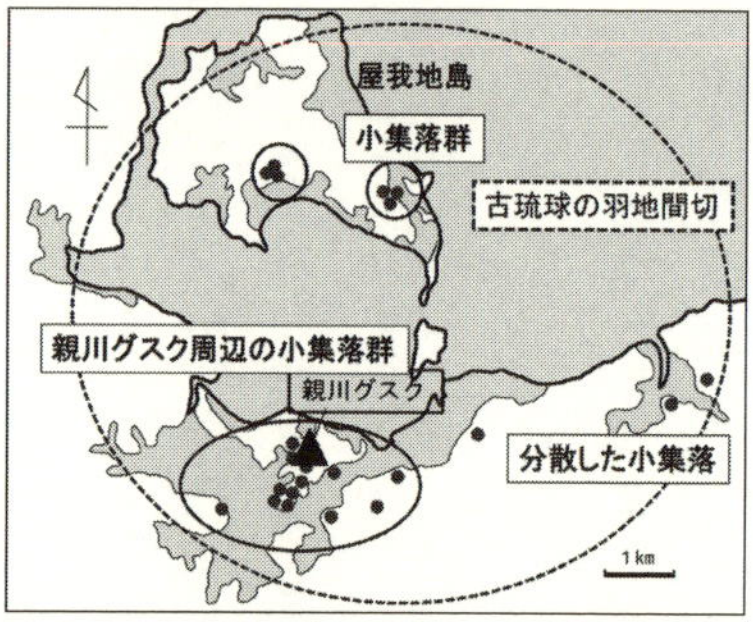

図４　名護市羽地のグスク時代遺跡分布

具体的に、地域を羽地に絞って見ていきたいと思います（図４）。これは現在の名護市の一部、かつての羽地間切のグスク時代の遺跡分布図です。羽地ターブックワという沖縄有数の水田地帯に、集落（遺跡）群があります。羽地地域では最も大きな小集落群（遺跡群）で、中心に親川グスクという城塞的グスクがあります。そして、屋我《やが》地島《じしま》にも小さな集落が集まった小集落群があります。そのほかに、小さな集落が単独的に分散したものが、あちこちに散らばっています。こういう小集落や小集落群を行政的にまとめた範囲が、古琉球の羽地間切ということになります。

これから読み取れるグスク時代の社会は、構成単位が小集落だということです。ほとんどが血縁集落だと推定しています。小さな集落なので、経済的に自立できません。自分だけで農地を開発し、経営し、収穫し、有事の際にも自分だけで解決する力がない小さな集落です。

そうすると、親川グスク周辺の集落群というのは、農業経営をめぐって、親川グスクの按司《あじ》を中心に結合していたと考えられます。私はこれを、「地域共同体」と捉えています。親川グスクを中心にした「地域共同体」が、周辺の小集落や小集落群を経済的あるいは政治的に統合したのが、古琉球の羽地間切だと考えられます。このような間切が、近世に続いていくわけです。

グスク時代の集落遺跡は、近世村まで集落系譜をたどることができます。これは羽地に限らず沖縄中どこでも言えることですが、羽地については、グスク時代の遺跡から現代の集落まで、ほぼ系譜的にたどっていくことができます（図5）。

このようなグスク時代の地域共同体が近世になるとどのようになっていくのかということですが、このことを実証的に分析できる史料が、一七三七～五〇年の乾隆《けんりゅう》検地で作成された『羽地間切田畠山野針竿帳』という測量帳簿です。一八世紀半ば（一七四二年）に、羽地ターブックワァという水田地帯を徹底した高精度の測量調査をして、精密な地図（「羽地間切針図」）を作りました。地図そのものは現存しませんが、測量帳簿が残っていたので、このデータから、中村誠司さんと仲原弘哲さんが地図を復元しました（図6）。現在の地形図とほぼ一致します。

グスク時代	琉球国高究帳 17世紀中葉	琉球国由来記 1713年	羽地間切竿入帳 1742年頃	沖縄県統計概表 1880年
仲尾遺跡群	なかう村	中尾	仲尾村	仲尾村
田井等遺跡群	平良村	田井等村	田井等村	田井等村
				親川村
谷田遺跡	こくてん村	谷田村	谷田村	
川上遺跡	川上村	川上村	川上村	川上村
川之上遺跡	中城村	中尾次村	中城村（仲尾次村）	仲尾次村
上之御嶽遺跡	まきや村	真喜屋村	真喜屋村	真喜屋村
伊差川古島遺跡	いざしきや村	伊指川村	（伊差川村）	伊差川村
	かぶそか村	我部祖河村	我部祖河村	我部祖河村
		1736年に移動	呉我村	呉我村
			振慶名村	振慶名村

図5　羽地の遺跡と村の系譜

中村・仲原さんの復原図と測量データをもとに、各村の領域と原《ハル》（＝小字）の区分を復元しました。私はこれに、乾隆検地当時の田畑や集落や屋敷の位置を載せて分析をしました（図7）。ただし、集落・屋敷や田畑の場所が全部分かったわけではなくて、測量ラインに引っ掛かったものだけなのですが、それでも田畑や集落や屋敷の分布傾向がつかめます。例えば、呉我集落は集落の周りに耕地が集中しています。仲尾集落も、集落周辺に村の耕地が集中しています。川上村もそうです。これらが典型的な近世村です。一カ所にまとまった村の集落があって、その周りに村の耕地が分布する、完結的な村落共同体という雰囲気があります。

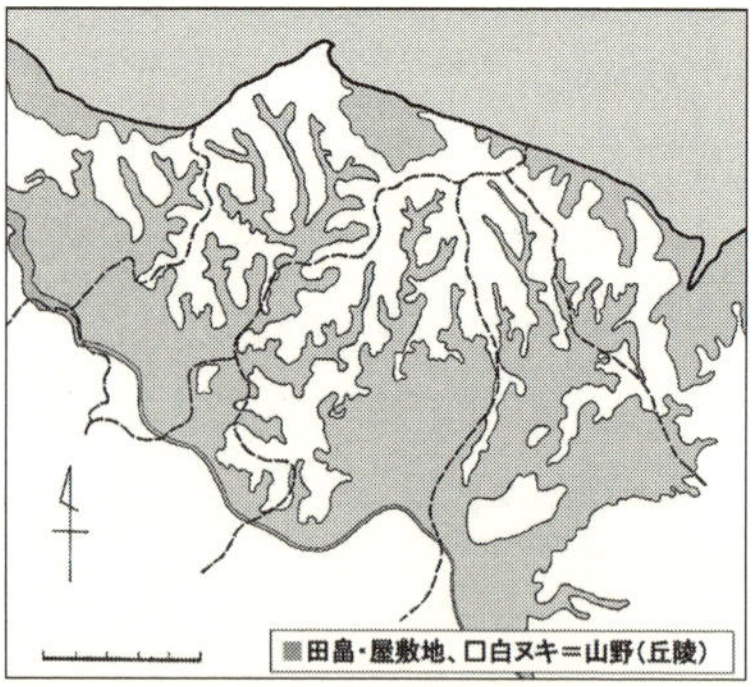

図6　『羽地間切田畠山野屋敷針竿帳』の復元測量図

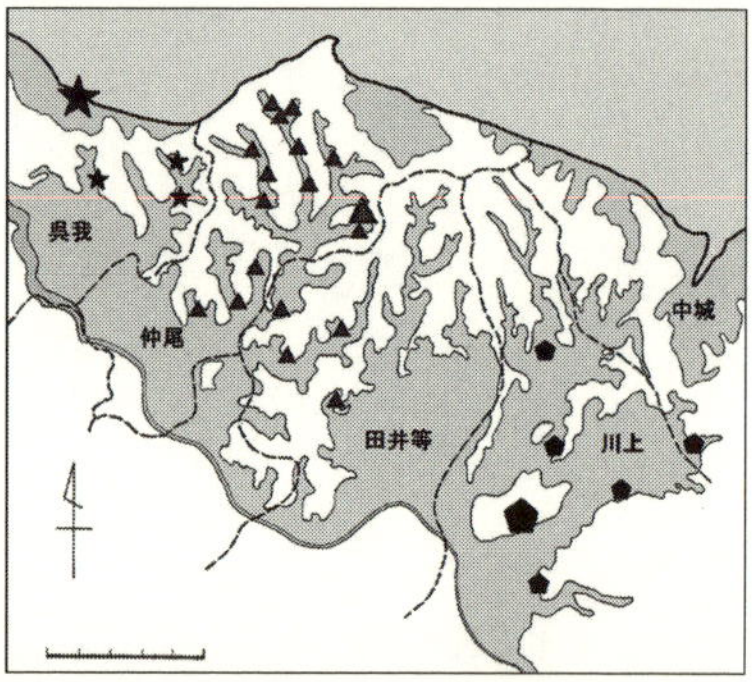

図7　呉我村・仲尾村・川上村の屋敷と耕地の分布

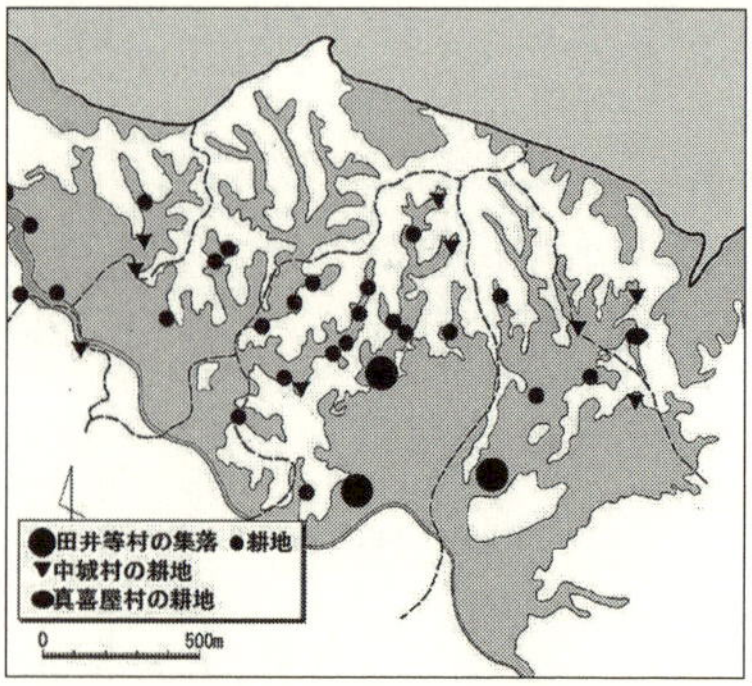

図8　田井等村・中城村・真喜屋村の屋敷と耕地の分布

ところが、次のような村もあるのです。田井等《テーヤ》村は、少なくとも屋敷が三ケ所に分散しています。測量ラインに引っかかった屋敷が三カ所なので、実際はもっと多くの屋敷が分散していたと思います。そして、田井等村の田畑も広範囲に、いくつかのよその村域にまで広がっています。もう一つの事例が中城村です（図8）。のちの仲尾次《ナコーシ》村です。集落の位置はつかめなかったのですが、やはりこの村も、田畑が他の村々の領域まで分布しています。田井等村や中城村のような、集落・屋敷が分散して、耕地も広範囲に分散している村、これらの村は、グスク時代から古琉球に続いてきた地域共同体が、近世に至ってもなお残存していた姿ではないかと考えています。

さらに、こういう村もあります。この一帯に真喜屋《マギヤー》村の耕地が一つ、測量ラインに引っ掛かっているのですが、この真喜屋村の集落は四キロほど離れたところにあります。真喜屋村の耕地も、四キロ先まで分布しているのです。ということは逆に、田井等村などの耕地が真喜屋村域にもあったかもしれません。

当時の測量データから見えてくるのは、羽地間切の近世村の耕地が、周辺の村々に複雑に入り組んでいるという

表1　羽地村の耕地分布

原／村	すか原	志れた原	ゐかや原	石又原	なかま原	さとまた原	いよこもり原	さた原	たこ川原	かふ原	まかく原	川上原	原数合計	
我部祖河村	1		2		3								3	
呉我村			1	2									2	（集中型）
仲尾村			1		14	2			1				4	（集中型）
田井等村	1		5	1	5	5	2	1	2	3			9	（分散型）
谷田村												1	1	
川上村										1	3	1	3	（集中型）
中城村		1	2			1	2			2	1		6	（分散型）
真喜屋村										1			1	
計	2	1	11	3	22	8	4	1	3	7	4	2	12	

事実です。なかには田井等村のように、村人の屋敷がよその村域にあったりします。そうすると、日常的な農業経営をめぐって、近隣の村々が強く関係せざるを得ないというのが、一八世紀の羽地間切の実態です。

各村の耕地の分布状況を数字でみると、耕地の集中型の村と分散型の村があることがわかります（表1）。乾隆検地の測量図から復元できた羽地ターブックワァ地域には、全部で一二の原《ハル》がありました。原というのは、今の小字です。各原ごとに各村の耕地がいくつあったのかを調べると、例えば、典型的な集中型の村が仲尾村です。仲尾村の耕地は、一八箇所のうち一四箇所がなかま原に集中しています。これと対照的な分散型の村が田井等村です。二五箇所の耕地が九箇所の原に広く分散していました。

実は、村の耕地の分散傾向は羽地間切だけではありません。『久米島具志川間切西銘村名寄帳』という史料があります。安良城盛昭先生がすでに指摘していることですが、例えば西銘《ニシミ》村は、屋敷が五カ所の原に分散していて、村の耕地も一五〇以上の原に分散していたのです。田井等村どころではありません。こういう村が、近世琉球社会に広く存在していたと考えています。

この図は、松平家が旧蔵していた一七世紀頃の「琉球国絵図」の国頭間切です（図9）。一六七三年の間切再編以前の絵図で、国頭間切には、一六三五年～六六年頃の村が〇印で図示されています。この中に、「辺と

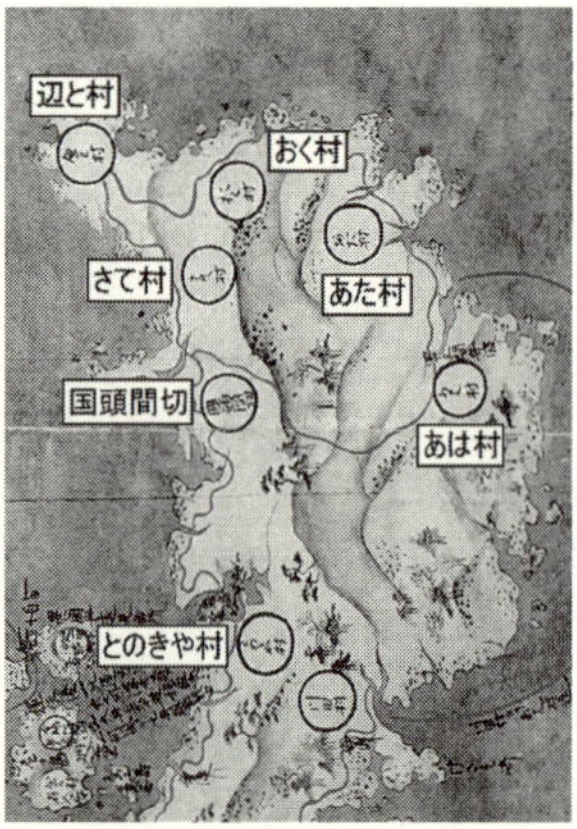

図９　「琉球国絵図」の国頭間切村

表２　図９と対応

「絵図」	『絵図郷村帳』	『高究帳』		『里積記』村位	
村名	村名	村名	石高	田方	畠方
辺と	へと	辺ど	88.5	下々	下
おく	おく	おく	77.7	下	下
あた	あた	あは	16.2	下々	下
あは	あは			下々	下
さて	おか さて へのき	辺ぬき 予那	35.4	下々	下
	よな			下々	下
	ざじき			下々	下
国頭間切	いち とへざ	と辺さ うら	57.0	下	下
	うら			下	中
	へんとな	辺んとな	155.6	中	中
	奥間	奥間	162.6	中	中
	ひぢ	比地	92.2	下	下
	屋かひ	屋嘉比	90.9	下	下
	はま			下	下
	ねざめ 城 きどか	城 きどか	118.8	下	下
とのきや	によは	ねるめ 塩屋	51.6	下々	下
	ねるめ			下々	下
	しおや			下々	下
	屋こ 前田 たミな とのきや	前田 たみな	83.2		

村」「さて村」「国頭間切」「とのきや村」「おく村」「あた村」「あは村」という村々が出てきますが、実は、この絵図に出てこない村がたくさんあります。一七世紀の『絵図郷村帳』を見ると、例えば「とのきや」と書いてある周りには、「たミな」「前田」「屋こ」「しおや」「ねるめ」「によは」という村があったはずです（表２）。

「国頭間切」と書いてあるところの周辺にも、絵図には記載されていませんが「きどか」「ねざめ」「城」「はま」「屋かひ」「ひぢ」「奥間」「へんとな」「うら」「とへざ」「いち」など多くの村がありました。このように多くの村がいくつかの村に代表されているわけです。そして、これらの村は、例えば「とのきや」に代表された「たミな」「前田」「屋こ」などの村々は、一七世紀の『琉球国高究帳』では、石高もまとめられて「八三石」と書かれています。つまり、これらの村々は納税の単位でもあったわけです。

一七世紀の『琉球国御高并諸上納里積記』には、各村の税を算出するための「村位《むらぐらい》」（村の田畑の等級）が定められています。村ごとに村位が定められるはずですが、なかには、複数の村が一つの村位にまとめられています。つまり、複数の村が納税の単位としてまとめられているのです。納税の単位としては自立できない小さな村を大きな村に含めたり、小さな村々をまとめたりしているのです。このような村が、絵図の上では、その中の代表的な村だけ掲載されていると考えられます。このように、自立できずに周辺の村々と結合した村が、一八世紀にも広く存在していたと言えます。

そうすると、近世琉球の村人たちは、必ずしも村（集落）の共同体的な絆に強固に縛られていなかったのではないかと考えられます。これまで、「近世の村は強固に結合しているので、道を境にして隣の村とも言葉が違うのだ」と言われてきました。このイメージで、ずっと近世村を見てきたのですが、どうもそうではないというのが、私の最近の考えです。

百姓身分の近世の墓を調査していると、こういう一族を発見しました。浦添の比嘉門中《ひがむんちゅう》の墓です。墓の厨子（骨壺）と遺骨から、被葬者たちの系図と家族史が復元できます（図10）。さらに、一七世紀から一九世紀にかけての比嘉門中の人たちの家族史も、次のように復元できました（図11）。まず、先祖が読谷山《ユンタンジャ》間切から浦添間切に移住してきます。そして、前田村にいた五代目が具志川村に移住します。その頃、親戚には浦添間切から名護間切の「まやか」（猫川）に移住した若者もいます。

五代目は具志川で「まいぬう」という女性をめとり、六代目が生まれますが、この六代目は、遠く離れた豊見《トゥミ》城《グスク》間切の唐良、今の金良《かねら》の「カマド」という女性をめとっています。そして、六代目は浦添間切に戻ります。このように、村を越えて広範囲に動き回る。女も動いています。こういう百姓がいます。これは決して特殊な事例ではないと考えています。

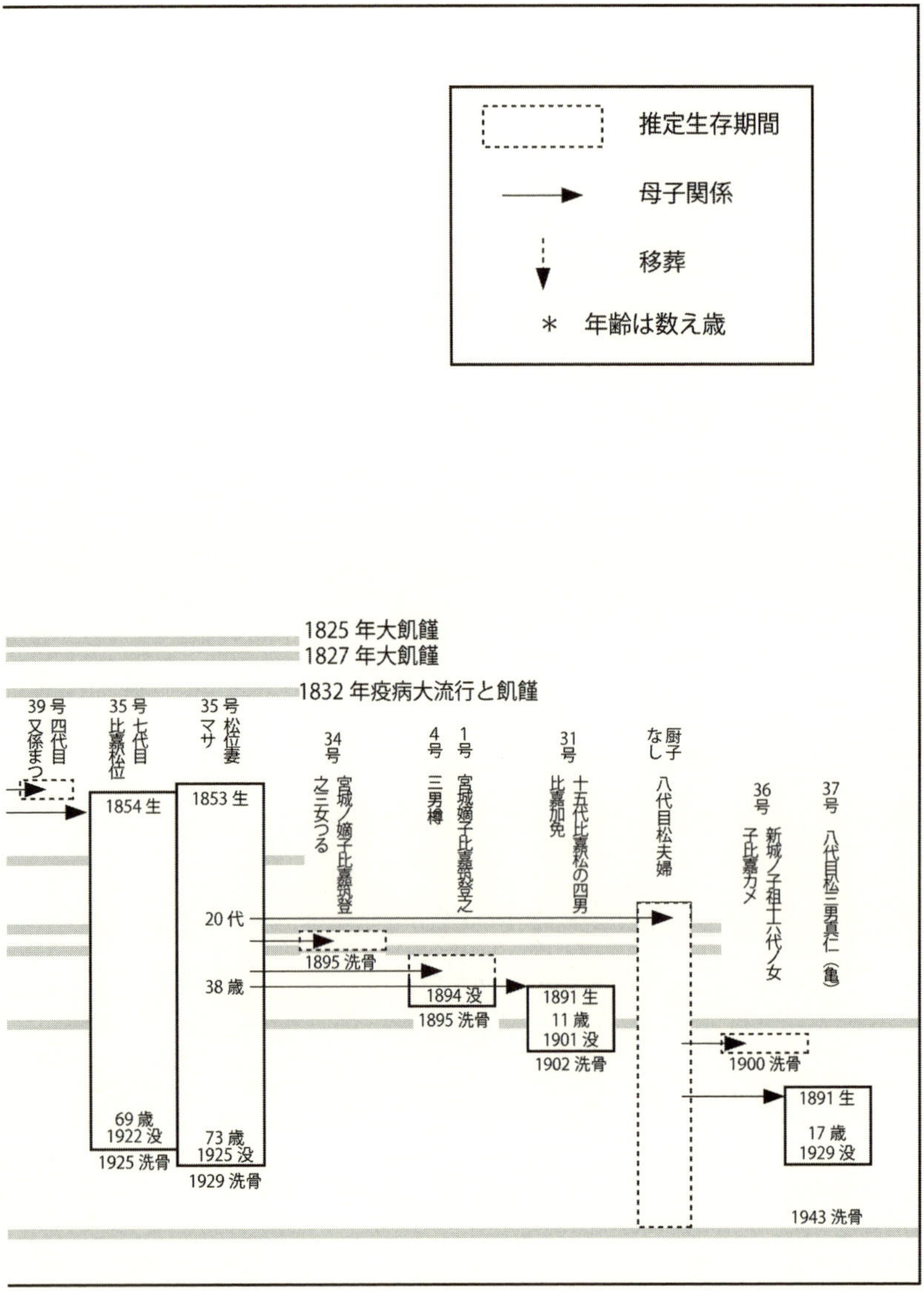
推定生存期間
母子関係
移葬
＊　年齢は数え歳
1825 年大飢饉
1827 年大飢饉
1832 年疫病大流行と飢饉
39 号 四代目 又係まつ
35 号 七代目 比嘉松位
1854 生
69 歳
1922 没
1925 洗骨
35 号 松位妻 マサ
1853 生
20 代
38 歳
73 歳
1925 没
1929 洗骨
34 号 宮城ノ嫡子比嘉筑登之三女つる
1895 洗骨
1 号 宮城嫡子比嘉筑登之
4 号 三男樽
1894 没
1895 洗骨
31 号 十五代比嘉松の四男 比嘉加免
1891 生
11 歳
1901 没
1902 洗骨
厨子なし 八代目松夫婦
36 号 新城ノ子祖十八代ノ女子比嘉カメ
1900 洗骨
37 号 八代目松三男真仁（亀）
1891 生
17 歳
1929 没
1943 洗骨

図 10　比嘉門中墓被葬者の生存期間の復元

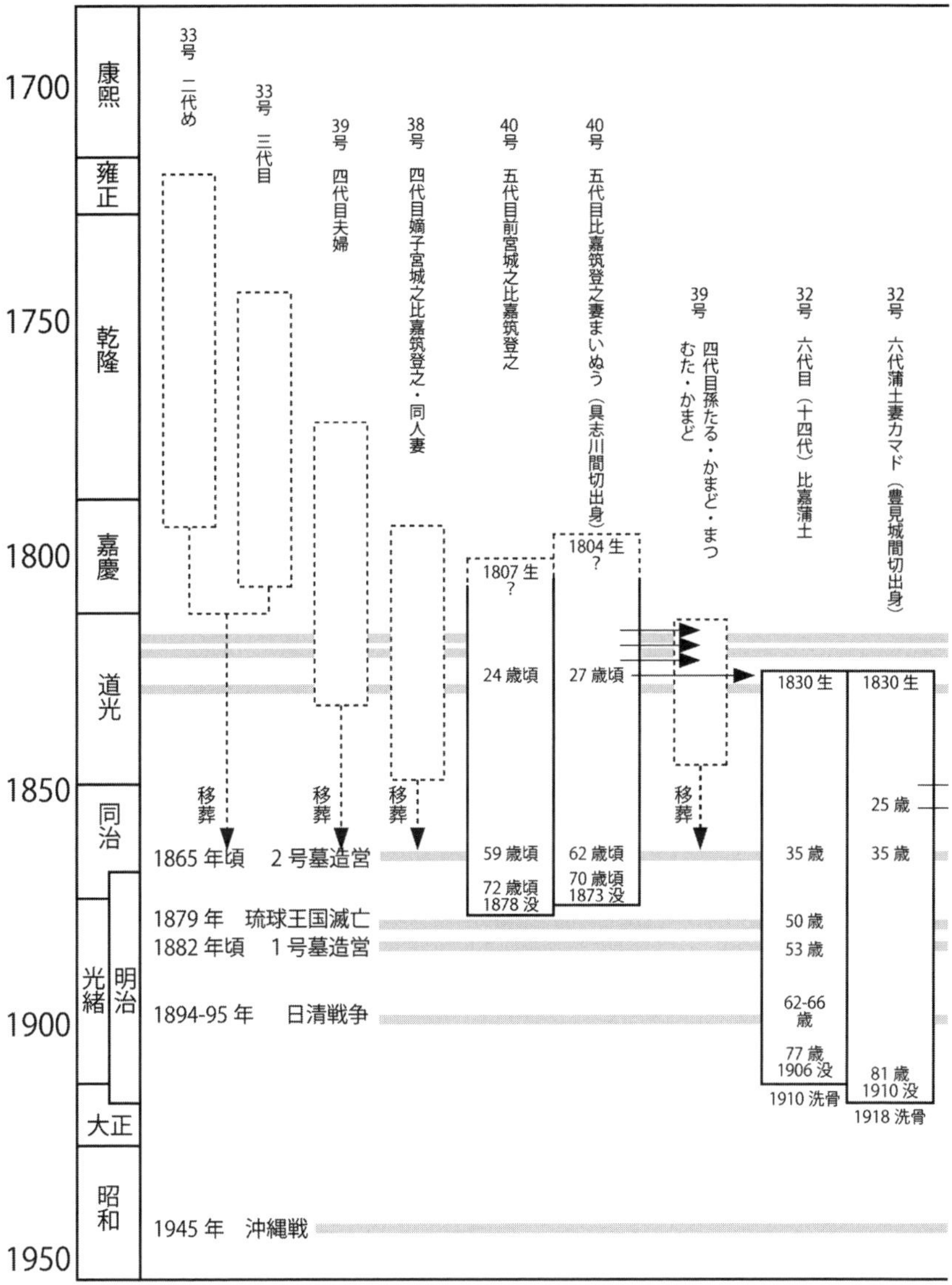

上ノ新城系

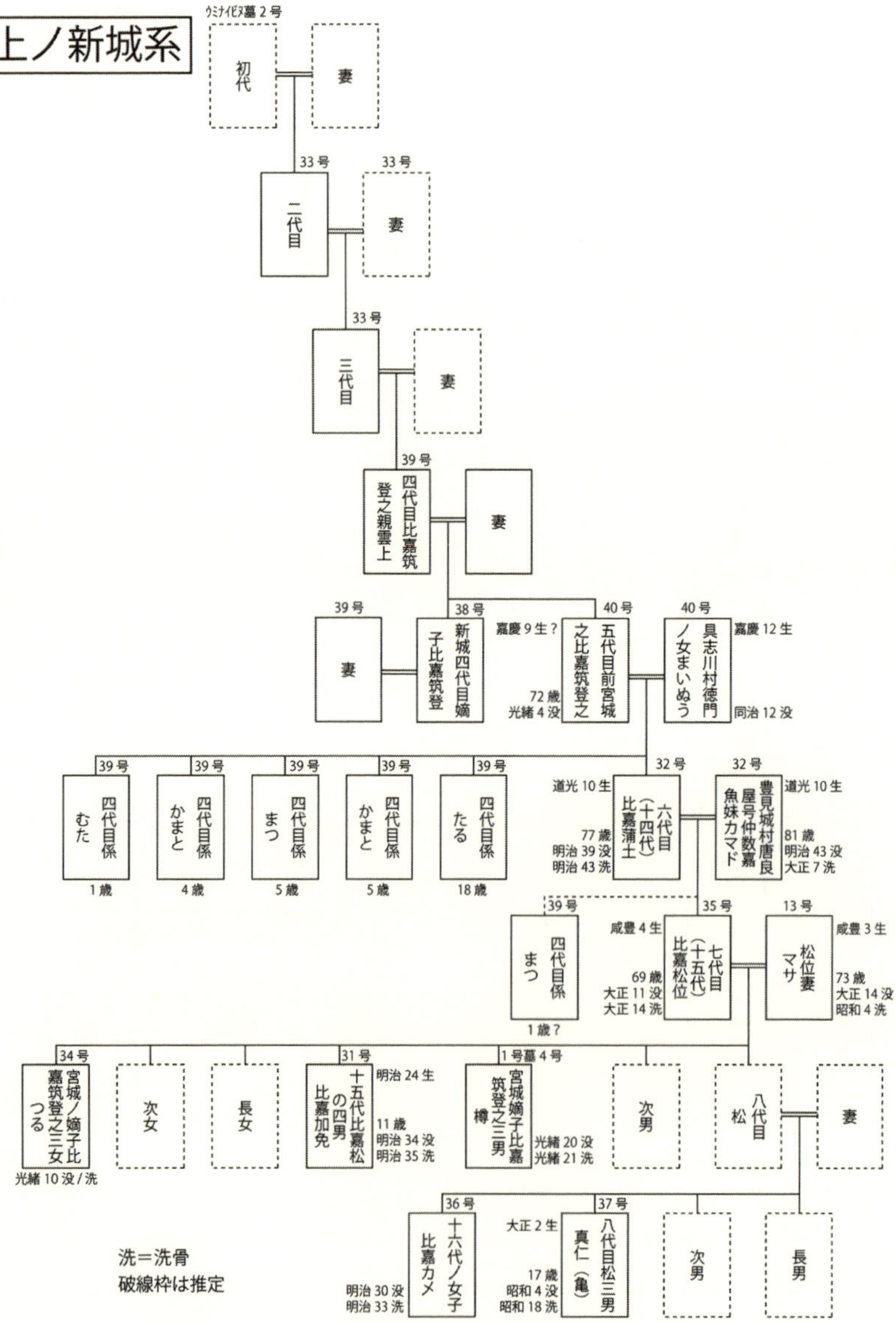

ウミナイビヌ墓 2 号
初代
妻
33 号
二代目
33 号
妻
33 号
三代目
妻
39 号
四代目比嘉筑登之親雲上
妻
39 号
妻
38 号
新城四代目嫡子比嘉筑登
40 号
嘉慶 9 生？
五代目前宮城之比嘉筑登之
72 歳
光緒 4 没
40 号
具志川村徳門ノ女まいぬう
嘉慶 12 生
同治 12 没
39 号
四代目係むた
1 歳
39 号
四代目係かまと
4 歳
39 号
四代目係まつ
5 歳
39 号
四代目係かまと
5 歳
39 号
四代目係たる
18 歳
32 号
道光 10 生
六代目（十四代）比嘉蒲土
77 歳
明治 39 没
明治 43 洗
32 号
豊見城村唐良屋号仲数嘉魚妹カマド
道光 10 生
81 歳
明治 43 没
大正 7 洗
39 号
四代目係まつ
1 歳？
35 号
咸豊 4 生
七代目（十五代）比嘉松位
69 歳
大正 11 没
大正 14 洗
13 号
松位妻マサ
咸豊 3 生
73 歳
大正 14 没
昭和 4 洗
34 号
宮城ノ嫡子比嘉筑登之三女つる
光緒 10 没 / 洗
次女
長女
31 号
十五代比嘉松の四男比嘉加免
明治 24 生
11 歳
明治 34 没
明治 35 洗
1 号墓 4 号
宮城嫡子比嘉筑登之三男樽
光緒 20 没
光緒 21 洗
次男
八代目松
妻
36 号
十六代ノ女子比嘉カメ
明治 30 没
明治 33 洗
37 号
八代目松三男真仁（亀）
大正 2 生
17 歳
昭和 4 没
昭和 18 洗
次男
長男
洗＝洗骨
破線枠は推定

図 11　比嘉門中墓被葬者の復元家系図

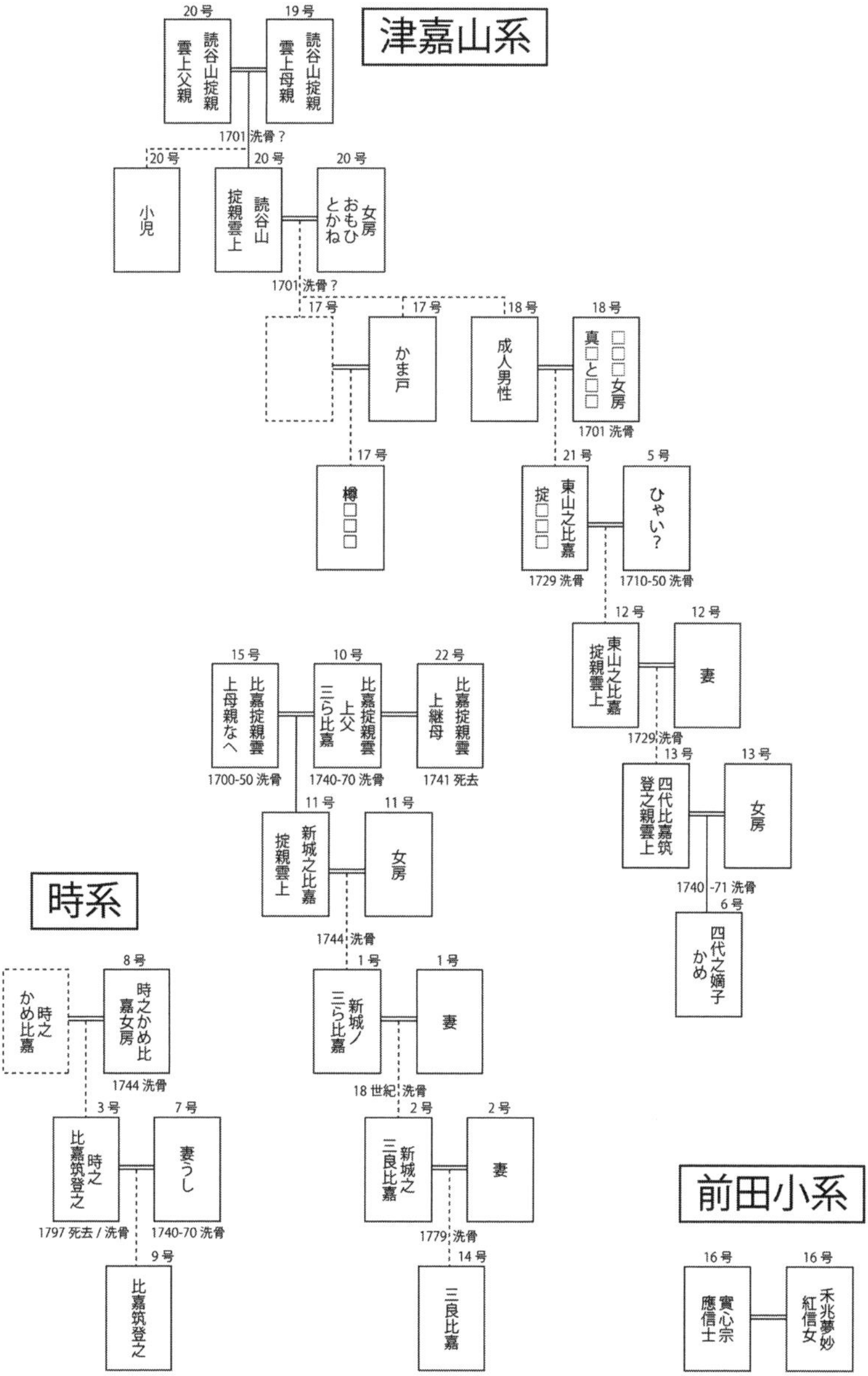

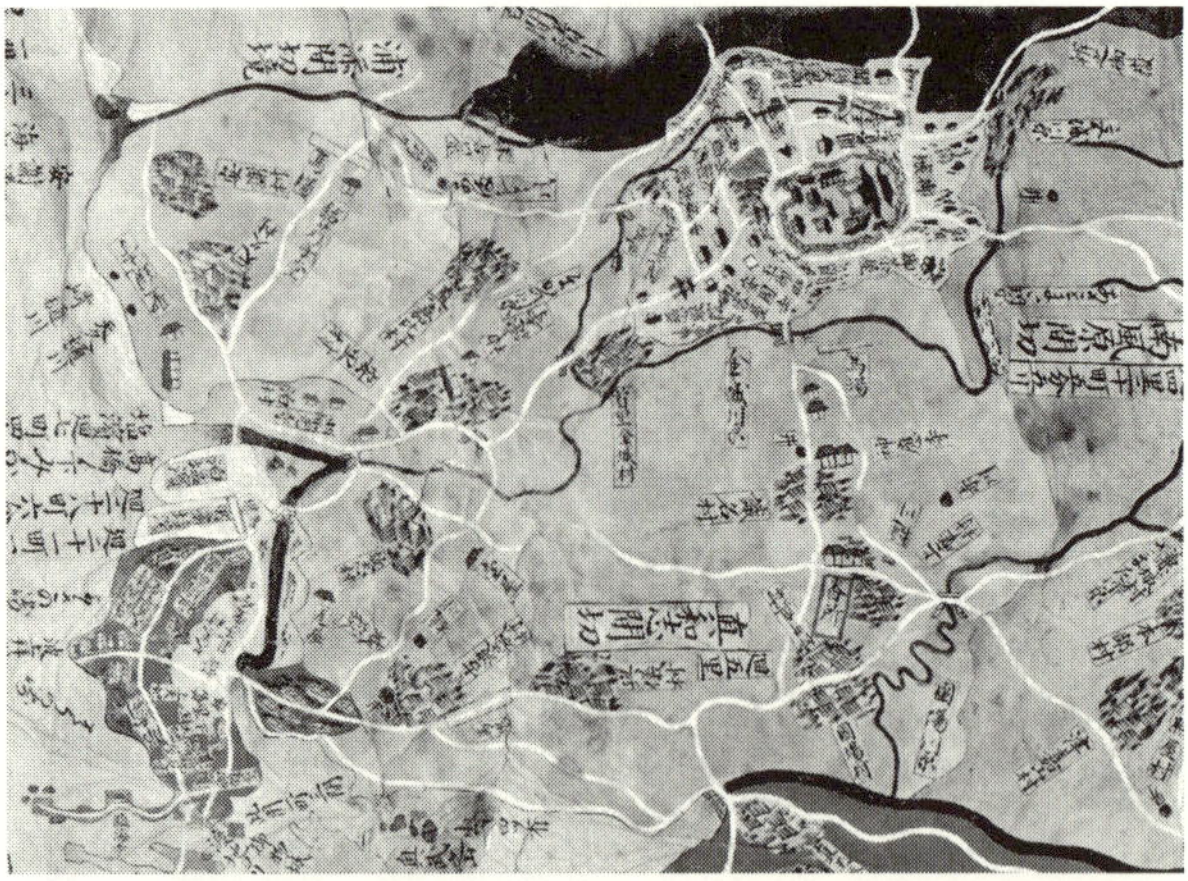

図 12　「間切図」における真和志間切（沖縄県立博物館・美術館蔵）

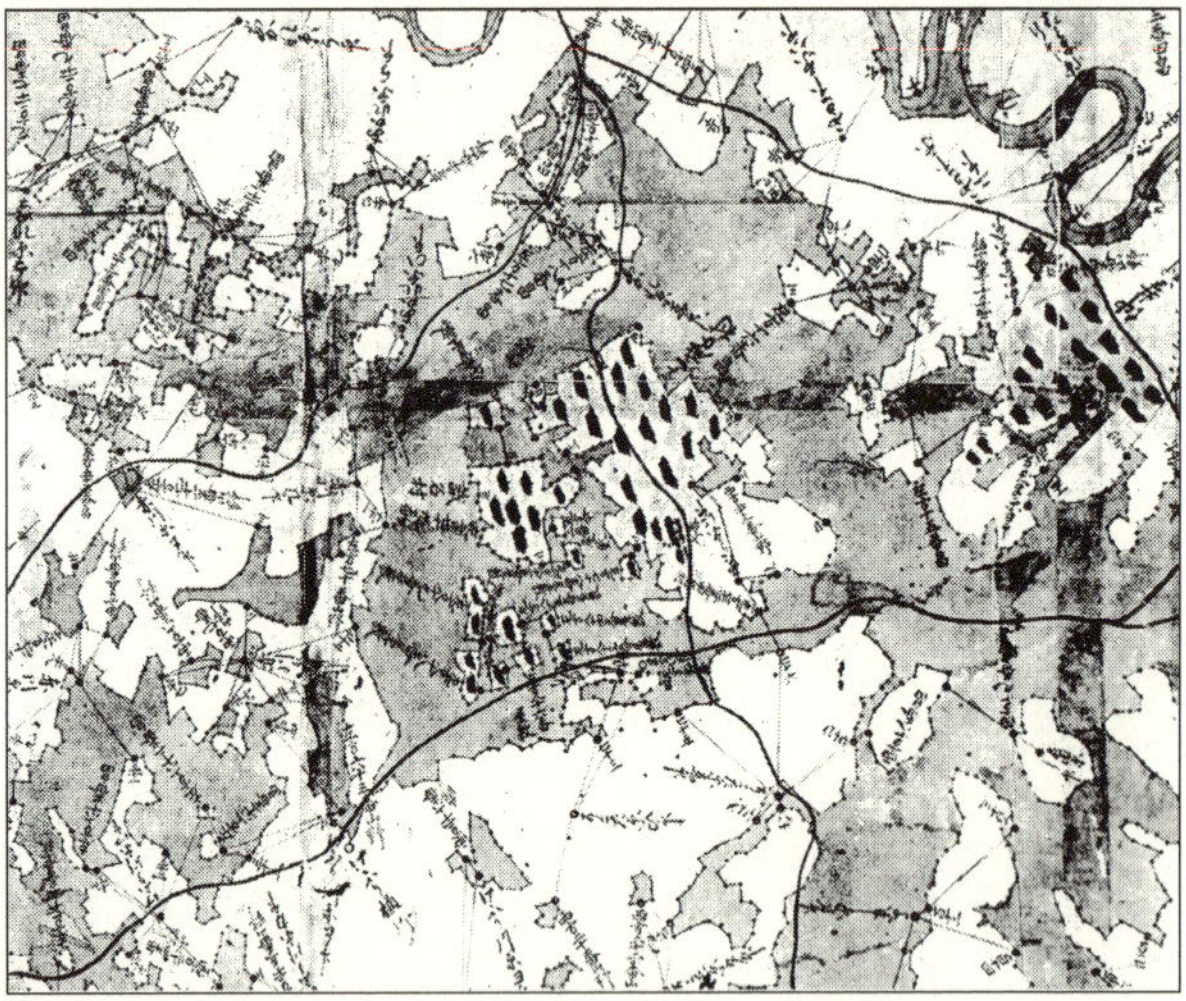

図 13　「「真和志間切針図」における識名村・上摩村・仲井真村（灰色部分は山野）（一般財団法人沖縄美ら島財団蔵）

最後に、地図から見た近世村の話をしたいと思います。去年、「琉球国之図」の詳細情報が初めて公開されましたが、これはなかなかすごい地図で、とても正確です。一七九六年に作製された、沖縄諸島図です。例えば、読谷山間切を取り上げると、細かな地域情報、村の位置情報などが書いてあります。不思議なことに、読谷山間切にだけ「拝み」というのが多数出てきます。たぶん、御嶽ではないかと思いますが、他の間切にはありません。なぜ読谷間切だけなのかはよく分からないのですが、こういう地域情報が詳細に書かれています。

「琉球国之図」は「間切集成図」を縮小編集して作製されていると考えられるのですが、この「間切図」（間切集成図）には、こういう村情報が詳しく書いてありまして（図12）、近世琉球の村落を理解する上で非常に重要な資料です。「間切図」の基になったのが「間切島針図」です。これは、一八世紀の半ばに作られた、当時の行政単位だった間切・島ごとの非常に精度の高い地図です（実物は現存していません）。そのうちの、「真和志間切針図」の一部分を撮影した古写真が見つかったのです。縮尺約三二五〇分の一の地図で、山林原野と田畠屋敷の境界線、道路、河川、湧水、寺社、番所、馬場など、いろいろな情報があります。

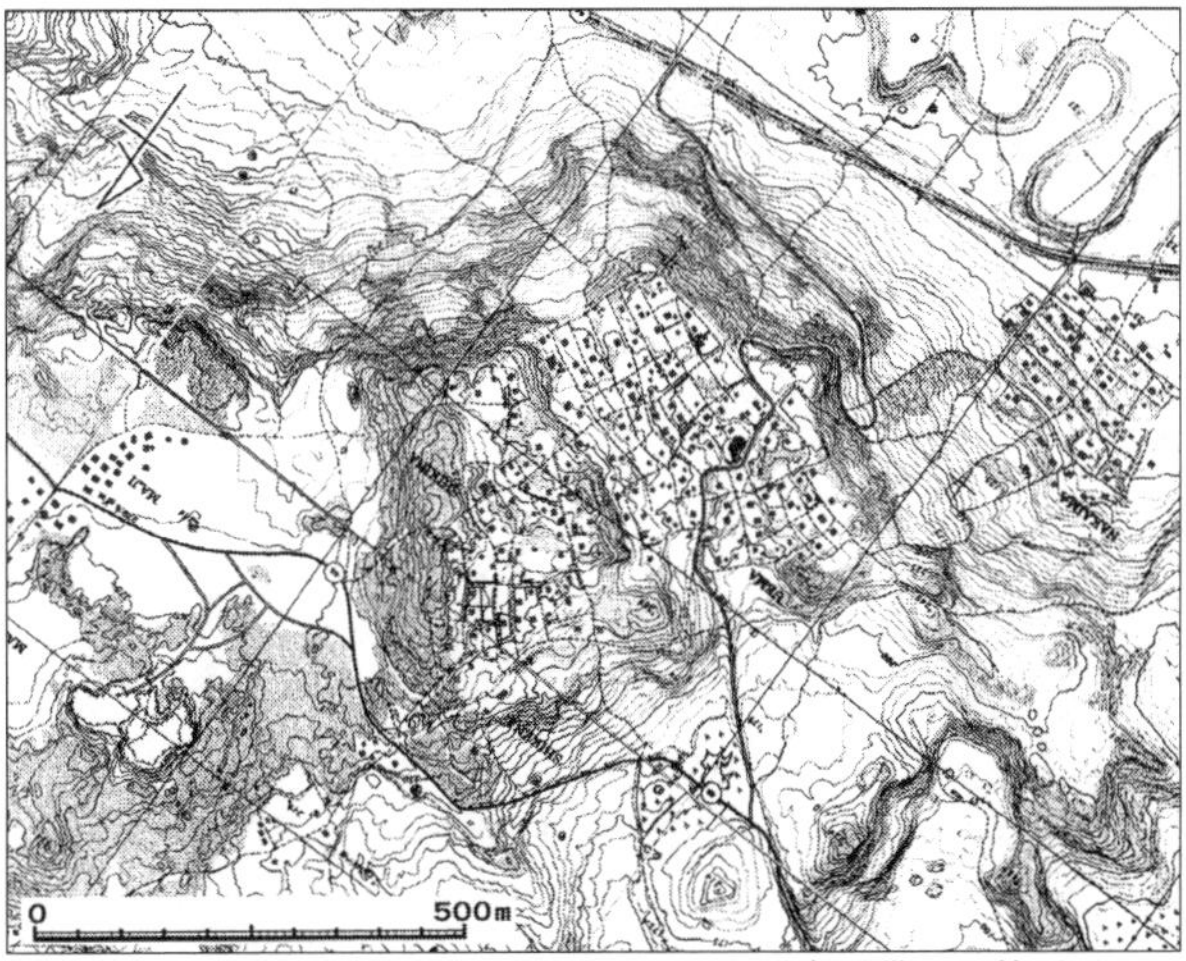

図14　「米軍地形図」に見る仲井真・上間・識名一帯の山林原野

この「真和志間切針図」の中に、仲井真《ナケーマ》村と上摩《ウィーマ》村（後の上間村）、そして識名《シチナ》村があります（図13）。識名村から北東に五〇〇メートル離れたところに、識名村の別集落があります。繁多川《ハンタガー》集落です。当時は、まだ識名村の一部です。近代になって「字繁多川」として独立するのですが、当時の識名村は二集落構成です。上摩村は、近世的な単一集落ということになります。

この針図の地域を、沖縄戦直前の航空写真をベースにして一九四八年に編集された「米軍地形図」で見ますと、おもしろいことがわかります。「米軍地形図」には、樹林の分布が図示されています。仲井真集落を見ますと、周りには集落を囲む林による「抱護」がありません（図14）。その代わり、屋敷林が非常に発達しているように見えます。これに対して、上間集落と識名集落では、林による「抱護」が集落を取り巻いていて、逆に屋敷林が未発達

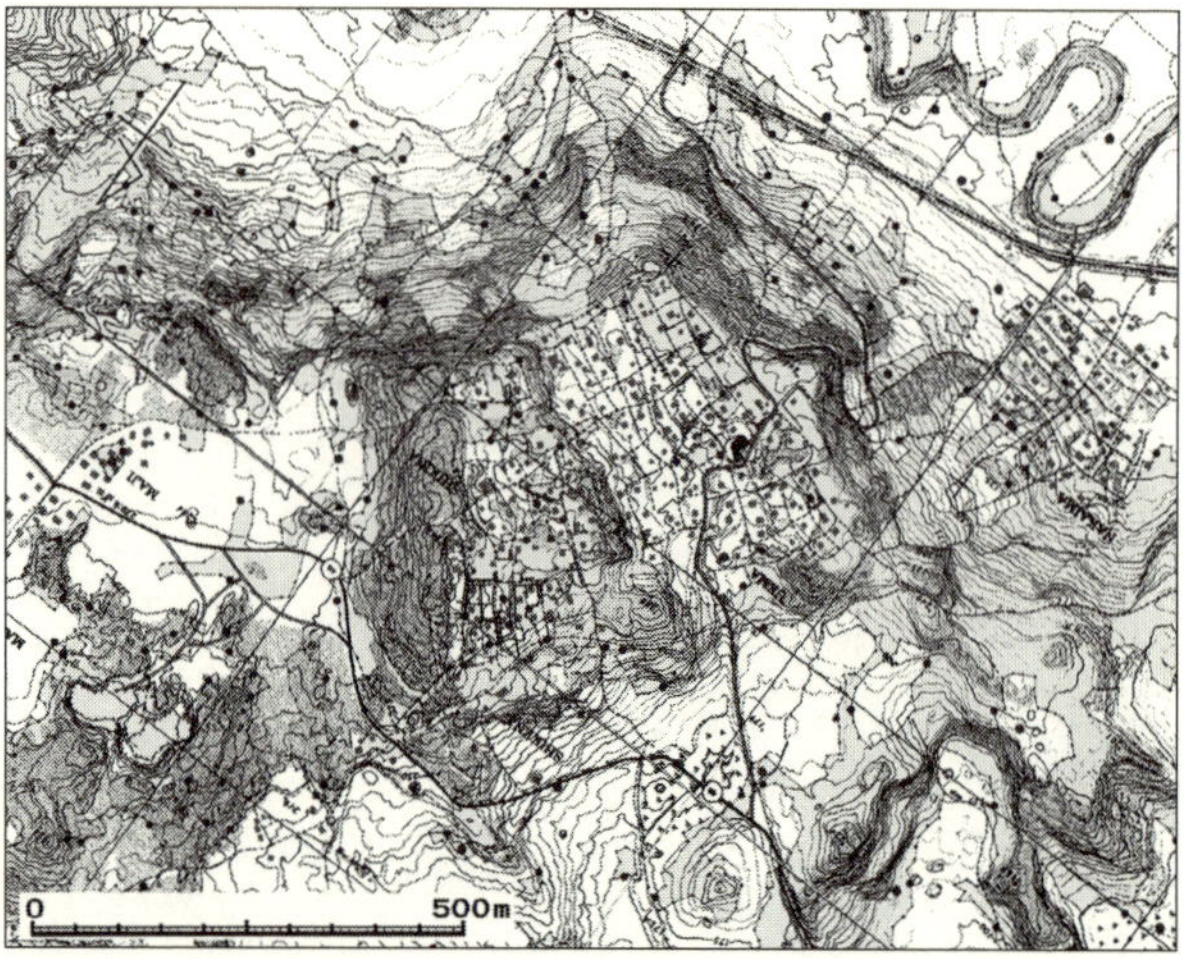

図 15 「米軍地形図」に「真和志間切針図」を重ねる

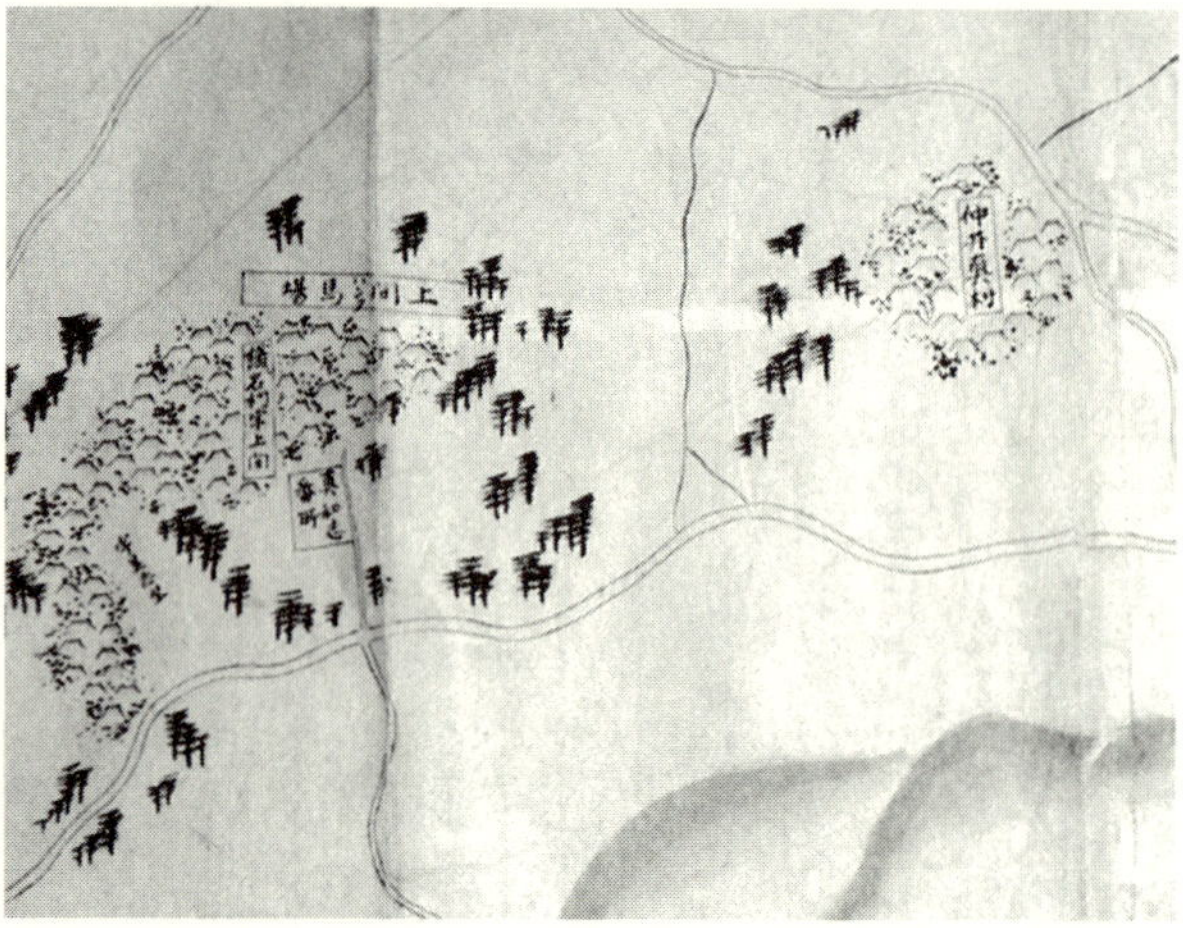

図 16 「沖縄那覇近傍之図」の仲井真村（右）、識名字上間と具志堅（左）（立正大学図書館田中啓爾蔵）

という、面白い関係にあります。これは米軍地形図ですので、いったいいつから戦前の村落景観が出来上がったのかを知るために、「真和志間切針図」の山野の分布図を「米軍地形図」に重ねました（図15）。

「米軍地形図」の、識名・上間集落を取り囲んでいる林による「抱護」は、一八世紀の「真和志間切針図」の山林原野と見事に重なります。ということは、戦前の林による「抱護」の景観は、一八世紀中頃には既に存在していたということになります。そして仲井真集落には、やはり一八世紀から林による「抱護」は無かったということも確認できるわけです。

立正大学熊谷キャンパスの立正大学図書館「田中啓爾文庫」には、戦前の沖縄島南部の絵図（「沖縄那覇近傍之図」）があります。明治初期の絵図ではないかと思います。以前に資料収集していて、実は昨日ふっと思い出して、「ああ、これにも林による「抱護」が描かれているのかもしれない」と思って探してみたら、ありました。「仲井真村」には林による「抱護」がありませんが、「識名村字上間」（近世の上摩村）、「宇具志堅」（おそらく近世の識名村）には林による「抱護」が描かれていますの（図16）。先ほど、「米軍地形図」と「真和志間針図」で確認したことが、この絵図でも確認できたということです。

さて、近世の村は「古代的性格を残した共同体」というイメージで理解してよいのか、そして、「単一集落の強固な結合体」という従来の見方はそれでよいのだろうか、ということで、これに疑問を投げる報告をさせていただきました。こういう問題を、近世の史料や絵図から深く分析していくことで、近世の村落の研究がより実証的に深まっていくと思います。

どうもありがとうございました。

［付記］本シンポジウムの一部は、次の文部科学省科学研究費補助金の成果に基づくものである。
◎文部科学省科学研究費補助金基盤研究（Ｂ）研究代表者：浦山隆一「琉球の近世計画村落形成に伝統的祭祀施設と村抱護が果たした役割と意味に関する研究」課題番号：25289212
◎文部科学省科学研究費補助金基盤研究（Ｃ）研究代表者：鎌田誠史「明和大津波で被災した琉球諸島の集落復興プロセスから見る環境再構築に関する研究」課題番号：25420663
なお、シンポジウムの開催には、文部科学省科学研究費補助金基盤研究（Ｂ）研究代表者：浦山隆一「琉球の近世計画村落形成に伝統的祭祀施設と村抱護が果たした役割と意味に関する研究」課題番号：25289212 の科研費を使用した。

シンポジウム運営協力（敬称略）

◎株式会社国建

常務取締役　平良啓

建築設計部　那根律子、島袋仁奈、鮫島拓、川崎翔一

◎一般財団法人沖縄美ら島財団

首里城公園管理部　松田一美

◎富山国際大学

金岡貴裕、山崎範男

◎筑波大学

大学院生　大川泰毅

主催

富山国際大学

後援

有明工業高等専門学校、神戸芸術工科大学、琉球大学

●第五部　資料　科研成果報告

第一章　沖縄の集落空間における伝統的人工林「抱護」の形態と機能に関する研究

研究種目　基盤研究（B）
研究期間（年度）二〇〇九―二〇一一

研究組織
(1)研究代表者
浦山隆一（URAYAMA TAKAKAZU）：富山国際大学・現代社会学部・教授（当時）
(2)研究分担者
澁谷鎮明（SHIBUYA SHIZUAKI）：中部大学・国際関係学部・教授
仲間勇栄（NAKAMA YUEI）：琉球大学・農学部・教授（当時）
山元貴継（YAMAMOTO TAKATSUGU）：中部大学・人文学部・准教授
鎌田誠史（KAMATA SEISHI）有明工業高等専門学校・建築学科・准教授（当時）
(3)連携研究者
鈴木一馨（SUZUKI IKKEI）：財団法人東方研究会・研究員
齊木崇人（SAIKI TAKAHITO）：神戸芸術工科大学・芸術工学研究科・教授
陳　碧霞（CHEN BIXIA）：国連大学高等研究所・いしかわかなざわオペレーティングユニット・PDフェロー（当時）

一　研究の背景

琉球列島における「抱護」についてはこれまで、地理学を専門とする仲松弥秀などを先駆として、村落を背後から守る「腰当（クサティ）」の「森（ムイ）」がそれに相当するものと捉えられてきた。また、郷土史の記述においても「抱護」は、各地の村落を語る際に欠かせない構成要素と考えられてきた。しかしながら、「抱護」をメインテーマとした研究はきわめて少なく、村落研究や環境計画においても、副次的な要素として考えられてきたようである。近年では、本科研の研究分担者でもある、林政学を専門とする仲間勇栄などが生態学的な研究を進めているが、多くの分野において、まだその蓄積は十分とはいえない。本科研を開始した二〇〇九年当時は、離島も含めた琉球列島における林による「抱護」の分布なども把握されていないように思われた。

その中で、研究代表者（浦山）は以前、研究分担者である澁谷とともに、科学研究費補助金「沖縄・八重山諸島における住居・集落のエコロジカルな空間形成原理の研究」（二〇〇一〜〇二年度・基盤研究C・研究代表者：神戸芸術工科大学教授・小玉祐一郎）に参加した際、先述した点を感得し、八重山諸島の石垣島、宮古諸島の多良間島にて現地調査を行った。そこではとくに、消失した石垣島の旧四箇村および旧平得・真栄里村の林による「抱護」について、地籍資料と空中写真、現地調査による部分的な復元を試みた。続いて、科学研究費補助金「東アジアにおける伝統的地理思想よりみた沖縄の抱護林」（二〇〇七〜〇八年度・萌芽研究・研究代表者：中部大学教授・澁谷鎮明）では、林による「抱護」をメインテーマとして、資料収集・踏査・検討・今後の諸課題の整理を行なった。

ところで、琉球列島における「抱護」の概念は、首里王府時代の宰相であった蔡温が、中国大陸における風水思想の論理を育林・植林に応用した際に提唱し、それが一般に広まったものと考えられており、まさに風水思想との深い関わりが指摘される。このことは、琉球列島の各地に残る風水調査記録である「風水見分記」や「緒抱護緒木植付日記」において、きわめて頻繁に植林の指示が表れることからも理解される。こうした観点についてはこれまで、東洋史を専門とする都築晶子の研究が代表的であったが、それも、各地に存在したとされる「抱護」の概念に基づく林の位置および規模の復元や、そのこん跡の現地確認を伴う研究ではなかった。

そして、研究分担者である澁谷は、二〇〇六年七月に韓国国立民俗博物館におけるシンポジウム「東アジアの風水」において、琉球列島の「抱護」に関する発表を行なった。シンポジウムでの議論においては、東アジアの風水思想は各地域の「共有財産」でありながらも多様性に富み、それぞれの地域における位置づけと差異への追究が今後の課題であると判断された。その中で、風水思想との関連が指摘される琉球列島の「抱護」の林は、同様に風水思想によるものとされる韓国の「裨補林」と、きわめて類似していながらも異なる特徴を備えており、しかも、具体的な景観変化を伴っている。そのため、両者の比較研究は東アジアの風水思想研究の糸口となるものと期待された。そして、琉球列島の「抱護」にはたらく伝統的な地理思想の論理を解明するとともに、それを東アジアの中で位置づけることをも試みようとした。

二　研究の目的

「抱護」の概念に基づく林は、かつて琉球列島に広く存在し、今もその一部が残存している。これはただの「防風林」ではなく、風水思想などの伝統的な地理思想や、それを応用したとされる蔡温の育林法、近世の「村立て」の規範が反映されて植えられ、また、それらの論理で維持・管理・保全されたとされる。

そして、科学研究費補助金「沖縄の集落空間における伝統的人工林〝抱護〟の形態と機能に関する研究」（二〇〇九

～一一年度・基盤研究（B）・研究代表者：富山国際大学教授・浦山隆一）では、この「抱護」に基づく林について、文献・地籍資料と現地踏査を通じて琉球列島の広い地域における残存状況を把握し、消失したもののうち重要なものについては、地籍図・明治期の測量図レベルでの復元を行なうとともに、その形態および形成にはたらく伝統的地理思想の論理を模索した。また、韓国の「裨補林」や中国の「風水林」との関連で、「抱護」に基づく林を「島嶼琉球型」の林として位置づけることも目指した。そこでは、琉球列島を沖縄本島とその周辺の島嶼、宮古・八重山諸島に分けて、消失したものも含め、林による「抱護」について、歴史資料、米軍空中写真の分析や現地調査から、その正確な位置や規模について明らかにし、類型分類を行った。なお、「抱護」には「村抱護」（村落の周囲を囲むもの）、「屋敷抱護」（屋敷林）、「浜抱護」（海岸の林地）などがあるが、その概念が表出しやすいと思われた「村抱護」への追究を中心に据えることとした。そして、これらの「抱護」について、村落形成上の実用的機能だけでなく、「腰当森（クサティムイ）」としての認識の確認などを行い、住民にもたらされる精神的機能についても検討した。また、その形成・維持・管理・保全の論理については、沖縄における林政学・歴史・民俗学等の研究者からのレビューを受けたり、それらの研究者と討論する場を設けたりして、消失した「抱護」に基づく林の再評価と、南西諸島型のエコロジカルな住居・集落の構成原理を求めるためのデーターベース構築とを目指した。

また、東アジアの各地の風水思想に基づくとされる林「風水林」と、林による「抱護」との比較研究のため、韓国の「裨補」研究者であり東アジア全体の風水思想にも詳しい崔元碩氏（韓国・慶尚大学校・研究教授）と共同での現地調査も行った。また中国の「風水林」については、東アジアの風水集落の実情に詳しい陳碧霞（国連大学高等研究所・いしかわかなざわオペレーティングユニット・PDフェロー（当時））との共同現地調査を行った。

さらに、実態としての林による「抱護」の研究に欠かせない林の生態学的把握のために、森林環境保全や山林風水・沖縄の杣山制度に精通した研究分担者である仲間勇栄（琉球大学・教授（当時））が中心となって、集落内のフクギの樹齢年代推定を行い、近世ゴバン型（井然型）の集落成立期と「村抱護」造成との関係を考察するとともに、そこでみられる林地の維持・管理・保全の特質について議論を行い、琉球列島の村落空間において、村域を視覚化させる重要な構成要素ともなってきた林による「抱護」の形態と機能とを明らかにしていった。

三　研究の方法

1　八重山・宮古諸島の明治期における「村抱護」の復元

文献ならびに地籍資料が比較的残されている八重山・宮古諸島では、近世琉球の村落空間構造の読み取りが可能であると判断した。現地での予備調査から、林による「抱護」が村の聖地「ウタキ林」とも関係し、古い掘抜き井戸や水源の位置とも連動して造成されていることを把握した。そこで、研究分担者である山元貴継は、本書第三部第一章および同第二章に示したように、石垣島の旧四箇村（石垣市市街地）および多良間島における林による「抱護」について、各村落と消失した部分も含めた林による「抱護」との関係を示した村落空間復元図を作成するとともに、その近・現代における変容・消失過程を明らかにした。また、研究分担者である鎌田誠史は、第二部第一章に示したように、石垣島の平得・真栄里村・大濱村・宮良村・白保村についても明治二〇～三〇年代の村落空間復元図を作成した上で、これらの林による「抱護」の形態的特徴を明らかにするとともに、その役割と機能について考察した。

2　沖縄本島と周辺離島における抱護の現地確認調査並びに地形特性による集落特性分類と「村抱護」の関係

沖縄本島においては、先の大戦によって、ほとんどの歴史的資料や明治期の地籍資料が失われたとされるため、戦後しばらくしてから一九七〇年代までに現地測量によって作成された「一筆地調査図」と、米軍空中写真などを基礎資料として、沖縄本島における各村落を対象とした追究を試みた。

具体的には、本部町（備瀬・具志堅）・今帰仁村（今泊）・名護市（真喜屋・稲嶺・久志）・東村（平良・川田）国頭村（辺戸）を調査対象とし、現行地籍図・土地利用図・米軍空中写真をもとに、各地の「保安林」を求めた。次に、「一筆地調査図」と米軍航空写真に基づいて戦前の「保安林」の範囲復元を行うとともに、住民などへのヒアリングデータも収集した。最後に、主にフクギを対象とした樹齢検討を加えて、「保安林」指定されてきた山林の中から「抱護」として育林・植林された可能性があるゾーンを抽出し、多くの地域で集落背後の「腰当森」が村落の「抱護」の林とされてきたことを明らかにした。さらに、研究分担者でもある仲間を中心としたグループは、本書の第四部第一章（第二部）に示したように、フクギ樹齢推定技術を活用して各地の屋敷林や林による「抱護」の木々を検討し、近世におけるゴバン型（井然型）の集落成立と林による「抱護」との関係性を考察する目的で、備瀬集落・渡名喜島・今泊集落、それに関連して多良間島の各地の村落における、樹齢年代別でのフクギ分布図を作成した。その上で、林による「抱護」の成立および歴史的変遷状況の推定を行った。

3　琉球列島の「抱護」に関する文献資料解読

ここまで強調してきたように、「抱護」は、沖縄の風水（思想）を考える際に、非常に重要な概念である。そのため、風水師の指導のもとで計画・造成されたとされる伝統的な集落景観の成立に関わる、一七三七年以降の「村立て」と、「抱護」（屋敷抱護・村抱護・間切抱護・浜抱護）に関する文献収集と解読を行った。そして本書の第一部第二章に示したように、「抱護」造成の論理や、そこにはたらく伝統的地理思想を再考するために、蔡温の『山林真秘』や『杣山法式帖』、および沖縄に残る風水書・風水見分記（「北木山風水記」など）・『地方文書』について、原典からの現代語翻刻・翻訳を行った。なお、風水見分記（「北木山風水記」など）については、現地調査との対比を行って再考した。また、古琉球から近世琉球への社会的変革は、アニミズム的思考から風水思想への革命的変化でもあると捉える中で、蔡温が使用した「抱護」の記述について、中国の古文献における出典も探り、「抱護」概念の琉球列島における受容と、そこでの内容の変遷についても問うた。

4　東アジアの「裨補林」「風水林」と林による「抱護」との比較考察

韓国における「裨補林」林については、現地で「マウルスプ」とよばれる林地を対象として調査を実施し、これらの林地の造成・維持管理と、村落との関わりについて検討した。そして、本書の第四部第一章（第一部）に示したように、韓国全羅北道鎮安郡周辺において、韓国研究者との共同調査として、林地の計測、観察調査、集落環境マップ作成、住民などへのインタビュー調査を行った。また、林地の造成に関しては、日本植民地期の地籍資料（地籍図・旧土地台帳）を確認し、インタビューによる裏付けもとった。さらに中国・広東省および香港における現地調査では、林による「抱護」の原型と考えられる、中国の伝統的な集落景観を構成している「風水林」または「（風水）林盤」の現状と残存状況を調査し、今後の比較研究の糸口を探った。

四　研究の成果

1　石垣市・旧四箇村における「抱護」

一九世紀の「八重山古絵図」などに描かれていた石垣市市街地周囲の「抱護」の林は、その樹列を完全に失っている。しかし、本書の第三部第一章に示したように、その跡地は公共用地などに転用されている。また、明治期地籍図や土地台帳には、林による「抱護」が明治三二〜三六年の「土地整理事業」の時点では明確に残されていたものの、とくに第二次成果大戦前後に地域差をもって失われた過程が記録されていた。ただし、その跡地の多くは未だ「市有地」となっていたことが注目された。

2　石垣市の平得村・真栄里村、大濱村、宮良村、白保における「抱護」

石垣市市街地の郊外についても「土地調査事業」による米軍空中写真や現行地籍図を検討した結果、かつて存在した林による「抱護」のこん跡が明らかとなった。各村落には共通して外縁部に「村抱護」とみられる樹林帯の跡地が分布し、その外側に墓地が分布していたことから、この「村抱護」に囲まれた範囲がムラ域（村の領域）を示している可能性があることを指摘した。このような「抱護」には、海岸沿いに分布する「浜抱護」とムラ域を取り囲む「村抱護」とが存在し、とくに後者としては、帯状で幅の狭い樹林帯のこん跡が多くみられていた。ただし、これらの「村抱護」は、聞き取り調査によれば一九四五（昭和二〇）年にはすでに一部消失し、現在では部分的に道路となってこん跡を示すのみであった。

3　多良間島の中筋・塩川地区における「抱護」

多良間島では、琉球列島の中で林による「抱護」が最もよく保存されている。村の前方（南東側）には「村抱護」が、後方（北西側）には、「腰当森」とされる丘がある。ここでは、一七四二年に蔡温が当時の宮古島の頭だった白川氏恵通に命じて「村抱護」を造成させたとする史実がある。そして明治期地籍図の検討からは、多良間島中心集落では「土地調査事業」当時、現在よりも幅の広い「抱護」の林が取り囲んでいたことが確認された。また、本書の第四部第一章（第一部）に示したように、同島におけるフクギの植生構造調査においては、その最大樹齢が、植栽されたとされる年代（一七四二年）とほぼ一致していることが明らかになった。

4　沖縄本島・今帰仁村今泊集落の「抱護」の植生構造

今帰仁村名義の「保安林」指定山林にあるフクギの樹齢推定から、近世期のゴバン（碁盤）型集落成立期に関わる林による「抱護」を求めることを目的とし、フクギが人工的に植樹された年代を検討した。本書の第四部第一章（第一部）に示したように、その最大樹齢は二六三年となり、集落東側のフクギ林帯には二〇〇年を超える樹木が五本もあった。琉球列島においてゴバン（碁盤）型集落が成立するのは一七三七年以降とされており、フクギの巨木は、林による「抱護」の目的で、集落形成の初期段階に計画的に植樹されたものであろうと推定された。

5　沖縄本島・北部の「村抱護」の形態特性

琉球列島には約一八〇のゴバン（碁盤）型集落が存在していたという。ゴバン（碁盤）型集落は風水師の指導のもとで計画・造成され、一七三七年より前には存在しなかったとされる。それらの大部分は、海岸域の砂質堆積地に集中している。その中で、沖縄本島北部の海岸域にある集落は、その立地特性から二つのタイプに分類された。一つは西海岸に見られる「海蝕崖下・砂浜地型」と、もう一つは東海岸に共通してみられる「海岸砂丘・後背低地（デルタ地）型」である。前者のタイプの代表は今帰仁村今泊集落であり、そこでは東と西側の海蝕崖丘陵部に「村抱護」があり、海岸部に「海（浜）抱護」が存在する。後者のタイプは、名護市久志集落・東村平良集落・名護市名護市街地・うるま市石川市街地（石垣市市街地もこのタイプに含まれる）等である。そこでは、背後の小高い丘陵に集落を腰当するような林帯「腰当森（クサティムイ）」があり、その林帯の後ろに、集落地盤面より低い農作地や耕作地が広がっている。これらの「腰当森」は、規模の縮小はみられるが今も存在している。「抱護」系の名称では呼ばれていないが、機能として「抱護」の役割を果たしていた。

6　基本資料における文献解読

琉球大学付属図書館の宮良文庫に保存されている、本来、蔡温の著作であった乾隆三三（一七六八）年の筆写本「山林神秘」を後の「杣山法式帳」の原典と考え、本書の第一部第二章などに示したように仲間勇栄らが、筆写本「山林神秘」の漢文から直接の和文訳（現代語訳）と英訳を行った。さらに『林政八書』の中でも「杣山法式帳」と並んで琉球王府時代の山林思想やその技術を知る貴重な資料である、「樹木播殖方法」の和文訳（現代語訳）と英訳も行なったことで、「抱護」の本来の意味や使用法のイメージ理解を試みた。一方で、蔡温が学んだ風水書の原典確認として『首里地理記』の記述を検討し、徐善繼・徐善撰『地理人子須知』（万歴一一（一五八三）年）が収められていたことが判明した。この『地理人子須知』の中に、一箇所のみであるが「包護」の語がみられた。「包護」の語は、囲繞空間について「包護（す）」という形で用いられていた。ここから、琉球列島における「抱護」の概念は、蔡温が渡福中に学んだ『地理人子須知』に基づくものと考えられた。

7　東アジアの「裨補林」「風水林」調査

香港・広東省に出向き、蓮墺集落の「風水林」の現地調査を行い、中国大陸における「典型的風水林布局」への理解と、香港に今も存在する「風水林」の確認を行った。さらに、広州市の華南農業大学熱帯生態研究所・駱世明教授より、「風水林」の中国華南地域における実態や研究状況の指導を受けた。華南地域の風水林事例調査は、深圳市の塓光塩灶村（海辺部）と楊梅村（山地丘陵部）の二箇所で行った。韓国における「裨補林」については、全羅北道鎮安郡・馬耳山道立公園近隣の「村の林」を調査した。その選択理由は、資料が豊富であることと、地元民俗研究者の充実である。延世大の金教授、慶尚大の崔教授と共同調査を行い、二〇箇所の集落にみられる「裨補林」の豊富な事例を採取した。いずれの地域も、東アジアの風水思想に基づく環境的影響や集落景観構成の比較研究に欠かせない地域であり、その比較から、琉球列島の「抱護」研究が国際的に位置づけられるものであることを確信した。

第二章　沖縄の固有文化が持つ環境観と空間形成技術から見る集住環境の構成原理に関する研究

研究種目　基盤研究（B）
研究期間（年度）二〇一〇―二〇一二
研究組織
(1)研究代表者
鎌田誠史（KAMATA SEISHI）有明工業高等専門学校・建築学科・准教授（当時）
(2)研究分担者
浦山隆一（URAYAMA TAKAKAZU）富山国際大学・現代社会学部・教授（当時）
澁谷鎮明（SHIBUYA SHIZUAKI）中部大学・国際関係学部・教授
山元貴継（YAMAMOTO TAKATSUGU）中部大学・人文学部・准教授
齊木崇人（SAIKI TAKAHITO）神戸芸術工科大学・芸術工学研究科・教授
(3)連携研究者
鈴木一馨（SUZUKI IKKEI）公益法人中村元東方研究会・研究員
(4)研究協力者
高良倉吉（TAKARA KURAYOSHI）沖縄県副知事（当時）・琉球大学名誉教授

一　研究開始当初の背景

琉球列島は広大な海域に有人島約五〇の島々を点在させて成立しており、これまで各地域では、言語・文化面などにおいて、共通性とともにそれぞれ固有の世界を継承しながら、自然と共存した村落・集落を形成してきた。しかし残念ながら、第二次大戦による戦災やその後の米軍統治下による基地建設、近年の急速な開発を経験し、長い歴史をもって形成されてきた地域固有の村落空間が消滅の危機に瀕している。戦後六〇年以上が経過した現在の沖縄県内各地においては、この失われた村落空間の記憶を取り戻すべく、地名や景観の復元調査を進める市町村の動きが見うけられる。その中で、戦前を知る人々の記憶をかろうじて辿ることができる今、失われた村落空間の姿を取り戻す作業は、緊急の課題と考えられる。

その中で本研究メンバーは、これまで中国・台湾・韓国・沖縄などの、東アジアの集落・居住空間について、比較研究を進めてきた。そして、琉球列島において現在、伝統的な集住環境（以下、村落）空間が失われつつあるとともに、その空間構成において、固有の文化を背景に形成された環境観が大きな役割を果たしていたことを認識した。また、調査研究を通じて、独自の文化を形成・継承してきた沖縄の歴史的蓄積を整理・統合化し、固有の文化としての環境観と空間形成技術とを考究することが重要な課題であると考えるに至った。とくに、先述したように戦災を経験した沖縄において、失われつつある集住環境の遺伝子を読み取ることは、緊急の課題であるとともに、将来、地域再生や固有文化を生かした空間形成を行う際に、重要な根拠になるものと考えられる。しかしながら、このような観点での村落空間分析の蓄積はこれまで、十分とは言えなかった。

これらを踏まえて本科研では、これまで先島諸島に限定されがちであった村落空間研究を沖縄本島やその周辺島嶼へと拡大し、これまでの研究蓄積をもとに、沖縄の文化にみる村落の空間構成とエコロジカルな集落環境の仕組みを明らかにし、環境と文化の価値を再評価しようとした。

二　研究の目的

本科研では、伝統的集住環境の構成復元を試みて、長い歴史の中で琉球列島の人々がどのような村落空間を形成してきたのかとともに、その空間をどのように持続・変容させてきたのかについて考究することとした。その際には、「立地特性（場所）」「エコロジカルな仕組み（営み）」「空間構成（かたち）」の三つのテーマに着眼し、琉球列島（沖縄本島およびその周辺島嶼、宮古・八重山地方）各地の環境・文化・生活の多様性と独創性を比較しながら、共通的な環境観と空間形成技術を検討し、集住環境の構成原理として明らかにすることを目指した。そして、その前提としての村落空間の現在に至る空間的変遷を確認し、それを手がかりに、琉球列島の固有価値を生かしたエコロジカルな環境観の再生・活用を目指しつつ、失われつつある琉球列島の歴史的景観に配慮した景観形成への方途を提言することを、究極の目的とした。

なお、本科研における伝統的集住環境の構成復元とは、①土地の記憶（現地調査）、②人の記憶（戦前の状況を知る古老への聞き取り調査）、歴史の記憶（古地図・「一筆地調査図」・「米軍撮影空中写真」・現行地形図など）を重ね合わせての、戦前における各村落帯の地形や、村落を構成していた空間構成要素の配置構成の復元図作成を指す。これらは、失われつつある伝統的な集住環境の可視的な特徴を明確に把握することを目的としたものである。作成された復元図と、そこから導き出された構成原理は、各地の村落への理解とその理解の住民への還元に留まらず、急速に失われつつある琉球列島の固有価値を生かした居住環境構築の実践に還元できるものと位置付けた。

三　研究の方法

本科研では、琉球列島（沖縄本島およびその周辺島嶼、宮古・八重山地方）において、失われつつある伝統的集住環境について、「立地特性」、「エコロジカルな仕組み（営み）」、「空間構成（かたち）」に主眼を置いた構成復元を行うとともに、その現在に至る空間的変遷と、空間構成原理とを明らかにした。本科研では、①沖縄本島エリア、②島嶼エリア（本島周辺）、③離島エリア（宮古・八重山地方）の三地域に分け、それぞれの地域において聞き取り調査・文献調査などの現地調査を進めていった。現地調査では並行して、地名や集落景観の復元調査を進める地元の市町村との連携を図り、本科研における伝統的集住環境の構成復元のための情報収集や、研究成果の共有を目指した。文献調査では、これまでの各研究代表者・分担者による研究蓄積の整理・統合に加え、沖縄県公文書館・沖縄県立図書館、各市町村における文献収集のほか、とくに戦前の地籍資料の収集を行った。その上で、現在の地形図・空中写真を参照しながら調査対象村落の選定を行い、伝統的集住環境の復元を通じて、村落空間構成の原理を検討した。

本科研における調査対象は、かつて伝統的に維持・管理されてきた「抱護」の林や「屋敷林」を有していた村落を中心とすることとした。これは、第五部第一章で示した科研の成果などにみられるように、林による「抱護」や「屋敷林」に伝統的な地理思想が表出しやすいことに加えて、その分析を通じて、琉球列島における村落立地特性とエコロジカルな環境観とを把握することが可能と考えられたためである。そして、このような村落を対象とした集住環境の構成復元と、現在に至る空間的変遷の分析を通して、自然の仕組みに沿ったエコロジカルな空間形成技術を明らかにすることを目指した。

四　明治期（二〇～三〇年代）の村落空間復元図の作成

本科研から本格化させたのが、各村落を対象とした、明治期（二〇～三〇年代）における村落空間復元図の作成である。この村落空間復元図の作成を進めることで、各村落の村落空間の特徴把握だけでなく、対象村落どうしの比較研究が可能となる。復元図の基図として利用したのは明治期地籍図である。ただし、当時の地籍図は字ごとに描かれ、精度も高くないため、第一部第三章などで示したように、村落の広い範囲を見るためには、画像処理ソフト上でつなぎ合わせ、現在の地籍併合図などに重ねて照合するなどして補正し、整合性を持たせた基図を作成する必要がある。さらに、作成した基図をトレースして、デジタル化されたベースマップとした。このような手順で作成されたベースマップをもとに、第二部第二章などに示したように、明治期地籍図に記載された情報や、古地図の記載内容をおとすことで、明治期における村落空間復元図を作成した。

五　研究成果

1　八重山地方

石垣市教育委員会教育部市史編集課の協力により、旧平得村・真栄里村、旧大濱村、旧宮良村、旧白保村の、一八九九（明治三二）年からの五年間にわたる「土地整理事業」によって作成された地籍図（以下、明治期地籍図）の写しを入手することができた。同地籍図は、「八重山諸島村絵図」などには示されていない、精度の高い道路線形や土地割形態などの明治期の様相を記録した、きわめて貴重な図面である。本科研ではこの明治期地籍図をもとに、

「八重山諸島村絵図」や先行研究の成果を用いて各村落の復元図を作成し、往事の村落空間の特徴を考察した。
そして、本書の第二部第一章に示したように、各村落については、村番所と製糖小屋が隣接し、鍛冶屋が村落の外縁部に配置するといった共通性が認められた。また、共通して村落外縁部には「村抱護」といえる樹林帯が分布し、それに囲まれた範囲に、居住域と生産域、聖域の、大きく三つの要素が配置されていた。居住域内の土地割形態はゴバン型（井然型）であったが、それを構成する道路には彎曲したものと直線的なものとが混在しており、これには、一七七一年の「明和大津波」を挟んだ村落の成立・再構成年代の違いが関係している可能性が指摘された。

このようにして明治期の各村落の空間構造の特徴を明らかにした上で、明治期から現在の村落空間の変遷を考察した。そして、対象村落に共通して、明治期の空間構成が昭和二〇年頃まで維持されていたことが明らかとなった。しかし現在までに地筆の分筆や、居住域の拡大および学校用地の確保による生産域の減少が顕著にみられた。ただし、道路線形と土地割形態については、とくに居住域内においては現在に至るまでよく維持されていた。一方で「村抱護」は、一九四五（昭和二〇）年の時点ですでに一部その消失が確認され、現在では景観的には完全に消滅していた。ただし、地籍併合図にて現在でも明治期の形態をたどることは可能であった。なお「浜抱護」は、広葉樹林帯として現在も比較的残存していることが明らかとなった。聖域（御嶽・拝所）については、年代を超えて大きな変化がみられなかった。

2　宮古地方

本科研では、那覇地方法務局宮古島支局の協力により、多良間島の旧仲筋村・塩川村（現仲筋地区・塩川地区）の明治期地籍図の写しに加えて、土地台帳のデータを入手することができた。それらの分析により、第三部第二章に示したように、一九六〇年代までの地筆ごとの地目転換、土地所有者の変化を、年月日単位で把握することができた。これらの情報自体の解析と、「事業」時の地籍図（多良間村役場所蔵）画像をもとに、復元した多良間島の中心集落の「事業」以降の変化を分析した。

そして第三部第二章に示したように、とくに土地台帳の分析からは、「事業」当時、集落の周囲の「村抱護」とみられる「山林」地筆の連続の延長線上となる集落北側にも、「山林」地筆が連なっていたことを確認することができた。海岸沿いには別に「原野」地筆が広がっていたが、集落を取り囲むように連続した地筆のみが「山林」地筆となっていることが特筆された。また、土地所有について見てみると、これら「山林」地筆の多くは、旧仲筋村・塩川村の「村有地」となっていた。なお、「宅地」「畑」と一部の「山林」地筆については、ほぼ個人所有地によって占められているが、土地台帳記載のデータベース化を通じた相互参照により、土地所有者の氏名だけでなく住所についても特定を試みた結果、旧塩川村の住民も少なからず旧仲筋村側となる丘陵地の畑を確保していたといった、興味深い土地所有関係も確認することができた。

この土地台帳の記載をもとに、「事業」以降の一帯における地目の転換、および地筆の分割を確認すると、それらの変化は、仲筋地区では明治末から昭和の初期にかけて、塩川地区については一九五〇～六〇年代にかけて多くみられたことが明らかになった。そうした中で、集落の東側の「抱護」の林の一部が一九六四年に分筆され、まもなく「宅地」に転換されるといった変化を経験したことが分析された。

なお、その他に宮古島市史編纂室の協力により、池間島の旧池間村の明治期地籍図も入手することができた。

3　沖縄本島及びその周辺島嶼

沖縄県立図書館の協力により、沖縄本島旧勝連間切の旧南風原村、旧平敷屋村、旧内間村、旧平安名村、旧浜村、旧比嘉村、旧津堅村の明治期地籍図を入手することができた。そして、これらの村落の村落空間復元図を作成し、往事の空間構造の特徴を明らかにするとともに、とくに、近世期に村落移動を経験した旧南風原村、旧内間村と、移動のなかった旧平安名村、旧平敷屋村とを取り上げて比較した。その結果、本書の第二部第二章に示したように、村落の移動を経験した旧南風原村においては、居住域背後の「腰当森」といえる「山林」地筆が村落全体を取り囲む構造が確認された。このように沖縄本島の村落においても、「抱護」の概念が存在した可能性を示唆できた。加えて、旧南風原村、旧内間村の土地割形態はゴバン（井然）型が優勢で、とくに旧南風原村では、居住域四隅の村獅子にみられる風水的な象徴物の配置といったように、「村立て」が行われた際、さまざまな基点をよりどころとした計画手法が用いられた可能性が示された。一方で、移動を経験していない旧平安名村、旧平敷屋村では、居住域の中央部分の土地割形態が非ゴバン（不井然）型となっていたという共通性が認められた。ただし、村落の「腰当森」とみられる帯状の山林地筆の多くがそのまま残存している一方で、旧平敷屋村にみられるような、米軍基地の設置に伴う土地接収により、広範囲にわたって生産域と山林が消滅したといった、沖縄本島ならではの変化もみられた。

4　研究成果の発表

本科研では、こうした研究成果を地元コミュニティ・市町村・沖縄研究者へ還元することを目的に、第五部第一章（第一部）に示すように、学際シンポジウム「生き続ける琉球の村落―固有文化にみる沖縄の環境観と空間形成技術」を二〇一二（平成二四）年一〇月六日の土曜日に、沖縄県立博物館・美術館（博物館講座室）を会場として開催した。会場には、定員である百二十名を越える来場者が訪れた。

そこでは、研究協力者である高良倉良（琉球大学教授）、研究代表者である鎌田誠史、研究分担者である山元貴継、澁谷鎮明、連携研究者である鈴木一馨が報告した。最後に、研究分担者である齊木崇人がシンポジウムの総括として、本科研までの研究成果が琉球列島研究から広くアジア全体への研究につながる可能性を示唆した。

第三章　琉球の近世計画村落形成に伝統的祭祀施設と村抱護が果たした役割と意味に関する研究

研究種目　基盤研究（B）
研究期間（年度）二〇一三―二〇一六
研究組織
(1)研究代表者
浦山隆一（URAYAMA TAKAKAZU）富山国際大学・現代社会学部・客員教授
(2)研究分担者
澁谷鎮明（SHIBUYA SHIZUAKI）中部大学・国際関係学部・教授
仲間勇栄（NAKAMA YUEI）琉球大学・農学部・名誉教授
鎌田誠史（KAMATA SEISHI）有明工業高等専門学校・建築学科・准教授（当時）
齊木崇人（SAIKI TAKAHITO）神戸芸術工科大学・芸術工学研究科・教授
山元貴継（YAMAMOTO TAKATSUGU）中部大学・人文学部・准教授
平井芽阿里（HIRAI MEARI）中部大学・一般共通教養センター・講師（当時）
(3)連携研究者
鈴木一馨（SUZUKI IKKEI）公益法人中村元東方研究会・研究員
陳　碧霞（CHEN BIXIA）琉球大学・農学部・助教

河合洋尚（KAWAI HIRONAO）国立民族学博物館・研究戦略センター・助教
石井龍太（ISHII RYUTA）城西大学・経営学部・助教（当時）

一　研究の背景

琉球列島の伝統的村落は、「腰当（クサティ）」思想と呼ばれる独特の形成理念に基づいて「村立て」されたとされる。また、琉球列島の村落における伝統的祭祀を行う場所は、「御嶽（ウタキ）」または「拝所（ウガンジュ）」と呼ばれる。そして、「腰当森（クサティムイ）」と呼ばれる山林と拝所群とを結ぶ「抱護」によって、村落の境域が決められたと想定される。「抱護」の概念は、首里王府の宰相であった蔡温（一六八二～一七六一年）によって提唱されたのち一般に広まり、近世計画村落の形成過程において、新しい「琉球島嶼部型風水説」といえる知識としてその計画に応用されたと想定されている。

ただし、これまで村落空間構造に関する研究は、家屋構造やその配置原理、聖域を対象として行われることが多かった。しかし、これらの対象は、村落空間構造を構成する個別要素にとどまるものである。これらの要素を複合的に取り上げ、近世におけるゴバン型（井然的）な計画集落形成を検討して、「村抱護」・お通し嶽・神アシアゲ・殿（トゥン）等の村落空間構造に果たした「役割」や、集落形成上の「意味」を問う研究は、本科研を開始した二〇一三年当時、あまり行われていなかった。

そこで研究代表者である浦山らは、本書の第五部第一章で示した「沖縄の集落空間における伝統的人工林『抱護』の形態と機能に関する研究」（基盤研究B・二〇〇九～一一年度）において、琉球列島各地の村落にかつて広く存在した「村抱護」の現状と消滅過程の調査を通して、「腰当森」が「村抱護」の一様態と理解された。ほかに、村落の移動に伴う新たな祭祀施設（拝所）の創設も、何らかの意味で村落空間構成の重要な役目を担っていたのではないかと推定した。

そうした中で研究代表者である浦山らは、琉球列島の広い範囲における絵図資料・地図資料の収集を進め、明治期地籍図・測量図のほか、「一筆地調査図」、「米軍航空写真」、「米軍作成地図」に加えて、現行地籍図、現在の航空写真が集められた。これらの資料を重ね合わせて村落復元図を作成することにより、近世末期における村落空間の構造を正確に把握するだけでなく、村落の成立に関わる「古島（御嶽）」「お通し御嶽」「神アシアゲ・殿」「井戸（カー）」「村抱護」等の役割について切り込めるようになった。

二　研究の目的

近世期に蔡温らの指示のもとで行われたとされる、古島（フルジマ）からの村落移動や再編といった「村立て」は、王府の指示によるものと、王府の役人や地理師の指導を受けた村人によるものとに大別される。これらの「村立て」が、現在の琉球列島の村落の構造的起源となっている。しかしながら、このような琉球列島の村落の「村立て」での空間形成がいかなる技術によるものかについての研究は皆無に等しい。そして本科研では、とくに「村立て」時におけるその立地選定の法則や、村落再編時における空間形成原理を明らかにしたいと考えた。

また、現在まで琉球列島の村落研究では、特定村落における居住域の土地割形態などが注目されやすかったが、広域の村落を対象とし、居住域の周囲も含めた村落全域の空間構成を対象とした上で、それらの構成に地形的立地条件がいかに関わったかについては、あまり検討されてこなかった。そこで本科研においては、近世期に「村立て」された琉球列島各地の村落を抽出し、地形的立地条件との関係に注目しながら類型分類を行ったのち、各村落内の空間構成を詳しく分析することを目指した。なお、基礎資料の乏しい沖縄において、近世期の村落空間構成を分析することは難しいが、近世末期にみられた空間構成は、共通して昭和二〇年頃まで大きな変化もなく維持されていたとみられることから、第二次世界大戦前の村落空間構成を復元することで、分析の手がかりとした。

さらに、以下のような具体的な目的を設定した。

(1)移動村落成立に伴う集落内の「お通し（遥拝）御嶽」・「神アシアゲ」・「殿」の場所性に着目し、その立地性や環境特性から、それらが集落計画の起点的役割や計画全体を見通す視点場の役割を担っていたと仮説設定して、その仮説を現地確認において実証し、祭祀的世界観を想定しつつ、明治期地籍図や「一筆調査図」も活用して、村落形成過程の論証を行った。

(2)関連する科研基盤（B）「沖縄の固有文化が持つ環境観と空間形成技術から見た集住環境の構成原理に関する研究（研究代表者：鎌田誠史）（本書の第五部第二章を参照）」において調査収集した資料も活用し、各時代における村落空間の復元図の作成を進めた。さらに、先島諸島における明治期資料の発掘に努めた。その上で、近世末期の村落空間を正確に把握し、村落空間を構成する各要素間の関係性の分析と、それらの時系列的形成過程の仮説モデルの提案とを行った。

(3)宮古諸島における村落空間構成に関する詳細な調査を進めた。宮古諸島における村落研究の蓄積は非常に少ない。そこで、狩俣・西原・池間といった各村落をミクロに調査することで、移動前後の集落遺構と御嶽などの関係を把握し、近世村落の形成過程についての仮説を導いた。

(4)「一筆調査図」（昭和三〇～五〇年代）をもとにした村落空間の復元図作成に際しては、地理学における地籍図解析の手法を参考とし、広く歴史資料が失われてしまっている琉球列島における「一筆調査図」の資料性をあらためて検討した。そして周囲から、「保安林」地筆を抽出するなどして、「村抱護」の推定位置および規模を示すデータマップを作成した。

(5)多良間島・波照間島・宮古島等の各村落内と御嶽内にみられるフクギの樹齢別分布調査を行った。御嶽内の林と林による「抱護」は、近世村落成立後には一体となって機能していたが、明治期以降には樹林が失われた時期があり、戦後、御嶽の林については計画的な植樹が行われたという経緯がある。そこで、樹林空間の形成に果たした植生学的形成過程を明らかにするために、現地における聞き取り調査と、現地実測での樹齢推定を行った。

(6)これまでの科研での研究成果として、琉球列島の林による「抱護」や韓国の「裨補林」の成立には、中国の「風水林」の影響があったことが判明している。そこで、韓国の村落における、「村の林」などとも呼ばれる「裨補林」の役割に関するさらなる調査を行った。また、中国・広東省の「客家囲龍屋」と、その周囲の「風水林」も含めた調査を行い、それらが琉球列島の近世計画村落の空間秩序性にどのように活かされている可能性があるのかを視野に入れた比較検討を行った。

三　研究の方法

本科研では、「村抱護」となる林による「抱護」の形成を促したと思われる御嶽・お通し御嶽・拝所群の存在に着目した分析を進めたが、その正確な位置や規模の根拠を明治期地籍図および「一筆地調査図」などに求め、その妥当性を現地調査や歴史・郷土資料で補完して検討する作業を行った。その上で、村落の発生の計画的起点や、村落空間構成の全体像を俯瞰する視点場となっていたと思われる場所を伝統的祭祀場に求め、そこから土地割や道路構成がどのように計画されたかといった、村落形成過程の原点を考察した。

1　近世に発生した計画的村落の形態類型

近世期に「村立て」された琉球列島各地の村落を対象に、調査・記述・比較・分類・論理化する手順で分析を進めた。調査村落の抽出には、『球陽』（一七四三～四五年）の記述と各地の郷土史を参照した。さらに、調査村落の条件は、第二次世界大戦前後に撮影された米軍航空写真に加えて「一筆地調査図」が入手可能な村落とし、沖縄本島一四村、久米島三村、宮古島一二村、石垣島五村の計三四村落について分析した。そして、それらの村落についてムラ域の境界・道・川・御嶽・村井戸・拝所・墓を記入した戦前期における村落空間の復元図を作成するだけでなく、周囲の地形をブロックダイヤグラム化して示し、地形的立地条件を付加した類型化を試みた。

2　近・現代における村落空間変容分析

沖縄本島・旧勝連間切の村落についての明治期における村落空間の復元とその後の変遷をまとめて、本書の第二部第一章で示したような論考にまとめたほか、沖縄本島南部において名称「抱護（ホーグ）」が確認できる島尻地域に注目した調査を進めた。そして、「横一列型」街区が卓越する居住域をもつ村落空間構成がみられる八重瀬町・安里と南城市玉城・前川のうち、とくに後者の村落について、明治期地籍図を用いた復元を通じて、かつて村落空間の復元と、それをもとにした村落空間構成原理の追究を試みた。また多良間島の中心集落については、明治期以降の屋敷地や道路の変化を分析する中で、「横一列型」ではない街区の偏在に注目し、近世以前の村落の姿をさぐる手法についても模索した。

3　宮古島北部における伝統的祭祀信仰が残る村落構造の解明と御嶽及び祭祀施設群との関連性の分析

宮古島では、宮古島市狩俣・西原の両村落に注目した。「ウヤガン祭」で知られる狩俣の村落は、一五世紀以前から移動することなく同一場所に存在したとされ、中世から近世・近代にかけての村落空間の変遷を分析する好事例と思われた。一方で、「ウハルズ」信仰圏となる西原の村落は、近世末期（一九〇四年）に分村移動によって成立した村落であり、近世末期に成立した村落ならではの空間構成と、その現在までの変容を理解するための事例とした。分析に際しては、村落内における祭祀施設の空間配置に着目し、村落の発生的場所とされる御嶽・拝所・ムトゥ（元）等についての建築学的・植生学的・考古学的な複合調査を試みた。さらに、明治期以降の地籍図および土地台帳の分析を行い、総合的な村落変遷史を描く試みにも挑戦した。

4　御嶽内および村落内の植生調査とフクギの樹齢別分布図作成から見た村落空間の形成過程

フクギは人工的に植えられることの多い樹種であり、また、植えられた年代の推定が可能である。そこで、多良間島の塩川御嶽および普天間御嶽、狩俣の村落内と磯津御嶽、池間島の大主御嶽、大神島のウプ御嶽、伊良部島内において、フクギの巨木の調査を行った。現地において木々の幹周りと樹高についての実測を行い、全体測量図を作成した上で、樹齢別の分布状態をプロットした。さらにその分布から、御嶽創設と御嶽林形成過程の推定を行った。

四　研究成果

近世期に「村立て」されたとされる村落の空間構成の特徴を考究した結果、これらの村落は「村立て」される際に、地形的な基点を拠り所としてその位置や領域が設定されており、それらの設定が「村抱護」とも密接に関係していたという計画手法がみられたことが明らかになった。また、近世計画村落の立地選定や空間構成について、地形的立地条件との関係に注目して形態類型を行い、空間構成を詳しく分析した。

1　地形的立地条件から見た琉球列島における村落の空間構造

琉球列島内の三五の村落について空間構成の復元図を作成し、どのような場所を選定して立地しているかといった地形的立地条件による類型化を経て、各類型に属する村落の空間構成を分析した。その結果、本書の第二部第四章に示したように、原則として村落の一方（背後）のみに標高の比較的高い丘陵が分布する形態である「腰当型（丘陵不離・丘陵隔離・斜面依拠）」と、村落の周囲が標高の比較的低い丘陵や小丘などが取り囲まれていたり、それらの間が人工的な林帯で補われていたりすることで村落のほぼ全周が囲われている形態である「抱護型（丘陵抱護・林帯抱護）」の、大きく二つの分類を得た。さらに、それらの丘陵や林帯と村落との位置関係を五つのタイプに分類すると、各タイプの村落は、沖縄本島、久米島、宮古島、石垣島のうち、特定の島においてそれぞれ多くみられるものがあることが明らかになった。また、各村落の「ムラ域」内については、自然地形を巧みに利用しながら、村落の地形的立地条件に応じて、共同体単位としての「居住域」と「生産域」とが配置されていた。ほかに、村の御嶽や村井戸等の重要な空間構成要素の配置が、居住域・生産域の領域設定の範囲と密接に関係していることが指摘された。

2　明治期の村落空間構成の復元とその後の変容

先述したような琉球列島各地の各村落についての復元図の作成と空間形態の分析を進めるとともに、沖縄本島南部の現南城市玉城・前川の村落（一七三六年頃に移動）については、「横一列型」の宅地街区群の配置に着目し、「格子状集落」の立地とその拡大過程の解明を目指した。そこでは、第二部第三章に示したように、街区群中央の面積が大きく不定型な宅地は、最も早期の移住者の子孫が居住してきた屋敷地に該当する可能性があり、そこを軸に、当初は下方に、後に上方に街区群を拡大させて現在の構成となったとする住民の認識と重ね合わせると、宅地群の拡大は、より急斜面で街区の造成を伴ったといえることが明らかになった。その過程において、東西方向では等高線に沿うような曲線的街路が設定されることになり、かつ、各宅地（屋敷地）内にあまり高低差をつくらないようにすることで、自ずと南北方向の幅を狭くした「横一列型」街区を前提とする、「ゴバン型（格子状）」の街区群が求められたのではないかと想定された。

3　宮古島・狩俣集落の空間構造分析

宮古島の狩俣では、首里王府下での「村立て」が進められる以前から、西側の旧根井間村と東側の旧狩俣村の二つの村落（現在は融合）を発達させてきた。狩俣の一帯の地形的条件は、太平洋側の海岸からそびえ立つ丘陵群から西南側の海岸まで続く、緩やかな斜面となっている。この緩斜面には四〜五段の明確な段丘面が確認された。これらの段丘面は、過去のさんご礁発達およびその礁池（イノー）への堆積と、その後の隆起や海水準低下によって形づくられたものと思われる。この狩俣においては、当初は丘陵直下に、後には高位段丘面に屋敷が設けられていく過程において、村の「ムトゥ（宗家）」に加えて、とくに根間家と狩俣家のそれぞれの家屋が尾根状の箇所を求めた可能性が、明治期地籍図と土地台帳の分析から推測された。そしてその後は、谷状の箇所を両家以外の屋敷地が埋めていくような形で、現在の宅地群の大部分が形成されたと思われる。また、このような社会的関係を色濃く反映した宅地群拡大のもとで、その上方においては、非「格子状」の集落形態が目立つようになっている。また、周囲の農耕地についても根間家と狩俣家が相対的に条件の良いところを占めているといったように、狩俣の村落空間は、住民間のヒエラルキー構成を色濃く反映した構造となっていることが注目された。

4　御嶽林の形成とその植生構造

狩俣の村落から丘陵を越えた太平洋岸に位置する磯津御嶽にはフクギの巨木が群生しており、その多くが、一七七一年の「明和大津波」以降に植栽されたことが分かった。一方で、宮古島の東側に浮かぶ大神島の御嶽のフクギは、約三〇〇年前となる一七一四年頃に植えられたと推定された。廃村となった旧池間村の周囲も、屋敷跡や生活場所に発生した人工林であろうと思われる。ほかに波照間島のシサバルワー（野の御嶽）は、植生状況（クロツグ等）の生活痕から、集落跡と類推された。多良間島の塩川御嶽は、巨石をイビとし、周囲を取り巻くフクギ群から成るが、その周囲の御嶽林も、「村抱護」とほぼ同じ時期に造成されたと考察できた。

第四章　明和大津波で被災した琉球諸島の集落復興プロセスから見る環境再構築に関する研究

研究種目　基盤研究（C）
研究期間（年度）二〇一三—二〇一五

研究組織
(1)研究代表者
鎌田誠史（KAMATA SEISHI）有明工業高等専門学校・建築学科・准教授（当時）
(2)研究分担者
浦山隆一（URAYAMA TAKAKAZU）富山国際大学・現代社会学部・客員教授
澁谷鎮明（SHIBUYA SHIZUAKI）中部大学・国際関係学部・教授
仲間勇栄（NAKAMA YUEI）琉球大学・農学部・名誉教授
山元貴継（YAMAMOTO TAKATSUGU）中部大学・人文学部・准教授
齊木崇人（SAIKI TAKAHITO）神戸芸術工科大学・芸術工学研究科・教授
(3)連携研究者
鈴木一馨（SUZUKI IKKEI）公益法人中村元東方研究会・研究員
(4)研究協力者
安里　進（ASATO SUSUMU）沖縄県立博物館・美術館館長（当時）、元沖縄県立芸術大学・教授

一　研究開始当初の背景

「明和大津波」とよばれる未曾有の自然災害は、明和八（一七七一）年に琉球列島を襲った。『球陽』によると、この津波による犠牲者は、宮古諸島で二五四八人、八重山諸島で九三九三人に達したとされる。この地震・津波に関する記録としては『球陽』のほか、「大波之時各村之形行書（なりゆきしょ）」などがある。そして牧野清の「八重山の明和大津波」では、古い記録の分析や被害状況の確認を行うとともに、現存する地形・伝承・大石などから、津波の到達範囲を復元した。これらの先行研究は、地震・津波現象の啓蒙に役立つとともに、今後の災害の防除に有効な手段を示唆していると言える。ただし、大津波によって被災した集落がその後どのように移動し、再建されたのかについては明らかにされていない。多くの被災集落が一度別の場所に移動した後、旧来の場所に戻って再建されているとされていることから、本科研では、これらの一連のプロセスを空間的に復元する中で、集住環境の再構築の構造を明らかにし、集落復興における空間形成技術を考察することが可能と考えた。加えて、このように再建を図った集落には、たとえばフクギなどによる防災林の配置などの、震災・災害に対する備えとなる「リスクリダクション（危険低減）」の叡智を有していることが期待された。

本科研メンバーはこれまで、中国・台湾・韓国・沖縄など、東アジアの集落・居住空間について比較研究を進めてきた。その中で、現在失われつつある琉球列島の集住環境について、その固有の文化を背景に形成された環境観や集落空間の重要性を認識するに至った。そして、「明和大津波」を経験した琉球列島各地の集落について復興のプロセスを読み取ることは、緊急の課題であり、将来の地域再生や固有文化を生かした空間形成への手がかりとして重要であると考えられた。しかしながら、このような視点に基づいて琉球列島各地の集落の空間分析を行った研究の蓄積は、これまで十分とは言えない。これらを踏まえて研究代表者である鎌田は、琉球列島において「明和大津波」によって被災した各集落の復興プロセスの空間的な復元を試みた上で、これまでの研究蓄積を基にした沖縄の文化にみる集落の空間構成と、被災集落の「環境再構築」の仕組みとを明らかにする必要性を認識するに至った。

二　研究の目的

本科研では、「明和大津波」によって甚大な被害を受けた琉球列島各地の集落を対象に、「土地の記憶（場所）」、「歴史の記憶（史料）」、「かたちの記憶（空間）」をもとに、被災による集落移動およびその後の集落再建にいたる一連のプロセスを空間的に復元する中で、復興時における空間形成技術について考察し、津波で大きな被害を受けた環境下でもなお持続され、秩序づけられてきた集落空間の特性を、被災集落の「環境再構築」の構造として明らかにすることを目指した。また、再建を果たした被災集落には震災や津波に対する備え「リスクリダクション（危険低減）」の叡智があると仮説し、その仕組みを明らかにすることで今後の被災地における居住環境再構築の実践に還元することを、究極の目的とした。

三　研究の方法

本科研では、現地調査・聞き取り調査・文献調査などを通じて研究課題を進めていった。その際に、琉球列島を①八重山エリア、②宮古エリア、③奄美エリアの三地域に分け、年度ごとにそれぞれの地域を対象とした調査研究を行った。文献調査や現地調査においては、並行して琉球列島の防災や集落調査を進めている地元の市町村との連携を図り、本科研が対象とする被災集落の把握のための情報収集や、研究成果の共有を目指した。そして、これらの調査を通じて得られた情報をもとに分析を進め、被災集落の「環境再構築」の構造を明らかにしていった。調査は、八重山エリアおよび宮古エリアにおいて重点的に行った。

四　研究成果

「明和大津波」によって甚大な被害を受けた琉球諸島の集落を対象として、被災による集落移動および再建にいたる一連のプロセスを空間的に復元しつつ、復興時において用いられたとみられる空間形成技術について考察した。

その主な研究成果について以下にまとめる。

1　土地台帳・地籍図を活用した「明和大津波」影響分析

「明和大津波」被害の実態についての追究はこれまで、波によって陸地に打ち上げられた大石「津波石」の分布を見たり、当時の住民による記録を解析したりすることによって試みられてきた。

その中で本研究では、とくに宮古諸島などを中心に、同地域において比較的よく残されている、一八九九（明治三二）年〜一九〇二（明治三五）年に現在の沖縄県一帯で行われた「土地整理事業」に伴い整備された、地籍図および土地台帳の分析を行った。そして、これらの地籍資料において、「明和の大津波」の浸水域と非浸水域とでどのような違いが描かれているのか、また、浸水被害の影響により、その範囲においてどのような集落構造が生み出されているのかを検討した。

(1)近代地籍図・土地台帳とその活用

基礎資料とした地籍図および土地台帳は、沖縄県一帯では第二次世界大戦における地上戦を経験した結果、多くの地域で失われてしまっている。こうした中で、幸いにも多良間島については、那覇地方法務局宮古島支局において、手続きの上で「土地整理事業」以降のほぼ全ての地籍図面の閲覧および写しの発給と、土地台帳の閲覧とが可能であった。そこで、多良間島のうちその中心集落一帯の当初一七〇〇筆（「事業」時）、のちの分筆も含めるとのべ約二三〇〇筆分について、地籍図面の写しを得ると共に、土地台帳記載についての記録を取ることができた。そして、地籍図面についてはデジタライズ処理を行ってベースマップとするとともに、土地台帳についてはその記載をデータベース化した。

(2)多良間島中心集落の街区構造と「明和大津波」

「土地整理事業」以降の地籍図および土地台帳を活用し、一八九九（明治三二）年頃の多良間島中心集落の構造を復元すると、琉球列島一帯の計画的集落の特徴として指摘される、ほぼ直交した街路で構成された「ゴバン型（格子状）」の街区構造が浮かび上がった。ただし、整然と並ぶように映る街区も、「明和大津波」時の浸水域との重ね合わせから検討を行うと、大部分が浸水を免れた仲筋地区側は街区の大部分が不定形であった。また、定形に見える街区であっても、それぞれが複数×複数筆以上の地筆で構成されており、街区自体が大きいだけでなく、その中央部に周囲が道路に接していない農地などの、いわゆる「閑地」を抱えた街区が散見された。それに対して、その範囲の大部分が浸水した塩川地区側では、一×四～五筆程度の宅地で構成された、細長い「横一列」型の街区が目立ち、「閑地」のある街区は非常に少なかった。こうした仲筋地区と塩川地区とにみられる街区構造の対比は、前者が古くからの集落、後者が新規集落であることに起因していると考えられる。そして、塩川地区の構造も、「明和大津波」以前となる村立て時にある程度できあがっていた可能性があるが、こうした塩川地区において顕著にみられる「横一列」型の街区は、全屋敷地における平等的な日当たりと同時に通気性の良さを確保できるという一般的な利点のほか、津波などの急襲時に避難が容易となることなども期待され、浸水域で積極的に受け入れられた可能性がある。

さらに、「土地整理事業」時の地籍図からは、多良間島の中心集落周囲の林による「抱護」が、現在では並走する道路となってしまっている敷地を含めてかつては現在よりも若干厚く、十六～二〇メートル程度の幅があったことが確認できた。このように多良間島の中心集落は、周囲からの自然災害の脅威に備えた、さまざまな構造を持ち合わせていたと想定された。

(3)土地所有関係からみた集落構造

土地台帳における土地所有者記載などをデータベース化し、相互参照を通じて土地所有者の居住地や各土地所有者の所有地の分布についても検討すると、先述したように想定された構造がより裏付けられることとなった。一見すると多良間島の中心集落は、宅地群の周囲を畑作地が取り囲み、その周囲を丘陵地および林による「抱護」が取り囲んださらにその外側に畑作地が展開するという同心円的な構造に見えるものの、そこでは不自然な土地所有関係がみられていた。すなわち、仲筋・塩川地区に居住する土地所有者は、それぞれの地区を超え錯綜した土地所有関係をみせており、とくに、「明和大津波」で大部分が浸水した塩川地区に居住する土地所有者が、遠く離れた仲筋地区の丘陵地に畑作地を所有していた例も少なかった。このことから、現在の「ムラ域」よりもはるか東側から移住してきたとされる塩川地区の居住者にも、仲筋地区の丘陵地に畑作地を確保しておくべきという意識が存在した可能性が想定された。そして、このように丘陵地に確保された土地は、「明和大津波」後に多良間島中心集落の人々が一時的に高台に避難していた名残であるかもしれないということと、その地が再び津波被害が発生した際に備えた「高台移住」の場であった可能性があることも想定された。

以上のように、多良間の中心集落では「明和大津波」から百二十年余り経た「土地整理事業」時に至っても、その被害と対策とを反映した可能性のある、独特な土地所有関係がみられることが注目された。

(4)今後の展望

これまで見てきたように、明治期地籍図と土地台帳からは、「明和大津波」をめぐる対応が垣間見えることが明らかになった。それは、まさに現在「東日本大震災」をめぐって進展している被害地域の再開発や、集落の高台移転といった動きを彷彿とさせる。また、「防風林」としての注目が先行しやすい林による「抱護」も、その重要性が住民によって強く共有されてきたことには、津波など何らかの自然災害の記憶が強くはたらいているかもしれないことが想定された。

2研究成果の発表

こうした研究成果を地元コミュニティ・市町村・沖縄研究者へ還元することを目的に、第四部第一章（第二部）に示したように、学際シンポジウム「生き続ける琉球の村落―沖縄の村落観を問いなおす」を、二〇一四（平成二六）年十月四日（土曜日）に、沖縄県立博物館・美術館（博物館講座室）を会場として開催した。会場には、定員である百二十名を越える来場者が訪れた。

そこではまず、研究協力者である安里進（沖縄県博物館・美術館館長）が基調講演を行い、研究代表者である鎌田誠史、研究分担者である山元貴継、浦山隆一、仲間勇栄と、河合洋尚（国立民族学博物館・研究戦略センター・助教（当時））が報告を行った。最後に、研究分担者である齊木崇人が、シンポジウムの総括を行った。

また、二〇一四（平成二六）年一〇月三一日（金曜日）に、石垣市伊原間公民館を会場として開催された沖縄県地域協議会の二〇一四年度第二回研究会において、研究代表者の鎌田誠史と研究分担者である山元貴継が、招聘講演として、とくに沖縄の研究者や関係者に向けた研究報告を行った。

第五章　研究成果リスト

〔雑誌論文〕（発表順）

鎌田誠史・齊木崇人、「近世末期の沖縄本島における間切番所が置かれた村落「主村」の空間構成原理に関する研究」、『芸術工学会誌』、五〇号、八八―九五頁、査読有、二〇〇九年

鎌田誠史・齊木崇人、「近世末期・沖縄の間切番所が置かれた村落（主村）における空間構成の復元に関する研究」、『日本建築学会計画系論文集』、六三五、七五―八二頁、査読有、二〇〇九年

Bixia Chen and Yuei Nakama、A Study on Village Forest Landscape in small Island Topography in Okinawa, Japan. Urban Forestry & Urban Greening, 9, pp. 139-148、査読有、2010.

Nakama Yuei. *et al.* Tree Growing Methods: Revised Japanese and English Translations of Jumoku Hashoku Houhou（樹木播植方法）、The Science Bulletin of the Faculty of Agriculture, University of the Ryukyus. No. 五七、査読無、二〇一〇年

Bixia Chen and Yuei Nakama、On the Establishment of Feng Shui Villages from the Perspective of Old Fukugi Trees in Okinawa, Japan Arboriculture & Urban Forestry, 37(1), pp. 19-26、査読有、2010.

鈴木一馨、「風水の囲繞空間形成と沖縄の抱護」、『宗教研究』、三六七、四二一―四二二頁、査読無、二〇一一年

鈴木一馨、「沖縄の抱護について」、『歴史地理学』、二五六、六九―七〇頁、査読無、二〇一一年

Bixia Chen and Yuei Nakama・Distribution of old Fukugi(Garcinia subelliptica) trees in traditional cultural landscapes in Okinawa islands in Japan Journal of the Japanese Society of Coastal Forest, Vol.10. No. 2, pp. 79-88, 査読有、2011.

BIXIA CHEN and YUEI NAKAMA・Distribution of Fukugi (Garcinia subelliptica) trees as Landscaping trees in Traditional Villages in Ryukyu

Islands in Japan・Pacific Agriculture and Natural Resources, Vol. 3, pp. 14-22, 査読有、2011.

Chen B. and Nakama Y、On the Establishment of Feng Shui Villages from the Perspective of Old Fukugi Trees in Okinawa, Japan、Arboriculture & Urban Forestry。37(1)、19-26、査読有、2011

Chen B. and Nakama Y. A. Feng Shui landscape and tree planting with explanation based on Feng Shui Diaries: a case study of Mainland Okinawa, Japan.Worldviews: Global Religion, Culture, and Ecology, Vol. 15. No. 2, pp. 168-184, 査読有、2011.

鎌田誠史・浦山隆一・齊木崇人、「八重山・石垣島の近・現代における村落空間の特徴と変遷に関する研究―村落空間構成の復元を通じて　その一―」、日本建築学会計画系論文集、査読有、九七九、七三―七九頁、二〇一二年

鎌田誠史・浦山隆一、「石垣島平得村・真栄里村における村落空間の特徴と変遷―明治期の資料を活用した村落の空間構成の復元を通じて―」、日本建築学会九州支部研究報告、五一号、一九七―二〇〇頁、査読無、二〇一二年

浦山隆一・澁谷鎮明、「沖縄の近世集落形成に関わる「抱護」林について」、『東アジア地域の歴史文化と現代社会』、六三―七七頁、査読無、二〇一二年

鎌田誠史・山元貴継・浦山隆一・澁谷鎮明、「沖縄本島・旧勝連間切の近・現代における村落空間の特徴と変遷―村落空間構成の復元を通じて その二―」、日本建築学会計画系論文集、査読有、七九、七〇〇、一三二九―一三三五頁、二〇一四年

仲間勇栄、「蔡温の山林観―風水地理を応用した植林技術と集落景観づくり―」『山林』、第一五六二号、二―一〇頁、二〇一四年

Chen,B. Nakama,Y. and Urayama,T. Planted Forest and Diverse Cultures in Ecological Village Planning: A Case Study in Tarama Island, Okinawa Prefecture, Japan. Small-Scale Forestry, 査読有、13 (3), pp. 333-347, 2014.

鎌田誠史・浦山隆一・山元貴継・齊木崇人、「近世期に村立てされた格子状村落の空間構成に関する研究―宮古島・伊良部島の村落を事例として―」日本建築学会研究報告九州支部第五四号三（計画系）、四一七―四二〇頁、査読無、二〇一五年

山元貴継・鎌田誠史・浦山隆一・澁谷鎮明、「沖縄島南部における「格子状集落」の立地と構造―地籍図を活用した南城市玉城・前川集落の検討―」日本建築学会研究報告九州支部第五四号三（計画系）、四二一―四二四頁、査読無、二〇一五年

山元貴継、「沖縄南部における「格子状集落」の立地と構造～地籍図から見た南城市城・前川集落～」『しまたてぃ』、七四、四―八頁、二〇一五年

鎌田誠史、「間切番所が置かれた村落〝主村〟の空間―近世末期の村落景観の復元―」『しまたてぃ』七二、四―八頁、査読無、二〇一五年

山元貴継、「多良間島にみる近世村落の成立・発展過程と〝抱護〟林」『しまたてぃ』、七三、四―八頁、査読無、二〇一五年

山元貴継、「戸籍図・土地台帳に記録された沖縄の村落―その構造と変化をめぐって―」『二〇一四年度 第二回研修会 沖縄県地域史

協議会 研究報告書』、二三―四五頁、二〇一五年

鎌田誠史、「村抱護を有する近世集落の空間構成と村立ての原理―石垣の村々を中心に―」『二〇一四年度 第二回研修会 沖縄県地域史協議会 研究報告書』、二―二二頁、二〇一五年

大川泰毅・藤川昌樹・浦山隆一・鎌田誠史、「与論島朝戸・城集落における居住環境の類型に関する研究」『日本建築学会大会学術講演梗概集（関東）』E―六、九三―九四頁、二〇一五年

鈴木一馨、「村獅子と村抱護」『しまたてぃ』、七五、四―七頁、二〇一六年

鎌田誠史、「琉球列島における近世村落の村立て手法と空間構成」『しまたてぃ』、七六、四―一〇頁、二〇一六年

仲間勇栄、「沖縄の村落と村抱護とフクギ屋敷林」『しまたてぃ』、七七、三―六頁、二〇一六

仲間勇栄・ジョン・マイケル・パーヴェス・陳碧霞、「御差図控」『琉球大学農学部学術報告』、第六二号、六一―七五頁、二〇一六年

仲間勇栄・ジョン・マイケル・パーヴェス・陳碧霞、「『林政八書』中の『山奉行所公事帳』：その和訳・英訳と内容分析」、『琉球大学農学部学術報告』、第六二号、一五―五九頁、二〇一六年

Bixia Chen, Yuei Nakama, and Takakazu Urayama, Dimensions and Management of Remnant Garcinia subelliptica Tree Belts Surrounding Homesteads ― A Case Study from Two Villages on the Sakishima Islands, Okinawa Prefecture, Japan『海岸林学会誌』、査読有、一五、巻二号、一―八頁、二〇一六年

鎌田誠史・山元貴継・浦山隆一・澁谷鎮明・齊木崇人、「地形的立地条件から見た琉球列島における村落の空間構成に関する研究―近世期に発生した計画的村落の形態類型を通して―」、日本建築学会計画系論文集、査読有、第八一巻、第七一六号、一一―二二頁、二〇一六年

〔学会発表〕（発表順）

SHIBUYA Shizuaki・Perception of Geographical Features and the General Concept of 〝Shui-kou〟 in the Feng-shui thought of East Asia・International Congress of History of Science and Technology, XXIII, Budapest、二〇〇九年八月一日

山元貴継・浦山隆一・澁谷鎮明、石垣市・旧四箇村における「抱護林」の現状、日本地理学会二〇〇九年秋季学術大会、琉球大学、二〇〇九年一〇月二三日

鎌田誠史、沖縄本島の集落・喜名村における伝統的人工林「抱護」の形態、芸術工学会二〇〇九年度（神戸）秋期大会研究発表、神戸芸術工科大学、二〇〇九年一一月七日

仲間勇栄・浦山隆一・陳碧霞、沖縄の村落景観と抱護の林帯の植生構造に関する調査研究（Ｉ）、平成二一年度日本海岸林学会研究発表会、日本大学工学部津田沼キャンパス、二〇〇九年一一月七日
渋谷鎮明、風水と樹林地―韓国の裨補林と沖縄の抱護林―、中部人類学談話会、南山大学、二〇〇九年一一月二八日
陳碧霞・仲間勇栄、A study on village forest landscape in island topography in Okinawa, Japan　第一回島と山の人文韓国ＨＫセミナー／日韓共同セミナー「村と林についての文化的考察」、韓国・木浦大学校島嶼文化研究院、二〇一〇年九月一日
山元貴継、近代における沖縄・八重山地方〝抱護〟林 変化（韓国語）、第一回島と山の人文韓国ＨＫセミナー／日韓共同セミナー「村と林についての文化的考察」、韓国・木浦大学校島嶼文化研究院、二〇一〇年九月一日
浦山隆一・渋谷鎮明　沖縄の近世集落に関する「抱護」林についての総合的アプローチ」（韓国語）、第一回島と山の人文韓国ＨＫセミナー／日韓共同セミナー「村と林についての文化的考察」、韓国・木浦大学校島嶼文化研究院、二〇一〇年九月一日
鈴木一馨　風水の囲繞空間形成と沖縄の抱護、日本宗教学会第六九回学術大会、東洋大学白山校舎、二〇一〇年九月五日
鎌田誠史、沖縄本島における近世村落の空間構成原理に関する研究、中部大学中国語中国関係学科セミナー、中部大学中国語中国関係学科、二〇一〇年一一月六日
鈴木一馨、沖縄の抱護について、歴史地理学会第五四回大会、山口大学、二〇一一年六月二五日
鈴木一馨、風水の囲繞空間形成と沖縄の抱護、日本宗教学会第七〇回学術大会、関西学院大学、二〇一一年九月四日
仲間勇栄、蔡温の山林思想とその実践的意義、蔡温シンポジウム、さいおんスクエア（那覇市）、二〇一一年一二月一七日
Chen B., Nakama Y. Traditional village landscapes on small islands-a case study of Okinawa Prefecture, Japan, IALE World Congress in Beijing, Beijing、二〇一一年九月一八日―二三日
浦山隆一、東アジアの風水思想が近世琉球王朝の国づくりに与えた影響、第２回黒竜江流域文明鶴崗論壇、中国・黒竜江省鶴岡市、二〇一一年七月一四日
山元貴継、沖縄の「抱護」林と近・現代、学際シンポジウム「風水思想と東アジア」、中部大学リサーチセンター、二〇一一年一〇月八日
澁谷鎮明、韓国の裨補風水―「環境」をどう「補強」するのか―、学際シンポジウム「風水思想と東アジア」、中部大学リサーチセンター、二〇一一年一〇月八日
仲間勇栄、植生構造から見た琉球の集落「抱護」の特徴、学際シンポジウム「風水思想と東アジア」、中部大学リサーチセンター、二〇一一年一〇月八日
浦山隆一、沖縄の近世集落形成に係わる「抱護」林への総合的アプローチ、学際シンポジウム「風水思想と東アジア」、中部大学リサーチセー

チセンター、二〇一一年一〇月八日

山元貴継、近・現代における沖縄の集落と「抱護」林、第六回 東アジア沿海科研研究集会、愛知県南知多町、二〇一二年二月一二日

鎌田誠史・浦山隆一、石垣島平得村・真栄里村における村落空間の特徴と変遷、二〇一二年度第五一回日本建築学会九州支部研究発表会、西日本工業大学、二〇一二年三月四日

山元貴継、沖縄の近代土地台帳・地籍図に見る「災害」の記憶と対策、情報知識学会 第二一回年次大会、お茶の水女子大学、二〇一三年五月二五日

鈴木一馨、沖縄本島における村獅子の分布について、日本宗教学会第七二回学術大会、國學院大學、二〇一三年九月八日

陳碧霞・仲間勇栄・浦山隆一：「沖縄的村落空間（東アジアにおける風水集落の景観構造及び風水樹に関する比較研究）」国際シンポジウム「国際移民与客家文学術研討会」、中国・嘉応大学客家研究院、二〇一三年一〇月一〇日

仲間勇栄、沖縄の御嶽林をどうとらえるか—植生・歴史・文化の視点から—、公開シンポジウム 琉球列島の自然・文化・環境—人文学と自然学の対話—、琉球大学国際沖縄研究所中期計画達成プロジェクト、沖縄県立博物館・美術館、二〇一三年一二月一日

SHIBUYA, Shizuaki, 〝Hougo〟Concept ofFeng Shui in Okinawa and Village Forest,Asian Geomancy (Pungsu, Fengshui, Husui)・Towards an harmonized approach for sustainable land management in Asia 2014 Workshop, Seoul University〟、二〇一四年一月一五日

山元貴継、鎌田誠史、浦山隆一、澁谷鎮明、「沖縄本島南部における「格子状集落」の形成—南城市玉城・前川集落などを事例に—」、日本地理学会春季学術大会、国士舘大学、二〇一四年三月二八日

大川泰毅・鎌田誠史・浦山隆一、「与論島における城・朝戸集落の空間構成の特徴に関する研究」日本建築学会九州支部研究発表会、佐賀大学、二〇一四年三月二日

仲間勇栄、琉球王朝時代における抱護の防風林帯の意味を考える、沖縄県「防風林の日」、沖縄市農民研修センター、二〇一四年一一月六日

URAYAMA Takakazu Ecological Outlook on Environment and Space Formation Technology of Residence and Settlement from Passive Design to Traditional Planted Forests〝Ho:go（抱護）〟、9th International Forum on Ecotechnology〝Hotel OACity Kyowa Miyako Island,Okinawa, Japan〟、二〇一四年一二月二一日

河合洋尚、中国客家地域における生命観と〝抱護〟の思想、第二回学際シンポジウム「生き続ける琉球の村落」、沖縄県立博物館・美術館、二〇一四年一〇月四日

仲間勇栄、沖縄の御嶽林の形成とその植生構造、第二回学際シンポジウム「生き続ける琉球の村落」、沖縄県立博物館・美術館、二〇一四年一〇月四日

鎌田誠史、生き続ける琉球の村落―村落計画（村立て）の原理、第二回学際シンポジウム「生き続ける琉球の村落」、沖縄県立美術館・博物館、二〇一四年一〇月四日
山元貴継、「格子状集落」の成立―琉球村落のイメージへの再検討―、第二回学際シンポジウム「生き続ける琉球の村落」、沖縄県立美術館・博物館、二〇一四年一〇月四日
浦山隆一、場所に刻印された土地の記憶―集落と御嶽（ウタキ）―、第二回学際シンポジウム「生き続ける琉球の村落」、沖縄県立美術館・博物館、二〇一四年一〇月四日
渋谷鎮明・山元貴継・浦山隆一・鈴木一馨、韓国農村の「村の林」と裨補概念―全羅北道馬耳山周辺地域を事例として―、人文地理学会、広島大学、二〇一四年一一月一日
鈴木一馨、沖縄の村獅子の配置について、日本宗教学会第七四回学術大会、創価大学、二〇一五年九月五日
山元貴継、沖縄県宮古島・狩俣集落の空間構造分析―地形的条件および土地所有との関わりに注目して―、人文地理学会大会、京都大学、二〇一六年一一月一二日

〔図書〕（刊行順）

山元貴継、「韓国農村集落の空間構造とその変化」、『現代韓国の地理学』、古今書院、一一七―一三六頁、二〇一〇年
渋谷鎮明、「韓国における風水思想と「脈」の自然観」、『現代韓国の地理学』、古今書院、九七―一一六頁、二〇一〇年
仲間勇栄、『沖縄林野制度利用史研究増補改訂』、㈱メディア・エクスプレス、一―三六九頁、二〇一一
Chen, B. & Nakama Y.' Traditional Rural Landscapes in Island Topography in East Asia Nova Science Publishers, Inc., New York' 一―二七九頁、二〇一二
仲間勇栄、『島社会の森林と文化』、琉球書房、一―五六六頁、二〇一二
鎌田誠史、浦山隆一、齊木崇人・澁谷鎮明・仲間勇栄・高良倉吉・山元貴継・鈴木一馨、有明工業高等専門学校、学際シンポジウム『生き続ける琉球の村落―固有文化にみる沖縄の環境観と空間形成技術―』、一―七七頁、二〇一三
山元貴継、『住まいと集落が語る風土―日本・琉球・朝鮮―』共著、関西大学出版部、六九―一〇〇頁、二〇一四
仲間勇栄・来間玄次、『おきなわ福木物語』、沖縄県緑化推進委員会、一―一〇二頁、二〇一五
鎌田誠史、浦山隆一・齊木崇人・澁谷鎮明・仲間勇栄・安里進・山元貴継・河合洋尚・平良啓：富山国際大学現代社会学部　第二回学際シンポジウム『生き続ける琉球の村落―沖縄の村落観を問いなおす―』、一―七五頁、二〇一五
澁谷鎮明、『東アジア風水の未来を読む』（韓文：共著）、ジオブック（ソウル）三八四―三九七頁、二〇一六

あとがき

本書は、日本学術振興会の科学研究費助成事業科学研究費補助金「沖縄の集落空間における伝統的人工林「抱護」の形態と機能に関する研究」（基盤研究B・平成二一—二三年度、研究代表者：浦山隆一）、「沖縄の固有文化が持つ環境観と空間形成技術から見る集住環境の構成原理に関する研究」（基盤研究B・平成二二—二四年度、研究代表者：鎌田誠史）、「明和大津波で被災した琉球諸島の集落復興プロセスから見る環境再構築に関する研究」（基盤研究C・平成二五—二七年度、研究代表者：鎌田誠史）、「琉球の近世計画村落形成に村抱護と伝統的祭祀施設が果たした役割と意味に関する研究」（基盤研究B・平成二五—二八年度研究代表者：浦山隆一）による調査研究成果と、それらの成果発表として沖縄県立博物館・美術館にて二回にわたって開催した学際シンポジウム、および沖縄県地域史協議会での招聘講演、これらの書籍化に加えて、建築学会等における論文投稿や研究発表、地元機関紙への連載といった成果を骨子とし、大幅な編集を行ったものである。

二〇〇九年から始まった一連の沖縄研究においては、研究チームを結成して研究を進めてきた。本書の編者や執筆者を含む研究メンバーの専門は建築学、地理学、林学、歴史学、考古学などであり、極めて学際的な研究組織となった。このような研究メンバーが、琉球列島において広く重視されてきた環境理念「抱護」と琉球列島の村落空間について様々な専門領域から考察し、沖縄の伝統的地理思想の環境景観学として探究し続けてきたことに大きな意義があるといえる。約一〇年もの長期において研究チームが維持できたのは、ひとえに本書の編集者のひとりである浦山隆一の努力と配慮に依るところが大きい。もちろん、メンバーで夜な夜な酌み交わした酒とそこでの熱い議論の積み重ねが本書を刊行できた大きな要因といえる。

なお、私事ながら沖縄を研究対象として見つめるようになったきっかけは、一九九八年から首里城をはじめとする世界遺産周辺整備の一連の事業であった。この事業に携わる機会を得て、沖縄の歴史的な集落景観に強く興味を抱くようになった。さらには琉球列島の集落を対象とした研究を学位論文としてまとめたことが、現在まで至る私の沖縄研究の礎となっている。その後の沖縄研究においては、本書の執筆者でもある仲間勇栄、高良倉吉、安里進先生に多大な影響を受け、自身の沖縄の村落研究においてその方向に明快な展望を与えていただいたことをとくに明記しておきたい。

また、本書の編者・執筆者である浦山隆一、渋谷鎮明の両先生そして私は齊木崇人先生（神戸芸術工科大学・学長）の門下生である。本書の成立に際しても絶えずご指導いただき、育てていただいた齊木先生の学恩に感謝したい。集落研究の基礎から研究の進め方や視点、フィールドワークの手法は、大きく齊木先生の影響を受けている。

そして本書は、先に述べたシンポジウムや学会投稿の内容を掲載するだけでなく、これまでの研究で得た研究ノウハウの公開や琉球列島の村落をとりまく研究を今一度紹介し、まとめたいと考え、研究メンバーの先生方に相談し快諾いただいてまとめたものである。幸い、執筆者各位の努力によって本書の目標は達成できたものと編者を代表して執筆者の皆様には衷心よりお礼申し上げたい。

今後の琉球列島における集落研究には、新しい展開を期待したい。とくに、歴史資料や歴史的な痕跡が去る大戦によって灰燼に帰し、その後の開発などで変容の著しい琉球列島の村落について、伝統的な景観復元を行うことによりその構成原理までを詳細に考察した研究成果を集録できたのは、本書の大きな意義ではないだろうか。

さらに、現在、我々の研究チームは、本書で紹介したような手法を用いた研究の範囲を、広く琉球弧（南西諸島）へ拡大することを目指して研究を進めている。琉球弧はかつて、現在の沖縄本島・先島諸島などだけで成り立っていたのではなく、北の奄美群島、トカラ列島、薩南の島嶼を経て、明らかに九州とも連結していた。次なる研究では、これまでの研究蓄積の活用も可能である琉球弧全域の伝統的村落について、三次元モデルを通じた地形条件の相違分析までを可能とする統一手法による景観復元作業を行い、同地域の伝統的村落空間の地域を越えた集住環境形成技術の普遍的原理と、地域固有のエコロジカルな環境観とを考究することを目指している。一方で、とくに沖縄・先島諸島における非「格子状」集落の空間構造と、その変容過程の研究についても取り組んでいる。これは、不規則的となっている宅地割部分と聖域（御嶽・ムトゥ）の祭祀場所を含めた非「格子状」形態に着目して、その形成・変容過程を明らかにするとともに、伝統的祭祀施設の復元的研究にも取り組むことで、古琉球時代の廃村遺構を含めて近世期にも引き継がれた非「格子状」集落の構成秩序を探求するというものである。琉球王国時代の最大版図であった琉球弧を対象とした計画村落の総合的比較を行う広い視点と、古琉球時代の廃村遺構の発掘を含めた詳細な検討を行う深い視点による研究のふたつのアプローチによって研究を進めていくことで、沖縄の伝統的村落が持つ普遍的な原理の究明を目指した新たな村落研究の地平を切り開く研究となることを願っている。

そして最も大切なことは、このような研究成果を、急速に失われつつある環境形成技術の固有価値を活かした集住環境再構築の実践へと還元することである。人口減少社会の到来に備えて自然環境にも対応した集住環境のダウンサイジング（コンパクトな空間活用）や、安定した集住環境の立地選定による「リスクリダクション（危険低減）」、歴史的景観に配慮した景観形成への方途を提言することも、我々の研究における究極の目的となる。

最後に本研究は、今まで記してきた方々のご指導と支援なくしてはなしえなかったものである。また、本書では、フィールドワークで得られた資料も重要な部分を占めているが、これらは、地元の方々や関係機関の方々のご厚意なくしては、決して得られることのできないものであった。ここにお名前をあげられなかった大勢の方々を含め、今までご教示・ご協力をいただいたすべての方々に、改めて御礼申し上げたい。本書が、皆様のご指導やご期待に、少しでも応えるものになっていれば幸いである。

なお、本書の出版には、日本学術振興会平成三〇年度科学研究費助成事業科学研究費補助金（研究成果公開促進費、課題番号 18HP5237、代表者：鎌田誠史）の助成を受けた、編集作業については、株式会社風響社の石井雅氏のご助力を得た、末筆ながら心より感謝申し上げたい。

二〇一九年二月二〇日

編者を代表して　鎌田誠史

第二章

第三章

第四部

第一章

第三部

第一章

第二章

第三章

第四章

第二部

第一章

第二章

写真図表一覧

口絵

第一部

第一章

第二章

第三章

や

ら

な

は

た

さ

索　引

項目は原則として、現行の一般的読みで配列した（編集部）

あ

●執筆

仲間勇栄（なかまゆうえい）
琉球大学名誉教授
1948年生。農学博士（九州大学）。九州大学大学院農学研究科中退。琉球大学農学部助手、農林経済科学分野教授を経て現職。
主な著書：『増補改訂沖縄林野制度利用史研究』（メディア・エクスプレス、2011年）。Bixia Chen & Yuei NAKAMA. 2012. *Traditional Rural Landscapes in Island Topography in East Asia*. Nova Science Publishers,Inc. New York.『島社会の森林と文化』（琉球書房、2012年）。『蔡温と林政八書の世界』（榕樹書林、2017年）。沖縄研究奨励賞、日本林業経済学会学術賞、沖縄タイムス出版文化賞、など受賞。
専門分野：森林政策学、森林史、森林文化。

高良倉吉（たからくらよし）
琉球大学名誉教授
1947年生。博士（文学）。愛知教育大学卒業。沖縄史料編集所専門員、沖縄県立博物館主査、浦添市立図書館長、琉球大学法文学部国際言語文化学科教授、沖縄県副知事を経て現職。
主な著書、編著に『琉球の時代――大いなる歴史像を求めて』（筑摩書房、1980年）、『琉球王国の構造』（吉川弘文館、1987年）、『琉球王国史の課題』（ひるぎ社、1989年）、『琉球王国』（岩波新書、1993年）、『アジアのなかの琉球王国』（吉川弘文館、1998年）、『琉球王国史の探求』（榕樹書林、2011年）など多数。首里城復元の委員、NHK大河ドラマ『琉球の風』の監修者。
専門分野：琉球史。特に琉球王国の内部構造、アジアとの交流史を研究。

安里進（あさとすすむ）
元沖縄県立博物館・美術館館長
1947年生。琉球大学法文学部史学科卒業。大阪府教育委員会、浦添市文化部長、沖縄県立芸術大学教授などを経て、沖縄県立博物館・美術館館長。
主な著書等：平井松午・安里進・渡辺誠編『近世測量絵図のGIS分析』（共同執筆）（古今書院、2014年）。『沖縄人はどこから来たか〈改訂版〉』（共著）（ボーダーインク社、2011年）。『琉球の王権とグスク』（山川出版社、2006年）。『沖縄県の歴史』県史47（共著）、（山川出版社、2004年）。『グスク・共同体・村』（榕樹書林、1998年）。『考古学からみた琉球史』上・下、（榕樹書林、1990・91年）。
専門分野：考古学・琉球史・漆工史・測量と地図史。

澁谷鎮明（しぶやしずあき）
中部大学教授
1963年生。博士（地理学）。名古屋大学大学院文学研究科博士後期課程修了。
著書等：『アジアの時代の地理学――伝統と変革』（共著）、（古今書院、2008年）、『現代韓国の地理学』（共著）（古今書院、2010年）、『自然と人間の環境史』（共著）、（海青社、2014年）、『人文地理学辞典』（共著）、（丸善出版、2013年）、『東アジア風水の未来を読む：東アジアの伝統知識風水の科学化』（共著）（韓文）、（GEOBOOK（ソウル）、2016年）。
専門分野：韓国地域研究、人文地理学、東アジア文化論。

●編集・執筆

鎌田誠史（かまた　せいし）
武庫川女子大学准教授
1973年生。博士（芸術工学）。神戸芸術工科大学大学院博士課程満期退学。株式会社国建建築設計部、神戸芸術工科大学大学院助手、国立有明工業高等専門学校准教授を経て現職。
主な論文・作品等：日本建築学会計画系論文集『地形的立地条件から見た琉球列島における村落の空間構成に関する研究――近世期に発生した計画的村落の形態類型を通じて』2016年。首里城復元整備や喜名番所再現整備をはじめとする沖縄県の世界遺産及びその周辺整備、神戸市の自然住宅地「ガーデンシティ舞多聞」プロジェクト、数多くの建築設計やまちづくりに従事。
専門分野：建築デザイン、地域計画・保存・再生デザイン。

山元貴継（やまもと　たかつぐ）
中部大学准教授
1972年生。博士（地理学）。名古屋大学大学院文学研究科博士課程満期退学、中部大学国際関係学部非常勤講師、中部大学人文学部講師を経て現職。
主な著作等：「日本統治時代の韓国・済州島における日本人経営果樹園」人文地理62巻2号、2010年。「岐阜県高山市におけるアニメ・ツーリズム」（共著）都市地理学11号、2016年。『名古屋の“お値打ち”サービスを探る』風媒社、2010年。『軍港都市史研究 VI 要港部編』（分担執筆）清文堂、2016年。『離島研究 VI』（分担執筆）海青社、2018年。
専門分野：歴史地理学、文化地理学、アジア地域研究。

浦山隆一（うらやま　たかかず）
富山国際大学客員教授
1947年生。博士（芸術工学）。名古屋大学大学院工学研究科修士課程修了、設計事務所ゲンプラン・有理社、職業能力開発大学校助教授、富山国際大学教授を経て現職。
主な著書等：日本建築学会編『総覧　日本の建築――中国・四国』（共同執筆）新建築社、1998年。刈谷勇雅ほか編『日本の町並み調査報告27　四国地域の町並み〈2〉』「伊野地区伝統的建造物群（高知県）」（共著）海路書院、2008年。中島恭一ほか監修『東アジア地区の歴史文化と現代社会』「沖縄の近世集落形成に関わる抱護林について」（共筆）桂書房、2012年。
専門分野：建築計画・設計、地域計画・都市空間デザイン、建築人類学。

「抱護」と沖縄の村落空間　伝統的地理思想の環境景観学

2019年2月10日　印刷
2019年2月20日　発行

編者　鎌田誠史
山元貴継
浦山隆一

発行者　石井　雅
発行所　株式会社　風響社

東京都北区田端4-14-9（〒114-0014）
TEL 03(3828)9249　振替 00110-0-553554
印刷　モリモト印刷

Printed in Japan 2019 ©　ISBN978-4-89489-255-2 C3025